MEDICINA DEFENSIVA Y JUDICIALIZACIÓN: RADIOGRAFÍA DEL LITIGIO EN LA SANIDAD PÚBLICA

MÓNICA HERNÁNDEZ HERRERO
Doctora en Bioderecho: Bioética, Salud y Derechos Humanos
Médica de Urgencias

MEDICINA DEFENSIVA Y JUDICIALIZACIÓN: RADIOGRAFÍA DEL LITIGIO EN LA SANIDAD PÚBLICA

Prólogo
JOAQUÍN CAYÓN DE LAS CUEVAS

Dykinson, S.L.

Este libro ha sido sometido a evaluación por parte de nuestro Consejo Editorial
Para mayor información, véase *www.dykinson.com/quienes_somos*

Editorial DYKINSON, S.L.
Meléndez Valdés, 61 - 28015 Madrid
Teléfono (+34) 915442846 - (+34) 915442869
e-mail: info@dykinson.com
http://www.dykinson.es
http://www.dykinson.com

ISBN: 978-84-1122-848-0
Depósito Legal: M-625-2023

Preimpresión:
New Garamond Diseño y Maquetación, S.L.

A mi familia y, sobre todo, a la memoria de mis padres, Juana y Macario,
que me enseñaron el amor al estudio.

«Elegido por aclamación»

Sí, fue un malentendido.
Gritaron: ¡a las urnas!
y él entendió: ¡a las armas! —dijo luego.
Era pundonoroso y mató muchos.
Con pistolas, con rifles, con decretos.
Cuando envainó la espada dijo, dice:
La democracia es lo perfecto.
El público aplaudió. Sólo callaron,
impasibles, los muertos.
El deseo popular será cumplido.
A partir de esta hora soy —silencio—
el Jefe, si queréis. Los disconformes
que levanten el dedo.
Inmóvil mayoría de cadáveres
le dio el mando total del cementerio.

Ángel González

De: «Grado Elemental» – 2. «Fábulas para animales»

Publicado en París. Ed. Ruedo Ibérico, 1962

ÍNDICE

RELACIÓN DE FIGURAS

RELACIÓN DE TABLAS

NOTA PRELIMINAR

La presente obra es el resultado de la tesis doctoral que, con el mismo título, defendí en la Facultad de Derecho de la Universidad de Murcia el día 19 de noviembre de 2021, bajo la dirección del Prof. Dr. Joaquín Cayón De las Cuevas. Su calificación fue sobresaliente *cum laude* por unanimidad, otorgada por el ilustre tribunal que presidió el Prof. Dr. Carlos Romeo Casabona, Catedrático de Derecho Penal de la Universidad del País Vasco y cuyos vocales fueron la Profª. Dra. Anne Marie Duguet, Catedrática de Medicina Legal de la Université Paul Sabatier Toulouse III y el Prof. Dr. Eduardo Osuna Carrillo de Albornoz, Catedrático de Medicina Legal de la Universidad de Murcia.

Debo agradecer públicamente las valiosas observaciones y sugerencias realizadas por los miembros del tribunal en el acto de defensa ya que, como consecuencia de ellas, he podido llevar a cabo una fructífera reflexión posterior. De esta forma he introducido, complementado y profundizado en diversas cuestiones sugeridas por el tribunal que han contribuido, sin duda, a mejorar la investigación que en este momento presento en forma de monografía.

Tradicionalmente, este apartado no es más que un pretexto para dar entrada al capítulo de los agradecimientos. Indudablemente, el primero ha de ser para el Prof. Dr. Joaquín Cayón De las Cuevas, mi director de tesis doctoral. No es mera coincidencia que haya ostentado él tal condición. Hace más de trece años, la casualidad -esta vez sí- hizo que coincidiéramos en el *I Encuentro Interautonómico sobre Protección Jurídica del Paciente como Consumidor* celebrado en Cuenca bajo el marco de la Universidad Internacional Menéndez Pelayo (UIMP). Yo asistí como alumna y el Profesor lo hizo como director junto al Prof. Dr. Jorge Tomillo Urbina, del que me ocuparé más adelante. Allí comencé a descubrir, en un entorno inolvidable, cómo las estructuras y categorías jurídicas interactúan de manera determinante con la práctica de la medicina. Este fue el punto de partida de una fecunda y extensa relación a nivel docente e investigador que nos ha llevado de Cuenca a Murcia, pasando por Buenos Aires, y que ha culminado con la elaboración de la tesis.

En el mismo momento en que le mostré mi interés en realizar este trabajo, todavía en fase embrionaria, ya empezó a ejercer como director, preguntándome con insistencia cuál iba a ser "la *tesis* de la tesis". A partir de este momento entendí que el camino no iba ser fácil, ya que el trabajo de investigación debía aportar conocimiento a la comunidad científica. El reto era irresistible y así pude desarrollar mi tarea, puesto que el Profesor Joaquín Cayón De las Cuevas posee una dilatada experiencia y destacada posición a nivel internacional en el Derecho de la Salud.

Sin embargo, ninguno de los dos pudimos imaginar que, a los pocos meses de iniciar el trabajo, sufriríamos una devastadora pandemia que aún está presente. No obstante, ni siquiera esta circunstancia hizo tambalear el interés mutuo; ocurrió más bien todo lo contrario. Aún con la dificultad de compaginar la investigación con mi trabajo profesional dirigiendo un hospital del sistema público de salud, primó la ilusión, el entusiasmo y el disfrute. Esta afortunada realidad, unida al papel del director en su máxima expresión a través de sus sabios consejos, su experiencia, los espacios para la reflexión, las sugerencias y el permanente diálogo abierto, permitió culminar exitosamente el trabajo de investigación. Por último, debo añadir su compromiso personal conmigo incluso en las más difíciles circunstancias, ya que toda aportación innovadora despierta enormes reticencias y rechazos que, felizmente, no son más que piedras en el camino capaces de engrandecer aún más el orgullo que siento de haber sido su doctoranda. Muchas gracias, Joaquín.

Como he adelantado previamente, muestro mi enorme agradecimiento al Prof. Dr. Jorge Tomillo Urbina ya que es, junto al director, otro de los artífices de mi crecimiento como investigadora. De alguna manera he intentado seguir la estela de los planteamientos del Profesor Tomillo iniciados hace ya algunos años, en los que escuché por primera vez sus reflexiones en relación a que el paciente debe ser concebido como *un aliado en la toma de decisiones: "todo por el paciente, pero con el paciente"*. Obviamente, esta frase es únicamente un resumen simbólico de todo lo que encierra una línea de pensamiento que, en definitiva, pretende reducir las asimetrías que existen en la relación médico-paciente. Esta vertiente investigadora del Profesor Tomillo en relación con el Derecho de la Salud, cuyo prestigio y reconocimiento mundial en el ámbito del Derecho de Consumo es indiscutible, me resultó realmente cautivadora: ¿Por qué un mercantilista investiga sobre aspectos del Derecho de la Salud?

De esta manera, me considero discípula de ambos Profesores, Tomillo y Cayón, aunque mi ámbito de trabajo no sea el académico, desafortunadamente.

También extiendo mi agradecimiento al Dr. Pedro Muñoz Cacho, que me orientó y ayudó desinteresadamente en la metodología estadística del presente trabajo. Nos une un amigo común, mi compañero de profesión el Dr. Manuel Tazón Varela, Médico de Urgencias en el Hospital de Laredo. Gracias a él y a su inquietud investigadora, comencé a publicar artículos que, aunque modestos, me sirvieron de "entrenamiento". Mi reconocimiento a ambos.

Finalmente, quiero agradecer a la Biblioteca Marquesa de Pelayo (IDIVAL), especialmente a su bibliotecario, Mario Corral, la diligencia y profesionalidad con la que ha realizado su trabajo, lo que me ha permitido acceder -con inusual rapidez- a buena parte de las fuentes bibliográficas precisas para llevar a término mi investigación.

Loredo, junio 2022

Mónica Hernández Herrero, PhD

ABREVIATURAS

AALL	American Association for Labor Legislation
ACA	Affordable Care Act
ACHA	American Health Care Act
AHA	American Hospital Association
AIMS-ICU	Australian Incident Monitoring Study Intensive Care
AIT	Accidente Isquémico Transitorio
AMA	American Medical Association
APEAS	Estudio de efectos adversos en atención primaria
ARRA	American Reinvestment and Recovery Act
AVAC	Años de vida ajustados por calidad
AVAD	Años de vida ajustados por discapacidad
BCBS	Blues Cross Blue Shiel
CBO	Congressional Budget Office
CCMC	Commnittee on the Costs of Medical Care
CES	Committee on Economic Security
CHC	Community Health Centers
CMBD	Conjunto Mínimo Básico de Datos
CME	Council on Medical Education
CMS	Center Medicare Services
COBRA	Consolidated Budget Reconciliation Act
CPME	Comité Permanent des Médicins Européens
EDR	Early Discussion and Resolution
EMTALA	Emergency Medical Treatment and Active Labor Act
ENEAS	Estudio Nacional sobre Eventos Adversos ligados a la hospitalización

EPSDT	Early and Periodic Screening and Diagnostic Testing
FDA	Food and Drug Administration
FEHBP	Federal Employees Health Benefit Plan
FLPSMP	Fluid Patient Safety and Presuit Medication Program
HMO	Heath Maintenance Organization
HHS	Deparment of Health and Human Services
IBEAS	Estudio sobre la seguridad de los pacientes en hospitales de Latinoamérica
INE	Instituto Nacional de Estadística
IOM	Institute of Medicine
ISMP	Instituto para el uso seguro del medicamento
JCAHO	Joint Commission Acreditation on Healthcare Organization
JUA	Joint Underwriting Assement
MBI	Maslach Burnout Inventory
MHPAEA	The Mental Health Parity and Addiction Equity Act
MMA	Medicare Prescription Drug, Improvement, and Modernization Act
MICRA	California's Medical Injury Compensation Reform Act
MITTS	Medically Induced Trauma Support Services
NCC MERP	National Coordinating Council for Medication Error Reporting and Prevention
NHS	National Health Service
NICE	National Institute for Health Care Excellence
NPSA	National Patient Saferty Agency
NRLS	National Reporting and Learning System
OBRA	Omnibus Budget Reconciliation Act
OCDE	Organización para la Cooperación y el Desarrollo Económico
OMS	Organización Mundial de la Salud
ONU	Organización de Naciones Unidas
OTA	Office of Technology Assesment

PCI	Patient Compensation Insurance
PIB	Producto Interior Bruto
pp.	páginas
PPCAC	Patient Protection and Affordable Care Act
RM	Resonancia Magnética
RN	Recién nacido
SCHIP	State Children´s Health Insurance Program
SHM	Society of Hospital Medicine
SIDA	Síndrome de Inmunodeficiencia Humana Adquirida
SINASP	Sistema de Notificación y Aprendizaje para la Seguridad del Paciente
SNS	Sistema Nacional de Salud
TC	Tomografía Computerizada
TCJA	The Tax Cutsand Jobs Act
VHB	Virus de la Hepatitis b
VHC	Virus de la Hepatitis c
VIH	Virus de la Inmunodeficiencia Humana

PRÓLOGO

Derecho y Medicina: Allá donde se cruzan los caminos

Joaquín Cayón De las Cuevas
IDIVAL-Universidad de Cantabria

La obra objeto del presente prólogo -que trae causa de la tesis doctoral que he tenido el enorme placer de dirigir- se enmarca en una de esas escasas ocasiones en las que se produce una venturosa coalición de circunstancias favorables: talento de la autora, novedad de la metodología empleada y, finalmente, interés de los resultados obtenidos. Así las cosas, trataré de desbrozar esta triada de elementos que ha permitido forjar en forma de libro un estudio llamado a ser pionero en el panorama sanitario español.

Principiando por la autora, estamos en presencia de una brillante profesional que siempre ha cultivado con esmero los enfoques interdisciplinares. No tengo inconveniente alguno en confesar el atractivo que siempre me generaron los llamados *crossroads* o cruces de caminos, entendidos como posiciones de encuentro e intersección, pero también de opción personal ante las diversas alternativas o variantes que se ofrecen en un determinado punto del trayecto académico o vital. Es por ello que, en un cierto ejercicio de heterodoxia y apartándome muy gustosamente de los cánones al uso, me he permitido rotular este prólogo con la única finalidad de poder evocar el célebre verso sabiniano (*"allá donde se cruzan los caminos..."*)[1].

Algo de todo esto late en la obra prologada e incluso en la propia trayectoria de Mónica Hernández Herrero, doctora ahora por partida doble, tanto desde la perspectiva facultativa -en su condición de médico-, como desde el punto de vista académico -en tanto que egresada en el Programa de Doctorado en "Bioderecho: Bioética, Salud y Derechos Humanos"-.

Todo empezó en Cuenca. Pese a la creciente sequía derivada del cambio climático, ha llovido desde aquel lejano verano de 2008, cuando la Dra. Hernández Herrero tuvo su contacto iniciático con el mundo del Derecho Sanitario al abrigo de la primera edi-

---

1 SABINA, Joaquín: "Pongamos que hablo de Madrid", *Malas Compañías*, 1980.

ción del *Encuentro Interautonómico sobre Protección Jurídica del Paciente*[2] organizado por la Universidad Internacional Menéndez Pelayo en su sede conquense. Cabe afirmar ahora que dicho evento -que, desde entonces, he tenido el honor de codirigir junto con mi propio director de tesis, el Prof. Dr. Jorge Tomillo Urbina- constituyó el punto de partida cuyo resultado más significativo es el que en este momento prologamos.

La propia carrera profesional de Mónica Hernández es indicativa de la perspectiva bifronte con la que la autora se maneja, tal y como revela su sucesiva condición de coordinadora de calidad y formación, directora médica y directora-gerente del Hospital de Laredo en Cantabria. A esta vertiente profesional deben también sumarse las numerosas comunicaciones y ponencias impartidas sobre la interconexión entre los mundos de la gestión, del Derecho y de la Medicina. De igual manera, la autora ya contaba en su haber predoctoral con un número significativo de publicaciones científicas en monografías y revistas especializadas.

Con este importante bagaje en la mochila aún recuerdo la tarde en la que me preguntó si aceptaría dirigir una tesis doctoral sobre la epidemiología jurídica de la responsabilidad médica. En efecto, acabábamos de clausurar una jornada sobre el régimen jurídico de la salud reproductiva que tuve la oportunidad de dirigir en el Hospital Universitario Marqués de Valdecilla, cuando Mónica me planteó la posibilidad de obtener el más alto grado académico con una investigación de tal cariz. Acepté sin dudarlo y enseguida nos pusimos en marcha. Para ello, precisábamos seleccionar el programa de doctorado más adecuado para el fin perseguido y, en ese sentido, la elección no pudo resultar más afortunada. El Centro de Estudios en Bioderecho, Bioética y Salud (CEBES) de la Universidad de Murcia -en colaboración con la Universidad de San Luis de Potosí de México- acababa de poner en marcha, previa acreditación por la ANECA, un vanguardista programa de doctorado internacional que precisamente se encontraba orientado a cultivar la intersección entre Medicina y Derecho. Se trataba de un producto académico absolutamente novedoso en la oferta doctoral española -y, me atrevo a decir, iberoamericana-, que perseguía fomentar investigaciones de naturaleza mixta, combinando las disciplinas jurídicas con las ciencias de la salud. Aprovechando la amable invitación del CEBES a incorporarme a su claustro doctoral, la autora decidió matricularse en la primera edición del programa y hoy puedo afirmar con indisimulada satisfacción que es la primera doctora egresada del mismo. Con un entorno investigador adecuado, su impecable -e implacable- tesón han hecho el resto.

Ello me conduce a comentar el segundo ingrediente de esta obra: su decidida apuesta por el cultivo de la interdisciplinariedad *real* como método. El término "interdisciplinariedad", forjado por el sociólogo Louis Wirth en 1937, probablemente constituya una expresión desgastada por su frecuente uso retórico pero su escasa aplicación práctica. Sin embargo, cuando se emplea de manera efectiva abre nuevos horizontes a la cooperación en el proceso de solución de problemas, favorece

---

[2] Celebrado ininterrumpidamente desde entonces, alcanzando en 2022 su decimoquinta edición.

procesos de apoyo mutuo en el trabajo y amplía las tradiciones epistemológicas. En una sociedad del riesgo, el proceso de solución de problemas complejos requiere la suma de esfuerzos y la colaboración de diversas disciplinas que aporten recursos teórico-prácticos útiles[3]. El ámbito jurídico-médico es indudablemente uno de ellos, por lo debe defenderse sin reparos la necesidad de reformular un *medical-legal partnership* de nuevo cuño. Como han señalado Lawton y Sandel, parece inevitable que Derecho y Medicina comiencen a unirse y alinearse más allá de los dominios históricos de la bioética y la negligencia médica para hacer frente a los determinantes sociales de la salud y la enfermedad[4]. En este sentido, los excelentes resultados del maridaje entre Medicina y Derecho, de los que luego me haré eco, saltan a la vista.

En todo caso, importa subrayar que la monografía que ahora presentamos no trae causa de una tesis *de* Derecho sino de una tesis *sobre* el Derecho. En efecto, sin perjuicio de los interesantísimos problemas jurídicos que la obra deja anotados, su finalidad última descansa en el estudio del impacto real de la litigiosidad por responsabilidad médica y su traducción en indeseables prácticas de medicina defensiva, lo que a su vez permite un análisis pormenorizado de la epidemiología jurídica del error clínico.

Atendiendo a este contexto, parecía claro que el perfil del tribunal encargado de juzgar la tesis doctoral debía beber también de la pócima de la interdisciplinariedad, característica común de los cruces de caminos a los que antes me refería. En este sentido, el Prof. Dr. Carlos Romeo Casabona, Catedrático de Derecho Penal y Director de la Cátedra de Derecho y Genoma Humano de la Universidad del País Vasco, no sólo es doctor en Derecho, sino también doctor en Medicina. La Prof. Dra. Anne Marie Duguet, Catedrática emérita de la Universidad Paul Savatier Toulouse III, es egresada en medicina, pero asimismo cuenta con un doctorado en Derecho. *Last but not least*, el Prof. Dr. Eduardo Osuna Carrillo de Albornoz es Catedrático de Medicina Legal y Forense en la propia Universidad de Murcia, cultivando una disciplina claramente hermanada con el Derecho Sanitario. Podemos afirmar por ello que la composición del prestigioso tribunal doctoral resultaba plenamente coherente con la metodología resultante de la tesis sometida a su escrutinio.

Se ha defendido con acierto que la filosofía se articula en tres momentos fundamentales: el del pensamiento perplejo que pregunta, el de la reflexión y elaboración de la experiencia vivida y el de la creación formal y la invención de conceptos[5]. Apli-

---

[3] Fernández-Ríos, Luis: "Interdisciplinariedad en la construcción del conocimiento: ¿más allá de Bolonia?", *Innovación Educativa*, nº 20, 2010, p. 163.

[4] "It can seem inevitable that law and medicine would begin to merge and align beyond the historical domains of bioethics and medical malpractice to address the social determinants of health and disease" (Lawton Ellen/Sandel, Megan: "Medical-legal partnerships. Collaborating to transform healthcare for vulnerable patients: a symposium introduction and overview", *Journal of Legal Medicine*, nº 35, 2014, pp. 1-6).

[5] Gómez Ramos, Antonio: "Asombro, experiencia y forma: los tres momentos constitutivos de la filosofía", *Convivium*, nº 20, 2007, p. 3.

cando traslaticiamente esta idea, podemos observar que este triple estadio rezuma por los poros del trabajo que ahora comentamos. La obra se hace las preguntas pertinentes (¿por qué existe medicina defensiva? ¿desde cuándo? ¿en qué consiste?), reflexiona sobre una certera hipótesis de investigación (el temor médico a la judicialización) y obtiene resultados que radiografían la epidermis del conflicto sanitario y demuestran lo infundado de dicho temor.

Lamentablemente este tipo de estudios y la metodología que los inspira, si bien son comunes en la doctrina estadounidense, resultan infrecuentes en la literatura española. De este modo, la obra viene a cubrir una laguna en el panorama académico español que la Dra. Hernández Herrero ha colmado con brillantez.

Resta una reflexión final sobre los interesantísimos resultados obtenidos, tercera nota distintiva de la obra glosada. Las prácticas defensivas, que nacen en Estados Unidos como consecuencia del incremento de las demandas por negligencia profesional, tienen como causa destacada el temor a una reclamación por responsabilidad. De este modo, cierta clase médica, ahora ya a nivel global, cree protegerse de una eventual demanda judicial a través la indicación de tratamientos o pruebas diagnósticas innecesarias (*medicina defensiva positiva*), pero también mediante la evitación de pacientes de riesgo (*medicina defensiva negativa*).

Tal y como destaca la Dra. Hernández Herrero, el impacto de estas prácticas de medicina defensiva es realmente negativo. Se produce un incremento del gasto sanitario, cuantificado en algunos estudios en el 10% del gasto total en salud. También provoca una menor accesibilidad a la asistencia sanitaria, ya que el exceso en la utilización de pruebas y tratamientos genera un aumento de las listas de espera en la sanidad pública. Finalmente, puede propiciar iatrogenia a los pacientes, ocasionando, por tanto, un daño derivado de la propia atención sanitaria.

El fenómeno de la medicina defensiva se enlaza en la monografía con el estudio del error médico, que en el ámbito sanitario adquiere dimensiones relevantes por sus graves repercusiones en la salud de los pacientes. Como subraya la autora, la tendencia actual apunta a un origen multicausal de los errores clínicos, por lo que es en ellos donde se deben centrar las medidas preventivas. Por otra parte, es conocido que prácticamente la mitad de esos errores son prevenibles. La Dra. Hernández defiende que todo ello también impacta en un mayor gasto sanitario, por lo que se han puesto en marcha diferentes medidas para disminuir los efectos adversos del error clínico, entre ellas, la petición de disculpas al paciente. Estas experiencias han producido resultados dispares, si bien existen casos de éxito que han llegado a conseguir una disminución en el importe medio de las indemnizaciones.

Con estas premisas de partida, la importancia de la medicina defensiva y su estrecha relación con el error médico exigía ahondar en el estudio científico de las resoluciones judiciales por responsabilidad médica, tarea que emprende, de manera metodológicamente encomiable, la monografía prologada. En efecto, el estudio de la medicina defensiva, extremadamente complejo, se había llevado a cabo hasta hora en nuestro país a través de encuestas de diferentes tipos. Abandonando dicha técnica, la obra se sumerge en el proceloso océano judicial y, aplicando modernas técnicas de muestreo estadístico, estudia las sentencias dictadas por las salas de lo contencioso-administrativo de los Tribunales Superiores de Justicia durante el período comprendido entre 2008 y 2020.

Del estudio se concluye que la mayor parte de las sentencias por responsabilidad médica en el ámbito público son desestimatorias, es decir, favorables a la Administración sanitaria. Explica la Dra. Hernández Herrero que las características generales halladas en el análisis de las sentencias estudiadas revelan que se producen más frecuentemente en pacientes mayores de edad, tienen lugar en el ámbito hospitalario y afectan a las actuaciones de tipo programado no urgente. Del mismo modo, se constata que las Comunidades Autónomas con mayor litigiosidad relativa (número de sentencias por cada cien mil habitantes) son Asturias, Madrid y La Rioja. En cuanto al resultado de las sentencias en función de la instancia, tanto en la primera como en la segunda (apelación) se obtienen unos resultados similares. En este sentido, los resultados permiten afirmar que ninguna instancia es más proclive a estimar las demandas a favor del actor.

Otros aspectos de interés del trabajo se refieren a las especialidades más demandadas: traumatología y ortopedia, ginecología y obstetricia y cirugía general. Dichas disciplinas acumulan casi la mitad de las sentencias analizadas, siendo un hallazgo coincidente con los estudios a nivel internacional y congruente con el hecho de que la mayor parte de las sentencias diriman daños producidos en el ámbito hospitalario. Los motivos más frecuentes en las resoluciones judiciales estudiadas descansan en la mala praxis diagnóstica y/o de tratamiento, la pérdida de oportunidad y el déficit de información. Llama la atención especialmente este último motivo, puesto que el derecho a una correcta información asistencial se supone consolidado desde hace ya veinte años a través de la Ley 41/2002, de 14 de noviembre, básica reguladora de la autonomía del paciente y derechos y obligaciones en materia de información y documentación clínica.

La monografía también aporta otra información hasta ahora desconocida. Así, la mediana de las cuantías indemnizatorias es de 40.369 euros, permaneciendo estables los datos con respecto a esta variable a lo largo de los 13 años analizados. La autora explica que este es un hecho diferencial con el resto de la literatura internacional, donde se observa que las cuantías han ido aumentando, si bien, los datos de la obra hacen referencia únicamente al ámbito de la sanidad pública. Resulta también de interés comprobar que la relación entre la cuantía y la instancia es estadísticamente significativa, hallándose que la mediana en segunda instancia (67.601 euros) es prácticamente el doble que en primera (37.076 euros). El daño reclamado con la mayor mediana de las cuantías es el fallecimiento (60.000 euros), siendo ésta el doble que en el caso de las secuelas (30.000 euros). La diferencia encontrada es estadísticamente relevante. Particularmente, en el caso de feto muerto como daño reclamado se obtiene la mediana más alta con 91.608 euros.

De acuerdo con el estudio que comentamos, las cuantías más elevadas derivan de sentencias estimatorias de acciones *wrongful birth*, más allá de que su número en términos absolutos sea muy bajo[6]. Las sentencias que fundamentan su estimación en el daño desproporcionado se corresponden con la segunda mayor mediana indemnizatoria, sin perjuicio del progresivo declive de la aplicación de este criterio modulador de la carga de la prueba. Finalmente, la obra explica cómo las sentencias con fallo estimatorio total obtienen una mediana en la cuantía indemnizatoria (117.852 euros) cuatro veces mayor que en las resoluciones cuyo fallo es parcialmente estimatorio (36.000 euros).

En todo caso, como afirma la autora, los resultados muestran que la mayor parte de las demandas son desestimatorias y reafirman la idea de que la medicina defensiva constituye una reacción exagerada al temor médico a la judicialización de la actividad clínica. Este dato puede aportar luz a los profesionales para dimensionar en sus justos términos el impacto de las demandas por responsabilidad en el ámbito sanitario público, contribuyendo así a disminuir el temor a una demanda y, por consiguiente, la práctica de la medicina defensiva.

A la vista de los resultados expuestos, no cabe duda de que la obra hace timbre de honor a su título. Se trata de una auténtica radiografía del litigio sanitario público y, en lo que me alcanza, contiene la mayor muestra de sentencias analizadas hasta la fecha en nuestro país. Se trata, por todo ello, de un estudio innovador que abre una línea de investigación que, a buen seguro, es susceptible de resultar continuada tomando en consideración otras jurisdicciones como la civil o la penal. En cualquier caso, los datos ya obtenidos permiten obtener evidencias científicas en relación con los litigios por responsabilidad médica de las Administraciones Públicas, dotando así a juristas, gestores y *policy makers* de sólidas herramientas para implementar programas de reducción de las prácticas de medicina defensiva. En este sentido, este magnífico trabajo constituye un excelente ejemplo de cómo se puede hacer ciencia a partir de datos judiciales que no habían sido suficientemente atendidos y, menos aún, explotados. Todo ello pone de relieve la plenitud investigadora de la autora, de la que cabe afirmar que, cuando se encontró ante su particular encrucijada, eligió el camino de la solvencia científica.

---

[6] Aspecto que también se infiere del excelente trabajo de TOMILLO URBINA, Jorge: "Veinte años de *wrongful birth* en España (1997-2017): inicio, desarrollo y consolidación jurisprudencial" en PRATS ALBENTOSA, Lorenzo/ TOMÁS MARTÍNEZ, Gema (coord.) *Culpa y responsabilidad*, Thomson Reuters Civitas, Cizur Menor, 2017, pp. 871-893.

INTRODUCCIÓN

1. PLANTEAMIENTO

La actuación de los médicos y su responsabilidad se ha transformado a través de la historia, sobre todo, en las últimas décadas. De hecho, es una preocupación constante en el ámbito de la asistencia sanitaria y es objeto de debate hoy en día a nivel internacional en lo que tiene que ver con la Pandemia Covid-19, dadas las futuras reclamaciones de diversa índole[1,2]. Sin embargo, la discusión sobre esta materia no es nueva[3,4,5].

---

1 Por ejemplo, las posibles demandas en relación con la falta de atención a los pacientes con otros tipos de enfermedades, entre ellas las oncológicas, que han visto reducidas sus expectativas tanto de diagnóstico como de tratamiento. TOLENTINO VR, DEREVLANY L, DeLaMOTHE C, VICK S, CHALYAVSKI L, "The effects of the COVID-19 pandemic on risk management practice: A report from the epicenter in New York City", *Journal of Healthcare Risk Management*, vol. 40, no 4, 2021, p. 47.

2 Las infecciones SARS-Cov-2 que se han podido adquirir durante un ingreso hospitalario son un grave problema de salud pública. Según algunos estudios, las tasas son del 12 al 15%, por lo tanto, podrían ser objeto de demanda por mala praxis si se dan las circunstancias necesarias. BARRANCO R, VALLEGA BERNUCCI DU TREMOUL L, VENTURA F, "Hospital-Adquired SARS-Cov-2 Infections in Patients: Inevitable Conditions or Medical Malpractice?", *International Journal of Environmental Research and Public Health*, vol. 18, no 2, 2021, pp. 6-7.

3 El médico Villanueva y Solís leyó el discurso de la sesión inaugural de la Academia de Medicina y Cirugía de Castilla la Nueva en 1850, cuyo título era: "De la responsabilidad legal médica". En este extenso discurso es notable la defensa de la postura predominante de la época. Prácticamente se pretendía la casi total impunidad del médico en el ejercicio de su profesión, salvo en casos de falta grave como operar en estado de embriaguez, realizar intervenciones arriesgadas o no acudir cuando se le reclamaba en una urgencia. VILLANUEVA Y SOLÍS D, *Discurso de la sesión inaugural de la Academia de Medicina y Cirugía*, Establecimiento Tipográfico de D. S. Saunaque, Madrid, 1850, pp. 31-32.

4 Marañón defendió la postura preeminente de este tiempo llegando a invertir la responsabilidad. Por un lado, hacia el paciente por no escoger "con acierto" a su médico y por otro, a los profesores de la Universidad que habían formado al médico, por no hacerlo con pericia. MARAÑÓN G, *Vocación y ética*, Espasa-Calpe, Madrid, 1946, pp. 103-108.

5 De La Quintana Fergusón decía algo que sigue plenamente vigente hoy: "*la ley no pide al médico que acierte siempre; lo que le exige, como a otro profesional cualquiera, es que emplee todos los medios a su alcance para no equivocarse con daño para su cliente*". DE LA QUINTANA FERGUSÓN M, *La responsabilidad civil del médico*, Estades Artes Gráficas, Madrid, 1949, p. 47.

La mayor parte de las modificaciones que se han producido en la responsabilidad médica son debidas al cambio radical de la relación médico-paciente[6] y la evolución en la jurisprudencia.

En primer lugar, la relación médico-paciente ha progresado a lo largo de la historia. La posición paternalista y de superioridad del médico, con la autoridad en la toma de decisiones respecto a la salud del paciente, ha sido sustituida por el nacimiento y desarrollo del principio de la autonomía del paciente. Es decir, el paciente pasa de ser un mero espectador a participar en la toma de decisiones sobre su proceso, a través la información que le proporciona el médico, cuyo máximo exponente es el consentimiento informado.

En segundo lugar, el proceso juridificador de la medicina ha sido un elemento clave para corregir las mencionadas asimetrías entre el médico y el paciente[7]. A su vez, la consolidación de la doctrina jurisprudencial en materia de responsabilidad médica ha contribuido a considerar la infracción de la *lex artis* como la forma de determinar si la actuación médica ha sido correcta.

Así mismo, los cambios en la relación médico-paciente y en la responsabilidad del médico son considerados algunos de los factores que han originado un incremento de las demandas por responsabilidad médica a lo largo de las últimas décadas en numerosos países[8], cuyo máximo paradigma es EE.UU.. Por ello, no es casual que allí surgiera la necesidad de los médicos de defenderse por el temor a los litigios, en lo que se denomina Medicina Defensiva. Estas prácticas se basan en realizar pruebas y tratamientos innecesarios (medicina defensiva positiva) o bien, en evitar pacientes de riesgo (medicina defensiva negativa). Esta práctica surge como respuesta a la percepción del riesgo de los médicos a ser demandados. Se reconoce a nivel mundial la presencia de la medicina defensiva en la actividad habitual de la actividad sanitaria[9], sobre todo en los países desarrollados. No obstante, su estudio científico todavía es muy escaso, aunque existen pocas dudas en la actualidad sobre su existencia[10].

---

6 Más allá del cambio en la relación clínica entre médico-paciente y el principio de autonomía existen panteamientos mucho más modernos que defienden la idea de otorgar al usuario de los servicios sanitarios la categoría de consumidor especial. De esta manera, se propone que al usuario se le aplique el arsenal tuitivo del Derecho de Consumo de forma que se eliminen las posiciones asimétricas. CAYÓN DE LAS CUEVAS J, *La prestación de servicios sanitarios como relación jurídica de consumo*, Thomson Reuters Civitas, Navarra, 2017, pp. 145-147.

7 TOMILLO URBINA JL, "Nuevos derechos del paciente desde su condición jurídica como consumidor", *Derecho y Salud*, vol. 19, no 1 extra, 2010, p. 44.

8 BOURNE T, WYNANTS L, PETERS M, VAN AUDENHOVE C, TIMMERMAN D, VAN CALSTER B, JALMBRANT M, "The impact of complaints procedures on the welfare, health and clinical practise of 7926 doctors in the UK: a cross-sectional survey", *British Medical Journal Open*, vol. 5, no 1, 2015, pp. 8-9.

9 BAUNGAARD N, SKOVVANG P, HVIDT EA, GERBILD H, ANDERSEN MK, LYKKEGARD J, "How defensive medicine is defined and understood in European medical literature: protocol for a systematic review", *British Medical Journal Open*, vol. 10, no 2, 2020, pp. 1-2.

10 WILLIAMS PL, WILLIAMS JP, WILLIAMS BR, "The fine line of defensive medicine", *Journal of Forensic and Legal Medicine*, vol. 80, 2021, pp. 1-3.

Las consecuencias de la medicina defensiva son extremadamente negativas. En primer lugar, hacia el paciente, al someterle a pruebas y tratamientos innecesarios que pueden causarle iatrogenia. Por añadidura, se evita su diagnóstico y tratamiento por ser un paciente de riesgo, sometiéndole a esperas innecesarias e incluso a derivaciones a otros especialistas con el fin de no atenderle. En segundo lugar, hacia el sistema sanitario, puesto que eleva el coste de la atención sanitaria, disminuye la accesibilidad, la eficiencia y la eficacia del sistema sanitario público. Por último, la medicina defensiva no protege de las demandas por responsabilidad, ya que no asegura actuar conforme a la *lex artis ad hoc.*

A pesar de su trascendencia, el estudio de la negligencia médica y de la medicina defensiva no ha sido abordado con profundidad hasta el momento en España. Aunque sí existen algunos estudios que, mediante encuesta, han concluido que las prácticas defensivas son frecuentes[11]. En lo relativo a la negligencia médica en el ámbito público no hemos encontrado estudios en España.

Es crucial señalar que para que sea posible apreciar responsabilidad en la medicina curativa o asistencial, en el ámbito de las administraciones públicas, se tienen que dar una serie de circunstancias.

En primer lugar, existe una obligación de medios y no de resultado[12], dado que la medicina no es una ciencia exacta y no hay obligación de curar al paciente, sino de prestarle la atención que precisa según el estado de la ciencia y los medios disponibles: es lo que se define como *lex artis ad hoc.* Por lo tanto, la responsabilidad no es objetiva, puesto que no es suficiente el hecho de que se haya producido un daño y así lo avala la jurisprudencia constante y consolidada del Tribunal Supremo desde finales de los años ochenta. La prestación del consentimiento informado se considera como un componente de la *lex artis.* En vista de ello, la información deficiente o su ausencia es una infracción de la misma[13].

En segundo lugar, tiene que haberse producido un daño antijurídico, es decir, que la lesión sea resarcible y el paciente no tenga el deber jurídico de soportarlo. El daño debe ser imputable a la Administración como resultado de su funcionamiento normal o anormal y tiene que existir relación de causalidad, excepto en casos de fuerza mayor u otras causas que justifiquen su exoneración.

Desde un punto de vista procesal, la carga de la prueba recae en el demandante, salvo en el caso de que se produzca un daño "clamoroso" o excepcionalmente grave,

---

[11] PEREA PÉREZ B, GARROTE DÍAZ JM, HERNÁNDEZ GIL A, MARTÍNEZ HERNÁNDEZ S, GARCÍA MARTÍN AF, SANTIAGO SÁEZ A, "Medicina defensiva en los servicios de urgencias hospitalarias", *Revista Española de Salud Pública*, vol. 95, 2021, p. 1.

[12] SEIJAS QUINTANA JA, "La responsabilidad civil médica: ¿Obligación de medios; obligación de resultados?", *Revista de la Asociación Española de Abogados Especializados en Responsabilidad Civil y Seguro*, no 29, 2009, p. 18.

[13] CAYÓN DE LAS CUEVAS J, *La prestación de servicios sanitarios como relación jurídica de consumo,* Thomson Reuters Civitas, Navarra, 2017, pp. 466-467.

sin proporción con la enfermedad por la que estaba siendo atendido. En este caso se invierte la carga de la prueba y es el médico el que tiene que demostrar que su actuación ha sido acorde a la *lex artis ad hoc*. Dicha situación se conoce como doctrina del daño desproporcionado (*res ipsa loquitur*).

En ocasiones, no es posible establecer que la actuación del médico haya producido un daño. Sin embargo, se puede estimar que si se hubiese actuado de otra manera, con la debida diligencia, el daño no se hubiera producido. Es la denominada doctrina de la pérdida de oportunidad.

El error en la práctica clínica está íntimamente relacionado con determinadas demandas por responsabilidad. Resulta muy importante acentuar que el mero error no se traduce en responsabilidad, sino que debe producirse un error negligente con infracción de la *lex artis ad hoc* para que exista responsabilidad.

Así las cosas, la presente monografía pretende conocer cual es el papel de las demandas por negligencia médica en el ámbito de la asistencia sanitaria pública. El análisis de las características de dichas demandas pretende contribuir a contextualizar en sus justos términos la percepción del riesgo legal por parte de los profesionales.

2. HIPÓTESIS Y OBJETIVOS

La medicina defensiva surge del temor de los médicos a una demanda porque perciben una amenaza a ser demandados por una negligencia[14]. En otras palabras, se advierte un riesgo legal en el ámbito asistencia sanitaria. El riesgo percibido por los médicos y su preocupación suele ser mayor al riesgo real, por lo tanto, sobreestiman en muchos casos el riesgo a ser demandados[15,16,17,18]. Según algunos autores, esta amenaza puede afectar a tres circunstancias: a) el riesgo a una demanda; b) la probabili-

[14] RIES NM, JANSEN J, "Physicians' views and experiences of defensive medicine: An international review of empirical research", *Health Policy*, vol. 125, no 5, 2021, pp. 638-639.

[15] LAWTHERS AG, RUSSEL LOCALLO A, LAIRD NM, LIPSITZ S, HEBERT LL, BRENNAN TA, "Physicians' Perceptions of the Risk of Being Sued", *Journal of Health Politics, Policy and Law*, vol. 17, no 3, 1992, pp. 473-474.

[16] DICK JF, GALLAGHER TH, BRENNER RJ, YI JP, REISCH LM, ABRAHAM L, MIGLIORETTI DL, CARNEY PA, CUTTER GR, ELMORE JG, "Predictors of Radiologists' Perceived Risk of Malpractice Lawsuits in Breast Imaging", *Am J Roentgenol*, vol. 192, no 2, 2009, pp. 327.

[17] CARRIER ER, RESCHOVSKY, KATZ DA, MELLO MM, "High Physician Concern About Malpractice Risk Predicts More Aggressive Diagnostic Testing In Office-Based Practice", *Health Affairs*, vol. 32, no 8, 2013, pp. 1387-1390.

[18] CARRIER ER, RESCHOVSKY JD, MELLO MM, MAYRELL RC, KATZ D, "Physicians' Fears Of Malpractice Lawsuits Are Not Assuaged By Tort Reforms", *Health Affaires (Milwood)*, vol. 29, no 9, 2010, pp. 1585-1592.

dad de que una demanda sea estimatoria y que conduzca a un pago; c) la cuantía de este pago[19].

El objetivo general de la investigación es analizar las características de las sentencias sobre responsabilidad médica en España, de manera que podamos aproximarnos de una forma empírica al fenómeno de la negligencia médica. Pretendemos dar respuesta a dos de los factores que influyen en el riesgo legal: el resultado de las demandas y la cuantía indemnizatoria. En este sentido, reconocemos que se trata de un tipo de investigación pionera en España en el ámbito público. Sin embargo, en otros países tiene una extensa tradición, como es el caso de EE.UU.. El conocimiento más profundo[20] por parte de los profesionales sobre la realidad de los litigios puede contribuir a aliviar el temor a las demandas.

La hipótesis de trabajo es que el resultado de las sentencias sobre responsabilidad médica en el ámbito público es más probable que sea favorable a la administración sanitaria.

Unido al objetivo general, esta tesis doctoral persigue varios objetivos secundarios:

1. Analizar las características demográficas de las sentencias y de los pacientes implicados.
2. Determinar si alguna de las dos instancias es más proclive a estimar las demandas.
3. Establecer las especialidades demandadas, el ámbito y el tipo de actuación.
4. Identificar el daño reclamado.
5. Examinar las características de la resolución de los procesos: el fallo.
6. Clasificar los motivos de las sentencias estimadas.
7. Evaluar las cuantías indemnizatorias.

3. METODOLOGÍA

En la presente investigación, en primer lugar, se ha realizado un estudio pormenorizado sobre el estado de la cuestión mediante la revisión bibliográfica no sistemática de las principales fuentes de la literatura científica. Se ha expuesto el enfoque de los autores relevantes en relación con la materia objeto de estudio. Así mismo, se ha

[19] JENA AB, SEABURY S, LAKDAWALLA D, CHANDRA A, "Malpractice Risk According to Physician Specialty", *New England Journal of Medical*, vol. 365, no 7, 2011, pp. 635-636.

[20] EVANS A, REFROW-RUTALA, "Medico-legal education: A pilot curriculum to fill identified knowledge gap", *Journal of Graduate Medical Education*", vol. 2, no 4, 2010, pp. 597-599.

utilizado el método histórico y la comparación de la situación, dado el peso relevante que tiene en la comprensión del objeto de estudio.

En segundo lugar, se ha realizado un estudio observacional transversal (ecológico) de las sentencias por negligencia médica en el sistema sanitario público en España durante un periodo determinado (2008-2020). La muestra se ha calculado en función de la población de estudio a través de un programa específico. El procedimiento del muestreo ha sido sistemático. La recogida de las variables se ha realizado mediante la base de datos jurisprudencial CENDOJ (Centro de Documentación Judicial). Posteriormente, se llevará a cabo el análisis estadístico a través del programa SPSS, para concluir con la exposición de los resultados y su interpretación. La descripción pormenorizada de la metodología del estudio observacional se explicará en el capítulo tercero.

CAPÍTULO PRIMERO

LA MEDICINA DEFENSIVA COMO FENÓMENO: MARCO CONCEPTUAL

1. ORIGEN, DESARROLLO Y EVOLUCIÓN DE LA MEDICINA DEFENSIVA EN ESTADOS UNIDOS

1.1. DEFINICIÓN DE MEDICINA DEFENSIVA

El concepto de Medicina Defensiva surge a finales de los años sesenta y principios de los setenta en EE.UU. como consecuencia de la crisis de mala praxis ("*Malpractice Crisis*")[21]. El contexto de crisis se refiere al aumento del número de demandas por mala praxis[22] y como consecuencia, el incremento de las primas de los seguros que contratan los médicos[23] durante ese periodo. La situación de crisis económica sobrevenida por el crecimiento de las demandas por mala praxis y de las primas dio lugar a que muchos médicos comenzaran a utilizar las prácticas defensivas para evitar las demandas. Incluso se llegó a afirmar que el médico veía al paciente como un posible demandante[24].

En tales circunstancias, comenzó a definirse la medicina defensiva como la realización de pruebas y tratamientos innecesarios para protegerse de los litigios[25]. Las

[21] EDITORIAL BOARD, "The Medical Malpractice Threat: A Study of Defensive Medicine", *Duke Law Journal,* vol. 20, no 5, 1971, p. 942.

[22] Como ejemplo de ello, en el estado de New York aumentaron un 90% el número de demandas desde 1968. HARNEY D, "Medical Malpractice", *Duke Law Journal*, vol. 23, no 5, 1974, p. 1000.

[23] La media de las primas de los seguros subió entre un 600% y 900% de 1960 a 1972. ROBINSON GO, "The Medical Malpractice crisis of the 1970's: a retrospective", *Law and Contemporary Problems*, vol. 49, no 2, 1986, p. 8.

[24] En este sentido, los médicos no solo se protegen ante el miedo a una demanda por negligencia, sino que además ven a cada paciente como un potencial "reclamador". HERSHEY N, "The Defensive Practice of Medicine: Myth or Reality", *The Milbank Memorial Fund Quaterly*, vol. 50, no 1, Part.1, 1972, p. 71.

[25] Report of the Secretary's Commision on Medical Malpractice (DHEW Publi. No. OS-73-89, Department of Health, Education, and Welfare, Washington, D.C., 1973.

prácticas defensivas eran un motivo importante de preocupación entre los médicos y los responsables políticos. Una de las cuestiones más preocupantes era el papel de la medicina defensiva en el incremento de los costes asistenciales. De hecho, el interés general en disminuir este gasto sanitario ha motivado que se hayan impulsado una serie de reformas del sistema de responsabilidad por negligencia, cuyo resultado positivo podría suponer una disminución de la prácticas defensivas[26].

Se definen dos tipos de prácticas defensivas[27], en primer lugar la denominada medicina defensiva positiva: expone a los pacientes a un elevado riesgo de daño debido a la realización de pruebas y tratamientos innecesarios. En segundo lugar, la medicina defensiva negativa: se produce cuando se evitan pacientes de alto riesgo cuya complejidad puede aumentar riesgo de una demanda[28].

Ciertas definiciones de la medicina defensiva introducen algunos matices y añaden que el médico ordena pruebas y tratamientos con el objetivo de protegerse de la "crítica", en vez de ocuparse de diagnosticar y tratar al paciente[29]. Esta afirmación tiene relevancia, puesto que significa que el médico pone su interés por encima de los del paciente. Es decir, lo importante para el profesional es protegerse de los litigios, produciéndose un conflicto de intereses. Esta actitud resulta poco defendible desde un punto de vista profesional y ético[30]. En una revisión sistemática reciente se ha definido la medicina defensiva en el contexto europeo. Se ha observado que existe una definición más amplia que únicamente el miedo a una demanda por mala praxis. Así, se incluye el miedo a la insatisfacción del paciente, el miedo a pasar por alto un diagnóstico grave, el miedo a una publicidad negativa y la medicina defensiva inconsciente[31].

Una de las definiciones más utilizadas de la medicina defensiva es la que expuso la OTA[32] (Office of Technology Assement) en un documento publicado en 1994:

---

26 BAICKER K, WRIGHT BJ, OLSON NA, "Reevaluating Reports of Defensive Medicine", *Journal of Health Politics, Policy and Law*, vol. 40, no 6, 2015, pp. 1157-1158.

27 PERIN A, "El fenómeno de la medicina defensiva como cuestión político-criminal. ¿Cómo conjugar autonomía y responsabilidad?", en ROMEO CASABONA CM, PERIN A (Eds), *Derecho y medicina defensiva: legitimidad y límetes de la intervención penal*, Editorial Comares, Granada, 2020, pp. 1-2. Esta obra de referencia versa sobre la dimensión penal de la medicina defensiva.

28 TANCREDI LR, BARONDESS JA, "The Problem of Defensive Medicine", *Science*, vol. 200, no 4344, 1978, p. 879.

29 McQUADE JS, "The medical malpractice crisis-reflections on the alleged causes and porposed cures: discussion paper", *Journal of the Royal Society of Medicine*, vol. 84, no 7, 1991, p. 408.

30 BESTER JC, "Defensive practice is indefensible: how defensive medicine runs counter to the ethical and professional obligations of clinicians", *Medicine, Health Care and Philosophy*, vol. 23, no 3, 2020, pp. 414-418.

31 BAUNGAARD N, LADEBY SKOVVANG P, ASSING HVIDT EA, GERBILD H, ANDERSEN MK, LYKKEGAARD J, "How defensive medicine is defined in European medical literature: a systematic review", *BMJ Open*, vol. 12, no 1, 2022, pp. 1-2.

32 El Congreso de los EE.UU. estableció en 1972 la Oficina de Evaluación de Tecnología con la Ley de Evaluación de Tecnología. Consultado el 27 de marzo de 2019 en: https://www.govinfo.

> *"Defensive medicine occurs when doctors order tests, procedures, or visits, or avoid high-risk patients or procedures,primarily (but not necessarily soley) to reduce their exposure to mal - practice liability. When physicians do extra tests or procedures primarily to reduce malpractice liability, they are practicing positive defensive medicine. When they avoid certain patients or procedures, they are practicing When they avoid certain patients or procedures, negative defensive medicine."*[33]

La OTA realiza una serie de aportaciones para entender mejor el concepto de medicina defensiva. Entre ellas, en la definición -cuya causa principal es el miedo a una demanda de responsabilidad por negligencia- añade que existen otras causas para practicar la medicina defensiva. En este aspecto nos interesa destacar que hoy en día sigue en discusión si existen otros factores que influyen en las prácticas defensivas. Algunos autores, tras la revisión de la evidencia científica, han ampliado la definición. En este sentido, se añade que la medicina defensiva se utiliza como mecanismo para reducir también las quejas de los pacientes y sus familias, las investigaciones internas de los centros, los procedimientos disciplinarios y los litigios penales[34].

El citado organismo introduce la existencia de una medicina defensiva consciente y otra inconsciente. De alguna manera, una práctica que comienza a ser defensiva de forma consciente, se introduce tanto en la práctica diaria que acaba llevándose a cabo de forma rutinaria o por costumbre. Dicha premisa está más en relación con lo que actualmente se denomina "prácticas de bajo valor en medicina" que son aquellas que ofrecen poco o ningún beneficio al paciente[35].

La OTA afirma que la medicina defensiva no siempre es negativa para el paciente, puesto que en ocasiones puede ser mayor el riesgo de equivocarse por defecto. Esta nueva acepción de la medicina defensiva destaca porque se acepta que puede proporcionar al paciente algún beneficio, aunque este sea mínimo[36]. Desde nuestro punto de vista, aunque las prácticas defensivas puedan ser en muy pocas ocasiones "acertadas", entendemos que es mucho mayor el daño que se provoca que el supuesto beneficio.

---

gov/content/pkg/STATUTE-86/pdf/STATUTE-86-Pg797.pdf. La OTA fue desfinanciada en 1995, su documentación hasta ese momento está accesible en: http://www.princeton.edu/~ota/

33 U.S. Congress, Office of Technology Assessment, Defensive Medicine and Medical Malpractice, OTA-H--6O2, Washington, DC: U.S. Government Printing Office, 1994, p. 21. Consultado el 27 de marzo de 2019 en: https://ota.fas.org/reports/9405.pdf

34 RIES NM, JANSEN J, "Physicians' views and experiences of defensive medicine: An international review of empirical research", *Health Policy*, vol. 125, no 5, 2021, pp. 637-638.

35 Las prácticas de bajo valor están muy extendidas en la práctica de la medicina y es muy compleja su eliminación. Se estima que Medicare y Medicaid gastan más de 274 millones de dólares al año en pruebas a pacientes asintomáticos para la detección de enfermedades de las carótidas. POWERS BW, JAIN SH, SHRANK WH, "De-adopting Low-Value Care", *Journal of American Medical Association*, vol. 324, no 16, 2020, pp. 1603-1604.

36 KESSLER D, MACCLELLAN M, "Do doctors practice defensive medicine?", *Quaterly Journal of Economics*, vol. 111, no 2, 1996, p. 354.

Nuestra postura es que la medicina defensiva es iatrogénica, es decir, que produce daño, bien por exceso o por defecto. Es por ello que resulta de especial interés resaltar lo que no es medicina defensiva, por ejemplo: dedicar más tiempo a los pacientes, ser extremadamente cauteloso con la documentación y la información y ejercer una medicina cuidadosa, entre otras.

Como hemos podido entrever, el concepto de medicina defensiva no está exento de controversia. Sin embargo, encontramos que el miedo a fracasar y a sus posibles consecuencias en la práctica de la medicina es casi tan antiguo como su propia existencia[37]. Para ilustrar este miedo ancestral destacamos que en la antigua Grecia, Alejandro Magno sufría una grave enfermedad (no está aclarado que tipo de dolencia tenía). Sus "médicos" no se atrevían a tratarlo por temor a las represalias de este si se equivocaban. Un prestigioso médico militar muy cercano al rey, Felipe de Acarnania, tras obtener la confianza del emperador, comenzó a tratarle con un remedio que preparó él mismo[38].

Un caso más tardío es el del emperador bizantino Justino II (578 d.C.) que sufría dolores insoportables por una urolitiasis, llegando incluso a suplicar a los médicos que pusieran fin a su vida. Estos sabían que debían operarle, pero no se atrevían a actuar por miedo a ser castigados si fallaban. Entonces, para operarle con "tranquilidad", solicitaron previamente garantías de que no hubiera consecuencias negativas para ellos si el paciente fallecía durante la intervención. Por este motivo reclamaron, además, que fuese el mismo emperador quien les diera de su propia mano el escalpelo[39].

Dado que hemos situado históricamente el origen de las prácticas defensivas a finales de los años sesenta y principios de los setenta a causa de la crisis de mala praxis en EE.UU. creemos que es imprescindible y resultará muy clarificador comprender por qué se produjo en esa época y en ese país. Para ello, analizaremos los determinantes que hicieron surgir la medicina defensiva en EE.UU. que son: su sistema sanitario, las reformas sanitarias federales más importantes y el sistema judicial en relación a la mala praxis, todo ello interrelacionado con los factores sociales, políticos y demográficos.

1.2. EL SISTEMA SANITARIO ESTADOUNIDENSE

Para entender el complejo sistema de salud de EE.UU., basado fundamentalmente en la ideología del libre mercado, es necesario contextualizarlo previamente. Con tal

---

37 Situamos los orígenes de la medicina en los hechiceros paleolíticos (la medicina ligada a la magia) quienes entendían que las patologías eran de origen divino. Además, debemos de resaltar el interesante origen común con la medicina del derecho, ya que el primer juez también era el chamán o hechicero de la tribu. CAYÓN DE LAS CUEVAS J, *La prestación de servicios sanitarios como relación jurídica de consumo,* Thomson Reuters Civitas, Navarra, 2017, pp. 69-70.

38 ANTELA-BERNÁNDEZ IB, SIERRA MARTÍN C, "Alejandro y la Anábasis de la medicina griega", *Athenaeum: Studi di letteratura e Storia dell'antichità,* vol. 104, no 2, 2016, pp. 409-410.

39 DALLA VORGIA P, LASCARATOS J, SKIADAS P, GARANIS PAPADATOS, "Is consent in medicine a concept only of modern times?", *Journal of Medical Ethics*, vol. 27, 2001, p. 60.

propósito, describiremos los aspectos políticos, demográficos, económicos y sociales de la población estadounidense actual que resultan más relevantes.

El tipo de gobierno de EE.UU. es una república federal[40] democrática. El poder del gobierno federal se divide en tres: legislativo[41], ejecutivo[42] y judicial[43] integrando así el principio de "separación de poderes"[44] en sentido estricto, todo ello amparado en la Constitución de EE.UU.. El gobierno federal gestiona las competencias imprescindibles para el buen funcionamiento del Estado, entre ellas la política exterior o defensa. El resto de competencias recaen en los 50 estados.

1.2.1. Aspectos demográficos, económicos y sociales

La población total de EE.UU. se estima, según datos del Banco Mundial, en 2021 en 331.893 millones de habitantes y está divida casi en partes iguales entre hombres y mujeres[45]. EE.UU. tiene una esperanza de vida de 77 años en 2020[46] que ha disminuido con respecto a 2017[47]. Por añadidura, existe una brecha importante en la esperanza de vida entre los estadounidenses ricos y pobres que se ha ampliado desde los años

---

40 "La palabra "federal" deriva del latín *foedus* que significa tratado o pacto y se conecta con el término *fidere* que quiere decir confiar, fidelidad, sinceridad, verdad. El término federalismo no es una categoría descriptiva, sino que tiene carácter normativo y hace alusión a la defensa de un gobierno múltiple que combina elementos de gobierno común y autogobierno regional. WATSS RL, *Sistemas federales comparados,* Marcial Pons, Madrid, 2006, pp. 29,97.

41 "Representado por dos cámaras del Congreso: el Senado (100 senadores) y la Cámara de Representantes (435 representantes). Ambas deben aprobar los proyectos de ley antes de que sean enviados al Presidente para su firma. El Congreso se encarga de aprobar proyectos de ley, controlar el gasto público y supervisar las actividades del ejecutivo, entre otras funciones". Consultado el 29 de marzo de 2019 en: https://www.usa.gov/branches-of-government

42 "Representada por el presidente, vicepresidente y el Gabinete. Se encarga de implementar las leyes del país y tiene la facultad de vetar legislación previamente aprobada por el Congreso". Consultado el 29 de marzo de 2019 en: https://www.usa.gov/branches-of-government

43 "El poder judicial está representado por la Corte Suprema y otras cortes federales menores. Es independiente de las otras dos ramas del gobierno, lo cual se considera fundamental para garantizar la imparcialidad e igualdad de todos los ciudadanos. También tiene la facultad de declarar inconstitucional la legislación y puede también declarar inconstitucionales los actos del presidente". Consultado el 29 de marzo de 2019 en: https://www.usa.gov/branches-of-government

44 U.S. Constitution, arts. I, II, III.

45 Consultado el 24 de agosto de 2022 en: https://datos.bancomundial.org/pais/estados-unidos

46 Consultado el 9 de agosto de 2022 en: https://data.oecd.org/healthstat/life-expectancy-at-birth.htm

47 XU J, MURPHY SL, KOCHANEK KD, BASTIAN B, ARIAS E, "Mortality in the United States, 2018", NHCS Data Brief, nº 355. Hyattsville, MD: National Center for Health Statistics, 2020, p. 1. Consultado el 1 de marzo de 2021 en: https://static.poder360.com.br/2020/02/mortalidade-EUA.pdf

setenta, siendo la diferencia entre el 1% más rico y el más pobre de 10,1 años para las mujeres y de 14,6 años para los hombres[48].

La tasa de mortalidad infantil es un indicador de la salud infantil y del desarrollo socioeconómico de un país[49]. En EE.UU. se sitúa en 5,66 por cada mil nacimientos[50], por encima de otros países como Reino Unido, Canadá, Alemania, Australia y Japón, cuya media es 3,6 muertes por cada mil nacimientos[51].

El abordaje del gasto sanitario en EE.UU. lo realizaremos desde una perspectiva global y en comparación con otros países. Ello nos permitirá hacer un análisis más riguroso del contexto económico y del gasto en salud.

Según un informe de la OMS (Organización Mundial de Salud), en el año 2016 el gasto mundial en salud fue 7,5 billones de dólares, lo que representa casi el 10% del PIB (Producto Interior Bruto)[52]. En concreto, los países de la OCDE (Organización para la Cooperación y el Desarrollo Económicos) invirtieron un 8,8% de su PIB en 2018[53].

El gasto sanitario es una parte sustancial del PIB de los países, pero la cuestión más relevante es que existe un crecimiento del gasto sanitario mundial y, aunque este es mayor en los países de ingresos bajos y medios, persiste una brecha importante entre los países ricos y pobres. Como ejemplo de esta brecha, la mediana de gasto per cápita fue de 2.000 dólares en países de altos ingresos, 400 dólares en países ingresos medios-altos y de 100 dólares en países de ingresos medios-bajos[54]. Existen proyecciones que predicen dicho aumento y lo sitúan en una tasa de creci-

---

48 CHETTY R, STEPNER M, ABRAHAM D, LIN S, SCUDERI B, TURNER N, BERGERON A, CUTLER D, "The Association Between Income and Life Expentancy in the United States, 2011-2014. Association Between Income and Life Expentancy in the United States", *Journal of American Medical Association*, vol. 315, no 16, 2016, p. 1756.

49 ONAMBELE L, SAN MARTIN RODRÍGUEZ L, NIU H, ALVAREZ ALVAREZ I, ARNEDO PEÑA, GUILLEN GRIMA F, AGUINAGA ONTOSO I, "Mortalidad infantil en la Unión Europea: análisis de tendencias en el período 1994-2015", *Anales de Pediatría,* vol. 91, no 4, 2019, p. 220.

50 Consultado el 2 de marzo de 2021 en: https://www.cdc.gov/nchs/data/nvsr/nvsr69/nvsr69-13-508.pdf

51 PAPANICOLAS I, WOSKIE LR, "Health Care Spending in the United States and Other High-Income Countries", *Journal of American Medical Association*, vol. 319, no 10, 2018, p. 1028.

52 XU K, SOUCAT A, KUTZIN J E, Public Spending on Health: A Closer Look at Global Trends. Geneva: World Health Organization, (WHO/HIS/HGF/HFWorkingPaper/18.3), 2018, p. 6. Consultado el 30 de marzo de 2019 en: https://apps.who.int/iris/bitstream/handle/10665/276728/WHO-HIS-HGF-HF-WorkingPaper-18.3-eng.pdf?ua=1

53 Consultado el 3 de marzo de 2021 en: https://www.oecd.org/centrodemexico/medios/elgastoensaludsuperaraelcrecimientodelpiben2030.htm

54 XU K, SOUCAT A, KUTZIN J ET AL. Public Spending on Health: A Closer Look at Global Trends. Geneva: World Health Organization, 2018 (WHO/HIS/HGF/HFWorkingPaper/18.3), 2018, p. 6. Consultado el 30 de marzo de 2019 en: https://apps.who.int/iris/bitstream/handle/10665/276728/WHO-HIS-HGF-HF-WorkingPaper-18.3-eng.pdf?ua=1

miento anual compuesto del 3,9% que supone un incremento mayor al que se produjo entre 2015 y 2019 que fue del 2,8%. Aunque se conocen los factores contribuyentes habituales, como el envejecimiento, el aumento de la población, los avances en los tratamientos médicos y los costes laborales, actualmente hemos de resaltar el papel predominante de la Pandemia Covid-19 en relación al gasto sanitario[55].

Según un informe de la OCDE del año 2021, EE.UU. ostenta el primer lugar en gasto sanitario per cápita del mundo. Los datos muestran que se alcanzaron los 10.948 dólares/cápita en 2019. Dicho dato está muy por encima de la media de los países de la OCDE que se situó en 4.087 dólares/cápita. En lo que concierne al gasto en función del PIB fue del 16,8% en EE.UU. en 2019 y la media de los países de la OCDE se situó en 8,8% del PIB[56].

Como se puede entrever de los datos mencionados en cuanto al gasto sanitario, EE.UU. se configura como el país con la sanidad más cara del mundo. Sin embargo, dicha condición no se corresponde con unos buenos resultados en salud[57] ni en la accesibilidad, como analizaremos más adelante. En este sentido, se estima que el gasto seguirá aumentando en los próximos años. En un estudio publicado en 2018 se analiza la previsión del gasto hasta 2026 que representará el 19,7% del PIB. En dicho estudio también se analizan los motivos del aumento del gasto como son el envejecimiento, la discapacidad, el aumento de los precios relacionados con la salud y los salarios, entre otros[58].

1.2.2. Organización y accesibilidad al sistema sanitario

Los servicios de atención a la salud en EE.UU. son de carácter público (gobierno federal, estatal y local) y privado. A diferencia de otros países, no existe un sistema único nacional de asistencia sanitaria y el proveedor mayoritario de servicios de salud es el sector privado. Desde el punto de vista de la organización sanitaria existe un

---

[55] Consultado el 3 de marzo de 2021 en: https://documents.deloitte.com/insights/Globalhealthcareoutlook

[56] En segundo lugar se sitúa Suiza con 7.138 dólares per cápita. España está por debajo de la media de la OCDE con 3.600 dólares per cápita. OECD (2021), Health at a Glance 2021: OECD Indicators, OECD Publishing, Paris, 2021, pp. 188-190. Consultado el 9 de agosto de 2022 en: https://doi.org/10.1787/ae3016b9-en.

[57] En un estudio donde se analizaron 37 de las 50 metas relacionadas con la salud de Naciones Unidas, EE.UU. se situó en la posición 24. GBD 2016 SDG COLLABORATORS, "Measuring progress and projecting attainment on the basis of past trends of the health-related Sustainable Development Goals in 188 countries: an analysis from de Global Burden of Disease Study 2016", *The Lancet*, vol. 390, no 10100, 2017, p. 1434.

[58] CUCKLER GA, SISKO AM, POISAL JA, KEEHAN SP, SMITH SD, MADISON AJ, WOLFE CJ, HARDESTY JC, "National Health Expenditure Projections, 2017-26: Despite Uncertainty, Fundamentals Primarily Drive Spending Growth", *Health Affairs*, vol. 37, no 3, 2018, pp. 482, 491.

modelo descentralizado de la asistencia sanitaria y las competencias reguladoras en sanidad están casi en su totalidad en los estados[59].

El aumento de la cobertura de salud se reconoce como uno de los logros más importantes a nivel mundial. Pese a los avances experimentados en este aspecto, todavía la mitad de la población del mundo no puede obtener servicios de salud y al menos 800 millones de personas gastan más del 10% de su presupuesto en salud[60]. El acceso a la salud es mejor y más equitativo cuanto mayor sea la participación pública en la financiación, además, protege financieramente a las familias[61]. En este caso, EE.UU., a diferencia del resto de países desarrollados de la OCDE, se caracteriza por la no existencia de cobertura universal.

1.2.3. La financiación del sistema sanitario

El tipo de financiación del sistema sanitario en EE.UU. es una excepción con respecto a los países de la OCDE, puesto que no tiene un sistema que encaje en los dos sistemas clásicos de financiación. En primer lugar, el modelo Beveridge[62], en el que se obtiene la financiación a través de impuestos y en segundo lugar el modelo Bismarck[63]

---

[59] SOBRINO GUIJARRO I, "La reforma sanitaria de Obama: limitado avance en la protección del derecho a la salud", *Revista Española de Derecho Constitucional,* vol. 101(mayo-agosto), 2014, p. 184.

[60] World Health Organization and International Bank for Reconstruction and Development, Tracking Universal Health Coverage: 2017 Global Monitoring Report, 2017, p. 24. Consultado el 30 de marzo de 2019 en: https://apps.who.int/iris/bitstream/handle/10665/259817/9789241513555-eng.pdf

[61] JOWETT M, BRUNAL MP, FLORES G, CYLUS J, Spending targets for health: no magic number. Geneva: World Health Organization, 2016 (WHO/HIS/HGF/HFWorkingPaper/16.1; Health Financing Working Paper No. 1), p. 34. Consultado el 10 de marzo de 2019 en: https://apps.who.int/iris/bitstream/handle/10665/250048/WHO-HIS-HGF-HFWorkingPaper-16.1-eng.pdf;jsessionid=8B79D51C1B26BE53B984E69A0D41973C?sequence=1

[62] MONEREO PÉREZ JL, "William Henry Beveridge (1879-1963): La construcción de los modernos sistemas de seguridad social", *Revista de derecho de la seguridad social,* vol 4, 2015, p. 279: "*William Beveridge es uno de los "padres fundadores" de los sistemas de Seguridad Social. Intervino de forma decisiva en la creación de servicios públicos de empleo e influyó en la creación del primer seguro de desempleo a nivel mundial en 1911 (National Insurance Act). Además defendió el establecimiento de un sistema de pensiones y un conjunto de prestaciones públicas que integrarían el sistema de Seguridad Social*".

[63] GARCÍA-NÚÑEZ SERRANO F, "Los complementos autonómicos: ¿Seguridad Social o Asistencia Social?", *Revista del Ministerio de Trabajo y Asuntos Sociales,* vol. 134, 1998, p. 134: "*El Canciller del Impero alemán, Otto von Bismarck, se lanzó a la búsqueda de fórmulas que permitan una mejora del bienestar de los trabajadores (Mensaje imperial del 17 de noviembre de 1881), anunciando la creación de una serie de Seguros Sociales para cubrir los diversos riesgos sociales, que efectivamente se instauraron: el de enfermedad (1881), el de accidentes de trabajo (1884), el de invalidez y vejez (1889) y el de supervivencia (1911)*".

que se obtiene a través de seguros sociales[64]. Hoy en día la mayor parte de los países tienen sistemas híbridos que comparten características de ambos modelos. Los servicios sanitarios en EE.UU. se financian fundamentalmente a través de programas de seguro médico y los pagos directos de los ciudadanos llamados "*out-of-pocket payments*"[65].

Los programas de seguro médico para tener cobertura sanitaria se obtienen de forma privada, a través del empleador, o con financiación pública. Este sistema es muy complejo y costoso, como consecuencia de ello se produce una falta de cobertura de aseguramiento. Las razones para no tener un seguro son variadas, la principal es su elevado coste. Otro motivo es porque no todos los empleadores ofrecen cobertura (habitualmente parcial) de salud. En caso de ofrecer cobertura parcial el empleador puede ocurrir que el resto de la cobertura no pueda ser asumido como gasto por el trabajador. En otras ocasiones, puede suceder que cuando se comienza a trabajar en un empleo nuevo, hay un tiempo de espera antes de que comience la cobertura. Otro motivo para estar sin seguro puede ser por la pérdida del empleo o bien porque haya denegación de la cobertura por parte las compañías aseguradoras (imposición de primas exageradas por riesgos inherentes a su salud).

Las consecuencias de la falta de seguro son extremadamente negativas, no solo para las personas no aseguradas, sino para todos los ciudadanos de EE.UU.. Por un lado, las personas sin asegurar retrasan la atención médica, con resultados devastadores para su salud. Cuando acuden a la consulta el curso de la enfermedad está ya muy avanzado y suele producir consecuencias letales. En el período 2000-2006 se estima que murieron por falta de seguro médico 165.000 personas entre 25 y 64 años[66]. Por otro lado, las personas que a pesar de no estar aseguradas reciben asistencia médica[67] y no pueden asumir los gastos, quedan sobreendeudados o incluso en situación de insolvencia. En muchos casos se ven obligados a gastar los ahorros de toda una vida, acumulando cargos en tarjetas de crédito de liquidación interminable por la técnica *revolving* que terminan por avocarlos a la petición de préstamos con garantía hipotecaria. La falta de dinero en

---

[64] Francia es uno de los países con un sistema basado en el seguro social que creó el General de Gaulle's en 1945. DUGUET AM, *Medical Law in France*, Wolters Kluver, The Netherlands, 2018, pp. 28-29.

[65] *Out-of-pocket payments*: son los gastos de bolsillo para ayudar a financiar los sistemas de atención médica. Los gastos incluyen tanto los pagos directos realizados por servicios no cubiertos (debido a la falta de seguro o a falta de beneficios) como los costos compartidos, coseguros y deducibles. RICE T, QUENTIN W, ANELL A, BARNES AJ, ROSENAU P, UNRUH LY, VAN GINNEKEN E, "Revisiting out-of-pocket requirements: trends in spending, financial access barriers, and policy in ten high-income countries", *BioMed Central Health Services Research*, vol. 18, no 1, 2018, p. 3.

[66] DORN S, Uninsured and Dying Because of It: Updating the Institute of Medicine Analysis on the Impact of Uninsurance on Mortality, The Urban Institute, Washington, 2008, p. 3. Consultado el 1 de marzo de 2021 en: https://www.urban.org/sites/default/files/publication/31386/411588-Uninsured-and-Dying-Because-of-It.PDF

[67] En situaciones de emergencia existe obligación legal de dar asistencia sanitaria (aunque el paciente no tenga capacidad de pago). 42 U.S.C. 1395dd.

las familias provoca que detraigan el gasto que tienen por deudas de otros gastos básicos, como la alimentación, ropa, calefacción y otras necesidades. Esta situación ha empeorado con la Pandemia-Covid-19, ya que al menos 20 millones de personas han perdido su empleo de febrero a mayo de 2020 en EE.UU. y como consecuencia de ello 5,4 millones de personas han perdido su seguro[68].

Los ciudadanos asegurados también sufren el resultado de la existencia de no asegurados, porque los médicos y los hospitales cobran más a las aseguradoras. A su vez estas, incrementan las primas de los seguros a los ciudadanos, es decir, se produce una transferencia de los costes a los consumidores y pequeñas y medianas empresas que se ven obligadas a soportar primas muy elevadas. Se trata de un círculo vicioso muy dañino desde el punto de vista de la salud, ya que personas que antes podían pagar las primas de los seguros -al aumentar su precio- pueden verse impedidos a afrontar el pago, quedando en situación de no aseguramiento. A la pérdida de los ahorros se añade la pérdida de la vivienda habitual y por vía refleja, la pérdida de la cobertura sanitaria. Puede ser la ruina física y económica de muchas familias.

1.2.4. Los programas de aseguramiento público

El Department of Health and Human Services[69] (HHS) es el organismo a nivel federal encargado de mejorar y proteger la salud y el bienestar de los estadounidenses. Analizaremos a continuación los programas más destacados de cobertura sanitaria que desarrolla el HHS.

1.2.4. a) Medicare y Medicaid

Medicare y Medicaid[70] se crearon en 1965 para dar cobertura a los ancianos y los pobres[71]. Surgen como consecuencia de casi treinta años de transformación y desarrollo de la protección social en EE.UU., con una evolución más retrasada que Euro-

[68] WAPNER J, "Covid-19: Medical expenses leave many Americans deep in debt", *British Medical of Journal*, vol. 370, 2020, pp. 1-2.

[69] Consultado el 29 de marzo de 2019 en: https://www.hhs.gov/about/index.html

[70] "*Medicare and Medicaid were enacted as Title XVIII and Title XIX of the Social Security Act, providing hospital, post-hospital extended care, and home health coverage to almost all Americans aged 65 or older (e.g., those receiving retirement benefits from Social Security or the Railroad Retirement Board), and providing states with the option of receiving federal funding for providing health care services to lowincome children, their caretaker relatives, the blind, and individuals with disabilities. At the time, seniors were the population group most likely to be living in poverty; about half had health insurance coverage*". Consultado el 10 de marzo de 2019 en: https://www.cms.gov/About-CMS/Agency-Information/History/Downloads/Medicare-and-Medicaid-Milestones-1937-2015.pdf.

[71] MOSELEY GB, "The U.S. Health care non-system, 1909-2008", *Virtual Mentor*, vol. 10, no 5, 2008, p. 326.

pa y América Latina. Así, la coyuntura social y política de los años sesenta dio como resultado la creación de estos dos seguros públicos, pese a tener en contra a la AMA (American Medical Association) que siempre rechazó cualquier intervención del estado. Este es uno de los mayores avances en la disminución de la desigualdad en la asistencia médica en los EE.UU. del siglo XX.

Medicare, a grandes rasgos, cubre la asistencia sanitaria a trabajadores, jubilados y cónyuges a partir de los 65 años de edad y discapacitados menores de 65 años. También a cualquier persona de cualquier edad con enfermedad renal en sus últimas fases, diálisis o trasplante renal. Este programa ha evolucionado[72] a lo largo de los años y consta de varias partes, algunas completamente gratuitas y otras pagadas en un 25% por los beneficiarios a través de primas mensuales. Así mismo, ofrece cobertura de medicamentos a partir de 2006, atención preventiva gratuita en exámenes de detección del cáncer, VIH (Virus de Inmunodeficiencia Humana), enfermedades crónicas y un examen anual. Medicare ha evolucionado desde 2010, sobre todo por la promulgación de la *Affodable Care Act* (ACA) también conocida como *Obamacare*.

Medicaid está regulado federalmente y financiado a partes iguales por el gobierno federal y estatal. Sin embargo, está gestionado y administrado por cada estado en particular. Este programa cubre a personas con bajos ingresos, niños, embarazadas y ciudadanos con discapacidad. Se ofrece a los estados la posibilidad de diseñar sus propios programas y ello produce una gran variación en la cobertura entre los estados.

1.2.4. b) State Children's Health Insurance Program

State Children´s Health Insurance Program (SCHIP) es el programa[73] de seguro de salud para niños creado en 1997 por la Ley de Presupuesto Equilibrado. Participa en él de forma conjunta el gobierno federal y los estados, proveyendo de cobertura de salud a bajo coste a los niños de las familias que ganan por encima de los requerimientos de Medicaid. Como en este, los estados tienen libertad para desarrollarlo, en algunos de ellos cubre a embarazadas, dada la relación entre la salud materna y la infantil.

1.2.4. c) Veteran Health Administration

Veteran's Afaires[74] (V.A.) es un programa de atención a más de nueve millones de veteranos que precisan cuidados de salud, discapacidad, educación, pensión y asistencia a la vivienda, entre otros[75].

---

72 JAFFE S, "50 years of Medicare", *The Lancet*, vol. 386, no 9992, 2015, pp. 419-420.

73 Consultado el 15 de marzo de 2019 en: https://www.benefits.gov/es/benefit/607

74 La misión de esta organización es "*cumplir con la promesa del presidente Lincoln: "Cuidar de quien haya llevado la batalla, y de su viuda y su huérfano" sirviendo y honrando a los hombres y mujeres que son veteranos de Estados Unidos."*. Consultado el 29 de marzo de 2019 en: https://www.va.gov/ABOUT_VA/index.asp

75 Consultado el 6 de marzo de 2021 en: https://www.va.gov/performance/

1.2.5. The Patient Protection Affordable Care Act [76]

1.2.5. a) Introducción

En los apartados anteriores hemos hecho referencia a dos cuestiones fundamentales en relación con el sistema sanitario de EE.UU.: su coste, el más alto de todo el mundo, y la falta de cobertura universal. Por este motivo, en el año 2010 tiene lugar la reforma sanitaria más importante de EE.UU. desde 1965 (año de creación de Medicare y Medicaid), denominada *Patient Protection and Affordable Care Act* (PPACA) o conocida también como *ObamaCare.* La ley surge como consecuencia de la crisis del sistema de financiación de la asistencia sanitaria junto con la crisis económica de 2009 (ambas íntimamente relacionadas). Se produjo una profunda recesión tras el gobierno del Presidente Bush y en marzo de 2010, el Presidente Barack Obama, con mayoría suficiente en las dos Cámaras del Congreso, logra poner en marcha la ley. No obstante, no debemos confundir esta importante reforma con un cambio de la esencia del sistema sanitario estadounidense. El sistema de financiación sigue siendo privado y tampoco añade una organización a través de un sistema nacional de salud o seguro social. A pesar de ello, no fue fácil mantener su vigencia, puesto que fue cuestionada ante el Tribunal Supremo en dos ocasiones.

El objetivo fundamental de esta ley fue incrementar el número de personas aseguradas y a su vez, reducir el coste de la asistencia sanitaria. Creemos imprescindible analizar los principales cambios que representa su puesta en marcha y algunos resultados obtenidos hasta la actualidad, en relación con los objetivos mencionados[77].

1.2.5. b) Mejora del acceso a las pólizas de seguros

El primer cambio es la nueva regulación de las compañías aseguradoras en la PPACA[78] que se centra sus modificaciones en dos puntos importantes, a saber, las condiciones de admisión y los precios de las primas.

En cuanto a la primera cuestión, las compañías no pueden denegar la cobertura por la situación de salud del asegurado (*"guaranted issue"*) y tampoco pueden incrementarse las primas a aquellas personas que tengan problemas de salud (*"community rating"*). Es decir, hay un cambio fundamental en la manera de calcular la prima del

---

[76] *The Patient Protection and Affordable Care Act*, abreviada como PPACA o bien, ACA. Consultado el 21 de marzo de 2019 en : texto completo de la Ley: http://housedocs.house.gov/energycommerce/ppacacopn.pdf

[77] Según un estudio, en 2007 en EE.UU. el 62% de las bancarrotas de las familias se debieron a gastos médicos, frente al 8% del año 1981. HIMMELSTEIN DU, THORME D, WARREN E, WOOLHANDLER S, "Medical Bankruptcy in the United States, 2007: Results of a National Study", *The American Journal of Medicine*, vol. 122, no 8, 2009, p. 741.

[78] 42 U.S.C. 300gg, 300gg-1

seguro que dependerá de la edad, domicilio, si es o no fumador y el grado de cobertura familiar[79].

El segundo cambio fue la aplicación de los *Premium Tax Credits* que son créditos reembolsables para ayudar a las personas y familias a cubrir las primas de su seguro de salud comprado a través del Mercado de salud[80]. Como toda regulación, tiene una serie de condiciones que pasan porque los ingresos familiares estén comprendidos entre el 100% y el 400% del umbral federal de la pobreza[81], con el objetivo de hacer la adquisición del seguro más asequible para los ciudadanos.

1.2.5. c) Obligatoriedad de cobertura de salud mínima

La segunda reforma es el *"individual mandate"*[82] o *"requirement to maintain minimun essential coverage"*, es decir, la obligación que tienen todos los ciudadanos de tener una cobertura de salud mínima, que comenzará a aplicarse en 2014. Las personas que no estén cubiertas por su empleador o a través de Medicare, Medicaid, CHIP, Veteranos o TRICARE[83], tienen que contratar un seguro de salud privado a menos que estén exentos de ello por determinadas cuestiones[84].

Además de estas medidas, a través del desarrollo de la ley se intentó que se cumpliera el mandato individual, haciendo más accesible la contratación de un seguro mediante la creación de los Mercados de Seguros (Exchanges). La PPACA establece que cada estado debe crear un mercado para que los ciudadanos puedan elegir y contratarle forma clara y transparente su seguro. Si el estado no crea su exchange, el ciudadano puede optar por el del gobierno federal[85]. Actualmente existen 15 intercambios estatales, seis apoyados por el gobierno federal, seis intercambios de asociaciones estatales y 24 intercambios facilitados por el gobierno federal[86]. Así pues, el panorama de los exchanges varía considerablemente de un estado al otro, a pesar de la decisión de la Corte Suprema en 2015 que veremos más adelante. En la práctica muchos estados se resisten a crear sus propios intercambios porque consideran que es muy costoso o por la carga administrativa que implica, optando por el intercambio del gobierno federal.

---

79 300gg(a)(1)(A)

80 Consultado el 23 de marzo de 2019 en: https://www.irs.gov/affordable-care-act/individuals-and-families/the-premium-tax-credit-the-basics

81 26 U.S.C. 36B- Refundable credit for coverage under a qualified health plan.

82 26 USC 5000 (d) – Applicable individual

83 Programa de atención médica del Sistema de Salud Militar del Departamento de Defensa de EE.UU.

84 26 USC 5000ª (d)

85 42 U.S.C. 18031, 18041

86 Consultado el 7 de agosto de 2021 en https://www.healthinsurance.org/health-insurance-marketplaces/

1.2.5. d) Ampliación del programa Medicaid

La ampliación del programa Medicaid es otra de las cuestiones más relevantes que planteó la PPACA. La novedad que expuso la ley fue la extensión de este programa a los ciudadanos mayores de edad con ingresos de hasta el 138% del nivel federal de pobreza. Los costes de esta expansión se cubren mediante el aumento de la financiación federal[87] y en caso de no adoptar la expansión, el estado perderá toda la financiación que tenía para este programa[88].

1.2.5. e) Recursos de inconstitucionalidad: "NFIB v. Sebelius" y "King v. Burwell"

Dada su importancia, entendemos que es necesario abordar brevemente las dos decisiones de la Corte Suprema sobre sendos recursos de inconstitucionalidad de la PPACA. Estos recursos cuestionan los objetivos más importantes de la ley, como son el mandato individual, la expansión de Medicaid y el ámbito de aplicación de los Tax Credit.

La primera de ellas *"NFIB v. Sebelius"*, en junio de 2012, se produce por un recurso presentado contra la ley por la *National Federation of Independent Business* (NFIB) y 26 estados que se interpuso ante la *Federal District Court for The Northern District of Florida*. La reclamación se fundamentaba en que el mandato individual y la expansión de Medicaid excedían los poderes del Congreso según el Artículo I de la Constitución. Finalmente, se declaró constitucional el mandato individual e inconstitucional la retirada de la financiación federal a los estados que no se hubieran adherido a la expansión.

El segundo de los casos de la Corte Suprema, *"King v Burwell"* de 25 de junio de 2015, fue presentada por cuatro ciudadanos residentes en Virginia. Se refería al ámbito de aplicación de los Tax Credit, ya que el estado de Virginia tiene un exchange federal y en su opinión podrían no beneficiarse de la aplicación de los Tax Credit. Pues bien, la Corte Suprema declara que debe interpretarse que los Tax Credit se aplicarán tanto si hay exchange federal como del estado, por tanto, declara constitucional la ley. De lo contrario, no podría aplicarse ese beneficio a los estados que tienen exchange federal.

1.2.5. f) Resultados de PPACA: cobertura sanitaria actual y gasto sanitario

Evaluar completamente la PPACA es muy complejo. Sin embargo, podemos exponer las diferencias más sustanciales con relación a los dos objetivos fundamentales de la ley.

---

[87] El nivel federal de pobreza (Federal Poverty Level, FPL) es una medida emitida anualmente por el HHS que se utiliza para determinar su elegibilidad en ciertos programas como Exchanges, Medicaid y CHIP. La cantidades van en función del número de integrantes de la familia, desde uno cuyo nivel es 12.880 dólares hasta ocho que es 44.660 dólares. Consultado el 7 de agosto de 2021 en: https://www.healthcare.gov/glossary/federal-poverty-level-fpl/

[88] 42 U.S.C. 1396c

En primer lugar, en cuanto a la cobertura sanitaria mínima para la mayoría de ciudadanos hemos de tener en cuenta que más de 50 millones de personas no tenían seguro en 2009, lo que supone un 16,7% de la población (Figura 1)[89].

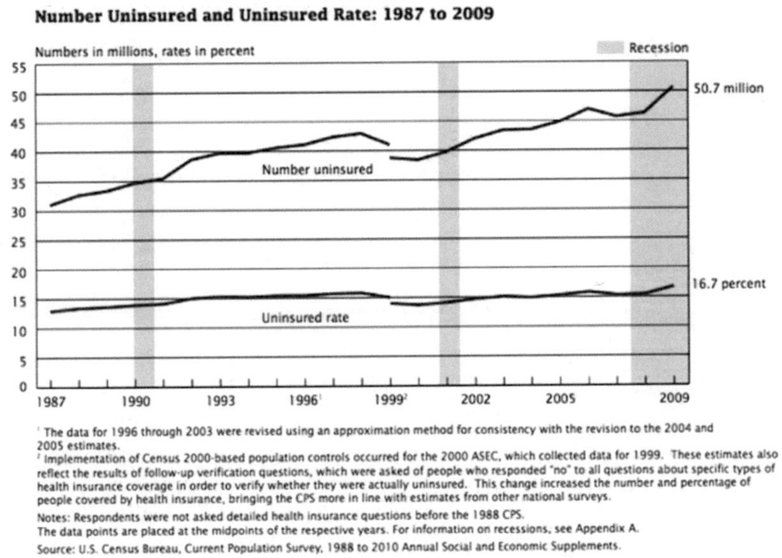

Figura 1. Número y ratio de no asegurados entre 1987-2009

Tras la aplicación de la ley, según los datos más recientes de la Oficina del Censo (Census Bureau)[90], en 2020 el porcentaje de la población estadounidense que no tenía seguro se había reducido al 8,6%, es decir, la mitad (Figura 2).

[89] DENAVAS-WALT C, BERNADETTE D, SMITH JC, U.S. Census Bureau, Current Population Reports, P60-238, Income, Poverty, and Health Insurance Coverage in the United States: 2009, U.S. Goverment Printig Office, Washington DC, 2010, p. 22. Consultado el 30 de marzo de 2019 en: https://www2.census.gov/library/publications/2010/demo/p60-238/p60-238.pdf

[90] KEISKER-STARKEY K, BUNCH LN, Health Insurance Coverage in the United States: 2020, U.S. Government Publishing Office, Washingyon, DC, 2020, p. 4. Consultado el 25 de noviembre de 2021 en: https://www.census.gov/content/dam/Census/library/publications/2021/demo/p60-274.pdf

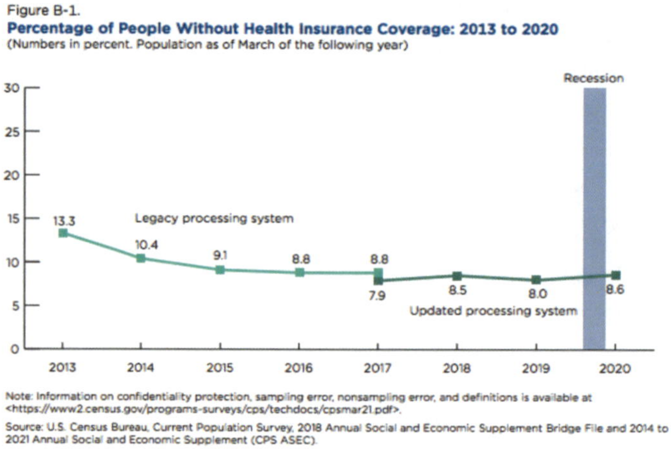

Figura 2. Porcentaje de personas sin cobertura de seguro entre 2013-2020

La expansión de Medicaid (en vigor desde 2014) ha sido adoptada por la mayoría de los estados estados (Figura 3)[91].

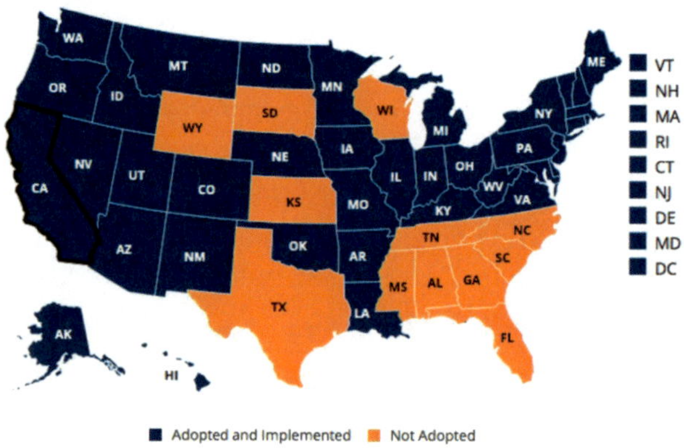

Figura 3. Estado actual de expansión de Medicaid

Finalmente, en cuanto al gasto sanitario, aunque se va incrementando año tras año en EE.UU., se observa una estabilización en su incremento a lo largo de los últimos 10 años, pero no podemos concluir que los resultados sean únicamente atribuibles a la PPACA (Figura 4)[92].

---

91 Consultado el 25 de noviembre de 2021 en: https://www.kff.org/medicaid/issue-brief/status-of-state-medicaid-expansion-decisions-interactive-map/

92 Consultado el 6 de marzo de 2021 en: https://www.healthsystemtracker.org/chart-collection/u-s-spending-healthcare-changed-time/#item-usspendingovertime_5

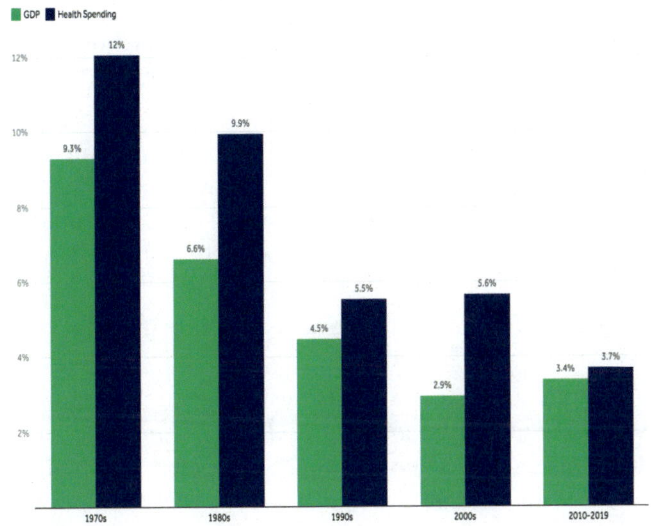

Figura 4. Tasa de incremento anual del PIB y gasto total en salud per cápita entre 1970-2019

1.3. LAS REFORMAS FEDERALES MÁS RELEVANTES DEL SISTEMA DE SALUD NORTEAMERICANO: UNA PERSPECTIVA HISTÓRICA

1.3.1. Introducción

A lo largo de la historia de EE.UU. el sistema de atención sanitaria se ha basado en la prestación privada de servicios. Las dos cuestiones que más han preocupado a todas las administraciones sanitarias han sido el gasto sanitario y la cobertura de aseguramiento.

A finales del siglo XIX prácticamente no existía una estructura organizada en cuanto a la atención médica y, por lo tanto, lo habitual era que los pacientes pagaran directamente a los médicos por la atención. Se trata de una época en la que la revolución industrial llevó muchos empleos a EE.UU. y los sindicatos de trabajadores empezaron a ofrecer protección a sus afiliados, puesto que las lesiones o enfermedades provocaban grandes pérdidas económicas. Aunque se intentaron algunas iniciativas personales para introducir leyes federales[93] en la mejora de la cobertura de salud, no

[93] Ejemplo de ello fue la activista D. Dix que intentó introducir una ley federal para dar asistencia a las personas que vivían en la calle y sufrían trastornos mentales. PARRY MS, "Dorothea Dix (1802-1887)", *American Journal of Public Health*, vol. 96, no 4, 2006, p. 624. Finalmente, esta ley fue vetada por el presidente F. Pierce cuyos argumentos se basaron en que el gobierno federal no tenía que comprometerse con el bienestar social. Según Pierce, si

tuvieron demasiado éxito. El papel del gobierno federal en la atención sanitaria en esta época se limitó a la salud pública y la construcción de hospitales de carácter benéfico para indigentes y los estados tuvieron un papel similar[94].

A principios del siglo XX se produjeron cambios muy importantes en Europa que sirvieron como modelo para que EE.UU. tomara posteriormente algunas medidas en relación a la asistencia sanitaria. En Alemania se llevó a cabo por Otto von Bismarck la puesta en marcha del seguro nacional obligatorio contra la enfermedad y en Reino Unido se promulgó la Ley Nacional de Seguros en 1911[95].

1.3.2. Primeras propuestas para la ampliación de la cobertura sanitaria

T. Roosevelt[96] , en su campaña para presidente en 1912, afirmaba que: *"debía protegerse la vida familiar contra los peligros de la enfermedad.... y la vejez mediante la adopción de un sistema de seguro social"*[97]. Esta afirmación significaba que pretendía llevar a cabo un sistema de seguro social, cuestión que evidentemente no pudo lograr. No obstante, las organizaciones externas[98] al gobierno lideraron el avance en la protección de la atención médica. Sin embargo, dada la oposición de diversos sectores no se logró un suficiente apoyo, por lo que se retiró la propuesta en 1920[99].

---

esto ocurría, tendrían que hacerse cargo de todos los estadounidenses empobrecidos. ALAN TARR G," Federalism and health care in the United States", *Revista d'Estudis Autonòmics i Federals*, vol. 14 (octubre), 2011, p. 13.

94 ALAN TARR G," Federalism and health care in the United States", *Revista d'Estudis Autonòmics i Federals*, vol. 14 (octubre), 2011, p. 13.

95 *"La Ley Nacional de Seguros de U.K. de 1911, proporcionó un fondo de desempleo de contribuciones obligatorias por parte de empleados y empleadores. El gobierno contribuía con un tercio y un sistema nacional de seguro de salud cuyo costo también fue compartido por los trabajadores, empleadores y gobierno. El seguro solo era para los asalariados y sus familias"*. Consultado el texto completo de la ley el 1 de abril de 2019 en: http://www.archive.org/stream/cu31924003752189/cu31924003752189_djvu.txt

96 26º Presidente de EE.UU. entre 1901 y 1909.

97 FOX D, MARKEL H, "Is History Relevant to Implementing Health Reform?", *Journal of American Medical Association*, vol. 303, no 17, 2010, p. 1749.

98 Entre ellas, destaca AALL (American Association for Labor Legislation) que propuso un sistema de seguro de salud obligatorio para proteger a los trabajadores, basado en los modelos alemán e inglés. Su propuesta se debatió en todo el país y lograron inicialmente el apoyo de la AMA y de algunos médicos de reconocido prestigio.

99 HOFFMAN B, "Health Care Reform and Social Movements in the United States", *American Journal of Public Health*, vol. 93, no 1, 2003, p. 76.

La década de los años veinte se caracterizó por un aumento de los costes de la atención médica, sobre todo el hospitalario y fueron muy pocas las iniciativas[100] destacables para mejorar la atención a la salud desde el gobierno federal.[101]

A finales de los años veinte surgió una nueva forma de financiar la atención sanitaria que es considerada la génesis del seguro de salud moderno. Esta iniciativa partió del Hospital Universitario de Baylor, cuya idea principal fue que los pacientes pudiesen pagar sus facturas. Así, se propuso un plan sin fin de lucro que garantizaba a los profesores 21 días de atención hospitalaria en una sala semiprivada por 50 centavos al mes; el primer día firmaron 1.356 maestros[102]. Esta forma de pagar la atención hospitalaria más asequible se expandió por todo el país y alcanzó la cifra de 26 planes, con más de 600.000 miembros en 1937[103].

El presidente H. Truman[104] fue el primero en defender la cobertura universal, adquiriendo el compromiso de crear un sistema nacional de salud. Este fue uno de los temas principales de su campaña en 1948 que fue apoyado por parte de algunos ciudadanos, políticos y empresarios[105]. En ese momento parecía que había posibilidades de que dicha propuesta saliera adelante, a pesar de encontrarse en un contexto político internacional muy complicado (final de la Segunda Guerra Mundial y el comienzo de la Guerra Fría). Pero como en los anteriores intentos, el potente lobby de la AMA

---

[100] En 1925 en Washington D.C. se autoorganizó un grupo de economistas, médicos, especialistas en salud pública y otros grupos de interés. BRIDGMAN B, "Economic organization of Medicine and the Committee on the Costs of Medical Care", *American Journal of Public Heatlh*, vol. 88, no 11, 1988, p. 1721. Este comité determinó que se necesitaba más atención médica para todos. Adicionalmente, el comité recomendó en sus informes que se destinaran más recursos nacionales a la atención médica, considerando el seguro de salud voluntario como un medio para cubrir los costes. Así mismo, afirmó que el problema de la atención médica no era el sistema sino "la falta de sistema". Una vez más, la AMA se opuso de manera frontal a estos planteamientos. Esta llegó a afirmar que los informes de este comité suponían una "incitación a la revolución, socialista y comunista". GORE TB, "A forgotten landmark medical study from 1932 by the Committe on the Cost of Medical Care", *Proc (Bayl Univ Med Cent)*, vol. 26, no 2, 2013, p. 143.

[101] En este sentido, se desarrolló *The Federal Maternity Act* o también conocida como *The Sheppar-Towner Act* en 1921, a través de la cual se otorgaron subvenciones a los estados que acordaran establecer programas diseñados para reducir la mortalidad de madres y niños. Esta ley fue el primer programa de ayuda a la promoción de salud de madres y niños. Fue derogada en 1929, habiéndose extendido dos años más allá de su autorización previa. SCHLESINGER ER, "The Sheppard-Towner era: a prototype case study in federal-state relationships", *Am J Public Health Nations Health*, vol. 57, no 6, 1967, p. 1034.

[102] BALLARD DJ, SPREADBURY B, R S HOPKINGS, "Health Care Quality Improvement across the Baylor Health Care System: the first century", *Baylor University Medical Center Proceedings*, vol. 17, no 3, 2004, p. 279.

[103] MOSELEY GB, "The U.S. Health Care Non-system, 1908-2008", *American Medical Association Journal of Ethics*, vol. 10, no 5, 2008, p. 325.

[104] 33º Presidente de EE.UU. entre 1945 y 1953.

[105] SCHREMMER RD, KNAPP J, "Harry Truman and Health Care Reform: The debate Started Here", *Pediatrics*, vol. 127, no 3, 2011, pp. 399-400.

utilizó el contexto político tan complicado para realizar una oposición feroz, calificando la propuesta de "medicina socializada" [106,107]. Si a esta circunstancia unimos los escasos apoyos públicos y políticos del presidente -que disminuyeron aún más con el tiempo- se entenderá que, una vez más, volviera a fracasar la intención de implantar un seguro de cobertura universal.

Sin embargo, durante el mandato de H. Truman no todo fueron fracasos. Podemos destacar como un logro importante la Ley de Inspección y Construcción de Hospitales, conocida como *Hill-Burton Act,* en 1946. La ley hizo que se otorgaran subvenciones y préstamos a bajo interés para construir hospitales, cuyos beneficiarios debían prestar atención de caridad durante 20 años después de desembolsar los fondos[108]. La fórmula para distribuir los fondos dio prioridad a los estados pobres y áreas rurales. El Congreso modificó y extendió el programa con frecuencia hasta 1974[109] y éste dejó de proporcionar fondos en 1997[110].

Pesea a todo, los intentos de la vertiente más progresista de EE.UU. no lograron llevar a cabo la reforma del seguro médico y la extensión de la cobertura de salud. Como hemos podido comprobar, los factores del fracaso fueron varios. Por una parte, la oposición de médicos, compañías de seguros y el propio carácter empresarial de la medicina. Por otra parte, los políticos tampoco consiguieron convencer a los ciudadanos para que estos tomaran una posición de poder y presionaran para llevar a término la reforma. El contexto político de la oposición favoreció las posturas en contra de la reforma ya que no contaban con el beneplácito de los opositores políticos. Así mismo, contribuyó al fracaso de la propuesta la atmósfera antisocialista y anticomunista del momento histórico de postguerra.

Por consiguiente, lo ocurrido en esta época determinó de forma decisiva la política de salud en EE.UU. de la siguiente década, basada en la cobertura de salud medi-

---

[106] Esta asociación cobró una tarifa de 25 dólares a todos sus miembros para llevar a cabo un profundo enfrentamiento contra los planteamientos de Truman, el gasto en esta campaña fue de más de cuatro millones de dólares. Esta se basaba en órdenes de luchar mediante el envío de cartas, así como el uso del telégrafo y el teléfono para comunicarse con los condados. Introdujeron el discurso contrario a Truman en los medios de comunicación mediante panfletos, discursos y caricaturas. KNOBLAUCH HK, ""A Campaign Won as a Public Issue Will Stay Won": Using Cartoons and Comics to Fight National Health Care reform, 1940s and Beyond", *American Journal of Public Health,* vol. 104, no 2, 2015, pp. 227-229.

[107] QUADAGNO J, " Why the United States Has No National Heatlh Insurance: Stakeholder Mobilization Against the Welfare State, 1945-1996*", *Journal of Health and Social Behavi*or, vol. 45(extra issue), 2004, p. 30.

[108] ALMOND D, CURRIE J, SIMEONOVA E, "Public vs. private provision of charity care? Evidence from the expiration of Hill-Burton requirements in Florida", *Journal of Health Economics*, vol. 30, no 1, 2010, p. 190.

[109] MELHADO EM, "Health planning in the United States and the decline of public-interest policymaking", *Milbank Quarter,* vol. 84, no 2, 2006, p. 367.

[110] Consultado el 2 de abril de 2019 en: https://www.hrsa.gov/get-health-care/affordable/hill-burton/index.html

ante seguros privados y la cobertura de los empleados negociada bajo los acuerdos de negociación colectiva.

A principios de los años 50, determinada parte de la población tenía penurias económicas a la hora de abordar el pago de los gastos de enfermedad. Este es el mensaje que trasladó en líneas generales el presidente D. Eishenhower[111], cuya visión en el tema de la salud fue conocida como "Middle Way"[112].

Los avances en esta época fueron escasos, aunque sí se aprobó la *Ley Kerr-Mills Medical Assistance for the Aged* (MMA) en 1960[113]. La ley extendió la atención médica financiada por el gobierno, no solo a madres indigentes y sus hijos, sino a personas de más de 65 años con dificultades económicas para hacer frente al seguro médico[114]. La importancia de esta ley es que fue la precursora de Medicaid cinco años después. No obstante, debe destacarse que esta ley introdujo una connotación bastante negativa, ya que relacionaba la asistencia sanitaria pública con la pobreza, con un importante estigma social y político[115]. En este momento, se dio cobertura de asistencia sanitaria

---

[111] 34º Presidente de EE.UU. entre 1953 y 1961.

[112] A diferencia de otros intentos de reforma anteriores, la posición fue intermedia, ya que el presidente estaba totalmente en contra de una "medicina socializada" y de una cobertura universal. Sin embargo, se reconocía de alguna manera la dificultad en el acceso a la atención médica de ciertos grupos de ciudadanos que tenían gravísimos problemas financieros a la hora de hacer frente a los pagos por la atención sanitaria. Así pues, se planteó la creación de un fondo de reaseguros "voluntario" en 1954. De esta manera, las compañías privadas que extendieran los seguros a estadounidenses -sobre todo pobres y grupos de alto riesgo sin seguro- serían reembolsadas por el gobierno federal en caso de tener pérdidas excesivas. FIELD MJ, SHAPIRO T, *Employment and Health Benefits: A Connection at Risk*, Committee on Employment-Based Health Benefits, Insituto of Medicine, Washington DC, 1993, 2, p. 65. Consultado el 3 de abril de 2019 en: https://www.ncbi.nlm.nih.gov/books/NBK235989/. En definitiva, podemos decir que el gobierno reaseguraría a las compañías aseguradoras. Pero aún con estos planteamientos tan poco ambiciosos, no se llegó a aceptar su propuesta. De nuevo la AMA, las aseguradoras y otros políticos defendían intereses contrapuestos. BERKOWITZ E, MCQUAID K, "Welfare Reform in the 1950s", *Social Service Review*, vol. 54, no 1, 1980, p. 48.

[113] Tres años después (1963) de su aprobación se encontraron varios problemas, algunos de ellos fueron: "1. Después de tres años en vigor solo 28 Estados y cuatro jurisdicciones tenían el programa activo. 2. Solo 148.000 personas recibieron esta asistencia, menos del 1% de los ciudadanos mayores de EE.UU.. 3. La duración, nivel y beneficios varía enormemente de Estado a Estado excepto en Hawaii, Massachusetts, New York y North Dakota, en el resto son inadecuados o inexistentes. 4. Los costos administrativos de los programas MAA son demasiados altos. 5. La distribución de los fondos federales ha sido desproporcionada en algunos Estados más ricos. 6. Los requisitos para entrar al programa son complicados". SUBCOMMITTEE ON HEALTH OF THE EDERLY TO THE SPECIAL COMMITTEE ON AGING UNITED SATES SENATE, Medial Assistance for the aged the Kerr-Mills Program 1960-1963, U.S. Govermment Printing Office, Washington, 1963, p. 1. Consultado el 3 de abril de 2019 en: https://www.aging.senate.gov/imo/media/doc/reports/rpt263.pdf

[114] FETTER B, PHIL M, "Origins and Elaboration of the National Health Accounts, 1926-2006", *Health Care Financial Review*, vol. 28, no 1, 2006, p. 58.

[115] MOORE JD, SMITH DG, "Legislating Medicaid: Considering Medicaid and its origins", *Health Care Financial Review*, vol. 27, no 2, 2005, p. 46.

a los empleados federales mediante la aprobación de los Federal Employees Health Benefit Plan[116] (FEHBP) en 1960.

Hasta ahora hemos visto que los diversos intentos de "cambiar" de algún modo la visión completamente liberal y privada de la asistencia sanitaria fracasaron. Todo ello, a pesar del reconocimiento de algunos líderes políticos de la falta de acceso al seguro médico de los sectores más desfavorecidos de la población. En contraposición, el sector del seguro vivió en esta época un crecimiento constante y a finales de los años sesenta, el 75% de los americanos tenían alguna forma de seguro privado[117].

1.3.3. La reforma federal del siglo XX: Creación de Medicare y Medicaid

Tras el breve paso por la presidencia de J.F. Kennedy, se produjo la reforma sanitaria más importante del siglo XX en EE.UU.: la creación de Medicare y Medicaid para su incorporación bajo la ley de la Seguridad Social firmada por el presidente L. B. Johnson[118] en 1965. Para empezar, Medicare proporcionaría un seguro hospitalario universal a las personas mayores de 65 años, con un programa de seguro voluntario para las visitas al médico. Y más tarde se amplió a personas con discapacidad y enfermos renales. Por otra parte, Medicaid sería un programa expandido de asistencia médica para los pobres[119], ampliando su cobertura dos años después a los niños. De esta manera se introducía la atención de forma preventiva y no solo para diagnosticar y tratar enfermedades. Fue conocida como Early and Periodic Screening and Diagnostic Testing (EPSDT)[120].

---

116 Es el programa de salud grupal que cubre actualmente a más de ocho millones de empleados federales, jubilados, exempleados, familiares y excónyuges. El gobierno paga hasta el 75% del costo de cobertura de beneficios de salud. Consultado el 4 de abril de 2019 en: https://www.opm.gov/healthcare-insurance/healthcare/reference-materials/fehb-handbook/

117 PRESKITT JT, "Health care reimbursement: Clemens to Clinton", *Proceedings (Baylor University Medical Center)*, vol. 21, no 1, 2008, p. 41.

118 36º Presidente de EE.UU. entre 1963 y 1969. Fue Vicepresidente con Kennedy y nombrado presidente tras su muerte. Un año después ganó las elecciones con el margen popular más amplio de la historia. Su visión era construir una "gran sociedad". Consultado el 4 de abril de 2019 en: https://www.whitehouse.gov/about-the-white-house/presidents/lyndon-b-johnson/

119 FEE E, "Signing the US Medicare Act: a long political struggle", *The Lancet*, vol. 386, no 9991, 2015, p. 333.

120 Esta propuesta fue promulgada como parte de la enmiendas a la Ley de Seguridad Social y aprobada en 1967. La idea partió de varios estudios en los que se observaba que muchos jóvenes no podían servir a la defensa del país por sus problemas físicos y mentales. ROSENBAUN S, MAUREY DR, SHIN P, HIDALGO J, National security and U.S. child health policy: the origins and continuing role of Medicaid and EPSDT, The George Washington University,Washington DC, 2005, p.3. Consultado el 5 de abril de 2019 en: https://publichealth.gwu.edu/departments/healthpolicy/CHPR/downloads/mil_prep042605.pdf

El avance de la atención médica en estos años se produjo también porque se crearon los "Neighborhood Health Centers" o Community Health Centers[121] (CHC). De esta manera, se utilizaban los fondos federales para prestar atención a personas pobres y desatendidas en zonas desfavorecidas aumentando la accesibilidad a la asistencia médica[122].

Posteriomente se produjo la ampliación de Medicare para personas menores de 65 años con discapacidades a largo plazo y en la etapa final de enfermedad renal[123]. Fue presentado por el Presidente Nixon[124] en las Enmiendas a la Seguridad Social en 1972[125] y era la primera vez que se permitía a los ciudadanos inscribirse en Medicare para un plan específico, sin tener relación con la edad. Durante su presidencia también se promulgó la Ley Federal de HMO[126] (Ley de Organización y Mantenimiento de la Salud) en 1973. Esta ley, además de dar préstamos y subvenciones, exigió a los empleadores con 25 o más empleados que ofrecieran opciones de HMO, dando acceso al seguro privado de salud y a la población de Medicare. Aparentemente, esta ley se concibió para intentar reducir los costes, pero más tarde se documentó que los objetivos reales no eran otros que aumentar las ganancias corporativas[127].

---

[121] Los CHC dan atención a más de 27 millones de personas al año con necesidades médicas y sociales. KRANZ AM, MAHMUD A, AGNIEL D, DAMBERG C, TIMBIE JW, "Provision of Social Services and Health Care Quality in US Community Health Centers", *American Public Health Association,* vol. 110, no 4, 2020, p. 567.

[122] BAILEY MJ, GOODMAN-BAICON A, "The War on poverty's Experiment in Public Medicine: Community Health Centers and the Mortality of Older Americans", *American Economic Review*, vol. 105, no 3, 2015, p. 1067.

[123] Antes de la promulgación de la ley 92-603, los hospitales eran quienes tenían comités especiales para valorar los pacientes que recibían tratamiento con hemodiálisis y los que no. Es decir, decidían quien vivía y quien moría, ya que el derecho a ser tratado por esta enfermedad estaba limitado a muy pocos pacientes. EGGERS PW, "Medicare's End Stage Renal Disease Program", *Health Care Financial Review*, vol. 22, no 1, 2000, p. 55.

[124] 37º Presidente de EE.UU. entre 1969 y 1974.

[125] Public Law 92-603, 92nd Congress, HR 1 October 30, 1972. Seccion 299I.

[126] Los HMO (Health Maintenance Organization) son planes de seguro médico prepago (combinan financiación y atención sanitaria), que aunque ya existían a finales de siglo, eran muy pocos. A partir de la Ley HMO se extendió su uso ya que mediante las subvenciones y préstamos. MORRISON EM, LUFT HS, "Health maintenance organization environments in the 1980s and beyond", *Health Care Financial Review*, vol. 12, no 1, 1990, p. 81.

[127] GALE A, "Fifty Years of Medicare The Good and The Bad", *Mo Med*, vol. 112, no 4, 2015, p. 252.

Nixon: ... *"You know I'm not too keen on any of these damn medical programs"*

Ehrlichman: ... "Edgar Kaiser is running his Permanente deal for profit...And the reason that he can do it...I had Edgar Kaiser come in...talk to me about this and I went into it in some depth...All the incentives are toward less medical care, because...the less care they give them the more money they make"

Nixon: "Fine..."

Ehrlichman: ..."and the incentives run the right way..."

Nixon: "Fine..."

1.3.4. COBRA y EMTALA: las leyes que ampliaron la cobertura de asistencia sanitaria

A finales de los setenta continuaban los problemas económicos en EE.UU. con una importante inflación y recesión, incluido el aumento del gasto sanitario. En los años ochenta, la principal preocupación del presidente era la situación económica que continuaba siendo compleja y con incrementos anuales en el gasto de Medicaid de hasta un 15%. Esto provocó que se intentara limitar el programa, aunque no fue aprobado por el Congreso[128]. No obstante, lo que sí se produjo fue una reducción de la aportación del gasto federal al programa Medicaid que se hizo a través de la ley *Omnibus Budget Reconciliation Act* (OBRA) en 1981. Como consecuencia de esta disminución de la aportación se produjo un aumento de la flexibilidad de los estados a la hora del diseño y alcance de Medicaid. Esto es debido a que los estados tenían que asumir más gasto, por lo que se les dio la oportunidad de compensar la reducción de las aportaciones del gobierno federal flexibilizando las opciones de entrar en el programa Medicaid[129].

Después de esta posición del gobierno federal que rebajó las aportaciones a los estados para llevar a cabo la atención sanitaria a través de Medicaid se aprobó una ley histórica: *Consolidated Budget Reconciliation Act* (COBRA) en 1986. Su aportación en el terreno del seguro de salud, a través del Título X[130], consistió en que los trabajadores que dejaban de tener empleo podían continuar con cobertura sanitaria grupal. Esta ley se aplicó a las empresas con 20 o más trabajadores[131].

Otro cambio importante se produjo en la atención urgente. Lo habitual en ese momento era que los medios de comunicación informaran de que los pacientes sin seguro y con una emergencia vital, no estaban siendo atendidos. Incluso algunos llegaban a morir en la calle a causa de la desatención[132]. Debido a esta circunstancia, el Congreso aprobó la ley *Emergency Medical Treatment and Active Labor Act* (EMTALA) en 1986. La ley obliga a los hospitales que participan en Medicare a atender a aquellos pacientes que, en situaciones de emergencia, no tengan posibilidades de pago o tengan un seguro insuficiente. Su aplicación evita el abandono de la atención de pacien-

---

[128] KLEMM JD, "Medicaid Spending: A Brief History", *Health Care Finnancing Review*, vol. 22, no 1, 2000, pp. 107-108.

[129] ROWLAND D, LYONS B, EDWARDS J, "MEDICAID: Health Care for Poor in the Reagan Era", *American Review of Public Health*, vol. 9, 1988, pp. 430-431.

[130] Consolidated Omnibus Budget Reconciliation. Act , Pub. L. Nº.99-272, Title X, 100 Stat. 222(1986) (codified in part at 29 U.S.C.A. 1162-1168 (West Supp. 1987).

[131] GRATE MW, "COBRA's Requirements for Group Health Plans: Do They Apply in a Strike?", *The Labor Lawyer*, vol. 4, no 1, 1988, p. 35.

[132] HSUAN C, HORWITZ JR, PONCE NA, HSIA RY, NEEDLEMAN J, "Complying with the Emergency Medical Treatment and Labor Act (EMTALA): Challenges and solutions", *American Society for Healthcare Risk Management*, vol. 37, no 3, 2018, p. 31.

tes, incluyendo las altas hospitalarias tempranas o inadecuadas[133]. Esta ley también prohíbe la transferencia de hospitales privados a públicos exclusivamente por razones financieras, sin tener en cuenta sus problemas médicos o su estabilidad clínica[134]. La EMTALA todavía genera controversias hoy en día porque existen incumplimientos. Por ejemplo, en un estudio realizado entre 2005 y 2014 en la asistencia hospitalaria se detectaron 4,2 investigaciones y 1,9 citaciones por cada millón de visitas a urgencias por incumplimiento de la ley[135].

Paralelamente a COBRA y EMTALA, se aprobó la ley *Omnibus Budget Reconciliation Act* en 1986, donde se aportaban una serie de beneficios en su Título IX sobre Medicare, Medicaid y la salud materno-infantil[136].

1.3.5. State Children's Health Insurance Program (S-CHIP): la asistencia sanitaria a los niños

A pesar de algunos avances relativos a las reformas federales del sistema de salud, la situación a principios de los noventa seguía siendo complicada y el debate en torno a la salud estaba de actualidad. Los principales problemas eran los mismos: la falta de cobertura de seguro médico (35,4 millones de personas sin seguro médico en 1991) y unos costes sanitarios cada vez mayores (3.167 dólares por cápita en 1992)[137]. Por tanto, políticamente era el momento propicio para plantear una nueva reforma de la salud.

Durante la Presidencia de Clinton cabe destacar como mejoras de la atención[138], la creación del "State Children's Health Insurance Program" (S-CHIP) en 1997 que formaba parte de la *Balanced Budget Act*[139]. El programa permitía que los estados di-

133 SAWYER NT, "Why the EMTALA Mandate for Emergency Care Does not Equal Healthcare "Coverage"", *Western Journal of Emergency Medicine*, vol. 18, no 4, 2017, p. 551.

134 ZIBULEWSKY J, "The Emergency Medical Treatment and Active Labor Act (EMTALA): what it is and what it means for physicians", *Proceedings (Baylor University Medical Center)*, vol. 14, no 4, 2001, p. 339.

135 TERP S, SEABURY SA, ARORA S, EADS A, LAM CN, MENCHINE M, "Enforcement of the Emergency Medical Treatment and Labor Act, 2005 to 2014", *Annals of Emergency Medicine*, vol. 69, no 2, 2017, p. 158.

136 Consultado el 3 de abril de 2019 en: https://www.congress.gov/bill/99th-congress/house-bill/5300?q=%7B%22search%22%3A%5B%22cite%3APL99-509%22%5D%7D&s=3&r=1

137 OBERLANDER J, "Learning from Failure in Health Care reform", *New England of Journal Medicine*, vol. 357, no 17, 2007, pp. 1677-1678.

138 También podemos destacar como mejora de la atención sanitaria en el mandato de Clinton la ley *Breast and cervical Cancer Treatment and Prevention Act* en el año 2000: "esta ley le otorga a los estados la opción de brindar asistencia médica a través de Medicaid a mujeres que se les hubiera detectado un cáncer de mama o cervical, incluso condiciones precancerosas, a través del programa de detección temprana del cáncer de mama y cervical". Consultado el 6 de abril de 2019 en: https://ftp.cdc.gov/pub/publications/cancer/nbccedp/legislation/law106-354.htm.

139 Consultado el 5 de abril de 2019 en: https://www.congress.gov/bill/105th-congress/house-bill/2015

eran asistencia sanitaria a niños sin seguro y de bajos ingresos de manera efectiva y eficiente. SCHIP fue diseñado para niños que aún perteneciendo a familias de bajos ingresos ganaban demasiado para formar parte de Medicaid[140].

Hemos de destacar la oposición y veto del Presidente Bush[141] a la propuesta para ampliar la elegibilidad del programa estatal de seguro infantil[142].

1.3.6. La reforma federal del siglo XXI: *The Patient Protection Affordable Care Act*

Uno de los objetivos principales de la presidencia de B. Obama[143] fue la reforma de la asistencia sanitaria. Como muestra de ello, al comenzar su mandato, el presidente firmó la Reautorización del Programa CHIP, incrementando las asignaciones para el programa y extendiendo su validez hasta 2013[144]. Poco después de su nombramiento firma la ley *The American Reinvestment and Recovery Act* (ARRA) que asigna más de

---

140 A pesar de Medicaid, un 14% de personas menores de 19 años no tenían seguro en 1995, empeorando su estado de salud. Con esta medida se invirtieron 40.000 millones de dólares en 10 años. BRACH C, LEWIT EM, VANLANDEGHEM K, BRONSTEIN J, DICK AW, KIMMINAU KS, LACLAIR B, SHENKMAN E, SHONE LP, SWIGONSKI N, SZILAGYI PG, "Who's Enrolled in the State Children's Health Insurance Program (SCHIP)? An overview of Findings From the Child Health Insurance Research Initiative (CHIRI)", *Pediatrics*, vol. 112, no 6, 2003, p. e500.

141 43º Presidente de EE.UU. entre 2001 y 2009. La propuesta del presidente Bush en 2007 sobre la creación de una deducción fiscal fue muy debatida. Se pretendía que el seguro de salud fuera más asequible, reducir los costes sanitarios y el número de personas sin seguro. No obstante, este plan fue criticado argumentando que el coste de esta reforma ascendería 11.600 millones de dólares por año y, además, produciría un incremento de alrededor 600.000 personas sin seguro. GRUBER J, "The cost and coverage impact of the president's health insurance budget proposals", Center on Budget and Policy Priorities, Washington, 2006, p. 1. Consultado el 6 de abril de 2019 en: https://www.cbpp.org/sites/default/files/atoms/files/2-15-06health.pdf

142 El programa S-CHIP aprobado en 1997 debía ser reautorizado en 2007. El contexto no era propicio porque los costes del seguro privado habían aumentado y el número de empleadores que lo ofrecían habían disminuido, unido a que las personas no aseguradas habían aumentado en 2,2 millones en 2006 (entre ellos se encontraban 710.000 niños, la mitad de ellos con un ingreso familiar entre 200 y 399% por debajo del nivel de pobreza). Bush decide vetar la ampliación de este programa, ya que sería un paso gradual de los demócratas hacia el objetivo de la "medicina socializada". IGLEHART JK, "The Fate of SCHIP. Surrogate Marker for Health Care Ideology?", *New England of Journal Medical*, vol. 357, no 22, 2007, pp. 2104-2105. Esta decisión fue duramente criticada, incluso en el entorno médico, porque existía evidencia científica del valor de prestar atención temprana a los problemas de salud de los niños. Esta atención redunda en beneficios posteriores a largo plazo, siendo la cobertura de seguro uno de los aspectos importantes. SZILAGYI PG, SCHUSTER MA, CHENG TL, "The Scientific Evidence for CHILD Health Insurance", *Academic Pediatrics*, vol. 9, no 1, 2009, p. 5.

143 44º Presidente de EE.UU. entre 2009 y 2017.

144 COMMITEE ON CHILD HEALTH FINANCING, "Children's Health Insurance Program (CHIP): Accomplishments, Challenges, and Policy Recommendations", *Pediatrics,* vol. 11, no 3, 2014, p. e785.

49.000 millones de dólares para gastos en promover, adoptar e implementar el uso de un registro de salud electrónico. Esto implica una importante apuesta por las tecnologías de la información[145].

El 23 de marzo de 2010 el presidente Obama publica la ley de reforma sanitaria más importante desde la puesta en marcha de Medicaid y Medicare en 1965: la PPACA, también conocida como *Obamacare*. Esta ley tardó cuatro años en implementarse íntegramente y englobó una serie de cambios muy importantes en el modelo de atención a la salud. Su objetivo fundamental fue la reforma del mercado del seguro privado para conseguir la ampliación de la cobertura de salud y, como consecuencia de ello, la reducción del gasto sanitario. Así mismo, la ley pretende dar un cambio en la toma de las decisiones médicas que incluye el impulso de mejoras organizativas, la investigación de la efectividad comparada y, sobre todo, la puesta en marcha de prácticas basadas en valor (*health-care value*) capaces de fomentar a información sobre las mejores alternativas terapéuticas[146].

Dentro de las aportaciones de la ley también hay que destacar una apuesta clara en relación con los derechos de los consumidores, a los que protege frente a los abusos de la industria aseguradora [147,148]. El objetivo primordial es un compromiso nacional para que cualquier persona pueda entender cómo funciona el seguro de salud privado: la cobertura, la elegibilidad, la inscripción y la denegación de reclamaciones[149].

Pese a los notables avances conseguidos en materia de atención sanitaria, la ley no ha estado exenta de críticas. Una de ellas es que no ha actuado en la clase media, que ha recibido menos apoyo, sobre todo aquellos que tienen ingresos por encima del 400% del nivel de pobreza (40% de la población) y no reciben ninguna ayuda. En definitiva, y según esta perspectiva, la ley no ha conseguido alcanzar todos los objetivos que se proponía[150].

---

[145] BURKE T, "The Health Information Technology Provisions in the American Recovery and Reinvestment Act of 2009: Implications for Public Health Policy and Practice", *Public Health Reports*, vol. 125, no 1, 2010, p. 141.

[146] SILVERS JB, "The Affordable Care Act: Objectives and Likely Results in an Imperfect World", *Annals of Family Medicine,* vol. 11, no 5, 2013, pp. 402-403.

[147] Consultado el 10 de abril de 2019 en: https://www.cms.gov/CCIIO/Resources/Fact-Sheets-and-FAQs/aca-new-patients-bill-of-rights.html

[148] 42 U.S.C. 300gg-93.

[149] GROB R, SCHLESINGER M, DAVIS S, COHEN D, LAPPS J, "The Affordable Care Act's Plan For Consumer Assistance With Insurance Moves States Forward But Remains A Work In Progress", *Health Affairs*, vol. 32, no 2, 2013, p. 347.

[150] MANCHIKANTI L, HELM S,BENYAMIN RM, HIRCH JA, "A critical Analysis of Obamacare: Affordable Care or Insurance for Many and Coverage for Few?", *Pain Physician,* vol. 20, no 3, 2017, p. 131.

1.3.7. Cambios normativos tras la PPACA

Tras la finalización del mandato de Obama y el comienzo de la administración de D.J. Trump[151], este mostró su intención clara de derogar la PPACA. Por ello, en el momento de tomar posesión, firmó una orden para la derogación inmediata de la ley[152]. Sin embargo, a pesar de los intentos, la derogación no llegó a producirse, aunque sí han existido varios cambios en las políticas sanitarias en EE.UU..

El gobierno de Trump intentó aprobar la ley *American Health Care Act* (ACHA) que vendría a reemplazar la mayor parte de los aspectos fundamentales de la PPACA, incluida la reducción del programa Medicaid. Pero la ley no fue aprobada gracias a los argumentos de la Oficina de Presupuesto del Congreso (CBO). Esta estimó que su aplicación de la ley reduciría el gasto de Medicaid en 834.000 millones de dólares en 10 años, pero con el alto precio de dejar sin seguro a 14 millones de personas[153].

Pese a este fracaso de derogar la PPACA, el Congreso sí llevó a cabo una serie de cambios normativos. En primer lugar, se aprobó la ley *The Tax Cutsand Jobs Act*[154] (TCJA), en la que se elimina la multa por no tener un seguro sanitario de cobertura mínima. Esta ley ha entrado en vigor en 2019 y aún se desconocen sus efectos, pero algunas proyecciones estiman una reducción de las inscripciones en los seguros de asistencia sanitaria[155,156].

En segundo lugar, se dio mayor flexibilidad a los programas estatales de Medicaid mediante la imposición de requisitos de trabajo como condición de elegibilidad[157].

151 45º Presidente de EE.UU. entre 2017 y 2021.

152 VOGENBERG FR, SMART M, "Regulatory Change Versus Legislation Impacting Health Care Decisions and Delivery", *Health Care and Law,* vol. 43, no 1, 2018, p. 34.

153 THOMPSON FJ, GUSMANO MK, SHINOHARA S, "Trump and the Affordable Care Act: Congressional Repeal Efforts , Executive Federalism, and Program Durability", *The Journal of Federalism,* vol. 48, no 3, 2018, p. 401.

154 Consultado el 10 de abril de 2019 en: https://www.congress.gov/bill/115th-congress/house-bill/1

155 EIBNER C, NOWAK S, The Effect of Eliminating the Individual Mandate Penalty and the Role of Behavioral Factors, The Commonwealth Found, 2018, p. 11. Consultado el 7 de abril de 2019 en: https://www.commonwealthfund.org/sites/default/files/2018-07/Eibner_individual_mandate_repeal.pdf.

156 Otras proyecciones sobre los efectos de la eliminación de la multa del mandato individual sugieren que reducirá los gastos federales en 318.000 millones de dólares durante 10 años. GLIED S, "Implications of the 2017 Tax Cuts and Jobs for Public Health", *American Journal of Public Health,* vol. 108, no 6, 2018, pp. 734-735.

157 Ha habido un posicionamiento reciente del Colegio Americano de Médicos: no solo se oponen a este cambio en la elegibilidad de Medicaid, sino que están a favor de la expansión, ya que lo contrario supone una pérdida de inscripción entre los más vulnerables. CROWLEY RA, BORNSTEIN SS, "Improving the Patient Protection and Affordable Care Act's Insurance Coverage Provisions: A Position Paper From the American College of Physicians", *Annals of Internal Medicine*, vol. 170, no 9, 2019, pp. 651-652.

Los argumentos de los Centros de Servicios de Medicare y Medicaid (CMS) para este cambio eran la promoción de una "mejor salud física y mental para salir de la pobreza y alcanzar la independencia"[158]. El estado de Arkansas fue el primero en implementar los requisitos laborales para Medicaid. En un estudio realizado mediante encuesta a adultos de bajos ingresos en Arkansas se observó una pérdida significativa de cobertura de seguro médico. Dicho resultado era coherente con el informe del estado de Arkansas, cuya conclusión fue que 17.000 adultos fueron retirados de Medicaid entre octubre y diciembre de 2018. Es decir, una reducción de un 12% de la inscripción en Medicaid[159]. Por lo tanto, los requisitos laborales han producido una disminución de la cobertura de seguro sanitario en Arkansas.

Hoy en día y dada la situación actual de Pandemia-Covid-19, la administración Biden está llevando a cabo una serie de órdenes ejecutivas para mejorar la cobertura médica en EE.UU.. A nivel legislativo el congreso ha adoptado la American Rescue Plan (ARP) cuyo objetivo es el alivio económico directo a la familias[160].

1.4. LAS CRISIS DE RESPONSABILIDAD MÉDICA POR MALA PRAXIS EN EE.UU.

Hemos realizado una revisión de la evolución de las reformas e intentos de reformas de la atención sanitaria en EE.UU. hasta el momento presente. La cobertura universal todavía es un tema que actualmente se discute porque no toda la sociedad lo ve como una prioridad. Sin embargo, esta opinión ha ido cambiando a lo largo de los años hacia una idea más europea de la atención sanitaria, pero aún persisten enormes diferencias.

Se ha explicado la importancia de la repercusión económica de los costes sanitarios, poniéndolos siempre en el punto de mira de las acciones políticas. Quedan también claras las opiniones opuestas sobre quien debe soportar estos gastos que son considerados por algunos como una obligación del gobierno federal y por otros, una cuestión meramente individual.

Se han expuesto todos los pasos que se han dado para ampliar la cobertura y el acceso a la atención médica que han beneficiado a las personas con escasos recursos, demostrando que la restricción de la atención médica pone en grave riesgo la salud de las personas.

---

[158] SCHMIDT H, HOFFMAN AK, "The Ethics of Medicaid's Work Requirements and Other Personal Responsibility Policies", *Journal of American Medical Association,* vol. 319, no 22, 2018, p. 2265.

[159] SOMMERS BD, GOLDMAN AL, BLENDON RJ, ORAV EJ, EPSTEIN AM, "Medicaid Work Requirements-Results from the First Year in Arkansas", *The New England Journal of Medicine,* vol. 381, no 11, 2019, p. 1079.

[160] Consultado el 14 de agosto de 2021 en: https://www.whitehouse.gov/american-rescue-plan/

En definitiva, el esfuerzo de contextualizar social e históricamente la visión de la atención sanitaria en el lugar donde comenzó la medicina defensiva, es imprescindible para comprender por qué este fenómeno nació precisamente en EE.UU..

1.4.1. Génesis del concepto de responsabilidad médica por mala praxis

Algunos autores consideran que la primera demanda conocida por negligencia médica fue el caso *"Stratton v. Swanlond"* en Inglaterra en 1374. A. Stratton acude al cirujano J. Swanlond con la mano destrozada. Este le asegura que le curará su herida por un módico precio. Sin embargo, tras el tratamiento, la mano quedó gravemente deformada, lo que provocó que la paciente y su marido demandaran al cirujano por incumplimiento de contrato. El cirujano resultó absuelto por un defecto de forma en el juicio, pero el tribunal estableció el criterio de que un médico debe ser considerado responsable en caso de que un paciente sufra daños como resultado de su negligencia. En caso contrario, si actuaba con diligencia aunque no se produjera una cura, no habría culpa[161].

Clásicamente, también se menciona el caso británico de *Slater v. Baker and Stapleton* (1767)[162]. La señora Slater, aquejada de una fractura en una pierna, es atendida por el Dr. Baker y el boticario Stapleton. Tras el tratamiento, la paciente solicita la retirada del vendaje. Los facultativos, argumentando que la fractura no estaba consolidada, se niegan a retirarlo. En una visita posterior, le vuelven a fracturar la pierna a propósito para probar un sistema ortopédico inventado por ellos, circunstancia que ocultaron a la paciente. El tribunal condenó a los médicos por el daño provocado por *"malpractice"*.

El concepto de negligencia se incorporó a principios del siglo XVIII en la teoría legal inglesa, como hemos visto en el caso anteriormente mencionado. Se considera a Sir W. Blackstone[163] el introductor de este concepto en sus *Comentarios sobre las Leyes de Inglaterra* (1768). En esta obra se utiliza por primera vez el término mala praxis -que conocemos actualmente como negligencia- refiriéndose a la falta de habilidad de un médico que provoca un daño y rompe la relación de confianza con paciente[164].

---

161 CHAPMAN CB, "Straton v. Swanlond: The fourteenth- Century Ancestor of the Law of Malpractice", *Pharos Alpha Omega Alpha Honor Med Soc*, vol. 45, no 4, 1982, pp. 20-24.

162 Slater v. Baker and Stapleton 95 Eng. Rep. 860, 2 Wilson, K.B.359, (1767). CHAPMAN CB, "Doctors and Their Autonomy: Past Events and Future Prospects", *Science*, vol. 200, no 26, 1978, pp. 851-856.

163 Jurista británico (Londres, 1723-1780). Catedrático de la Universidad de Oxford. Entre sus obras destaca los Comentarios a las Leyes de Inglaterra (1765-1769) que ejerció gran influencia en el constitucionalismo británico.

164 *"For it hath been solemnly resolved, that mala praxis is a great misdemeanour and offence at common law, whether it be for curiosity and experiment, or by neglect; because it breaks the trust which the party had placed in his physician, and tends to the patient's destruction. Thus, also, in the*

En el periodo comprendido entre finales del siglo XVIII y comienzos del XIX, las reclamaciones por negligencia son prácticamente inexistentes, aunque no tenemos una forma segura de conocer el número de casos[165].

El primer caso de mala praxis en EE.UU. fue *Cross v. Guthrey*, 2 Root 90, *Corte Suprema de Connecticut* (1794). El demandante alegó que su esposa, la Sra Cross, tenía un problema en uno de sus pechos que requería intervención. El médico experto en cirugía realizó la intervención y la paciente sobrevivió solo tres horas. Fue demandado por negligencia profesional al haber roto su compromiso con la paciente: realizarle una operación con habilidad y de forma segura. El esposo recibió 40 dólares por daños y perjuicios[166,167]. A lo largo de los años fueron aumentado los juicios por negligencia médica, cuyas causas se consideran multifactoriales, dado un entorno con incipientes avances científicos y tecnológicos (revolución industrial) y un aumento de la población (inmigración).

En primer lugar, los cambios en las doctrinas legales sobre la responsabilidad médica fueron claves para dicho aumento. Prácticamente durante todo el siglo XIX las reclamaciones se presentan como incumplimiento contractual[168]. Este concepto

---

civil law, neglect or want of skill in physicians or surgeons, "culpæ adnumerantur, veluti si medicus curationem dereliquerit, male quempian secuerit, aut perperam ei medicamentum dederit." These are wrongs or injuries unaccompanied by force, for which there is a remedy in damages by a special action of trespass upon the case. This action of trespass, or transgression, on the case,is a universal remedy, given for all personal wrongs and injuries without force; so called because the plaintiff's whole case or cause of complaint is set forth at length in the original writ. For though in general there are methods prescribed, and forms of actions previously settled, for redressing those wrongs, which most usually occur, and in which the very act itself is immediately prejudicial or injurious to the plaintiff's person or property, as battery, non-payment of debts, detaining one's goods, or the like; yet where any special consequential damage arises, which could not be foreseen and provided for in the ordinary course of justice, the party injured is allowed, both by common law and the statute of Westm. 2, c. 24, to bring a special action on his own case, by a writ formed according to the peculiar circumstances of his own particular grievance. For wherever the common law gives a right or prohibits an injury, it also gives a remedy by action; and, therefore, wherever a new injury is done, a new method of remedy must be pursued. And it is a settled distinction, that where an act is done which is in itself an immediate injury to another's person or property, there the remedy is usually by an action of trespass vi et armis; but where there is no act done, but only a culpable omission; or where the act is not immediately injurious, but only by consequence and collaterally; there no action of trespass vi et armis will lie, but an action on the special case, for the damages consequent on such omission or act". Consultado el 12 de abril de 2019 en: https://oll.libertyfund.org/titles/blackstone-commentaries-on-the-laws-of-england-in-four-books-vol-2/simple

165 DE VILLE KA, *Medical Malpractice Nineteenth-Century America, Origins and Legacy,* New York University Press, 1990, p. 149.

166 SPIEGEL AD, KAVALER F, "America's First Medical Malpractice Crisis, 1835-1865", *Journal of Community Health*, vol. 22, no 4, 1997, p. 288.

167 SANDOR AA, CALIF A, "The history of proffesional liability suits in the United States", *Journal of American Medical Association,* vol. 163, no 6, 1957, p. 460.

168 HOGAN NC, *Unhealed Wounds. Medical Malpractice in the Twentieh Century,* LFB Scholarly Publishing, New York, 2003, p. XII.

comenzó a cambiar cuando los tribunales empezaron a reconocer que los médicos no pueden garantizar un resultado (obligación de medios).

En este sentido, uno de los casos habitualmente citados es *Pike v. Honsinger* (1898)[169] que llegó a *La Corte de New York* como apelación. Este caso incorporará cambios en la jurisprudencia de los años siguientes, ya que el juez sentó un precedente sobre los límites de la responsabilidad legal del médico y el razonable deber de aprendizaje[170]. Así mismo, en esta sentencia se añadió que el deber de cuidado estaba en relación con la localidad donde ejerce el médico, conocido como *locality rule*[171].

Otro caso que determina un cambio en la jurisprudencia es *Union Pacific Railway. Co. v. Botsford* (1891) en la *Corte Suprema de EE.UU.*. En este caso, C. L. Botsford sufrió lesiones tras caérsele una litera en la cabeza y demandó al ferrocarril. La com-

---

169 Pike v. Honsinger 151 N. Y. 201 at.

170 "*A physician and surgeon, by taking charge of a case, impliedly represents that he possesses, and the law places upon him the duty of possessing, that reasonable degree of learning and skill that is ordinarily possessed by physicians and surgeons in the locality where he practices, and which is ordinarily regarded by those conversant with the employment as necessary to qualify him to engage in the business of practicing medicine and surgery. Upon consenting to treat a patient, it becomes his duty to use reasonable care and diligence in the exercise of his skill and the application of his learning to accomplish the purpose for which he was employed. He is under the further obligation to use his best judgment in exercising his skill and applying his knowledge. The law holds him liable for an injury to his patient resulting from want of the requisite knowledge and skill, or the omission to exercise reasonable care, or the failure to use his best judgment. The rule in relation to learning and skill does not require the surgeon to possess that extraordinary learning and skill which belong only to a few men of rare endowments, but such as is possessed by the average member of the medical profession in good standing. Still, he is bound to keep abreast of the times, and a departure from approved methods in general use, if it injures the patient, will render him liable, however good his intentions may have been. The rule of reasonable care and diligence does not require the exercise of the highest possible degree of care, and to render a physician and surgeon liable, it is not enough that there has been a less degree of care than some other medical man might have shown, or less than even he himself might have bestowed, but there must be a want of ordinary and reasonable care, leading to a bad result. This includes not only the diagnosis and treatment, but also the giving of proper instructions to his patient in relation to conduct, exercise and the use of an injured limb. The rule requiring him to use his best judgment does not hold him liable for a mere error of judgment, provided he does what he thinks is best after careful examination. His implied engagement with his patient does not guarantee a good result, but he promises by implication to use the skill and learning of the average physician, to exercise reasonable care and to exert his best judgment in the effort to bring about a good result*". Consultado el 10 de abril de 2019 en: https://casetext.com/case/pike-v-honsinger

171 La regla de localidad surgió en EE.UU. por primera vez Massachusettes en 1880 (*Small v. Howard*). Se basaba en el supuesto de que los médicos rurales no podían tener la misma experiencia o educación que los médicos de ciudad. Por lo tanto, la exigencia en el nivel de atención y deber de cuidado no debía ser el mismo. LEWIS MH, GOHAGAN JK, MERENSTEIN DJ, "The Locality Rule and Physician's Dilemma. Local Medical Practices vs the National Standard of Care", *Journal of American Medical Association*, vol. 297, no 23, 2007, p. 2634.

pañía sostenía que tenía derecho a realizar un examen médico sin el consentimiento de la persona lesionada, con el propósito de conocer su diagnóstico y tratamiento. La Corte no estuvo de acuerdo y afirmó el derecho de todas las personas a la posesión y control sobre sí mismas, es decir, a la integridad física[172].

En segundo lugar, el papel de la profesión médica también contribuyó al aumento de las demandas, puesto que su ejercicio no estaba regulado durante el siglo XIX. Los médicos ejercían en los hogares de los pacientes, ya que prácticamente no existían hospitales ni estaban regulados. En este periodo la ciencia médica y la tecnología estaban poco desarrollados[173]. La profesión médica no estaba reconocida por la sociedad y los ejercientes tenían una formación deficiente. Esto impulsó a los médicos a organizarse, surgiendo así la AMA[174] en 1847[175]. La estandarización del ejercicio de la medicina se llevó a cabo mediante la creación del Council on Medical Education (CEM) en 1904[176]. De esta manera, se consiguió que fueran aumentando las expectativas de los pacientes con respecto a las capacidades de los médicos.

Algunos autores sitúan aquí el inicio de la Medicina Defensiva, puesto que hubo varios médicos que comenzaron una verdadera cruzada en contra de los litigios y de los abogados que representaban a los pacientes. Un ejemplo de ello es I. S. Trostler, un radiólogo que testificaba en casos de mala praxis y presionaba a todos los médicos para aplicar medidas con la finalidad de defenderse de las demandas. Entre otros consejos, recomendaba no garantizar nunca la curación, llevar un registro de las atenciones y no dejar nada en la memoria. Según su opinión, esto era medicina defensiva[177].

En tercer lugar, el nacimiento del seguro de responsabilidad civil también tiene un papel importante como factor contribuyente al aumento de los litigios, con una doble vertiente. De una parte, nace como consecuencia de la necesidad del médico de soportar los gastos de los litigios y, de otra parte, su propia existencia fomenta el crecimiento de estos. Al principio, el aseguramiento lo realizaban las mismas asociaciones médicas. Una de las primeras fue "Massachusetts Medical Society", que

---

172 141 U.S., 250, 251 (1891). DALLAS GM, STEWART A, SMALTZ HN, McCARTHY JA, LEWIS HB, "Department of Evidence. Union Pacific Railwayb Co. V. Botsford. Supreme Court of the United States", *The American Law Register and Review*", vol. 41, no 6, 1893, pp. 550-551.

173 MOSELEY GB, "The U. S. Health Care Non-System, 1908-2008", *Virtual Mentor*, vol. 10, no 5, 2008, p. 324.

174 La Asociación Médica Americana fue fundada en 1847. Sus objetivos fueron el avance científico, los estándares para la educación médica, la ética médica y la mejora de la salud pública. Consultado el 11 de abril de 2019 en: https://www.ama-assn.org/about/ama-history/ama-history

175 MOHR JC, *Doctors and the Law. Medical Jurisprudence in Nineteenth-Century America*, Oxford University Press, Baltimore, 1996, p. 225.

176 Consultado el 10 de abril de 2019 en: https://www.ama-assn.org/councils/council-medical-education/about-council-medical-education

177 TROSTTLER IS, "An important malpractice decision", *Radiology*, vol. 34, 1924, p. 346.

comenzó a dar cobertura en 1908[178]. Poco después, surgieron los seguros privados. En general se fue extendiendo el concepto de aseguramiento que era recomendado por los expertos en mala praxis[179].

Así pues, hemos revisado los factores más destacados en el crecimiento de los litigios y analizados algunos casos. Procede destacar que, en este tiempo, el fundamento de la responsabilidad está siempre relacionado con la producción de un daño, sobre el que se asienta la indemnización al paciente perjudicado por *malpractice*[180]. Esta noción cambia históricamente a comienzos del siglo XX, gracias a la introducción de la juridificación del acto médico. Este nuevo concepto fue impulsado por el juez B. N. Cardozo, quien redactó las primeras resoluciones judiciales para su aplicación[181]. En ellas *"ensayaba un tratamiento jurídico sistemático sobre negligencia médica"*, desvinculándolo del daño e introduciendo en la jurisprudencia el derecho del paciente para decidir sobre su propio cuerpo[182].

1.4.2. Primera crisis : el problema de la disponibilidad de seguros

1.4.2. a) Concepto

Las reclamaciones sobre mala praxis siguieron aumentando a principios del siglo XX, aunque experimentan una disminución entre 1945 y 1949[183]. A finales de los años sesenta y comienzos de los setenta se produce un aumento del número de demandas por negligencia médica EE.UU.. A su vez, crecen las indemnizaciones por cada reclamación, los pagos en los acuerdos extrajudiciales y los pagos al tri-

---

178 GAY G, "Ten years' experience with the medical defense act", *Boston Medical Surgery Journal,* vol. 180, 1919, p. 597.

179 HOGAN NC, *Unhealed Wounds. Medical Malpractice in the Twentieth Century,* LFB Scholarly Publishing, New York, 2003, p. 43.

180 CAYÓN DE LAS CUEVAS J, *La prestación de servicios sanitarios como* relación jurídica de consumo, Thomson Reuters Civitas, Navarra, 2017, p. 124.

181 La sentencia a la que hacemos referencia es *Schloendorff v. The Society of the New York Hospital* (1914): La sentencia del Juez B. Cardozo consagró el derecho de decisión sobre su propio cuerpo del paciente (*self-determination right*): *"Every human being of adult years and sound mind has a right to determine what shall be done with his own body; and a surgeon who performs an operation without his patient's consent commits an assault for which he is liable in damages. This is true except in cases of emergency where the patient is unconscious and where it is necessary to operate before consent can be obtained."*

182 TOMILLO URBINA JL, "Medicina y Derecho: los orígenes de la juridificación de la prestación de servicios médicos", *Revista de Administración Sanitaria Siglo XXI,* vol. 8, no 1, 2010, p. 170.

183 STETLER CJ, "The History of Reported Medical Professional Liability Cases", *Temple Law Quaterly*, vol. 30, 1957, p. 377.

bunal[184]. En lo relativo a las demandas por estados destacamos que hubo bastantes diferencias. Algunos eran menos reclamantes, como Maine, mientras que otros estaban en el top de la reclamaciones judiciales, como California[185]. No obstante, en general se duplicaron las demandas, pasando de 3,1 por cada 100 médicos antes de 1976 a 6,7 por cada 100 médicos en 1981. El aumento se produjo en mayor medida en determinadas especialidades como ginecología, cirugía y radiología[186]. Es frecuente considerar que esta crisis fue motivada por la falta de disponibilidad de los seguros, dado el crecimiento desproporcionado de las primas desde los años sesenta. El aumento medio de las primas variaba en función de la especialidad: en los médicos, en general, un 540,8%, en los cirujanos un 949,2%, en los hospitales un 262,7% y en los dentistas un 115%[187]. Esto provocó una salida de las aseguradoras del mercado y dificultó el acceso de los médicos a una cobertura del seguro a cualquier precio[188].

1.4.2. b) Causas de la crisis

Según algunos autores, una de las causas más importantes en el aumento de las reclamaciones por mala praxis fue el deterioro en la relación médico-paciente [189]. Desde nuestro punto de vista, la relación médico-paciente tuvo un cambio de paradigma a principios de los años sesenta. La relación asimétrica y paternalista[190], en la que el médico era el único dueño de las decisiones con respecto a la salud del paciente, cambia hacia una relación en la que el paciente comienza a tener la capacidad para decidir por sí mismo (principio de autonomía).

Otra de las causas del aumento de las demandas fueron los cambios trascendentales en la jurisprudencia en el siglo XX. Gracias a ellos se facilitó el acceso al litigio

---

184 DANZON P, "The Frequency and Severity of Medical Malpractice Claims", *The Journal of Law & Economics*, vol. 27, no 1, 1984, p. 115.

185 En el Norte de California, el número de demandas por mala praxis se dobló en apenas seis años, pasando de 11,8 por cada 100 médicos en 1968 a 25 por cada 100 médico en 1974. PALAZZOLO A, "The Medical Malpractice "Crisis": The Constitutionality of Damage Limitations", *Journal of Civil Rights and Economic Development*, vol. 1, no 1, 1985, p. 83.

186 ADAMS EK, ZUCKERMAN S, "Variation in the growth and incidence of medical malpractice claims", *Journal of Health Politics, Policy and Law*, vol. 9, 1984, pp. 476-487.

187 CURRAN WJ, "The Malpractice Comission Report: Controversy Unabated; the Findings", *The New England Journal of Medicine*, vol. 288, no 23, 1973, pp. 1222-1223.

188 MELLO MM, STUDDERT DM, BRENNAN TA, "The New Medical Malpractice Crisis", *The New England Journal of Medicine*, vol. 348, no 23, 2003, p. 2281.

189 COOPER JK, STEPHENS SK, "The Malpractice Crisis—What Was It All About?", *Inquiry*, vol. 14, no 3, 1977, p. 241.

190 Según Tom Beauchamp el "paternalismo" es actuar de forma que no se tienen en cuenta las preferencias o acciones del paciente. BEAUCHAMP T, CHILDRESS JF, *Principles of Biomedical Ethics (Fith Edition)*, Oxford University Press, New York, 2011, p. 178.

y se revirtió la *inmunidad caritativa* para los hospitales[191]. También se amplió la responsabilidad médica, introduciendo el consentimiento informado y algunas doctrinas como *res ipsa loquitur*[192]. Esta comenzó en el ámbito sanitario en casos de mala praxis que se consideraban obvios, entre otras cosas, para compensar la dificultad probatoria de los demandantes. Como regla general, el demandante debe soportar la carga de la prueba en los litigios penales y civiles. Sin embargo, en los casos en que se aplique la regla *res ipsa loquitur* se invierte excepcionalmente la carga de la prueba que corresponderá al médico demandado.

1.4.2. c) Especialidades más reclamadas

Las disciplinas médicas más frecuentemente reclamadas a finales de los sesenta y principios de los setenta eran la cirugía ortopédica y la anestesiología[193]. Más tarde se fueron incorporando otras especialidades con alto riesgo como la neurocirugía. Sin embargo, otras permanecieron con un riesgo bajo como los médicos generales[194].

1.4.2. d) Nacimiento de la medicina defensiva

La medicina defensiva surge en el contexto que hemos analizado: el aumento de las demandas por negligencia médica, la falta de acceso a seguro, el aumento considerable de las primas, el aumento de los costes médicos y el cierre de compañías[195].

---

[191] La inmunidad caritativa es una doctrina que aparece por primera vez en EE.UU. en el caso J. McDonald v. Massachusetts Gen. Hosp. 120 Mass. 432, en 1976. El hospital (como institución de beneficencia) quedó exento de responsabilidad de una cirugía negligente de un estudiante. Esto era debido a que las donaciones caritativas eran el único medio económico de apoyo se estableció como fondo fiduciario y no debía utilizarse para tales reclamos. HORTY JF, "The status of the doctrine of charitable immunity in hospital cases", *Ohio State Journal*, vol. 25, 1964, p. 343.

[192] Del latín: "La cosa habla por sí misma". Proviene de los ordenamientos del *Commom Law*. Esta doctrina intenta aliviar la dificultad probatoria de la persona perjudicada en un proceso de negligencia médica. Se aplicó por primera vez en el entorno anglosajón en 1863, en el caso *Byrne v Boadle*. Una persona que circulaba por la calle demandó al propietario de una tienda por las lesiones sufridas tras caerle un barril de harina por la ventana de la tienda. El demandante no aportó prueba alguna y el juez consideró que el barril no se cae si no hay negligencia por parte de quien estaba encargado de su custodia. 159 Eng. Rep. 299, 300 (Ex 1863). WEBB GG, "The Law of Falling Objects: Byrne v. Boadle and the Birth of Res Ipsa Loquitur", *Stanford Law Review*, vol. 59, 2007, pp. 1065-1068.

[193] POSNER JR, "Trends in medical malpractice insurance, 1970-1985", *Law and Contemporary Problems,* vol. 49, no 2, 1986, p. 46.

[194] DANZON PM, "The "Crisis" in Medical Malpractice: A Comparaison of Trends in the United States, Canada, the United Kingdon and Australia", *Law, Medicine & Health Care*, vol. 18, no 1-2, 1990, p. 49.

[195] En un informe del Senado se advierte en 1969 que la situación de la negligencia se convertiría en una crisis a nivel nacional. Se estaban aumentando los costes provocando, en algunos casos, el abandono de los médicos de la práctica de la medicina. CURRAN WJ, "Senator

Aunque la medicina defensiva es una práctica que todavía hoy es difícil de medir y evaluar, en este periodo se realizaron algunos estudios en los que se vislumbraba el uso excesivo de medios diagnósticos, en este caso, de pruebas radiológicas. En uno de esos estudios se observó que se realizaban radiografías de cráneo en traumatismos, no adecuadas a la sintomatología que presentaba el paciente[196].

1.4.2. e) Reformas legislativas

Como resultado de esta crisis se llevaron a cabo una serie de reformas legislativas en los estados. Una de ellas fue la creación de las asociaciones de suscripción conjunta *Join Underwriting Assement* (JUA). Se trataba de un sistema de cobertura de seguro hecho para aquellos que no podían obtenerlo en el mercado regular[197]. Este tipo de cobertura no satisfacía a todos los médicos y algunos de ellos crearon en determinados estados sus propias compañías de seguros denominadas *bedpan mutuals*. Estas llegaron a proporcionar en los años ochenta hasta el 70% de las primas de seguros por negligencia en EE.UU.[198]

Como hemos comentado anteriormente, California fue uno de los estados que sufrió un mayor incremento de las demandas por mala praxis, las cuales se triplicaron en número y aumentó su severidad. Como consecuencia de la crisis de aseguramiento se llevó a cabo una de las más conocidas reformas: *California's Medical Injury Compensation Reform Act* (MICRA)[199]. Entre las novedades de esta ley, cabe destacar,

---

Ribicoff's Report on Medical Malpractice", *The New England Journal of Medicine*, vol. 282, no 6, 1970, p. 325. Creemos que son muy interesantes las conclusiones que se aportan en este artículo: "*1. The number of malpractice suits and claims is risiong sharply in certain regions of the country, particularly California, New York, the District of Columbia, and some other metropolitan centers. 2. The amount of damage awards by the courts and settlements by insurance companies are increasing rapidly all over tthe country. 3. Insurance premiuns for physicians are rising geometrically and many companies are refusing to continue to write malpractice insurance because of increasing losses and uncertainty in experience rating. 4. These costs – in the form of higher patient charges – are being passed on to the people, to health care insurance carriers, and to governmental agencies who must pay these bills. 5. The situation may be causing some physicians to leave the practice of medicine. Also, it may make it difficult for young physicians to enter or to continue to practice in certain "high risk" specialties or to settle in certain "high risk" geographical locations in the country. 6. There is a definite role for the federal government to play in correcting this national problem in the medical field.*"

196 BELL RS, LOOP JW, "The utility and futility of radiographic skull examination for trauma", *The New England Journal of Medicine*, vol. 284, no 5, 1971, p. 236.

197 ROBINSON GO, "The Medical Malpractice Crisis of the 1970's: A retrospective", *Law and Contemporary Problems*, vol. 49, no 2, 1986, p. 19.

198 HAY I, "Medical liability and the insurance of remote over U.S. tort law reform", *Australasian Journal of American Studies*, vol. 16, no 1, 1997, pp. 6-7.

199 Medical Injury Compensation Reform Act of 1975, Cal. Civ. Proc. Code 3333.2 (West 1982). Consultado el 28 de marzo de 2019 en: https://leginfo.legislature.ca.gov/faces/codes_displaySection.xhtml?lawCode=CIV&sectionNum=3333.2.

la limitación de la indemnización por daños no económicos (*pecunia doloris*: dolor, sufrimiento) hasta 250.000 dólares[200].

1.4.3. Segunda crisis: la asequibilidad como causa

Aunque hubo numerosas reformas[201] para paliar los efectos de la crisis, entre ellas, el aumento de los costes sanitarios[202], se produjeron caídas en la oferta de seguros a mediados de los ochenta. Como ejemplo, dos de las principales compañías del país tuvieron graves problemas financieros que les condujeron a la suspensión de la aceptación de nuevas pólizas[203]. Por lo tanto, se originó una segunda crisis que fue catalogada de falta asequibilidad, debido a los precios prohibitivos de las primas, a diferencia de la primera, que fue una crisis de disponibilidad.

Los datos sobre el aumento de las reclamaciones eran muy evidentes. Antes de 1981 se producían un promedio de 3,2 reclamaciones por cada 100 médicos por año y en 1985 esta incidencia se triplicó, llegando a 10 reclamaciones por cada 100 médicos por año[204]. Algunas especialidades en este mismo año casi triplicaban este dato, como obstetricia y ginecología, que alcanzaban 26 reclamaciones cada 100 médicos por año. Otras como medicina interna no llegaban a la media: siete reclamaciones por cada 100 médicos por año[205].

En lo que se refiere a la medicina defensiva existen varios estudios que apoyan su existencia en ese momento. En uno de ellos, relacionado con el comportamiento de los obstetras en el parto, se examinaron 58.441 partos en el estado de New York en-

---

200 LAROS RK, "Presidential address: Medical-legal issues in obstetrics and gynecology", *American Journal of Obstetrics and Ginecology*, vol. 192, 2005, pp. 1886-1887.

201 Desde 1975 a 1985 se llevaron a cabo más de 300 reformas sobre negligencia médica por parte de los estados. LeMASURIER J, "Physician medical malpractice", *Health Care Financial Review*, vol. 7, no 1, 1985, p. 113.

202 Según un estudio se estimaba, con un primer método, un coste de 13.700 millones de dólares (18,2% del gasto total en salud). Con un segundo método, el coste era de 12.100 millones de dólares, con un límite inferior de 8.400 millones de dólares. REYNOLDS RA, RIZZO JA, GONZALEZ ML, "The Cost of Medical Profesional Liability", *Journal of American Medical Association*, vol. 257, no 20, 1987, p. 181. Otros autores estimaron el coste entre el 15 y el 30% del total del gasto en salud. WAGNER L, "Defensive Medicine is legal protection the only motive?", *Modern Healthcare*, vol. 10, 1990, p. 41.

203 QUAM L, DINGWALL R, FENN P, "Medical malpractice in perspective", *British Medical Journal (Clinical Research ed.)*, vol. 294 (6586), 1987, p. 1530.

204 Otros datos que dibujan la situación son las especialidades donde más aumentaron las reclamaciones que fueron por un lado, los cirujanos que pasaron de 4,1 reclamaciones por cada 100 médicos y año a 16,5. Por otro lado, los obstetras que pasaron de 7,1 reclamaciones por cada 10 médicos y año a 26,6. DARLING LL, "The applicability of Experience Rating to Medical Insurance", *Case Western Reserve Law Review*, vol. 38, no 2, 1987, p. 260.

205 JACOBSON PD, "Medical Malpractice and the Tort System", *Law and Medicine*, vol. 262, no 23, 1989, p. 3321.

tre 1975 y 1986. Los resultados confirmaron que existían actuaciones defensivas en obstetricia, hallándose que el miedo a la mala praxis influía en la elección de una cesárea[206].

En otro estudio realizado mediante encuesta a 1.540 médicos se reconoce de alguna manera la existencia de la medicina defensiva, aunque tambiéne se afirma que el hecho de haber tenido una experiencia previa con una negligencia no era la causa fundamental de su práctica[207].

En relación con la medicina defensiva negativa, en un estudio realizado a principios de los ochenta mediante una encuesta a 4.729 médicos, un 20% afirmaban que habían cambiado su práctica habitual por el aumento del coste de los seguros. Las prácticas defensivas negativas consistían en dejar de visitar ciertos pacientes y abstenerse de realizar algunos procedimientos. En un 3,7% los facultativos se negaron a tratar a pacientes por causas no médicas[208].

Debido a que la falta de diagnóstico de cáncer[209] era una causa frecuente de reclamación comenzaron prácticas defensivas mediante el uso exagerado de la mamografía en el *screening* del cáncer de mama. Los resultados llegaban al 50% de falsos positivos en mujeres con hasta 10 mamografías, lo cual era un motivo grave de preocupación[210].

1.4.4. Tercera crisis: una combinación de las dos anteriores

A finales del siglo XX y principios del XXI se produce una nueva crisis de mala praxis. Se reproducen los problemas de accesibilidad de la primera y de asequibilidad de la segunda. Como consecuencia, los costos de las aseguradoras continuaban en aumento debido al crecimiento de las demandas y la cuantía de estas.

---

206 TUSSING AD, WOJTOWYCZ MA, "Malpratice, Defensive Medicine, and Obstetric Behavior", *Medical Care,* vol. 35, no 2, 1997, p. 172.

207 GLASSMAN PA, ROLPH JE, PETERSEN LP, BRADLEY MA, KRAVITZ RL, "Physicians' Personal Malpractice Experiences Are Not related to Defensive Clinical Practices", *Journal of Health Politics, Policy and Law*, vol. 21, no 2, 1996, pp. 233-234.

208 ROSENBACH ML, STOME AG, "Malpractice insurance costs and physician practice, 1983-1986", *Health Affairs*, vol. 9, no 4, 1990, p. 185.

209 A finales de los años ochenta, la falta de diagnóstico de cáncer fue uno de los motivos de que las reclamaciones aumentaran significativamente. Un caso frecuentemente comentado es Truan v. Smith (Tenn. 1979). La paciente, con diagnóstico tardío de cáncer de mama, murió a las pocas semanas del diagnóstico; el médico fue declarado culpable por falta de seguimiento de la paciente durante un periodo de observación impuesto por el médico, por no realizarle más pruebas de seguimiento del proceso y por no informar a la paciente de la posibilidad de tener un tumor maligno. Truan v. Smith, 578 S.W.2d 73, 77 (Tenn. 1979). Sentencia completa consultada el 15 de abril de 2019 en: https://www.courtlistener.com/opinion/1783881/truan-v-smith/?

210 ANDERSON RE, "Billions for Defense. The Pervasive Nature of Defensive Medicine", *Archives of Internal Medicine*, vol. 159, no 20, 1999, p. 2401.

En un informe del Departamento de Salud y Servicios Humanos de EE.UU.[211] del año 2002 queda patente la existencia real de esta nueva crisis en relación a la asequibilidad. En el estado de Nevada, las primas para los médicos pasaron de 40.000 a 200.000 dólares por año, provocando el abandono del ejercicio de los cirujanos de algunos centros médicos porque no podían pagar el seguro médico. En Nueva Yersey, el 65% de los hospitales informó de que las primas habían aumentado más del 250% en los últimos tres años, trayendo como consecuencia, que muchos médicos renunciaran a su trabajo marchándose de New Yersey. Coincidiendo con el incremento de las primas de seguros descendió el importe que los médicos recibieron de los programas públicos. En el caso de Medicare disminuyó un 5,4% en 2003, lo que supuso un factor más del empeoramiento económico de los médicos[212].

En relación con la accesibilidad, en el mismo informe mencionado previamente, destacan varias situaciones que provocaron un problema de acceso a un seguro de los médicos. El mayor proveedor de seguros negligencia médica de EE.UU., la compañía St Paul Companies, anunció que no ofrecería más cobertura de seguro a los médicos en el año 2001[213]. El argumento de las compañías aseguradoras para dejar el negocio del seguro de mala praxis -también de los médicos y hospitales- era culpabilizar a los abogados por estimular el aumento de la frecuencia y severidad de las demandas[214].

Aunque en estos momentos la mayoría de las reclamaciones no iban a juicio, el coste promedio era de 25.000 dólares. Aquellas que eran resueltas a favor del demandante podían suponer grandes cantidades de dinero[215]. Como consecuencia de este

---

211 Consultado el 10 de mayo de 2019 en: https://aspe.hhs.gov/basic-report/confronting-new-health-care-crisis-improving-health-care-quality-and-lowering-costs-fixing-our-medical-liability-system

212 THORPE KE, "The medical malpractice crisis: recent trends and the impact of the State Tort reforms", *Health Affairs*, vol. 23 (Suppl 1), 2004, p. 24.

213 CHARATAN F, "US medical liability crisis spurs doctors' walkouts and rallies", *British Medical Journal*, vol. 326, no 7381, 2003, p. 126.

214 MELLO M, STUDDERT D, BRENNAN TA, "The New Medical Malpractice", *New England Journal of Medicine*, vol. 348, no 23, 2003, p. 2283.

215 El tamaño de las indemnizaciones se dobló, de 475.000 dólares en 1996 a un millón de dólares en el año 2000. Además, el análisis cuantitativo que realiza el Departamento de Salud y Servicios Humanos de EE.UU., muestra que la crisis de comienzos del siglo XXI no es debida a un supuesto "ciclo del seguro", sino que se debe al exceso de demandas. Los estados que previamente habían realizado reformas legislativas para evitar esta crisis estuvieron menos afectados. Consultado el 30 de abril de 2019 en: https://aspe.hhs.gov/basic-report/update-medical-litigation-crisis-not-result-insurance-cycle. Debemos recalcar que otras fuentes presentaron datos en relación a la media de pago por indemnización, por ejemplo, The Jury Veredict Reasearch. Estas fueron muy similares a los datos mencionados del gobierno de EE.UU.. Sin embargo, fueron seriamente criticados por asociaciones de consumidores que rechazaban que existiera un aumento del 50% de las indemnizaciones. Ya que observaban que tales estadísticas no eran correctas, pues dejaban de incluir determinadas sentencias, cifrando este colectivo la indemnización media en 30.000 dólares. DOROSHOW J, Flawed Jury Data Masks Trends, Press Release, 2002, p. 1. Consultado el 30 de abril de 2019 en: https://centerjd.org/content/flawed-jury-data-masks-trends.

crecimiento de los costes, las primas de los seguros de los médicos fueron cada vez mayores. Sin embargo, existían diferencias importantes entre los estados. Dichas variaciones suponían incrementos entre un 40 y un 60%[216]. Uno de los estados más afectados en esta crisis fue Pensilvania, donde varias aseguradoras salieron del mercado y las primas del resto de aseguradoras aumentaron de forma drástica[217].

Otro estado afectado por la crisis fue Florida, donde la prima promedio era un 55% mayor que en el resto de estados. Para prevenir consecuencias mayores, como la falta de médicos y el caos en la prestación de la asistencia, se permitió a los médicos "autoasegurarse" (sin obligación de tener un seguro para ejercer). De esta manera, notificándoselo previamente al paciente, los médicos pagarían hasta 250.000 dólares en caso de acuerdo judicial por negligencia médica[218].

Como resultado de la crisis se incrementa la medicina defensiva. Destacamos un estudio realizado mediante encuesta en 2003 que concluye que la medicina defensiva era altamente prevalente entre los médicos en Pensilvania. Esto, a su vez, repercutían en la generación de altos costes en los precios del seguro[219].

Durante toda la primera década del siglo XXI, tanto la crisis de mala praxis como la necesidad de la puesta en marcha de reformas legislativas y sanitarias, continuaron en la agenda de los políticos. El objetivo de estas reformas era paliar los efectos directos e indirectos de la crisis, tales como la medicina defensiva y el incremento constante del gasto en salud.

De hecho, como modelo de esta preocupación política tanto en los demócratas como en los republicanos, destacan las posiciones durante el año 2006. Los primeros, representados por B. Obama y H. Clinton, expresaron la necesidad de una reforma del sistema de responsabilidad médica, añadiendo la conveniencia de dar un impulso a la seguridad del paciente. La propuesta contenía cuatro objetivos, muy pertinentes

---

216 THORPE KE, "The Medical Malpractice "crisis": Recent Trends And The Impact Of State Tort Reforms", *Health Affaires,* vol. 23 (Suppl 1), 2004, p. 24.

217 A pesar de que la crisis afectó a todos los estados, el de Pensilvania fue especialmente golpeado, con altos costos para los médicos dando lugar a falta de asequibilidad. Además, superó al resto de estados en el promedio de reclamaciones y de los pagos: en Pensilvania había el doble de probabilidad de ganar juicios con un alto porcentaje de indemnizaciones de más de un millón de dólares. BOVBJERG RR, BARTOW A, "Understanding Pennsylvania's Medical Malpractice Crisis", The Project on Medical Liability, U.S., 2003, p. 45. Consultado el 30 de abril de 2019 en: http://webarchive.urban.org/UploadedPDF/1000732-Understanding-Pennsylvanias-Medical-Malpractice-Crisis.pdf

218 CLINE RE, PEPINE CJ, "Medical Malpractice Crisis", *Circulation*, vol. 109, no 24, 2004, p. 2937.

219 Este estudio se realizó en seis especialidades con alto riesgo de litigios. Se encuestó a 824 médicos con un claro reconocimiento de "comportamientos de seguridad", tales como derivar a distintas consultas, realizar pruebas de imagen y la evitación de determinados pacientes. STUDDERT DM, MELLO MM, SAGE WM, DESROCHES CM, PEIGH J, ZAPERT K, BRENNAN TA, "Defensive Medicine Among High-Risk Specialist Physicians in a Volatile Malpractice Environment", *The Journal of American Medical Association,* vol. 293, no 21, 2005, p. 2609.

a nuestro entender: a) reducir las lesiones prevenibles en los pacientes, b) mejorar la comunicación con el paciente, c) asegurar el acceso a una indemnización justa por lesiones y d) reducir las primas de los seguros[220].

G. Bush, en el *State of Union* en 2006, reclama una reforma de la responsabilidad médica, dado que el crecimiento de las demandas a los médicos estaba haciendo que estos dejaran condados enteros sin, por ejemplo, ginecólogos[221]. No obstante, en algunos estudios se concluye que tales reformas no influirían tanto como se creía en este momento en la disminución de los efectos de la crisis, como reducir la atención no necesaria[222].

Hemos de destacar que, a pesar de esta discusión y del convencimiento de la existencia de esta crisis, desde otros sectores se argumenta que la misma no es solamente debida al sistema sanitario y al sistema de responsabilidad, sino que también influyen los factores económicos generales y su impacto sobre las aseguradoras (competencia). Algunas corrientes de opinión consideran tanto la crisis de negligencia como la medicina defensiva, un mito. Afirman que existen demasiadas negligencias médicas y no demasiados litigios, que las verdaderas víctimas son las vidas perdidas y los gastos médicos adicionales. En resumen, el dolor y sufrimiento de miles de personas al año y sobre todo, de aquellas que ni siquiera reclaman. Por último, también se afirma que la mayoría de los litigios concluyen de manera favorable al médico y que la mayor parte de las reclamaciones sin base jurídica suficiente desaparecen antes de llegar a juicio[223].

1.5. IMPACTO DE LAS REFORMAS ESTATALES SOBRE RESPONSABILIDAD MÉDICA

Dado el persistente entorno de litigiosidad en el ámbito de la asistencia sanitaria a lo largo de las últimas décadas, en EE.UU. se han implementado numerosas reformas del sistema de negligencia, no solo a nivel federal, sino también en los estados. Dichas reformas han tenido como objetivo disminuir la litigiosidad, el coste del sistema de negligencia y, por tanto, la medicina defensiva. Su impacto en relación a sus objetivos es controvertido.

---

220 CLINTON HR, OBAMA B, "Making Patient Safety the Centerpiece of Medical Liability Reform", *The New England Journal of Medicine*, vol. 354, no 21, 2006, p. 2205.

221 Consultado el 16 de mayo de 2019 en: https://georgewbush-whitehouse.archives.gov/stateoftheunion/2006/

222 SLOAN FA, SHADLE JH, "Is there empirical evidence for "Defensive Medicine"? A reassessment", *Journal of Health Economics*, vol. 28, 2009, p. 490.

223 BAKER T, *The medical malpractice myth*, University of Chicago Press, Chicago, 2005, pp. 1-3.

1.5.1. Limite de daños *(caps on damages)*

En el sistema de responsabilidad médica estadounidense se reconocen tres tipos de daños indemnizables: a) los daños económicos o *economic damages*, referidos a pérdidas de ganancias presentes y futuras, como el salario y los gastos médicos, b) los daños no económicos o *non-economic damages*, relacionados con el dolor y sufrimiento, c) los daños punitivos o *punitive damages*, son aquellos en los que se considera que la conducta ha sido especialmente grave[224]. Los *punitive damages* tienen como propósito disuadir y compensar justamente por el daño producido,[225] yendo más allá del sistema resarcitorio característico de la Unión Europea.

Esta reforma se basa en una limitación máxima de las indemnizaciones que se pueden conceder en los litigios por responsabilidad médica. Existe variabilidad entre los diferentes estados: algunos tienen límites de daños económicos y no económicos, otros solo no económicos y en algunos estados se ha declarado este tipo de reforma inconstitucional.

En el estado de Texas, donde existe limitación de los daños no económicos hasta 250.000 dólares, se revisó en un estudio el efecto del límite de daños (casos de negligencia cerrados entre 1988-2004). Se encontró que esta medida afectaba al 47% de los veredictos y supuso una reducción del 73% de la mediana de las indemnizaciones[226].

En un estudio más reciente sobre la limitación de los daños no económicos se obtuvo que la limitación de las cuantías indemnizatorias supuso una reducción del 20% del promedio del pago cuando este límite era de 250.000 dólares. Sin embargo, si el límite era de 500.000 dólares, no existía influencia en el promedio de pago. El efecto de los límites mostraba diferencias entre las especialidades médicas, siendo la pediatría la de mayor impacto[227].

---

[224] MELLO MM, CHANDRA A, GAWANDE AA, STUDDERT DM, "National Costs Of The Medical Liability System", *Health Affaires*, vol. 29, no 9, 2010, pp. 1571-1572.

[225] HUBBARD FP, "The nature and impact of "the tort reform" movement", *Hofstra Law Review*, vol. 437, pp. 497-498.

[226] Otra conclusión de este estudio fue que la media de las indemnizaciones por daños no económicos disminuyó de 597.000 a 158.000 dólares. HYMAN DA, BLACK B, SILVER C, SAGE WM, "Estimating the effect of damages caps in medical malpractice cases: evidence from Texas", *Journal of Legal Analysis*", vol.1, no 1, 2009, p. 358.

[227] SEABURY SA, HELLAND E, JENA AB, "Medical Malpractice Reform: Noneconomic Damages Caps Recuded Payments 15 Percent, With Varied Effects By Specialty", *Health Affairs*, vol. 33, no 11, 2014, p. 2048.

En una revisión se muestra que el límite de daños reduce el precio de las primas del seguro de responsabilidad[228]. En lo que se refiere a la disminución del número de reclamaciones no se ha encontrado que el límite de pago reduzca su tasa[229,230].

El impacto de la reforma sobre la disminución de la medicina defensiva ha sido evaluado mediante el análisis de su efecto en la utilización de la atención médica. En un estudio que investiga el impacto de la limitación de los daños no económicos en las prácticas defensivas, no se logra obtener resultados decisivos[231]. Las prácticas defensivas relacionadas con la sobreutilización de pruebas radiológicas son unas de las más frecuentes. En una investigación se obtiene que, en los estados donde existen más reformas sobre la responsabilidad médica (incluidos los límites de daños), la probabilidad de realizar una radiografía es menor[232].

En otro estudio que trató de averiguar si el límite de daños reduce la medicina defensiva y en consecuencia el gasto sanitario, no se encontraron evidencias de que la medicina defensiva disminuyera. Por el contrario, se estimó que el gasto en la parte B de Medicare podría aumentar entre un 4 y un 5%[233].

En contraste, una investigación realizada en todos los beneficiarios ancianos de Medicare tratados por enfermedad cardíaca grave en 1984, 1987 y 1990, se concluyó que las reformas de responsabilidad médica pueden reducir las prácticas de medici-

---

[228] NELSON III LJ, MORRISEY MA, KILGORE ML, "Damages Caps in Medical Malpractice Cases", *The Milbank Quaterly,* vol. 85, no 2, 2007, p. 259.

[229] En este estudio se analizan 12 estados que introdujeron la reforma de límite de daños y las reclamaciones entre 2003 y 2006. Se encontró que estas reformas redujeron las reclamaciones pagadas y las grandes reclamaciones, produciéndose una disminución importante del pago por médico. PAIK M, BLACK B, HYMAN DA, "The Receding Tide of Medical Malpractice Litigation: Part 2-Effect of Damage Caps", *Journal of Empirical Legal Studies*, vol. 10, no 4, 2013, p. 668.

[230] DONOHUE III JJ, HO DE, "The Impact of Damage Caps on Malpractice Claims: Randomization Inference with Difference-in-Differences", *Journal of Empirical Legal Studies,* vol. 4, no 1, 2007, p. 96.

[231] En este estudio se encontró que la aplicación de la limitación de daños, por un lado disminuían el gasto de laboratorio y radiología y por otro lado aumentaban las pruebas de esfuerzo y otras pruebas de imagen, por tanto, los resultados no son concluyentes. MOGHTADERI A, FARMER S, BLACK B, "Damage Caps and Defensive Medicine: Reexamination with Patient-Level Data", *Journal of Empirical Legal Studies,* vol. 16, no 1, 2019, pp. 66-67.

[232] LI S, DOR A, DEYO D, HUGHES D, "The Impact of State Tort Reform on Imaging Utilization", *Journal of the American College of Radiology*, vol. 14, no 2, 2017, pp. 155-156.

[233] Partiendo del hecho de que, en muchas ocasiones, se justifican las reformas de límites de daños como mecanismo para reducir la medicina defensiva, en este estudio se observa que no tienen efectos sobre ella. PAIK M, BLACK B, HYMAN DA, "Damage caps and defensive medicine, revisited", *Journal of Health Economics*, vol. 51, 2017, p. 96.

na defensiva[234]. En este mismo sentido, en otro estudio se halló que la reforma del límite de daños no económicos reducía el gasto medio de salud entre un 3 y un 4%[235].

Como es fácilmente apreciable, no existen estudios concluyentes sobre el efecto del límite de daños en el sistema de negligencia, el gasto sanitario y la medicina defensiva.

1.5.2. Limitación de la responsabilidad solidaria *(limitation on joint and several liability)*

La responsabilidad solidaria significa que el demandante puede recibir el pago del daño de todas las personas a las que se le imputa o de uno de ellos. En caso de pluralidad de dañadores cada uno de ellos responde por el todo frente al dañado, a diferencia de la llamada responsabilidad múltiple (en Europa conocida como mancomunada) en la que cada uno de los causantes del daño responde solo de una parte proporcional de los daños producidos. En un estudio realizado sobre el efecto de esta reforma en los partos por cesárea se encontró que reducía las cesáreas y las complicaciones del trabajo de parto. Sin embargo, en ese mismo estudio, el límite de daños económicos aumentó el uso de las cesáreas[236].

1.5.3. Limitación del plazo de reclamación *(statute of limitations)*

Otra reforma introducida en algunos estados tiene que ver con el tiempo de que dispone el paciente para presentar la demanda, llamado *statute of limitations*[237]. El efecto que produce puede ser equivalente a las técnicas europeas de prescripción o caducidad de la acción.

1.5.4. Evaluación previa por expertos *(medical screening panels)*

Esta regulación obliga a que exista una evaluación previa de la reclamación por un comité de expertos denominado *pretrial screening panels*. En principio, la mayor consecuencia de la puesta en marcha de esta reforma sería la disminución de los juicios sin justificación y el impulso de los acuerdos antes de llegar a juicio. Sin embargo, los estudios al respecto son contradictorios. Incluso, una investigación sostiene que pro-

---

234 KESSLER D, McCLELLAN M, "Do Doctors Practice Defensive Medicine?", *The Quaterly Journal of Economics*, vol. 111, no 2, 1996, p. 353.

235 HELLINGER FJ, ENCINOSA WE, "The Impact of State Laws Limiting Malpractice Damage Awards on Health Care Expenditures", *American Journal of Public Health*, vol. 96, no 8, 2006, p. 1380.

236 CURRIE J, MAcLEOD WB, "First do no harm?: Tort Reform and Birth Outcomes", *The Quaterly Journal of Economics*, vol. 123, no 2, 2008, pp. 825-826.

237 BUDETI PP, WATERS TM, Medical Malpractice Law in the United States, The Henry J Kaiser Foundation, mayo, 2005, pp. 12-13. Consultado el 15 de junio de 2019 en: https://www.kff.org/wp-content/uploads/2013/01/medical-malpractice-law-in-the-united-states-report.pdf

duce justamente lo contrario: lleva a un gasto doble al demandante, produce retrasos en las reclamaciones y aumenta el número de las mismas[238].

1.5.5. Comunicación de errores y disculpa *(Apology Laws)*

Los modelos de comunicación de errores y disculpa o *Apology Laws* se basan en el desarrollo de procesos o sistemas para la comunicación de los errores y la petición de disculpas por parte de los profesionales cuando produce un daño a un paciente[239]. Está implementado en la mayoría de los estados, el primero fue Massachussets[240].

El hecho de pedir disculpas presenta una serie de inconvenientes. En primer lugar, el médico puede ver con recelo asumir un error en presencia del paciente. Por ello se considera importante que, de admitirse este error, no pueda utilizarse como prueba en su contra en un hipotético juicio[241].

En segundo lugar, se observa que las disculpas son más eficaces cuanto antes se realicen tras producirse el error, así se reduce la probabilidad de una reclamación posterior[242].

No debemos obviar que, aunque no existe suficiente evidencia científica al respecto, algunos autores afirman que este modelo no disminuye, ni mucho menos, el número de reclamaciones por mala praxis. En un estudio se concluye que las leyes de disculpas no tienen efecto alguno ni en el pago medio ni en la probabilidad de que se produzca una reclamación entre los cirujanos. Así mismo, entre los no cirujanos aumenta la probabilidad de una demanda y el pago medio. En resumen, en esta investigación los hallazgos indican que las leyes de disculpa aumentan el riesgo de negligencia[243].

---

238 STRUVE CT, "Doctors, the Adversary System, and Procedural Reform in Medical Liability Litigation", *Fordham Law Review,* vol. 72, no 4, 2004, pp. 988-995.

239 En este sentido, el hecho de decir "Lo siento" puede tener distintos significados para aquel que lo dice. Por un lado, puede significar una admisión de la culpa y por otro, puede referirse solo como expresión de simpatía, sin necesidad de tener ningún tipo de falta. LEE MJ, " On Patient Safety: Do You Say "I'm sorry" to Patients?", *Clinical Orthopeadics and Related Research,* vol. 474, no 11, 2016, pp. 2359-2360.

240 Act of Dec.24, 1986, ch.652, 1986 Mass. Acts 1189 (codified at MASS.GEN. LAWS ch, 233, 23 D (2018).

241 Uno de los estados con legislación de este modelo de comunicación de errores y "lo siento" es Colorado. Su ley prohibe expresamente que las disculpas hechas por los médicos e instituciones sean utilizadas después para probar su responsabilidad. BENDER FF, ""I'm sorry" laws and medical liability", *American Medical Association Journal of Ethics,* vol. 9, no 4, 2007, p. 301.

242 LANGEL S, "Averting Medical Malpractice Lawsuits: Effective Medicine-Or Inadequate Cure?", *Health Affairs,* vol. 29, no 9, 2010, p. 1567.

243 McMICHAEL BJ, VAN HORN RL, VISCUSI WK, ""Sorry", Is Never Enough: How State Apology Laws Fail to Reduce Medical Malpractice Liability Risk", *Standford Law Review,* vol. 71, 2019, pp. 393-394.

No obstante, en otros estudios el resultado es el contrario, y las leyes de disculpa reducen el pago medio en lesiones permanentes y también el tiempo de resolución de los casos[244].

En definitiva, no existe evidencia aún de que las leyes de disculpas reduzcan las demandas por responsabilidad, aunque sí que se considera como un valor que los errores se comuniquen y se pidan disculpas[245].

1.5.6. Resolución alternativa de conflictos *(Alternative Dispute Resolutions)*

Alternative Dispute Resolutions o ADR systems[246] son los sistemas de resolución de conflictos alternativos a la vía judicial tradicional[247]. Los ADR y, en concreto el arbitraje, son utilizados ampliamente en EE.UU. tanto en el sector público como en el privado. Sin embargo, en los litigios médicos su uso es relativamente más reciente y menos habitual que en otros sectores[248].

Estos mecanismos, como son la mediación y el arbitraje, están íntimamente relacionados con los sistemas de disculpas y reconocimiento de los errores. Los profesionales sanitarios pueden reconocer que ha habido un error negligente sin miedo a un juicio y también tienen la oportunidad de ofrecer una compensación al paciente que ha sufrido una lesión[249].

---

[244] HO B, LIU E, "Does Sorry Work?, The impact of Apology Laws on Medical Malpractice", *Journal of Risk and Uncertainty*, vol. 43, 2011, p. 163.

[245] FIELDS AC, MELLO MM, KACHALIA A, "Apology laws and malpractice liability: what have we learned?", *British Medical Journal Quality and Safety*, vol. 30, 2021, pp. 64-67.

[246] EE.UU. tiene uno de los sistemas más avanzados y con excelentes resultados en la solución de conflictos a través de la mediación y el arbitraje. A principios del siglo XX se legisla en 12 estados y se aprueba una Ley de Arbitraje a nivel federal, siendo percibidos estos sistemas como una alternativa real a la judicialización. McMANUS M, SILVERSTEIN B, "Brief History of Alternative Dispute Resolution in the USA", *Cadmus*, vol. 1, no 3, 2011, pp. 100-103.

[247] TOMILLO URBINA JL, "El arbitraje de consumo en España: un recorrido histórico", GARCÍA VILLALUENGA L (Dir.), URBINA JL (Dir.), VÁZQUEZ DE CASTRO E (Dir.), *Mediación, Arbitraje y Resolución de Conflictos en el siglo XXI, Tomo II: Arbitraje y Resolución Extrajudicial de Conflictos*, Editorial Reus, 2010, Madrid, p. 81.

[248] SRASZAK S, "In the Shadow of Litigation: Arbitration and Medical Malpractice Reform", *Journal of Health Politics, Policy and Law*, vol. 44, no 2, 2019, p. 268. En el mismo sentido, ver CAYÓN DE LAS CUEVAS J, "Resolución extrajudicial de conflictos sanitarios: manifestaciones jurídico-positivas y posibilidades de futuro" en GARCIA VILLALUENGA L, TOMILLO URBINA J, VÁZQUEZ DE CASTRO E (Dir.), *Mediación, Arbitraje y Resolución Extrajudicial de Conflictos en el siglo XXI: Tomo II: Arbitraje y Resolución Extrajudicial de Conflictos,* Reus, Madrid, 2010, pp. 293-329.

[249] KASS JS, ROSE RV, "Medical Malpractice Reform: Historical Approaches, Alternative Models, and Communication and Resolutions Programs", *American of Medical Association Journal of Ethics*, vol. 18, no 3, 2016, pp. 302-303.

Desde nuestro punto de vista, teniendo en cuenta que el temor a una reclamación y posterior juicio es el motivo principal por el que los médicos practican la medicina defensiva, los ADR podrían ser una herramienta claramente beneficiosa para que los médicos dejen de ordenar pruebas innecesarias o evitar pacientes[250].

1.5.6. a) Mediación

La mediación[251] es una de las técnicas de los ADR de carácter voluntario[252]. Se requiere la presencia de un mediador que debe ser aceptado por ambas partes y que facilitará la comunicación entre ellas, pero tendrá que mantenerse siempre neutral[253].

En algunos estados existe la mediación obligatoria previa a un litigio. Un ejemplo de ello es la llevada a cabo por el sistema de salud de la Universidad de Florida en 2008, conocido como *The Florida Patient Safety and Presuit Mediation Program* (FLPSMP). Los resultados en los primeros cinco años son realmente alentadores en comparación con los litigios tradicionales: una resolución un 81% más rápida, unos gastos un 90% menores y el aumento de un 34% de los pagos al reclamante respecto de lo estimado por la vía tradicional[254].

---

[250] En palabras de CAYÓN DE LAS CUEVAS "la aplicación de los ADR a los conflictos asistenciales mejora y favorece la relación clínica y, en fin, permite la adopción de una solución que huye de los parámetros culpabilísticos tradicionales contribuyendo a la eliminación de prácticas de medicina defensiva" (CAYÓN DE LAS CUEVAS J, "Implantación de mecanismos de resolución extrajudicial de conflictos por mala praxis: ventajas y posibilidades de articulación jurídica", *Revista de Administración Sanitaria,* vol 8, no 1, 2010, pp. 183-184).

[251] La mediación se realiza mediante un mediador neutral (habitualmente capacitado). Una de sus características es que es no vinculante (puede interrumpirse en cualquier momento) y es un proceso mucho más corto y más barato que un juicio. SOHN DH, BAL BS, "Medical Malpractice Reform: The Role of Alternative Dispute Resolutions", *Clinical Orthopaedics and Related Research*, vol. 470, no 5, 2012, pp. 1370-1372. Otra característica es que la mediación mejora de la comunicación del médico con el paciente. Por eso se recomienda, incluso, que los profesionales se formen en mediación y en técnicas de comunicación para resolver los conflictos. KAYSER JB, "Mediation Trainning for the Physisician: Expanding the Communication Toolkit to Manage Conflict", *The Journal of Clinical Ethics,* vol. 26, no 4, 2015, p. 339.

[252] O'NEILL KM, RAYKAR N, BUSH C, MURTHY S, COFFRON M, ARMASTRONG JH, MEARA JG, SELZER D, Surgeons and Medical Liability: A guide to undertanding medical liability reform, American College of Surgeons, Washington DC, 2014, pp. 15-17. Consultado el 16 de julio de 2019 en: https://www.facs.org/-/media/files/advocacy/regulatory/liability/2014-surgeons-and-medical-liability-primer.ashx

[253] SYBBLIS S, "Mediation in the Health Care System: Creative Problem Solving", *Pepperdine Dispute Resolutions Law Journal*, vol. 6, no 3, 2006, pp. 493-494.

[254] JENKINS RC, SMILLOV AE, GOODWIN MA, "Mandatory presuit mediation: 5-year results of a medical malpractice resolution program", *American Society for Healthcare Risk Management of the American Hospital Association*, vol. 33, no 4, 2014, p. 15.

A pesar de que la mediación podría ser un mecanismo eficaz para la resolución satisfactoria de los conflictos en el ámbito sanitario existen muchas barreras para su utilización. Los abogados, en ocasiones, no son partidarios de este mecanismo por falta de conocimiento, porque obtienen menores ganancias económicas y, además, tienen cierto temor a que el demandado diga algo contraproducente. En definitiva, algunos autores hacen esta significativa comparación: "un abogado que hace mediación es como un cirujano que no realiza tratamientos invasivos"[255].

1.5.6. b) Arbitraje

El arbitraje es un proceso voluntario, vinculante y menos costoso que un juicio. En el proceso, una persona neutral (árbitro) emite una decisión que obliga a las partes (laudo)[256].

Actualmente muchos de los proveedores de salud contemplan dentro de sus planes la exigencia de arbitraje obligatorio para resolver conflictos antes de iniciar un tratamiento, lo que en muchos casos es desconocido por los pacientes[257]. Este tipo de contrato con cláusulas de arbitraje previo al nacimiento de las disputas, según algunos autores, debe ser revisado y regulado para asegurar que ambas partes conocen los términos del contrato y lo que significa el arbitraje[258]. Otros autores afirman que obligar a un paciente a firmar un acuerdo de arbitraje como condición al tratamiento es poco acertado y probablemente, desde un punto de vista ético, cuestionable[259].

Así las cosas, este tipo de cláusulas son criticadas y rechazadas por algunos autores ya que quebrantan los derechos de los pacientes más vulnerables[260].

---

[255] LIEBMAN CB, "Medical Malpractice Mediation: Benefits Gained, Opportunities Lost", *Law and Contemporary Problems*, vol. 74, pp. 148-149.

[256] El arbitraje es menos costoso que un juicio, aunque es más caro que la mediación. SOHN DH, BAL BS, "Medical Malpractice Reform: The Role of Alternative Dispute Resolution", *Clinical Orthopaedics and Related Research,* vol. 470, no 5, 2012, p. 1374.

[257] NUSSBAUM L, "Trial and Error: Legislating ADR for Medical Malpractice Reform", *Maryland Law Review*, vol. 76, no 2, 2017, pp. 272-276.

[258] DE VILLE KA, "The Jury Is Out: Pre-Dispute Binding Arbitration Agreements for Medical Malpractice Claims", *The Journal of Legal Medicine*, vol. 28, no 3, 2007, pp. 388-390.

[259] GINSBERG M, "The Execution Of An Arbitration Provision As A Condition Precedent To Medical Treatment: Legally Enforceable? Medically Ethical?", *Mitchell Hamline Law Review*, vol. 42, no 1, 2016, pp. 318-319.

[260] SACHS S, "The Jury is Out: mandating Pre-Treatment Arbitration Clauses in Patient Intake Contracts", *Journal of Dispute Resolution*, vol. 2018, no 2, 2018, p. 131.

1.5.6. c) EDR (Early Dispute Resolution)

Dentro de las experiencias más recientes y novedosas en EE.UU. encontramos la puesta en marcha en el estado de Oregón. Es el primero que ha establecido por ley[261] un programa de comunicación y resolución denominado "*Communication and Resolution Program*". Este programa utiliza un sistema de ADR estructurado y es administrado de forma pública. El programa se denomina *Early Discussion and Resolution* (EDR) y es voluntario. Está dirigido y administrado por una Comisión de Seguridad del Paciente que es una agencia estatal semiindependiente. Su objetivo es promover y facilitar una conversación abierta y temprana, de forma que se puedan evitar y prevenir eventos de similares características.

En el último informe publicado sobre los resultados del programa desde su puesta en marcha (2014-2020) se indica que han recibido 255 solicitudes de conversación, la mayor parte de ellas presentadas por los pacientes o sus representantes (91%). Se concluye en dicho informe que el programa es beneficioso para impulsar y mejorar la seguridad del paciente[262].

1.6. PROPUESTAS DE REFORMA DEL SISTEMA DE RESPONSABILIDAD MÉDICA

Teniendo en cuenta el análisis que hemos realizado del impacto de algunas de las reformas estatales, comprobamos que estas tienen un resultado desigual y en ocasiones contradictorio. Así mismo, sus consecuencias han sido poco estudiadas en EE.UU., tanto en el sistema de negligencia como en la medicina defensiva.

Este análisis sería insuficiente si no añadiéramos el punto de vista de los médicos. En este sentido, encontramos un estudio que se realiza mediante encuesta a los neurocirujanos. El estudio trata de conocer si el entorno médico-legal, incluidas las reformas de negligencia médica, influye en el comportamiento de los profesionales en relación con la medicina defensiva. Los resultados de esta investigación indican que en los entornos donde existe un clima de crisis de responsabilidad médica (primas anuales más altas) los médicos son más propensos a la práctica de la medicina defensiva[263].

---

[261] Esta ley entró en vigor en 2014 y permitió llevar a cabo una reforma de negligencia médica con un sistema alternativo. Adverse Health Incidents Act, ch. 5, § 21, 2013 Or. Laws 1, 7.

[262] Consultado el 3 de abril de 2021 en: https://oregonpatientsafety.org/docs/edr/EDR_Advancing_a_Culture_of_Safety_in_Oregon_2020.pdf

[263] Este estudio se llevó a cabo mediante una encuesta online a los miembros de la Junta Americana de Neurocirugía. Se trataba de conocer su percepción de la influencia de la crisis de mala praxis en la medicina defensiva. Se compararon Texas e Illinois, en este, donde las primas anuales eran mayores y estaban aumentando más de un 10% anual, la percepción de los neurocirujanos de crisis de negligencia era mucho mayor que en Texas. Por lo tanto, los neurocirujanos de Illinois en relación con la medicina defensiva tenían más probabilidades de

Bajo nuestro punto de vista, la situación de la responsabilidad médica[264] sí ejerce influencia en la utilización de la medicina defensiva, aunque no es actualmente el único motivo para su práctica, como analizaremos con posterioridad. Así mismo, entendemos que todas aquellas propuestas encaminadas a mejorar un entorno de menor litigiosidad (sin menoscabar los derechos de los pacientes) son actualmente uno de los mecanismos necesarios para disminuir las prácticas defensivas.

Dada la importancia de implementar medidas para reducir el clima de litigosidad se han propuesto distintas alternativas, aunque la mayor parte de ellas son muy cuestionadas.

1.6.1. Tribunales especializados de salud *(Health Courts)*

Los *Health Courts*[265] o tribunales especializados en responsabilidad médica son un sistema de compensación administrativa por lesiones médicas[266]. A diferencia de otros tribunales, estos dependen de jueces especializados que actúan sin jurado[267]. La

solicitar imágenes o consultas adicionales con mayor frecuencia o siempre en comparación con los neurocirujanos de Texas. COTE DJ, KARHADE AV, LARSEN AM, CASTLEN JP, SMITH TR, "Neosurgical Defensive Medicine in Texas and Illinois: A Tale of 2 States", *World Neurosurgery*, vol. 89, 2016, pp. 112-113.

264 En un estudio realizado en todos los estados, incluido Washington D.C., entre 2000 y 2014, concluye que con cautela se puede afirmar que la práctica de la medicina defensiva en las tasas de natalidad fuera del hospital en EE.UU. tienen relación con el aumento del coste del seguro por mala praxis. KIM EK, FLETCHER WJ, JOHNSON CT, "Effect of Increasing Malpractice Insurance Cost and Subsequent Practice of Defensive Medicine on out-of-Hospital Birth Rates in the United States", *American Journal of Perinatology*, vol. 36, no 7, 2019, pp. 723.

265 Este tipo de tribunales presentan cinco características que son: "*1) Las decisiones se toman por jueces expertos, fuera del sistema judicial regular. 2) Las decisiones de compensación se toman basándose en un estándar de atención más amplio que el de negligencia (no basados en la responsabilidad estrictamente). Para recibir una indemnización los demandantes deben demostrar que la lesión no se hubiera producido si se hubieran seguido las mejores prácticas. 3) Los criterios de compensación se basan en la evidencia, en la interpretación de expertos de la literatura científica. 4) A este conocimiento anterior junto con el precedente serán de ayuda para la toma de decisiones rápidas en la compensación de determinado tipo de lesiones. 5) Las directrices o pautas ex ante, que abordan la prevención de algunos eventos adversos comunes, proporcionarán orientación sobre la cantidad de los daños económicos y no económicos*", MELLO MM, STUDERT DM, KACHALIA AB, BRENNAN TA, ""Health Courts", and Accountability for Patient Safety", *The Milbank Quaterly*, vol. 84, no 3, pp. 460-461.

266 BLAKE V, "The Jury Is Still Out on Health Courts", *American Medical Association Journal of Ethics*, vol. 13, no 9, 2011, p. 637.

267 Lo habitual en EE.UU. es la presencia de un jurado en los juicios. El hecho de que no haya jurado en este tipo de tribunales no es bien percibido por los ciudadanos, porque consideran que el jurado puede ser más comprensivo con el demandante que presenta una lesión. CHODOS JE, "Should there be specialty courts for medical malpractice litigation?", *Columbia Medical Review*, vol. 1, no 1, 2015, pp. 18-19.

existencia de tribunales especializados en EE.UU. en el ámbito sanitario no es algo novedoso, puesto que ya existen los *Mental Health Courts*[268].

El objetivo fundamental de los tribunales de salud sería resolver los litigios de forma más ágil a través de unos criterios comunes sobre el estándar de este tipo de casos. No hay obligación de contratar un abogado y no se precisa prueba de negligencia. En principio, sería un sistema rápido, predecible y menos costoso[269].

A pesar de estas posibles ventajas, existen también autores que critican esta propuesta[270], dado el riesgo que supone que el veredicto esté mediado por un juez experto, ya que podría favorecer a los médicos[271].

1.6.2. Responsabilidad objetiva *(non-fault system)*

La responsabilidad objetiva o *non-fault system* es otra propuesta de sistema de compensación administrativa que intenta resarcir a los pacientes sin tener en cuenta la negligencia o la falta que se ha producido. De esta manera, se indemnizaría a un número mayor de demandantes, aunque con cantidades más exiguas. Es una medida muy relacionada con los *Health Courts*[272].

Este sistema no es nuevo, ya que se introdujo en Nueva Zelanda en 1974. Quizá por ello, actualmente no existe en este país una cultura de demandar a los médicos[273]. Otro ejemplo es Suecia, que creó el seguro de compensación del paciente o *Patient Compensation Insurance* (PCI) en 1975 pagado por los médicos o proveedores. Este es obligatorio y compensa económicamente a las víctimas de lesiones médicas con los siguientes requisitos: no es preciso que haya culpa, sí es necesario que haya rela-

---

268 Este tipo de tribunales especiales tratan de alejar de prisión a personas con una enfermedad mental (grave o no y crónica) que a la vez están procesados por un delito penal sin naturaleza violenta (delitos menores), aunque a veces aceptan también cargos violentos y graves. WOLFF N, MANUFACTURER N, BELENKO S, "Mental Health Courts and Their Selection Processes: Modeling Variation for Consistency", *Law and human behavior*, vol. 35, no 5, 2011, p. 404.

269 MELLO MM, STUDERT DM, THOMAS EJ, YOON CS, BRENNAN TA, "Who Pays for Medical Errors? An Analysis of Adverse Event Costs, the Medical Liability System, and Incentives for Patient Safety Improvement", *Journal of Empirical Legal Studies*, vol. 4, no 4, 2007, p. 856.

270 PETERS PG, "Health Courts?", *Boston University Law Review*, vol. 88, no 227, 2008, pp. 286-289.

271 Esta autora expone que los jueces al ser escogidos por los demandantes pueden correr el riesgo de estar politizados, lo cual a nuestro entender es bastante probable que ocurriese. STRUVE CT, "Doctors, the Adversary System, and Proccedural Reform in medical Liability Litigation", *Fordham Law Review*, vol. 72, no 4, 2004, pp. 998-999.

272 En los estados de Virginia y Florida se ha adoptado esta reforma de los déficits neurológicos en el parto. KESSLER DP, "Evaluating the Medical Malpractice System and options for reform", *Journal of Economics Perspectives*, vol. 25, no 2, 2011, pp. 101-102.

273 WALLIS KA, "No-fault, no difference: no-fault compensation for medical injury and healthcare ethics and practice", *British Journal of General Practice*, vol. 67, no 654, 2017, p. 38.

ción de causalidad y, lo más importante, es que el daño se hubiera podido evitar[274]. En caso de que los demandantes no queden satisfechos, siempre pueden acudir a los tribunales[275].

Esta propuesta se ha relacionado con los posibles beneficios sobre la disminución de la medicina defensiva como resultado de la reducción de las reclamaciones, los costes y las primas, así como una potencial mejora de la seguridad del paciente[276].

2. DETERMINANTES DE LA MEDICINA DEFENSIVA

2.1. LA RESPONSABILIDAD POR MALA PRAXIS EN EE.UU.

2.1.1. El sistema judicial americano

La Constitución de EE.UU. es su ley suprema y contiene las leyes fundamentales de la nación. Fue elaborada originalmente por los miembros de la Convención Constitucional de Filadelfia (Pensilvania) y refrendada con su firma el 17 de septiembre de 1787, lo que la convierte en el texto constitucional en vigor más antiguo del mundo.

La Constitución está formada por un preámbulo, siete artículos y 27 enmiendas. En ella se establece un sistema federal mediante la división de poderes independientes: ejecutivo, legislativo y judicial. Además, constituye un gobierno federal (nacional), otorgándole poderes específicos y quedando el resto de poderes bajo la autoridad estatal. Todos y cada uno de los 50 estados tienen su propia constitución, sistema judicial, estructura de gobierno y códigos legales. En definitiva, no existe un solo sistema de justicia.

El Artículo III, Sección 1 de la Constitución establece el sistema de tribunales federales y la jurisdicción de estos. Actualmente, el poder judicial federal se compone de tres niveles: 94 tribunales de distrito, 13 tribunales de apelación y la Corte Su-

---

274 HELLBORG S, "Liability for medical injuries in Sweden", *Journal de Droit de la Santé et de l'Assurance Maladie*, no 23, 2019, pp. 72-74.

275 WORLD BANK, Medical Malpractice Systems around the Globe: Examples from the US-tort liability system and the Sweden- no fault system. Health, Nutrition and Population (HNP), Washington D.C., 2013, pp. 6-7. Consultado el 1 de julio de 2019 en: https://openknowledge.worldbank.org/bitstream/handle/10986/26120/111974-WP-PUBLIC-Medical-Malpractice-Systems-around-the-Globe-MALPRACT.pdf?sequence=1&isAllowed=y.

276 SEGAL JJ, SACOPOLUS M, "A Modified No-fault Malpractice System Can Resolve Multiple Healtcare System Deficiencies", *Clinical Orthopeadics and Related Research*, vol. 467, no 2, 2009, pp. 420-422.

prema de los EE.UU.[277]. La mayoría de los litigios son resueltos en los tribunales estatales, alcanzando hasta un 90% de las causas civiles y penales[278].

2.1.2. Requisitos para la responsabilidad por mala praxis

La mala praxis en el ámbito médico se define como un acto u omisión por parte del médico[279] que se desvía de las normas aceptadas por la comunidad médica y causa lesión al paciente; el error por sí solo no constituye negligencia médica.

La definición de negligencia se compone de varios elementos[280]. El primero, la causalidad: se debe demostrar la relación de causalidad entre el acto u omisión y el daño como resultado. El segundo, es preciso que exista el deber de cuidado del médico. El tercero, la conducta negligente: debe demostrarse si la actuación del médico respondió a los "estándares de atención" (atención razonable) para la comunidad[281]. El cuarto, el daño producido se compensa de forma económica, valorándose en función de la gravedad.

Una excepción del sistema de responsabilidad estadounidense es *The Good Samaritan Act*[282]. Esta ley es particular en cada estado y se basa en la exención de responsabilidad de los médicos cuando prestan atención a extraños en situaciones de emergencia[283]. Para considerarlo dentro de la ley la actuación debe ser de buena fe. Esto significa que no debe haber una relación previa entre el médico y paciente, ni una ex-

---

277 Consultado el 9 de abril de 2019 en: https://www.theusconstitution.org/u-s-federal-courts-101/

278 SERRA CRISTÓBAL R, "El federalismo judicial estadounidense", *Estudios de Deusto*, vol. 64, no 1, 2017, pp. 308-309.

279 El estándar de atención se exige también a médicos residentes y becarios. Así mismo, los médicos pueden ser responsables de forma directa o indirecta de los residentes por cuestiones relacionadas con una supervisión inadecuada. KACHALIA A, STUDDERT DM, "Professional Liability Issues in Graduate Medical Education", *Journal of American Medicine Association,* vol. 292, no 9, 2004, p. 1051.

280 BONO MJ, HIPSKIND JE, Medical Malpractice, Updated 2019 Jan 19. StatPearls. Consultado el 20 de mayo de 2019 en: https://www.ncbi.nlm.nih.gov/books/NBK470573/. Ebook

281 Este término se refiere a la calidad de la atención que se espera de un médico de forma ordinaria, en la misma especialidad y en una circunstancia similar, aunque no necesariamente en la misma localidad. COOKE BK, WORSHAM E, REISFIELD GM, "The Elusive Standard of Care", *Journal of the American Academy Psychiatry and the Law,* vol. 45, no 3, 2017, p. 363.

282 Esta ley surgió porque se consideraba un perjuicio para los médicos el hecho de que estos tuviesen responsabilidad si atendían una emergencia fuera de su ámbito de trabajo. Comenzó a legislarse en California en 1959. STEWART PH, AGIN WS, DOUGLAS SP, "What Does the Law Say to Good Samaritans?. A Review of Good Samaritan Statutes in 50 States and on US Airlines", *Chest*, vol. 143, no 6, 2013, p. 1776.

283 Según el Consejo de Asuntos Éticos y Judiciales de la AMA, el médico: "*debe responder lo mejor que pueda en casos de emergencia donde el tratamiento de primeros auxilios es esencial*". DACHS RJ, ELIAS JM, "What You Need to Know When Called Upon to Be a Good Samaritan", *Family Practice Management*, vol. 15, no 4, 2008, p. 39.

pectativa de compensación y tampoco en casos relacionados con negligencias graves o malversación[284].

Una de las características a destacar del sistema judicial americano es que existe el derecho a juicio por un jurado, lo cual se considera un derecho constitucional[285]. El papel del jurado en los juicios es muy importante, puesto que deben evaluar las evidencias científicas que llevarán ambas partes, aportadas por expertos de cada parte que a menudo difieren[286]. El papel del jurado siempre ha estado en entredicho, ya que algunas tendencias sostienen que no posee la capacidad científico-técnica para valorar las evidencias que se presentan. Sin embargo, varios años de investigación demuestran que esto no es así, puesto que los veredictos por jurado son similares a las evaluaciones hechas por expertos médicos y jueces[287].

Otra característica es la presencia de los testigos expertos[288], cuya función es clave a la hora de decidir si hubo negligencia. Estos son quienes deben establecer el estándar aplicable en cada caso. Tiene que emitir opinión sobre si hubo una desviación del estándar de atención y, en caso de producirse esta desviación, si esta fue la causa de la lesión[289].

2.1.3. Evolución de las reclamaciones por mala praxis

Tras la tercera crisis de mala praxis a comienzos del siglo XXI, la tendencia en la evolución de las reclamaciones ha sido claramente descendente en EE.UU. En contraposición, el debate sobre la necesidad o no de reformas del sistema de mala praxis ha seguido vigente hasta nuestros días, así como las controversias sobre su efecto en el gasto sanitario y la prevalencia de la medicina defensiva.

---

284 ADUSUMALLI J, BENKHADRA K, MURAD MH, "Good Samaritan Laws and Graduate Medical Education: A Tristate Survey", *Mayo Clinic Proceedings: Innovations, Quality & Outcomes*, vol. 2, no 4, 2018, p. 336.

285 BAL BS, "An Introduction to Medical Malpractice in the United States", *Clinical Orthopaedics and Related Research*", vol. 467, no 2, 2009, p. 341.

286 CHODOS JE, "Should there be specialty courts for medical malpractice litigation?", *Columbia Medical Review*, vol. 1, no 1, 2015, pp. 13-14.

287 VIDMAR N, "Juries and Medical Malpractice Claims: Empirical Facts versus Myths", *Clinical Orthopaedics and Related Research*, vol. 467, no 82, 2009, p. 367.

288 Los testigos expertos (en la práctica procesal española se denominan testigo-perito según el art. 370.4 de la Ley de Enjuiciamiento Civil) también están sujetos potencialmente según los estados, a los riesgos de responsabilidad (sujetos a inmunidad, aunque esta se ha ido erosionando a lo largo de los años), de manera que se desalientan los testimonios erróneos o engañosos. BAL BS, "The Expert Witness in Medical Malpractice Litigation", *Clinical Orthopaedics Related Research*, vol. 467, no 2, 2009, pp. 387-388.

289 RONQUILLO Y, ROBINSON KJ, NOUHAN PP, Expert Witness, [Updated 2021 Jul 1].: StatPearls [Internet]. Treasure Island (FL): StatPearls Publishing, 2021, pp. 1-11. Consultado el 8 de agosto de 2021 en : https://www.ncbi.nlm.nih.gov/books/NBK436001/

Aunque existen diversas fuentes de datos, según el informe del Servicio de Investigación del Congreso (Congressional Research Service), se produjeron 10.739 demandas en 2009, un 27,6% menos que en el año 2003[290]. Un estudio analizó 280.368 reclamaciones pagadas para conocer la evolución de las demandas por especialidad entre 1992 y 2014 (Figura 5).

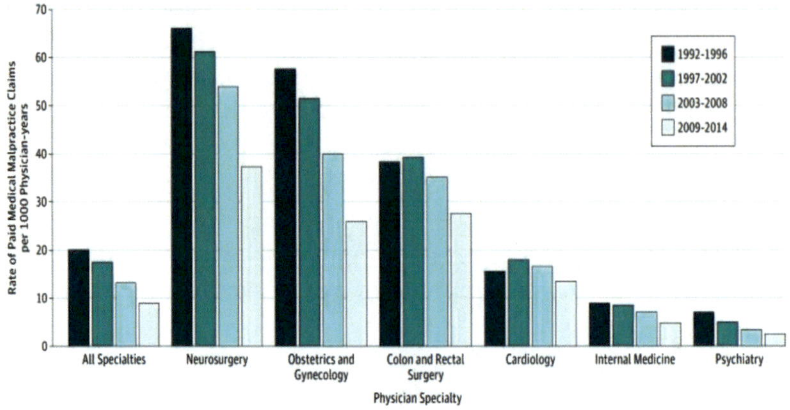

Figura 5. Tasa de reclamaciones pagadas por negligencia médica en las diferentes especialidades de 1992-2014

Se obtuvo una disminución del 55,7% en el número de reclamaciones (variable en las distintas especialidades). Además, se encontró un aumento de las indemnizaciones superiores a un millón de dólares como consecuencia de que los abogados escogen los casos con mayores posibilidades de altas indemnizaciones, es decir, los más graves. En este mismo estudio se destaca que la disminución de las reclamaciones es multifactorial. Entre las diversas causas están algunas de las reformas puestas en marcha a lo largo de los últimos años, por ejemplo, la limitación de daños y el estatuto de limitación[291].

En un informe de CRICO[292] se examinan 124.000 pacientes con reclamaciones entre 2007 y 2016. Se informa que existe una disminución de la frecuencia de las re-

---

[290] Consultado el 16 de mayo de 2019 en: https://www.everycrsreport.com/files/20120618_R41693_c9b48bc11095cf3cf4993f43016b0738c562747e.pdf p. 12

[291] SCHAFFER AC, JENA AB, SEABURY SA, SINGH H, CHALASANI V, KACHALIA A, "Rates and Characteristics of Paid Malpractice Claims Among US physicians by Speciality, 1992-2014", *Journal of American Medical Association,* vol. 177, no 5, p. 711.

[292] CRICO es un programa de seguros que incluye las instituciones médicas de Harvard y afiliados. Consultado el 22 de abril de 2021 en: https://www.rmf.harvard.edu/Malpractice-Data/Annual-Benchmark-Reports/Medical%20Malpractice%20in%20America/Thank%20you%20for%20your%20request?submissionGuid=6ce3bd2e-fa8e-4e34-b4f7-9995269c33d9

clamaciones en un 27%. La probabilidad de ser demandado en la obstetricia y ginecología, que es una de las especialidades con mayor riesgo de demanda, disminuyó un 44%. Por el contrario, se produjo un aumento en el volumen de pagos, un 7% anual (de tres millones a 11 millones de dólares) y en los gastos promedio, un 3,5% (46.000 dólares por caso en 2016).

Una manera novedosa de medir la frecuencia de las demandas por negligencia es en función de los procesos. Recientemente se ha publicado un estudio sobre 353.661 procedimientos realizados por especialistas de Medicina Interna durante un periodo de cinco años. Se concluye que la proporción fue de 0,37 demandas por cada 10.000 procedimientos[293].

2.2. EL CAMBIO EN LA RELACIÓN MÉDICO-PACIENTE

2.2.1. La asimetría cada vez menor entre médicos y pacientes

La relación médico-paciente[294] es el elemento más esencial de la práctica clínica y ha sufrido una transformación importante a lo largo de los siglos. Dicha relación se ha modificado históricamente, desde el paternalismo médico que predominó en el año 500 a.C. hasta el año 1965, en el que comienza la autonomía del paciente[295].

Los cambios en la relación clínica son consecuencia de distintos factores. Uno de los más relevantes es la asimetría cada vez menor entre médicos y pacientes debido a una mejora en la información. El exponente de la información es el consentimiento

293 BASS GD, ZHAO FS, SCHWEICKERT WD, MANAGER S, "A Retrospective Analysis of Malpractice-Related Procedure Rates for Internal Medicine Specialists at an Academic Medical Center", *The Joint Commission Journal on Quality and Patient Safety*, vol. 47, no 11, 2021, pp. 706-708.

294 Los autores describen distintos tipos de relación médico-paciente: el modelo informativo, el interpretativo y el deliberativo. Estos se definen en función de la formación de valores del paciente, la asignación de responsabilidades en la toma de decisiones (autonomía) y la información que da el médico. AGARWAL AK, MURINSON BB, "New Dimensions in Patient-Physician Interaction: Values, Autonomy, and Medical Information in the Patient-Centered Clinical Encounter", *Rambam Maimonides Medical Journal*, vol. 3, no 3, 2012, p. 2. El modelo informativo se centra en la alta autonomía del paciente y la entrega por parte del médico de una elevada información. En el modelo interpretativo el paciente, una vez presentada la información, toma una decisión y el médico actúa como consejero. Y en el modelo deliberativo, el paciente tiene unos mínimos valores formados, el médico presenta la información seleccionada y la toma de decisiones es compartida, haciendo el médico una serie de recomendaciones. EMANUEL EJ, EMANUEL LL, "Four Models of The Physician-Patient Relationship", *Journal of American Medical Association*, vol. 267, no 16, 1992, pp. 2221-2222.

295 CAYÓN DE LAS CUEVAS J, *La prestación de servicios sanitarios como relación jurídica de consumo,* Thomson Reuters Civitas , Navarra, 2017, pp. 125-126.

informado, aunque todavía existen carencias en este aspecto[296]. El proceso de consentimiento es complejo y su aplicación es desigual. En el caso del consentimiento escrito existen importantes dificultades para comprobar que aquellas cuestiones referidas en el documento son correctamente comprendidas por el paciente[297]. Pese a que la incorporación del consentimiento informado es un requisito fundamental para el cumplimiento de la *lex artis ad hoc* y para preservar el derecho de los pacientes en la participación de la toma de decisiones sobre su salud[298], algunos sectores médicos aún lo consideran un acto superficial[299].

El alcance del consentimiento informado es tal que cuando la información al paciente no satisface sus expectativas y necesidades existe una mayor probabilidad de que se produzca un litigio[300]. La información durante el proceso de la asistencia sanitaria está íntimamente ligada a la toma de decisiones. Diversos estudios han tratado de averiguar si la toma de decisiones compartida podría contribuir a disminuir el número de litigios. Sin embargo, no se han encontrado evidencias científicas suficientes para demostrar que la toma de decisiones compartida sea útil para reducir las demandas por mala praxis[301].

2.2.1. a) Los cambios sociológicos y culturales

Un cambio social importante a nivel mundial ha sido la transformación del concepto de familia[302] que tiene un papel preponderante en la relación clínica. En muchas ocasiones, la familia colabora con la información para hacer un buen diagnóstico y ayudar a su familiar a hacer frente a la enfermedad[303]. Así mismo, la familia es

---

296 FROSCH DL, MAY SG, RENDLE KAS, TIETBOHL C, ELWYN G, "Authoritarian Physicians And Patients' Fear Of Being Labeled "Difficult" Among Key Obstacles To Shared Decision Making", *Health Affairs*, vol. 31, no 5, 2012, pp. 1034-1035.

297 HALL DE, PROCHAZKA AV, FINK AS, "Informed consent for clinical treatment", *Canadian Medical Association Journal*, vol. 184, no 2, 2012, pp. 534-535.

298 PATERICK TJ, CARSON GV, ALLEN MC, PATERICK TE, "Medical Informed Consent: General Considerations for Physicians", *Mayo Clinics Proccedures*, vol. 83, no 3, 2008, pp. 313-316.

299 WOOD F, MARTIN SM, CARSON-STEVENS A, ELWYN G, PRECIOUS E, KINNERSLEY P, "Doctors' perspectives of informed consent for non-emergency surgical procedures: a qualitative interview study", *Health Expectations*, vol. 19, no 3, 2014, pp. 752-753.

300 VINCENT C, YOUNG M, PHILLIPS A, "Why do people sue doctors? A study of patients and relatives taking legal action", *The Lancet*, vol. 343, no 8913, 1994, p. 1609.

301 DURAND MA, MOULTON B, COCKLE E, MANN M, ELWYN G, "Can shared decision-making reduce medical malpractice litigation? A systematic review", *BMC Health Services Research*, vol. 15, no 167, 2015, pp. 8-9.

302 La familia pasa a ser un concepto mucho más amplio que el modelo tradicional, sobre todo, debido al cambio del rol de la mujer, el menor número de hijos, los avances legislativos en materia de matrimonio homosexual, la monoparentalidad, la multiparentalidad, etc. VALDIVIA SÁNCHEZ, C, "La Familia: concepto, cambios y nuevos modelos", *La revue du REDIF*, vol. 1, 2008, pp. 19-21.

303 OMOLE FS, SOW CM, FRESH E, BABALOLA D, STROTHERS H, "Interacting with Patient's Family Members During the Office Visit", *American Family Physician*, vol. 84, no 7, 2011, pp. 780-781.

quien toma determinadas decisiones importantes cuando las circunstancias personales y clínicas del paciente impiden que las tome él mismo.

Otro factor de cambio en la relación clínica es el entorno cultural al que pertenece el paciente y su familia, incluida la religión. Los fenómenos migratorios son un desafío para la asistencia sanitaria y están produciendo una verdadera transformación de los sistemas sanitarios para adaptarse a la realidad de la población migrante. No obstante, esta cuestión está aún por resolver. En este sentido, se encuentran diferentes barreras: el idioma, la percepción de los pacientes de otras culturas sobre la salud y la enfermedad (ausencia de concepto de prevención y promoción de la salud), la creencias religiosas, los prejuicios de los médicos y los valores de la cultura a la que pertenezcan. La suma de todas las barreras aumenta la incertidumbre y, en ciertos casos, los médicos tienden a banalizar algunos síntomas[304]. Estas barreras se agravan convirtiéndose en prácticas discriminatorias cuando los inmigrantes se encuentran en situación irregular, según muestra una revisión de la literatura científica[305].

2.2.1. b) Internet y las redes sociales

Un cambio sociológico reciente es la facilidad con que el paciente y su familia tienen acceso a la información sobre la salud, e incluso sobre los medicamentos, a través de *Internet*. El acceso a la información no tiene límites, lo cual es beneficioso y contribuye a compensar las diferencias de conocimientos sobre la enfermedad entre los médicos y los pacientes[306]. No obstante, existe una cantidad importante de información médica de mala calidad y poco rigurosa, que además comparte espacio con un gran número de noticias falsas o *fake news*[307]. Una revisión reciente muestra que la búsqueda de información en *Internet* por parte de los pacientes podría mejorar la relación clínica, lo que contrasta con la idea de que dicha información erosiona la relación entre médicos y pacientes[308].

---

304 FUERTES C, MARTÍN LASO MA, "El inmigrante en la consulta de atención primaria", *Anales del Sistema Sanitario de Navarra*, vol. 29 (Supl.1), 2006, pp. 19-20.

305 HACKER K, ANIES M, FLOB BL, ZALLMAN L, "Barriers to health care for undocumented inmigrants: a literature review", *Risk Management and Healthcare Policy*, vol. 8, 2015, pp. 175-176.

306 KIBRIDE MK, JOFFE S, "The New Age of Patient Autonomy: Implications for the Patient-Physician Relationship", *Journal of American Medical Association*, vol. 320, no 19, 2018, pp. 1973-1974.

307 LAZER DM, BAUM MA, BENKLER Y, BERINSKY AJ, GREENHILL KM, MENEZER F, METZGER MJ, NYHAN B, PENNYCOOK G, ROTHSCHILD D, SCHUDSON M, SLOMAN SA, SUNSTEIN CR, THORSON EA, WATSS DJ, ZITTRAIN JL, "The Science of fake news", *Science*, vol. 359, no 6380, 2018, p. 1094.

308 TAN SS, GOONAWARDENE N, "Internet Health Information Seeking and the Patient-Physician Relationship: A Systematic Review", *Journal of Medical Internet Research*, vol. 19, no 1, 2017, p. 2.

En relación con la obtención de información de carácter médico es muy relevante la función que juegan los medios de comunicación y las redes sociales[309]. Un estudio realizado recientemente analiza el papel de los radiólogos, las redes sociales y la experiencia del paciente. Se concluye que las redes sociales están transformando el modo de comunicarnos y, como consecuencia, los pacientes pueden interactuar positivamente con los radiólogos y mejorar así su experiencia[310]. En esta misma línea, en una encuesta realizada recientemente a profesionales de la salud se obtiene que la mayoría de los profesionales creen que las redes sociales pueden ser útiles para la educación sanitaria[311].

2.2.2. El paciente como posible litigante: la visión del médico

En primer lugar, la relación de confianza entre el médico y paciente es de tipo fiduciario[312]. El término proviene del latín *fiducia* que es la confianza que el cliente deposita en el profesional. Este concepto no es exclusivo de la profesión médica se refiere a que el profesional actuará de tal forma que servirá a los mejores intereses del cliente, en este caso del usuario o paciente[313]. Según la AMA, el médico tiene el deber de otorgar a cada paciente la atención que la profesión reconozca como clínicamente aceptable, dentro del contexto de una relación fiduciaria. El paciente tiene que tener la confianza y certeza legal de que el médico velará, ante todo, por los intereses del paciente[314].

Bajo estas premisas entendemos que las prácticas defensivas rompen las bases de la relación médico-paciente, puesto que las acciones del médico no responden a los

---

[309] Un estudio llevado acabo de todas las noticias verdaderas y falsas en Twiter desde 2006 a 2017 encontró que las falsas se difundieron mucho más rápida y profundamente. Las noticias falsas versaban sobre terrorismo, ciencia, desastres naturales, leyendas urbanas o información financiera. VOSOUGHI S, ROY D, ARAL S, "The spread of true and false news online", *Science*, vol. 359, no 380, 2018, p. 1146.

[310] HAWKINS CM, DELAO AJ, HUNG C, "Social Media and the Patient Experience", *Journal of the American College of Radiology*, vol. 13 (12PB), 2016, p. 1620.

[311] PIZZUTI AG, PATEL KH, MCCREARY EK, HELL E, BLAND CM, CHINAEKE E, LOVE BL, BOOKSTAVER PB, "Healthcare practitioner's views of social media as an educational resource", *PLoS ONE*, vol. 15, no 2, 2020, p. 13.

[312] Este concepto no es nuevo, en el siglo XVIII un médico escocés llamado J. Gregory (1724-1773) centró sus preocupaciones en que la medicina otorgara preeminencia al interés propio del médico. En sus conferencias mencionaba los conflictos de interés y del poder cada vez mayor que iba a tener el médico y del cual el paciente debía protegerse, estableciendo lo que llamamos una relación fiduciaria entre médico y paciente. En definitiva, Gregory hizo importantes contribuciones a la historia de la ética médica. BASTRON RD, McCULLOUGH LB, "What goes around, comes around: John Gregory, MD, and the profession of medicine", *Proceedings (Baylor University Medical Center)*, vol. 20, no 1, 2007, p. 19.

[313] OLEJARCZYK JP, YOUNG M, Patient Rights, Statpearls (Internet), 2019, pp. 6-7. Consultado el 16 de agosto de 2019 en: https://www.ncbi.nlm.nih.gov/books/NBK538279/?report=reader

[314] American Medical Association. Code of Medical Ethics. Consultado el 16 de agosto de 2019 en : www.ama-assn.org.

intereses del paciente sino de él mismo. De esta manera, se protege ante una posible demanda por negligencia. El paciente es visto como un enemigo potencial[315] del cual tiene que defenderse con las herramientas de las que dispone (pruebas médicas y tratamientos o bien evitando al propio paciente).

En segundo lugar, las decisiones defensivas del médico son opuestas a los intereses del paciente. Se produce un conflicto de interés[316] que es contrario a una buena práctica clínica. El paciente que confía en el médico y está en situación de vulnerabilidad[317], no se beneficia de estas prácticas. Por el contrario, puede ser perjudicial, como veremos más adelante al analizar las consecuencias de las prácticas defensivas.

2.3. LA INFLUENCIA DE LOS AVANCES TECNOLÓGICOS

Los avances tecnológicos influyen en la práctica de la medicina defensiva en menor medida que la relación médico-paciente; no obstante, ambos factores están interrrelacionados. En el documento previamente mencionado de la OTA de 1994[318] se hace referencia al papel de las nuevas tecnologías y cómo afecta el desarrollo de estas a la toma de decisiones de los médicos. En algunos casos por exceso, como el uso de demasiada e innecesaria tecnología. Y en otros casos por defecto, como puede ser la no utilización de innovaciones tecnológicas por el desconocimiento y la incertidumbre que suscitan. Es cierto que la influencia de este factor es menor que el miedo a una demanda, pero actúa de palanca con el resto de causas como hemos dicho, entre ellas, las expectativas actuales de los pacientes con respecto a las nuevas tecnologías.

El progreso y la innovación tecnológica, cuyo crecimiento ha sido exponencial en la medicina, han producido uno de los mayores avances de la historia en la mejora de la calidad de vida de los ciudadanos. Hace poco más de dos siglos se inventó el estetoscopio por R. T. H. Laënnec[319] y el avance científico ha llegado hasta la tecnología

---

315 SCHLEITER KE, "Difficult Patient-Physician Relationships and the Risk of Medical Malpractice Litigation", *American Medical Association Journal of Ethics*, vol. 11, no 3, 2009, p. 243.

316 Existen distintas situaciones relacionadas con los conflictos de interés en medicina que son relevantes y condicionan en muchas ocasiones la práctica clínica. Entre estas situaciones se encuentran: la relación de los médicos prescriptores con la industra sanitaria (no solo la farmaceútica sino también la tecnológica) y la derivación a consultas o pruebas, entre otras. ALTISENT R, DELGADO MARROQUÍN MT, ASTIER PEÑA MP, "Conflictos de interés en la profesión médica", *Atención Primaria*, vol. 51, no 8, 2019, p. 509.

317 CHANDRA S, MOHAMMADNEZHAD M, WARD P, "Trust and Communication in a Doctor-Patient Relationship: A Literature Review", *Journal of Healthcare Communications*, vol. 3, no 3, 2018, p. 2.

318 U.S. Congress, Office of Technology Assessment, Defensive Medicine and Medical Malpractice, OTA-H--6O2 (Washington, DC: U.S. Government Printing Office, July 1994), p. 11. Consultado el 13 de agosto de 2019 en: https://ota.fas.org/reports/9405.pdf

319 Médico francés que es considerado uno de los pioneros de la medicina respiratoria debido al desarrollo de la auscultación respiratoria y cardíaca. TOMOS I, KARAKATSANI A, MANALI ED, PAPIRIS SA, "Celebrating Two Centuries since the Invention of the Stethoscope.

más actual como la cirugía robótica, la medicina de precisión[320] , la impresión 3D, el big data, la telemedicina, los exoesqueletos en rehabilitación, etc. Estos, sin duda, no serán los últimos retos, sino que podemos añadir los cuestionamientos éticos a los que nos enfrentamos gracias a la penetración de la tecnología en nuestras vidas.

3. PREVALENCIA DE LA MEDICINA DEFENSIVA

3.1. CUANTIFICACIÓN DE LA MEDICINA DEFENSIVA: ANÁLISIS COMPARADO

3.1.1. Introducción

Uno de los elementos fundamentales que caracterizan la medicina defensiva es la dificultad para medirla. A pesar de ello, existen numerosos estudios a nivel mundial que han aportado conocimiento sobre en qué medida se practica la medicina defensiva.

Debemos resaltar que la medicina defensiva comienza a practicarse entre los estudiantes y también durante la formación de los médicos como residentes[321,322]. Estos no son inmunes a la influencia de las prácticas defensivas. Un estudio realizado a estudiantes y residentes concluye que entre estos profesionales se encontraban prácticas de medicina defensiva. Además, con frecuencia, se les enseñaba a tener en cuenta la responsabilidad médica en la toma de decisiones clínicas[323].

René Théophile Hyacinhe Laënnec (1781-1826)", *Annales of the American Thoracic Society*, vol. 13, no 10, 2016, p. 1667.

320 Es la utilización de la información de los genes, proteínas y el ambiente de una persona para prevenir, diagnosticar y tratar una enfermedad. Consultado el 16 de agosto de 2019 en: https://www.cancer.gov/espanol/publicaciones/diccionario/def/medicina-personalizada. Este tipo de medicina desarrollada en los últimos años no está exenta de controversias incluso por su taxonomía porque el término "medicina personalizada", también utilizado, puede ser confuso, ya que induce a pensar que se puede llegar a tener un tratamiento o diagnóstico por cada persona y esto no es así. Debemos aclarar que la medicina de precisión trata de adaptar los tratamientos a determinados subgrupos definidos por su genómica. COMMITTE ON A FRAMEWORK FOR DEVELOPING A NEW TAXONOMY OF DISEASE, Toward Precisión Medicine, The National Academy Press, Washington, D.C., 2011, p. 12. Consultado el 16 de agosto de 2019 en: https://www.ncbi.nlm.nih.gov/books/NBK91503/pdf/Bookshelf_NBK91503.pdf

321 DÁVILA RODRÍGUEZ AA, "Medicina Defensiva. ¿Evitable?", *Cirujano General*, vol. 40, no 1, 2018, p. 55.

322 MORGAN SM, ROMEUS L, RAHMAN, ASMAR A, "Internal Medicine Residents and the Practice of Defensive Medicine: A Pilot Study Across Three Internal Medicine Residency Programs", *Cureus*, vol. 12, no 12, 2020, p. 1.

323 O'LEARY KJ, CHOI J, WATSON K, MARK V, "Medical Students' and Residents' Clinical and Educational Experiences With Defensive Medicine", *Academic Medicina*, vol. 87, no 2, 2012, p. 142.

3.1.2. Sistemas norteamericanos

3.1.2. a) EE.UU.

En un estudio llevado a cabo en Pensilvania se encuestó a 824 médicos pertenecientes a seis especialidades: urgencias, cirugía general, cirugía ortopédica, ginecología y radiología. La respuesta fue unánime: el 93% contestó que practicaba medicina defensiva. Dicho comportamiento se producía al ordenar pruebas innecesarias en un 43% (medicina defensiva positiva). También se encontraron comportamientos de evitación de pacientes de riesgo o complejos en un 42% (medicina defensiva negativa). Llama la atención que los médicos afirman que utilizan la tecnología para "pacificar" a los pacientes más exigentes, reforzar su confianza o bien dejar rastro de que habían descartado determinadas enfermedades[324].

En una encuesta realizada a más de 3.000 médicos de todos los estados se concluyó que la medicina defensiva se practicaba por el 93% de ellos. Las prácticas defensivas más frecuentes eran pruebas diagnósticas y de laboratorio, hospitalizaciones y cirugías[325].

Otro estudio realizado mediante encuesta, en la que respondieron 1.231 médicos de varias especialidades, demuestra que practicaban medicina defensiva en el 91% de los casos. Se ordenaban más pruebas y procedimientos de los necesarios para protegerse de una demanda[326].

3.1.2. b) Canadá

A pesar de la cercanía geográfica de este país con EE.UU., su contexto en cuanto a las reclamaciones por mala praxis es completamente diferente. Canadá tiene características en su legislación que difieren de las estadounidenses. Incluso la Corte Suprema de Canadá ha limitado los casos en los que se pueden obtener indemnizaciones por daños[327].

---

[324] STUDDERT DM, MELLO MM, SAGE WM, DES ROCHES CM, PEUGH J, ZAPERT K, BRENNAN TA, "Defensive medicine amomg high-risk specialist physicians in a volatile malpractice environment", *Journal of American Medical Association*, vol. 293, no 21, 2005, pp. 2611-2616.

[325] Además de las conclusiones comentandas, el 89% de los médicos afirman que el paciente debe recibir una indemnización en casos de negligencia médica. JACKSON HEALTHCARE, "A costly defense: Physicians sound off on the high price of defensive medicine in the U.S.", 2010, p. 12. Consultado el 24 de abril de 2020 en: https://truecostofhealthcare.org/wp-content/uploads/2015/02/defensivemedicine_ebook_final.pdf

[326] BISHOP TF, FEDERMAN AD, KEYHANI S, "Physicians' views on defensive medicine: a national survey", *Archives of Internal Medicine*, vol. 170, no 12, 2010, p. 1981.

[327] ELKAMEL M, CURRY P, "Economic analysis of Medical Malpractice Liability and Tort Reform", *International Congress on Politic, Econonmic and Social Studies*, no 1, 2016. p. 45.

En un estudio comparado sobre medicina defensiva entre los neurocirujanos de Canadá, Sudáfrica y EE.UU. se observó que los neurocirujanos de EE.UU. y Sudáfrica tenían 2,8 y 2,6 más probabilidades, respectivamente, de participar en conductas defensivas que los de Canadá[328].

3.1.2. c) México

Un estudio mediante una encuesta a 613 médicos de diferentes especialidades obtuvo que un 61,3% afirmaban tener comportamientos defensivos. Así mismo, se mostraba una diferencia importante de género, siendo un 73,7% hombres y tan solo un 26,3% mujeres[329].

3.1.3. Sistemas europeos

El interés por el considerable aumento de la medicina defensiva se muestra en el posicionamiento del Comité Permanente de los Médicos Europeos (CPME)[330]. En él se reconoce claramente la existencia de la medicina defensiva, su constante aumento y las propuestas para reducir su práctica. Sin embargo, el interés en el estudio de la medicina es más reciente que en EE.UU. y bastante menos extenso[331].

3.1.3. a) Italia

En Italia existe una preocupación creciente por la medicina defensiva, probablemente en parte debido al aumento de las demandas por negligencia médica[332]. En una encuesta realizada a 1.313 médicos de 55 hospitales de tres regiones italianas se de-

[328] Los resultados de este estudio son muy reveladores, puesto que llama la atención las diferencias entre los países en cuanto a las primas de seguro, casi cinco veces más elevada en EE.UU. que en Canadá. Otra cuestión llamativa es que en Canadá solo el 16,9% percibían una crisis de responsabilidad médica en curso (a diferencia de los médicos sudafricanos que lo percibían en un 84,8%). YAN SC, HULOU MM, COTE DJ, ROYTOWSKY D, RUTKA JT, GORMLEY WB, SMITH TR, "International Defensive Medicine in Neurosurgery: Comparison of Canada, South Africa, and the United States", *World Neurosurgery*, vol. 95, 2016, pp. 54-57.

[329] SÁNCHEZ GONZÁLEZ JM, TENA TAMAYO C, CAMPOS CASTOLO EM, HERNÁNDEZ GAMBOA LE, RIVERA CISNEROS AE, "Medicina defensiva en México: una encuesta exploratoria para su caracterización", *Cirugía y Cirujanos*, vol. 73, no 3, 2005, p. 201.

[330] CPME: Commité Permanent des Médicins Européens. Representa a las asociaciones médicas nacionales de toda Europa. Tiene 29 estados miembros. Consultado el 20 de julio de 2019 en: https://www.cpme.eu/

[331] CANTINO M, "Why doctors practice defensive medicine? The side-effects of Medical Litigation", *Safety Science Monitor*, vol. 15, no 1, 2011, p. 3.

[332] Se estima que el gasto en mecanismos judiciales en Italia es el 1% del PIB. TORALDO DM, VERGARI U, TORALDO M, "Medical Malpractice, defensive medicine and role of the "media" in Italy", *Multidisciplinary Respiratory Medicine*, vol. 10, no 1, 2015, pp. 2-3.

tectó que el 59,8% afirmaba practicar algún tipo de medicina defensiva. La razón más importante fue el contexto negativo que rodea a la negligencia médica[333].

3.1.3. b) Reino Unido

En un estudio realizado mediante encuesta a 7.926 médicos se obtuvo que un 84% afirmaban practicaban medicina defensiva habitualmente. Así mismo, un 46% de los profesionales admitían conductas de evitación de pacientes (medicina defensiva negativa)[334].

En otra investigación, el 78% de 300 médicos encuestados de hospitales del NHS (National Health Service) respondieron que practicaban medicina defensiva, sin importantes diferencias entre las especialidades. La forma de medicina defensiva más frecuente era ordenar pruebas innecesarias, un 59% y derivar a los pacientes inútilmente a otras especialidades, un 55%. En cuanto a la evitación de pacientes, un 21% afirmó que evitaría procedimientos de alto riesgo[335].

3.1.3. c) España

En España se ha realizado una encuesta a 1.449 profesionales médicos de los servicios de urgencias de hospitales tanto públicos como privados. El objetivo era conocer cómo influye la percepción de los médicos del riesgo de una demanda en su práctica habitual. El 91,3% percibe que la presión judicial ha aumentado entre mucho y bastante; el 88,7% reconoce que esa presión judicial puede influir en su práctica clínica; el 90% cree que se piden pruebas diagnósticas de dudosa utilidad y el 63% cree que se alargan los tiempos de estancia en el hospital. En esta encuesta se observa que el 86,7% no tiene conocimientos médico-legales para afrontar estas situaciones y el 96,1% considera que se debe potenciar este tipo de formación[336].

---

333 PANELLA, M, RINALDI C, LEIGHEB F, KNESSE S, DONNARUMMA C, KUL S, VANHAECHT, DI STANISLAO F, "Prevalence and costs of defensive medicine: a national survey of Italian physicians", *Journal of Health Services Research and Policy,* vol. 22, no 4, 2017, pp. 212, 215.

334 BOURNE T, WYNANTS L, PETERS M, VAN AUDENHOVE C, TIMMERMAN D, VAN CALSTER B, JALMBRANT M, "The impact of complaints procedures on the welfare, health and clinical practise of 7926 doctors in the UK: a cross-sectional survey", *British Medical Journal Open*, vol. 5, no 1, 2015, pp. 8-9.

335 ORTASHI O, VIRDEE J, HASSAN R, MUTRYNOWSKY T, ABU-ZIDAN F, "The practice of defensive medicine among hospital doctors in the United Kingdom", *BMC Medical Ethics*, vol. 14, no 42, 2013, pp. 3-4.

336 PEREA PÉREZ B, GARROTE DÍAZ JM, HERNÁNDEZ GIL A, MARTÍNEZ HERNÁNDEZ S, GARCÍA MARTÍN AF, SANTIAGO SÁEZ A, GRUPO DE TRABAJO, "Medicina defensiva en los servicios de urgencias hospitalarias", *Revista Española de Salud Pública*, vol. 95, no 7, 2021, pp. 3-8.

Para conocer la práctica de la medicina defensiva entre los médicos de familia y pediatras de atención primaria fueron encuestados 768 profesionales. El 73,9% de los médicos de familia y el 65,2% de los pediatras afirmaron que la medicina defensiva es uno de los motivos para indicar procedimientos y pruebas innecesarias para evitar una demanda[337].

En otro estudio se encuestó a 2.201 profesionales (médicos generales, pediatras y enfermeras) de Atención Primaria. Se halló que la medicina defensiva causaba el 40% de los motivos de la sobreutilización[338].

3.1.3. d) Austria

La prevalencia de la medicina defensiva entre radiólogos y traumatólogos de hospitales públicos de Austria se situó en un 97,7%, según los resultados obtenidos mediante un cuestionario. En el caso de atender a pacientes de alto riesgo se solicitaban pruebas adicionales en el 81% de los casos[339].

3.1.4. Sistemas oceánicos

3.1.4. a) Australia

Se ha estudiado de forma indirecta la medicina defensiva y cómo los médicos cambian su práctica clínica debido las preocupaciones por los problemas médico-legales. El estudio no se refiere explícitamente a la medicina defensiva, pero en sus resultados se pone de manifiesto que un 55% de los encuestados afirmaba solicitar más pruebas de lo normal, y en un 43% remitía más pacientes de lo habitual a otros profesionales. Lo más llamativo es que un 33% consideraría renunciar a la medicina e incluso, un 40% retirarse antes de tiempo por la preocupación sobre los temas médico-legales[340].

---

337 MIRA JJ, CARRILLO I, "Medicina Defensiva en Atención Primaria", *Anales del Sistema Sanitario de Navarra*, vol. 41, no 2, 2018, p. 274.

338 MIRA JJ, CARRILLO I, SILVESTRE C, PÉREZ-PÉREZ P, NEBOT C, OLIVERA G, GONZÁLEZ DE DIOS J, ARANAZ ANDRÉS JM, "Drivers and strategies for avoiding overuse. A cross-sectional study to explore the experience of Spanish primery care providers handling uncertainly and patients' requests", *British Medical Open*, vol. 8, no 6, 2018, p. 1.

339 OSTI M, STEYRER J, " A national survey of defensive medicine among orthopaedic surgeons, trauma surgeons and radiologists in Austria: evaluation of prevalence and context", *Journal of Evaluation in Clinical Practice*, vol. 21, 2015, p. 278.

340 NASH LM, WALTON MM, DALY MG, KELLY PJ, WALTER G, H VAN EKERT E, WILLCOCK SM, TENNENT CC, "Perceived practice change in Australian doctors as a result of medicolegal concerns", *Medical Journal of Autralia,* vol. 194, no 6, 2011, p. 579.

3.1.4. b) Nueva Zelanda

En este país se ha estudiado cómo el ambiente de litigiosidad percibido por el médico hace que este adopte posiciones a favor de practicar una medicina defensiva positiva. Algunas de estas posiciones son: recabar excesiva documentación, realizar cambios en consultas y tramitar admisiones excesivas en el hospital. También se eluden especialidades de alto riesgo como son la obstetricia y los cuidados intensivos, o bien se evitan pacientes con determinadas características[341].

3.1.5. Sistemas asiáticos

3.1.5. a) Japón

Pese a las diferencias socioeconómicas y culturales con otros países, en Japón también se está viviendo un aumento de las reclamaciones por negligencia médica. Estas se multiplicaron por 10 entre 1960 y 2003, aunque no llega a la dimensión de EE.UU.. Este dato se recoge en un estudio llevado a cabo entre médicos especialistas en gastroenterología en este país en 2006. La prevalencia entre estos médicos de la práctica de la medicina defensiva era del 98%, siendo menor entre los médicos con más experiencia[342].

3.1.5. b) China

A partir del año 2000 se han llevado a cabo una serie de reformas en las leyes sobre negligencia en China. Se estima que estos cambios en la legislación han aumentado la práctica de la medicina defensiva que actualmente se percibe como una práctica habitual[343].

El análisis de la prescripción de fármacos, procedimientos y pruebas diagnósticas de forma excesiva se realizó como muestra de las prácticas defensivas. Se llevó a cabo mediante un estudio en el que se observó que dicha sobreprescripción se realiza con el fin de evitar conflictos con pacientes y también por motivos económicos[344].

---

341 CUNNINGHAM W, DOVEY S, "Defensive changes in medical practice and the complaints process: a qualitative study of New Zealand doctors", *The New Zealand Medical Journal,* vol. 119, no 1244, 2006, pp. 6-7.

342 HIYAMA T, YOSHIHARA M, TANAKA S, URABE Y, IKEGAMI Y, FUKUHARA T, CHAYAMA K, "Defensive medicine practices among gastroenterologists in Japan", *World Journal Gastroenterology*, vol. 12, no 47, p. 7671.

343 XI C, YANG L, "Medical liability laws in China: The tale of two regimes", *Tort Law Review 65*, 2012, p. 72.

344 HE AJ, "The doctor-patient relationship, defensive medicine and overprescription in Chinese public hospitals: Evidence from a cross-sectional survey in Shenzhen city", *Social Science & Medicine*, vol. 123, 2014, pp. 64-65.

En un estudio llevado a cabo mediante encuesta encontramos que el 62,9% de los médicos especialistas en obstetricia y ginecología están a favor de la medicina defensiva y únicamente el 5,3% estaba totalmente en contra de esta práctica[345].

3.1.5. c) Israel

Una encuesta realizada a 889 médicos del sistema de salud israelí, entre abril y julio de 2008, de varias especialidades médicas y quirúrgicas concluye que el 60% de los médicos médicos realizaban prácticas de medicina defensiva, en mayor medida en los últimos años. Lo más llamativo de estos resultados es que un 40% de los médicos consideran a cada paciente como un potencial demandante[346].

3.1.5. d) Turquía

La práctica de la medicina defensiva se observa en los estudios realizados sobre todo en el ámbito quirúrgico. En uno de los estudios realizados mediante encuesta entre neurocirujanos, estos respondieron que practicaban medicina defensiva en un 74,4%, sobre todo aquellos médicos sin experiencia. Las prácticas defensivas más frecuentes fueron: evitar pacientes de alto riesgo, un 62,6%; pruebas de diagnóstico, un 60,9%; pruebas de laboratorio, un 33,7%; y derivar a otros profesionales, un 31,2%[347].

En lo relativo a la medicina de urgencias, el 92,2% de los profesionales encuestados consideraron que existía una tendencia a la medicina defensiva en los departamentos de emergencias. En el 88,1% de los casos se reconoció solicitar más pruebas y consultas para evitar una demanda[348].

En una encuesta entre ginecólogos se halló que cada vez se practicaba más medicina defensiva, incluso, se evitaban intervenciones de riesgo. Los ginecólogos afirmaron también que consideraban que la alta tasa de cesáreas se debía a las preocupaciones médico-legales[349].

---

345 ZHU L, LI L, LANG J, "The attitudes towards defensive medicine among physicians of obstetrics and gynaecology in China: a questionnaire survey in a national congress", *British Medical Journal Open*, vol. 8, no 2, 2018, p. 1

346 ASHER E, GREENBERG-DOTAN S, HALEVY J, GLICK S, REUVENI H, "Defensive Medicine in Israel- A Nationwide Survey", *PLoS ONE*, vol. 7, no 8, 2012, p. 3.

347 SOLAROGLU I, IZCI Y, YETER HG, METIN MM, KELES GE, "Health Transformation Project and Defensive Medicine Practice among Neurosurgeons in Turkey", *PLoS ONE*, vol. 9, no 10, 2014, p. 1.

348 DELICE O, TEKIN E, YILMAZ S, "Defensive Medicine in the Emergency Deparment: A Cross-sectional Study from the Perspective of Emergency Medical Specialists", *Eurasian Journal of Emergency Medicine*, vol. 18, no 4, 2019, p. 178.

349 KÜÇÜK M, "Defensive medicine among obstetricians and gynaecologists in Turkey", *Journal of Obstetrics and Gynaecology*, vol. 38, no 2, 2018, p. 200.

3.1.5. e) Irán

Los médicos generales encuestados admitieron que practicaban medicina defensiva positiva en un 99,8% y negativa en un 79,2%, concluyéndose que existen preocupaciones sobre los aspectos legales[350].

4. TIPOS DE PRÁCTICAS DEFENSIVAS

4.1. REALIZACIÓN EXCESIVA DE PRUEBAS DIAGNÓSTICAS: EL ABUSO EN LA UTILIZACIÓN DE PRUEBAS RADIOLÓGICAS

Este es el tipo más frecuente de medicina defensiva. Se afirma que entre el 20 y el 81% de los médicos aumentó la utilización de la pruebas diagnósticas por sus preocupaciones en relación a la responsabilidad médica, según el informe de la OTA de 1994[351].

Las consecuencias negativas para los pacientes por el exceso de pruebas diagnósticas innecesarias son: diagnósticos erróneos, falsos positivos, falsos negativos y exceso de diagnósticos[352]. Dentro de las causas de este exceso de pruebas diagnósticas se halla el miedo al litigio y la negligencia[353], entre otras.

La mejora y avance de las tecnologías en medicina ha producido unos beneficios para la salud de la población que son indiscutibles. Pero también este crecimiento se puede atribuir a la sobreutilización y se establece que el factor primordial es la medicina defensiva[354].

Uno de los síntomas más frecuentes entre la población es el dolor lumbar. El uso excesivo de las imágenes en estos casos es muy habitual, pese a que no exista ningún dato clínico de gravedad y sabiendo que su uso no va a aportar beneficios al paciente[355]. La medicina defensiva es una de las causas del uso de radiografías, tomografía

350 MOOSAZADEH M, MOVAHEDNIA M, MOVAHEDNIA N, AMIRESMAILI M, AGHAEI I, "Determining the frecuency of defensive medicine among general practitioners in Southeast Iran", *International Journal of Health Policy and Management*, vol. 2, no 3, 2014, p. 122.

351 U.S. Congress, Office of Technology Assessment. Defensive medicine and medical malpractice, Washington, DC: U.S. Government Printing Office, July 1994, OTA-H-602. Consultado el 3 de agosto de 2019 en: https://ota.fas.org/reports/9405.pdf

352 KAINBERGER F, "Defensive medicine and overutilization of imaging-an issue of radiation protection", *Wiener klinische Wochenschrift*, vol. 129, no 5-6, p. 157.

353 LAM JH, PICKLES K, STANAWAY FF, BELL KJL, "Why clinicians overtest: development of a thematic framework", *BMC Health Services Research*, vol. 20, no 1011, 2020, p. 1.

354 HENDEE WR, BECKER GJ, BORGSTEDE JP, BOSMA J, CASARELLA WJ, ERICKSON BA, MAYNARD CD, THRALL JH, WALLNER PE, "Adressing Overutilization in Medical Imaging", *Radiology*, vol. 257, no 1, 2010, p. 240.

355 "*Se estima que entre un 70 y 80% de la población sufrirá en algún momento de su vida dolor lumbar. El dolor lumbar agudo no complicado es un proceso benigno y autolimitado que no requiere*

computerizada (TC) o resonancia magnética (RM) en la patología lumbar. Aunque las recomendaciones a nivel internacional, entre ellas las del Colegio Americano de Médicos y de la Sociedad Americana del Dolor, aconsejan realizar imágenes solo en caso de pacientes con déficits neurológicos graves o progresivos y/o signos o síntomas de alarma[356]. La mayor parte de los pacientes vistos en Atención Primaria presentan dolor lumbar inespecífico (95%), en este caso las pruebas de imagen no aportan beneficio alguno[357].

La realización de pruebas innecesarias también se produce en el uso de TC en el trauma de nivel I (nivel más alto de complejidad). En un estudio prospectivo y observacional de 295 pacientes con trauma de nivel I se halló que de todas las TC ordenadas con fines defensivos solo un 2% resultaron útiles en el manejo del paciente. Además de estos hallazgos se observó que los pacientes recibieron 8,8 mSv de radiación por paciente de forma innecesaria y el gasto adicional estimado fue de 120.000 dólares[358].

En la misma línea, el uso de las imágenes en la ortopedia forma parte de la práctica habitual. Los resultados de una auditoría de práctica prospectiva realizada en Pensilvania mostraron que la medicina defensiva era la causa del 19,1% de la petición de imágenes. En el caso concreto de la RM supuso el 48,7% de todas las órdenes defensivas y el 38,5% de todas las peticiones de RM se ordenaron por razones defensivas. El coste total de las peticiones de imagen defensivas fue de 113.675 dólares, suponiendo el 34,7% del coste total[359].

---

ningún tipo de estudio radiológico. La inmensa mayoría de los pacientes se recuperan de forma espontánea en menos de 30 días. La no realización de pruebas radiológicas en los cuadros de lumbalgia no complicada y no asociada a signos de alerta supone una importante reducción de estudios diagnósticos con las consiguientes implicaciones económicas que ello supone para el sistema público de salud, y de reducción de dosis de irradiación para los pacientes (cuando la prueba realizada es una TC o radiología simple)". Documentos SERAM (Sociedad Española de radiología Médica), "Recomendaciones de "no hacer", 2014, Comisión de Asuntos Profesionales de la SERAM, p. 27. Consultado el 26 de julio de 2019 en: https://seram.es/images/site/doc_seram_recom_no_hacer.pdf

356 CHOU R, QASEEM A, OWENS DK, SHEKELLE P, "Diagnostic Imaging for Low Back Pain: Advice for High-Value Health Care From the American College for Physicians", *Annals of Internal Medicine*, vol. 154, no 3, 2011, pp. 181,185.

357 SHARMA S, TRAEGER AC, REED B, HAMILTON M, O'CONNOR DA, HOFFMANN TC, BONNER C, BUCHBINDER R, MAHER CG, "Clinician and patient beliefs about diagnostic imaging for low back pain: a systematic qualitative evidence synthesis", *British Medical Journal Open*, vol. 10, no 8, 2020, p. 1.

358 CHEN J, MAJERCIK S, BLEDSOE J, CONNOR K, MORRIS B, GARDNER PA, SCULLY C, WILSON B, DICKERSON J, WHITE T, DILON D, "The prevalence and impact of defensive medicine in the radiographic workup of the trauma patient: a pilot study", *American Journal of Surgery*, vol. 210, no 3, 2015, p. 462.

359 MILLER RA, SAMPSON NR, FLYNN JM, "The Prevalence of Defensive Orthopaedic Imaging: A Prospective Practice Audit in Pennsylvania", *The Journal of Bone and Joint Surgery American*, vol. 94, no 3, 2012, p. e18(1).

En el ámbito de la radioterapia oncológica también se observan comportamientos defensivos. Los profesionales admiten como prácticas defensivas: la solicitud de más pruebas de imagen, un 39%; las pruebas de laboratorio, un 35%; la remisión a otros médicos, un 43%; la prescripción de fármacos, un 35%[360].

4.2. LOS TEST DE LABORATORIO: DIANA DE LA MEDICINA DEFENSIVA

Las pruebas de laboratorio suponen uno de los aspectos más cruciales en relación a la toma de decisiones en la práctica médica. Los médicos utilizan las pruebas diagnósticas dada la percepción de riesgo de responsabilidad, así intentan minimizar la probabilidad de error[361]. Por ello, en U.K. se estima que un 25% de las pruebas de laboratorio son innecesarias[362].

Un ejemplo muy habitual de petición de prueba de laboratorio en los servicios de urgencias es la CK-MB (fracción MB de la creatin fosfokinasa). La prueba se realiza de forma rutinaria junto con la troponina (biomarcador de necrosis cardíaca) en los pacientes con angina inestable o infarto de miocardio sin elevación del ST, aunque no aporte ningún valor al manejo[363]. Todo ello a pesar de las recomendaciones de las guías clínicas que indican analizar únicamente la troponina. Si ahondamos más en este tipo de pruebas, incluso la troponina resulta innecesaria en numerosas ocasiones. En un reciente estudio se ha medido el número de pruebas de troponina que debían solicitarse para evitar una demanda por responsabilidad, el resultado fue de 4.737 pruebas[364].

4.3. EXCESO DE INTERVENCIONES QUIRÚRGICAS: ESPECIAL REFERENCIA A LA CESÁREA NO INDICADA

Actualmente nos encontramos en un entorno en el que existe una variación importante en las indicaciones de las intervenciones quirúrgicas. A pesar del impulso mundial de la seguridad del paciente, todavía existen un número muy alto de eventos adversos[365]. Por todo ello, consideramos de extrema importancia que las indicacio-

---

360 RAMELLA S, MANDOTTI G, TRODELLA L, D'ANGELILLO RM, "The first survey on defensive medicine in radiation oncology", *Radiology Medica*, vol. 120, 2015, p. 421.

361 PLEBANI M, "Defensive medicine and diagnostic testing", *Diagnosis*, vol. 1, no 2, 2014, pp. 151-152.

362 FRYER AA, SMELLIE WSA, "Managing demand for laboratory test: a laboratory toolkit", *Journal Clinical Pathologie*, vol. 366, 2013, p. 62.

363 MONTAGNANA M, LIPPI G, "The risks of defensive (emergency) medicine. The laboratory perspective", *Emergency Care Journal*, vol.12, no 5581, 2016, pp. 17-18.

364 ALLEN R, CAI AG, TEPLER P, DESOUZA IS, "The "NUTS" statistic: Applaying an EBM disease model to defensive medicine", *Journal Health Risk Management*, vol. 41, no 3, pp. 9-12.

365 STAHEL PF, MAUFFREY C, BUTLER N, "Current challenges and future perspectives for patient safety in surgery", *Patient Safety in Surgery*, vol. 8, no 9, 2014, p. 3.

nes quirúrgicas se realicen conforme a la mayor evidencia científica posible, de forma que se eviten las cirugías innecesarias[366]. En este sentido, la cesárea es una de las intervenciones quirúrgicas más practicadas en el mundo y con una importante variabilidad (Figura 6)[367]. Esta, según los cirujanos, responde en muchas ocasiones al miedo a una demanda[368]. En un estudio realizado en Italia mediante encuesta a 600 especialistas en obstetricia y ginecología de Italia se observó que el 92,37% afirmaba que la medicina defensiva es una de las principales causas de las altas tasas de cesáreas[369].

Desde el año 1985, la OMS recomienda un promedio de un 10 al 15% de tasa de cesáreas. Sin embargo, estas van en aumento cada año en los países desarrollados. Es conocido por todos los médicos obstetras que las cesáreas no aportan ningún beneficio si no están correctamente indicadas desde un punto de vista clínico[370]. Se ha encontrado relación entre la presión por negligencia y las tasas de cesárea, al igual que el parto vaginal después de una cesárea[371].

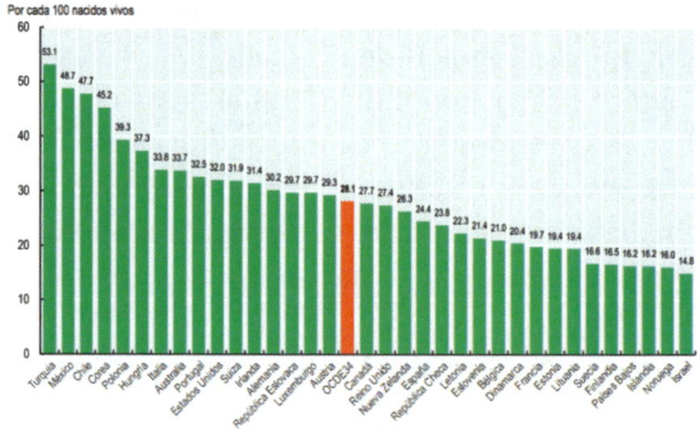

Figura 6. Índice de cesáreas, 2017 (o año más cercano)

366 STAHEL PF, VANDERHEIDEN TF, KIM FJ, "¿Why do surgeons to perform unnecessary surgery?", *Patient Safety in Surgery,* vol. 11, no 1, 2017, p. 1.

367 OCDE Panorama de la Salud 2019. Indicadores de la OCDE, Canifarma, 2020 p. 201. Consultado el 8 de mayo de 2021 en: https://www.oecd.org/health/Panorama-de-la-Salud-2019.pdf

368 CHENG YW, SNOWDEN JM, HANDLER SJ, TAGER IB, HUBBARD AE, CAUGHEY AB, "Litigation in obstetrics: does defensive medicine contribute to increases in cesarean delivery?", *The Journal of Maternal-Fetal & Neonatal Medicine*, vol. 27, no 16, 2014, p. 1668. Si bien, también existen estudios en los que no se encuentra una relación consistente entre el aumento de las cesáreas y el miedo a una demanda. FRAKES M, "Defensive Medicine and Obstetric Practices", *Journal of Empirical Legal Studies*, vol. 9, no 3, 2012, p. 480.

369 FINESCHI V, ARCANGELI M, DI FAZIO N, DEL FANTE Z, FINESCHI B, SANTORO P, FRATI P, ASSOCIAZIONE CONSULCESI HEALTH AND ONLUS FUTURA RICERCA, "Defensive Medicine in the Management of Cesarean Delivery: A Survey among Italian Physicians", *Healthcare (Basel),* vol. 9, no 9, 2021, pp. 5-6.

370 Consultado el 30 de julio de 2019 en: https://apps.who.int/iris/bitstream/handle/10665/161442/WHO_RHR_15.02_eng.pdf;jsessionid=0DEF0EEE911504603D1C2E6E7275205A?sequence=1

371 YANG YT, MELLO MM, SUBRAMANIAN SV, STUDDERT DM, "Relationship Between Malpractice Litigation Pressure and Rates of Cesarean Section and Vaginal Birth After Cesarean Section", *Med Care*, vol. 47, no 2, 2009, p. 234.

Además, se ha estudiado la relación entre el incremento las tasas de cesáreas tras un error médico previo, observándose que aumentaban un 4% después de un error, e incluso hasta el 8% en los dos años y medio posteriores[372].

La generalización de indicación de cesárea como práctica defensiva también se ha estudiado en otros países. En Brasil, la percepción de un mayor riesgo legal aumentó las prácticas defensivas en los obstetras y ocasionó un número de cesáreas seis veces mayor respecto del período anterior a la percepción de riesgo legal[373].

4.4. USO EXCESIVO DE LA ANTIBIOTERAPIA

El problema de la resistencia antibiótica está aumentado de forma preocupante a nivel mundial, lo que supone un claro menoscabo en la capacidad de los antibióticos para tratar las enfermedades infecciosas[374]. Nos referimos fundamentalmente a la situación actual de las resistencias antimicrobianas como consecuencia del excesivo uso de los antibióticos sin indicación clínica correcta[375]. En un documento del National Institute for Health Care Excellence (NICE) se pone de manifiesto este problema, debido a que las resistencias antimicrobianas provocan 700.000 muertes al año en el mundo[376].

Por eso, consideramos muy importante resaltar el papel de los especialistas en enfermedades infecciosas y los microbiólogos en la medicina defensiva y en el uso inapropiado de los antibióticos. Para ello destacamos una encuesta realizada a nivel mundial en la que participaron 74 países. El 75% los médicos expresaron que el temor a la responsabilidad legal les preocupaba a veces a la hora de prescribir un antibiótico, pese a que solo una minoría había experimentado un juicio, habiendo sido las condenas extremadamente raras[377].

---

[372] SHURTZ I, "The impact of medical errors on physician behavior: Evidence from malpractice litigation", *Journal of Health Economics*, vol. 32, no 2, 2013, p. 331.

[373] RUDEY EL, LEAL MC, REGO G, "Defensive medicine and caesarean sections in Brazil", *Medicine*, vol. 100, no 1, 2021, p. 1.

[374] Consultado el 30 de julio de 2019 en: https://www.who.int/news-room/fact-sheets/detail/antibiotic-resistance

[375] TARRANT C, KROCKOW EM, "Antibiotic overouse: managing uncertainty and mitigating against overtreatment", *British Medical Journal Quality and Safety*, vol. 31, 2022, pp. 163-167.

[376] National Institute for Health and Care Excellence, NICE impact antimicrobial resistance, 2018, p. 2. Consultado el 20 de agosto de 2019 en: https://www.nice.org.uk/Media/Default/About/what-we-do/Into-practice/measuring-uptake/NICEimpact-antimicrobial-resistance.pdf

[377] TEBANO G, DYAR OJ, BEOVIC B, BÉRAUD G, THILLY N, PULCINI C, "Defensive medicine among antibiotic stewards: the international ESCMID AntibioLegalMap survey", *Journal of Antimicrobial Chemotherapy*, vol. 73, no 7, 2018, p. 1989.

4.5. SALUD MENTAL Y COMPORTAMIENTOS DEFENSIVOS

La psiquiatría no es una especialidad entre las consideradas de alto riesgo legal. No obstante, las prácticas defensivas no son infrecuentes en su ámbito[378]. Dentro de las escasas demandas que pueden afectar a los psiquiatras se encuentran las relacionadas con los suicidios y los intentos de suicidio. Por tanto, las actuaciones defensivas más frecuentes son el ingreso de pacientes hospitalario con riesgo moderado de suicidio que podría ser tratado ambulatoriamente. En otros casos renuncian a tratar a determinados pacientes. Por ejemplo, se evita tratar con clozapina a un paciente esquizofrénico crónico suicida por el riesgo que comporta este fármaco de producir agranulocitosis como efecto secundario[379].

En un estudio realizado en la Región Norte de Inglaterra, el 75% de los psiquiatras encuestados respondieron que habían practicado medicina defensiva en el último mes. En concreto, el 21% había ingresado a pacientes con demasiada cautela, y el 29% había realizado una observación exagerada de pacientes en relación a su enfermedad[380].

4.6. CONDUCTAS DE EVITACIÓN EN LOS PACIENTES DE RIESGO

Como ya hemos comentado anteriormente, las conductas de evitación de determinados pacientes de riesgo o la realización de pruebas o tratamientos que tengan unas mayores complicaciones son prácticas dentro de la denominada medicina defensiva negativa. Esta es mucho más complicada de medir, si cabe, que la medicina defensiva positiva.

En un estudio realizado en Pensilvania los médicos informaron que en un 39% de los casos evitarían cuidar pacientes de alto riesgo. La mayor proporción se encontró entre los cirujanos ortopédicos y en menor medida en los médicos de urgencias, un 13%. Llama la atención que otra práctica negativa era la derivación a otros médicos que se producía en un 19% entre los cirujanos ortopédicos y un 11% entre los neurocirujanos[381].

---

378 REUVENI I, PELOV I, REUVENI H, BONNE O, CANETTI L, “Cross-sectional survey on defensive practices and defensive behaviours among Israeli psychiatrists”, *BMJ Open*, vol. 7, no 3, 2017, p. 1.

379 SIMON RI, SHUMAN DW, “Therapeutic Risk Management of Clinical-Legal Dilemmas: Should it Be a Core Competency?”, *The Journal of The American Academy of Psychiatry and the Law*, vol. 37, no 2, 2009, p. 156.

380 PASSMORE K, LEUNG W-C, “Defensive practice among psychiatrists: a questionnaire survey”, *Postgraduate Medical Journal*, vol. 78, no 925, 2002, p. 671.

381 STUDDERT DM, MM MELLO, SAGE WM, DESROCHES CM, PEUGH J, ZAPERT K, BRENNAN TA, “Defensive Medicine Among High-Risk Specialist Physicians in a Volatile Malpractice Environment”, *Journal of American Medical Association*, 2005, vol. 293, no 21, 2005, p. 2613.

5. EFECTOS ADVERSOS DE LA MEDICINA DEFENSIVA

En contra de las opiniones de algunos autores[382] consideramos que la medicina defensiva en modo alguno produce efectos beneficiosos ni para el paciente, ni para el médico, ni para el sistema sanitario[383], sino que son muy negativos[384] Es imprescindible distinguir entre medicina defensiva y una atención minuciosa y cuidadosa al paciente, ya que son conceptos muy diferentes.

5.1. CONSECUENCIAS EN EL SISTEMA SANITARIO

5.1.1. Incremento de los costes de la atención sanitaria

Una de las primeras consecuencias de la práctica de la medicina defensiva es un aumento de los costes sanitarios. Por un lado, la medicina defensiva positiva supone la utilización innecesaria de pruebas, tratamientos y consultas con otros médicos, entre otros, por lo que es sencillo pensar que se provoca un aumento del gasto sanitario. Sin embargo, algunos autores consideran que el impacto en el gasto sanitario es muy pequeño[385]. Por otro lado, la medicina defensiva negativa, que se traduce en evitar pacientes de alto riesgo o complicados, produce sobre todo una disminución de la accesibilidad de los pacientes al sistema sanitario. Así mismo, esto puede provocar una progresión de su enfermedad y, como consecuencia, un empeoramiento de su estado de salud con más complicaciones y mayor gasto por el retraso en su diagnóstico o tratamiento.

La cuantificación de la medicina defensiva es muy compleja. Existen diversos estudios que pueden aclarar este aspecto, sobre todo en relación con la medicina defensiva positiva.

La OTA[386] estimaba que los costes de la medicina defensiva eran el 8% en 1994, según la respuesta de los médicos. Otros estudios de ese momento cifran el coste entre el 5% y el 9% del presupuesto total en salud en EE.UU.[387].

---

382 Existen voces discordantes que ponen en entredicho los efectos negativos de la medicina defensiva e incluso que pueda ser un factor importante en el aumento continuo del gasto sanitario. GLAUSER J, "Legal Notes: Quantifying the Unquantifiable: Defensive Medicine", *Emergency Medicine News*, vol. 33, no 1, 2011, p. 20.

383 CRUZ VALIÑO AB, "*Medicina Defensiva: Aspectos sociales, éticos y jurídicos*", [Tesis para obtener el grado de doctor], A Coruña, Universidade da Coruña, 2020, pp. 138-141.

384 SHENOY A, SHENOY GN, SHENOY GG, "Patient safety assurance in the age of defensive medicine: a review", *Patient Safety in Surgery*, vol. 16, no 1, 2022, pp. 1-5.

385 THOMAS JW, ZILLER EC, THAYER DA, "The Cost of Defensive Medicine in the United States", *Health Affairs*, vol. 29, no 9, 2010, p. 1583.

386 U.S. Congress, Office of Technology Assessment. Defensive medicine and medical malpractice. Washington, DC: U.S. Government Printing Office, 1994, OTA-H-602. Consultado el 3 de agosto de 2019 en: https://ota.fas.org/reports/9405.pdf

387 ANDERSON RE, "Billions for Defense. The Pervasive Nature of Defensive Medicine", *Archives of Internal Medicine*, vol. 159, no 20, 1999, p. 2401.

La mayoría de los estudios tienen su origen en EE.UU.. Uno de ellos trataba de conocer la contribución del coste del sistema de responsabilidad médica, incluyendo la medicina defensiva, en el gasto total de la atención médica. El resultado fue que el sistema de responsabilidad médica suponía un 2,4% del gasto de atención médica o 55.000 millones de dólares anuales, de los cuales la mayoría son atribuidos a la medicina defensiva (45.590 millones de dólares)[388].

Otro estudio realizado por la consultora *Jackson Healthcare (2009-2010)* afirma que el 26% del gasto sanitario se puede atribuir a la medicina defensiva. De igual modo, se ha estudiado el impacto del gasto de la medicina defensiva en los pacientes ancianos tratados en Medicare, cuya eliminación completa conseguiría un ahorro entre el 8 y 20% de los costos de Medicare[389].

En una encuesta realizada a médicos de hospitales estadounidenses y pertenecientes a la Society of Hospital Medicine (SHM), se concluyó que el 37,5% del coste de la atención médica se debía a la medicina defensiva[390].

A nivel europeo existe un número menor de investigaciones sobre el coste de la medicina defensiva. En Italia, en un estudio mediante encuesta a médicos, se estimó que los costes de la medicina defensiva representaban el 10% del gasto sanitario[391].

Los resultados de un estudio realizado mediante encuesta en Austria muestran los siguientes costes anuales relacionados con la medicina defensiva: costes laborales, 42,4 millones de euros; y gastos por servicios médicos, 420,8 millones de euros[392].

En España no existe ningún estudio a nivel nacional al respecto, aunque sí encontramos una estimación de coste de la medicina defensiva en Galicia que lo sitúa entre 60 y 300 millones de euros al año[393].

---

388 MELLO MM, CHANDRA A, GAWANE AA, STUDDERT DM, "National Costs Of The Liability System", *Health Affairs*, vol. 29, no 9, 2010, p. 1570.

389 RESCHOVSKY JD, SAIONTZ-MARTINEZ CB, "Malpractice Claim fears and the Costs of Treating medicare patients: A New Approach to Estimating the Costs of Defensive Medicine", *Health Services Research*, vol. 53, no 3, 2018, p. 1498.

390 Se trata de una encuesta realizada a 1.020 médicos de los 50 estados. SAINT S, VAUGHN VM, CHOPRA V, FOWLER KE, KACHALIA A, "Perception of Resources Spent on Defensive Medicine and History of Being Sued Among Hospitalists: Results from a National Survey", *Journal of Hospital Medicine*, vol. 13, no 1, 2018, p. 26.

391 PANELLA M, RINALDI C, LEIGHEB F, KNESSE S, DONNARUMMA C, KUL S, VANHAECHT K, DI STANISLAO F, "Prevalence and costs of defensive medicine: a national survey of Italian physicians", *Journal of Health Servicies Research & Policy*, vol. 22, no 4, 2017, p. 211.

392 OSTI M, STEYRER, "A perspective on the health care expenditures for defensive medicine", *European Journal of Health Economics*, vol. 18, 2017, p. 400.

393 Estimación realizada por el Servizo Galego de Saúde (Sergas). VERDE REMESEIRO L, ACEVEDO PRADO A, "Medicina defensiva e gasto sanitario en Galicia", *Cuadernos Atención Primaria*, vol. 19, 2013, p. 152.

5.1.2. Dificultades en la accesibilidad de los pacientes al sistema sanitario

Uno de los puntos más importantes en los que incide negativamente la práctica de la medicina defensiva es su probable efecto negativo en la accesibilidad de los pacientes a la asistencia sanitaria[394]. Hablamos de probable efecto porque no existen estudios relacionados con este aspecto. Sin embargo, entendemos que dada la elevada prevalencia de la medicina defensiva y su contribución al aumento del gasto sanitario, el papel del deterioro del acceso a la atención médica de la medicina defensiva puede ser importante.

En lo que concierne a España, el escenario de la accesibilidad es uno de los caballos de batalla de nuestro sistema público de salud. En este sentido, las listas de espera para una intervención quirúrgica son uno de los datos más valorados y discutidos, tanto por los ciudadanos como por los políticos. Según fuentes del Ministerio de Sanidad[395] , desde que se disponen de datos, se ha pasado de 436.228 pacientes en lista de espera en 2003 a 584.018 en 2018. La demora media (tiempo medio de espera) ha pasado de 77 días en 2003 a 93 días en 2018. Según los datos, las listas de espera han empeorado desde 2018 hasta junio de 2021, con una demora media de 121 días, 661.162 pacientes en lista de espera y un 18,9% de pacientes con más de seis meses de espera (Figura 7)[396].

---

[394] ROBEZNIEKS A, "Wary physicians", *Modern Healthcare*, vol. 35, no 23, 2005, pp. 8-9.

[395] Consultado el 3 de agosto de 2019 en: https://www.mscbs.gob.es/estadEstudios/estadisticas/docs/Listas2.pdf. https://www.mscbs.gob.es/estadEstudios/estadisticas/inforRecopilaciones/docs/LLEE_SNS_IndicadoresResumen_Junio2018.pdf

[396] Secretaría General de Salud Digital, Información e Innovación. Sistemas de Información sobre listas de espera en el Sistema Nacional de Salud. Indicadores resumen. 2021. Consultado el 15 de febrero de 2022 en: https://www.mscbs.gob.es/estadEstudios/estadisticas/inforRecopilaciones/docs/LISTAS_PUBLICACION_jun2020.pdf

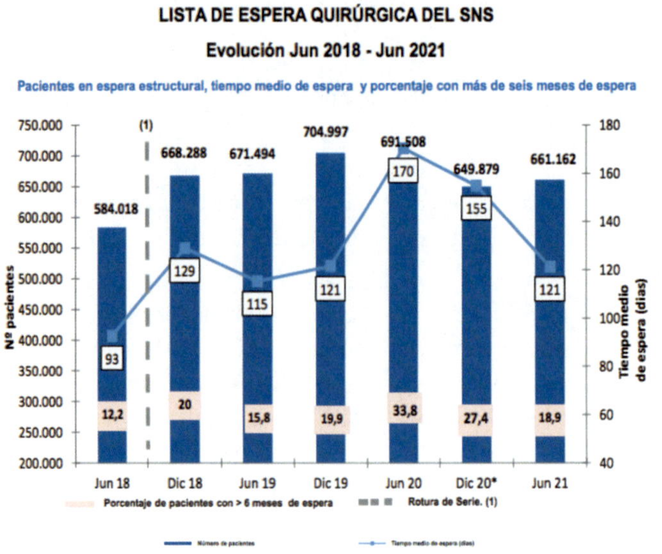

Figura 7. Lista de espera quirúrgica del SNS. Evolución junio 2018-junio 2021

Es cierto que existen más factores que pueden explicar este empeoramiento de la accesibilidad. Sin embargo, creemos que el exceso de pruebas diagnósticas y tratamientos, así como la evitación de pacientes de riesgo, pervierten el fin de la atención sanitaria: atender a los pacientes en tiempo y forma y de acuerdo con la prioridad de la sintomatología que presentan. En la Figura 7 se observa como ha influido la Pandemia Covid-19 en el empeoramiento de las listas de espera durante el año 2020[397].

5.2. MEDICINA IATROGÉNICA[398]: EFECTOS DE LA SOBREUTILIZACIÓN Y DE LA INFRAUTILIZACIÓN

La medicina iatrogénica es el resultado de una práctica inadecuada de los profesionales de la salud con consecuencias negativas para la salud de los pacientes[399]. Los problemas relacionados con el daño a los pacientes en los que se practica la medicina

[397] DE PABLOS ESCOBAR L, GARCÍA CENTENO MC, "Impacto de la Covid-19 sobre las listas de espera quirúrgicas", *Revista Española de Salud Pública*, vol. 95, no 3, 2021, p. 1.

[398] Esta palabra proviene del griego iatrós, que significa médico, y genia, que significa origen o proceso de formación. En definitiva, iatrogenia significa alteración, especialmente negativa, del estado del paciente producida por el médico. Consultado el 5 de agosto de 2019 en: https://dle.rae.es/?id=c9xJNxL

[399] PERMPONGKOSOL S, "Iatrogenic disease in the ederly: risk factors, consequences, and prevention", *Clinical Interventions in Aging*, vol. 6, 2011, pp. 77-78.

defensiva no han sido estudiados. Por ello, para poder delimitar cual es el potencial daño de la medicina defensiva en los pacientes, tenemos que introducir una serie de términos: la sobreutilización e infrautilización en los servicios de salud.

5.2.1. Sobreutilización

La sobreutilización o uso excesivo de los servicios de medicina se basa en una práctica de la atención que no proporciona un beneficio neto a los pacientes. Su aplicación conlleva sobrediagnóstico, sobretratamiento y tratamientos equivocados, además de un importante impacto en los costes de la atención sanitaria[400,401]. Se considera que un 30% de los servicios que se prestan en salud se refiere a uso excesivo y se relacionan con muertes y peores resultados en salud[402]. Las consecuencias del sobrediagnóstico tienen un impacto muy negativo en la sociedad, en el sistema sanitario y en los pacientes[403]. Estos conceptos no son nuevos, sino que comienzan a preocupar a los expertos a principios de los años noventa que es cuando comienzan a realizarse estudios sobre esta cuestión. En una Mesa Redonda Nacional sobre Calidad de la Atención Médica en EE.UU. celebrada en 1998 destaca la preocupación e importancia de la sobre e infrautilización, englobándola en un problema serio y amplio de calidad. Destaca, entre las conclusiones, que un gran número de estadounidenses se ven perjudicados como resultado directo de estas prácticas, instando a los políticos, profesionales, pacientes, defensores del consumidor y empresas involucradas en la atención médica a tomar medidas urgentes[404].

La sobreutilización está extendida por todo el mundo y así se expone en un estudio realizado en cuatro países: EE.UU., Canadá, Australia y Suecia. Se muestra el uso excesivo por servicios individuales que, en algunos casos y de forma muy llamativa, puede llegar casi al 80% (Figura 8)[405]. Las causas de la sobreutilización son múltiples:

---

400 CARTER SM, ROGERS W, HEATH I, DEGELING C, DOUST J, "The challenge of overdiagnosis begins with its definition", *Faculty of Social Sciences-Papers*, vol. 350, 2015, pp. 4-5.

401 KAMZAN AD, ELAYNA NG, "When Less is More: The Role of Overdiagnosis and Overtreatment in Patient Safety", *Advances in Pediatrics*, vol. 68, 2021, pp. 28-29.

402 MORGAN DJ, BROWNLEE S, LEPPIN AL, KRESSIN N, DHRUVA SS, LEVIN L, LANDON BE, ZEZZA MA, SCHMIDT H, SAINI V, EISHAUG A, "Setting a research agenda for medical overuse", *British Medical Journal*, vol. 351, 2015, p. 1.

403 COLL BENEJAM T, BRAVO TOLEDO R, MARCOS CALVO MP, ASTIER PEÑA MP, "Impacto del sobrediagnóstico y sobretratamiento en el paciente, el sistema sanitario y la sociedad", *Atencion Primaria*, vol. 50, no 52, 2018, pp. 87-90.

404 CHASSIN MR, GALVIN RW, THE NATIONAL ROUNDTABLE ON HEALTH CARE QUALITY, "The Urgent Need to Improve Health Care Quality: Institute of Medicine National Roundtable on Health Care Quality", *Journal of the American Medical Association*, vol. 280, no 11, 1998, pp. 1000-1003.

405 BROWNLEE S, CHALKIDOU K, DOUST J, ELSHAUG AG, GLASZIOU P, HEALTH I, NAGPAL S, SAINI V, SRIVASTAVA D, CHALMERS K, KORENSTEIN D, "Evidence of Overuse of Medical Services Around the World", *The Lancet*, vol. 390 (10090), 2017, p. 158.

la cultura, el sistema sanitario, la industria, los profesionales y los pacientes. Dentro de los factores dependientes de los profesionales se engloba la práctica de la medicina defensiva como claro factor de sobrediagnóstico[406,407].

Figura 8. Sobreutilización en cuatro países en determinados servicios

406 Significa transformar a las personas en pacientes innecesariamente (sin un beneficio claro y con un potencial daño) al identificar problemas que nunca iban a causar daño, o al medicalizar experiencias de la vida ordinaria. PATHINARA T, CLARK J, MOYNIHAN R, "Mapping the drivers of overdiagnosis to potential solutions", *British Medical Journal*, vol. 358, (j3879), 2017, p. 2.

407 Solo el 2% de la atención sanitaria es atribuible a la medicina defensiva. No se considera la medicina defensiva como causa de infrautilización aunque teóricamente sea posible. SAINI V, GARCÍA-ARMESTO S, KLEMPERER D, PARIS V, ELSHAUG AG, BROWNLEE S, IOANNIDIS JPA, FISHER E, "Drivers of poor medical care", *The Lancet*, vol. 390 (10090), 2017, p. 185.

El resultado de un exceso de diagnósticos es un exceso de tratamientos o sobretratamientos, aunque no el único[408]. En un estudio llevado a cabo en EE.UU., los médicos respondieron que en un 84,7% de los casos el sobretratamiento era debido al miedo a la negligencia. Otras causas fueron la presión o solicitud del paciente, un 59% y la dificultad para obtener la historia clínica, un 38,2%[409].

Un estudio en los hospitales australianos, basado en una revisión de la literatura, obtuvo como resultado que los impulsores del uso excesivo fueron, además de los anteriormente mencionados: el flujo rápido de pacientes, los sesgos cognitivos y la tecnología[410].

Para conocer los motivos de la sobreutilización de los profesionales de Atención Primaria en España (médicos de familia, pediatras y enfermeras) se realizó una encuesta en la que se obtuvo que las causas más frecuentes eran las solicitudes de los pacientes, un 67% y la medicina defensiva, un 40%[411].

Un ejemplo de sobrediagnóstico es el diagnóstico de cáncer de tiroides tras un hallazgo casual (también llamado incidentaloma). Se ha encontrado en Canadá que el 75% de los cánceres de tiroides están sobrediagnosticados. Se ha hallado un aumento de las tasas de incidencia desde 1970 de 3,9 a 23,4 en mujeres por cada 100.000 y de 1,5 a 7,2 por 100.000 en los hombres, sin un aumento de la mortalidad[412]. En definitiva, estos son cánceres muy pequeños debidos al sobrediagnóstico por el uso de la ecografía a partir de los años ochenta.

El exceso de diagnóstico en relación con la imágenes radiológicas es otro de los puntos que hemos analizado anteriormente en relación con las prácticas defensivas. En un estudio realizado sobre el uso del diagnóstico por imagen y exposición a radiación asociada en EE.UU. de 1996 a 2010 se encontró que hubo un gran aumento en la tasa de diagnóstico por imagen avanzada (TC, RM, medicina nuclear y Ultrasonido). Una de las consecuencias más importantes fue, sobre todo, la exposición a radiación asociada[413]. Lo que refleja este gran aumento de las pruebas diagnósticas radiológi-

[408] La medicina defensiva es causa del sobrediagnóstico. Lo son, así mismo, la tecnología, la industria y el mercado y el "más mejor" tan arraigado culturalmente. MOYNIHAN R, DOUST J, HENRY D, "Preventing overdiagnosis: how to stop harming the healthy", *British Medical Journal*, vol. 344, (e3592), 2012, p. 1.

[409] LYU H, XU T, BROTMAN D, MAYER-BLACKWELL B, COOPER M, DANIEL M, WICK EC, SALNI V, BROWNIEE S, MAKARY MA, "Overtreatment in the United States", *PLoS ONE*, vol. 12, no 9, 2017, p. 1.

[410] SCOTT I, "Audit-based measures of overuse of medical care in Australian hospital practice", *Internal Medicine Journal*, vol. 49, no 7, 2019, p. 902.

[411] MIRA JJ, CARILLO I, SILVESTRE C, PÉREZ-PÉREZ P, NEBOT C, OLIVERA G, GONZÁLEZ DE DIOS J, ARANAZ ANDRÉS JM, "Drivers and strategies for avoiding overuse. A cross-sectional study to explore the experience of Spanish primary care providers handling uncertainly and patients' requests", *BMJ Open*, vol. 8, 2017, p. 1.

[412] TOPSTAD D, DICKINSON JA, "Thyroid cancer incidence in Canada: a national cancer registry analysis", *Canadian Medical Association Journal*, vol. 5, no 3, 2017, p. E612.

[413] SMITH-BINDMAN R, MIGLIORETTI DL, JOHNSON E, LEE C, FEIGELSON HS, FLYNN M, GREENLEE RT, KRUGER RL, HOMBROCK MC, ROBLIN D, SOLBERG LI,

cas es que se produce un daño a los pacientes por el uso excesivo de las radiaciones. En este sentido, dicho exceso de radiación puede aumentar el riesgo de cáncer. Los investigadores estiman que de 1,5% a 2,5% de todos los cánceres en EE.UU. pueden atribuirse a los estudios de TC[414].

La cefalea es uno de los motivos más frecuentes de consulta tanto en Atención Primaria como en los hospitales. Un tipo de cefalea es la inducida por el uso excesivo de su propio tratamiento. Por lo que se ha estimado su coste anual en Italia por persona en 10.553 euros y en total de 13.500 millones de euros[415].

Un aspecto sobresaliente para todos los servicios de salud en todos los países son las hospitalizaciones innecesarias. Un tipo de estas se produce en pacientes con un síncope[416] de bajo riesgo. En un estudio se concluyó que el ingreso hospitalario se produce en un 30% de los casos, sometiéndose a pruebas desaconsejadas. También se observó que se producían un 13% de eventos adversos en relación con la estancia en el hospital[417].

5.2.2. Infrautilización

La medicina defensiva negativa es más complicada de demostrar que la positiva y tampoco existen estudios que demuestren el daño que produce a los pacientes de alto riesgo que se evitan. Actualmente se considera que este tipo de medicina defensiva negativa podría contribuir a la infrautilización, aunque no se conoce en qué medida[418].

VANNEMAN N, WEINMANN S, WILLIAMS AE, "Use of Diagnostic Imaging Studies and Associated Radiation Exposure For Patients Enrolled in Large Integrated Healthcare Systems, 1996-2010", *Journal Medical of American Association*, vol. 307, no 22, 2012, pp. 2400-2402.

414 CHAWLA A, GUNDERMAN RB, "Defensive Medicine: Prevalence, Implications, and Recomendations", *Academic Radiology*, vol. 15, no 87, 2008, p. 948.

415 RAGGI A, LEONARDI M, SANSONE E, CURONE M, GRAZZI L, D'AMICO D, "The cost and value of treatment of medication overuse headache in Italy: a longitudinal study based on patient-derived data", *European Academy of Neurology*, vol. 27, no 1, 2020, p. 62.

416 *"Es la pérdida transitoria de conciencia que cursa con recuperación espontánea y sin secuelas que se debe a una hipoperfusión cerebral general y transitoria"*. MOYA-i-MITJANS A, RIVAS-GÁNDARA N, SARRIAS-MERCÈ A, PÉREZ-RODÓN J, ROCA-LUQUE I, "Síncope", *Revista Española de Cardiología*, vol. 68, no 8, 2012, p. 755.

417 Las pruebas desaconsejadas fueron el TAC de cabeza en un 88%, RMN (Resonancia Magnética Nuclear) en un 20% y un 25% un Eco-Doppler carotídeo. CANZIONERO JV, AFSHAR E, HEDIAN H, KOCH C, MORGAN DJ, "Unnecesary Hospitalization and Related Harm for Patients With Low-Risk Syncope", *Journal of American Medical Association Internal Medicine*, vol. 175, no 6, 2015, pp. 1065-1066.

418 BERTOLI P, GREMBI V, Medical Malpractice: How Legal Liability Affects Medical Decisions, BALTAGI B, MOSCONE F (Dir), *Health Economics, Volume 294, (Contributions to Economic Analysis)*, Emerald Publishing Limited, 2018, pp. 2-3.

Existe escasísima investigación al respecto, aunque está ampliamente aceptado que está presente en todos los países[419]. Una forma indirecta de estudiar la infrautilización es mediante la medición de los estudios de las variaciones de la práctica médica[420].

Se distingue que la infrautilización puede darse en cuatro etapas de la atención, según su continuidad. Se observa cada una de las etapas y ejemplos en diferentes países en la Figura 9[421].

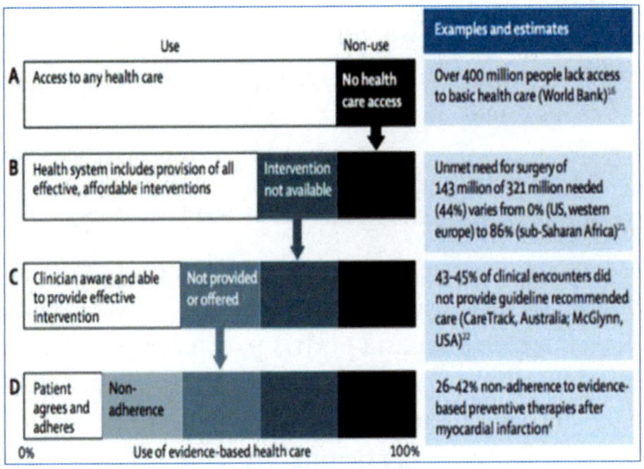

Figura 9. Las cuatro etapas de la continuidad asistencial donde puede producirse la infrautilización

A nivel internacional existen varias iniciativas institucionales para el estudio sistemático de las variaciones de la práctica médica[422]. En España, cuya iniciativa comen-

---

419 GLASZIOU P, STRAUS S, BROWNLEE S, TREVENA L, DANS L, GUYATT G, ELSHAUG AG, JANETT R, SAINI V, "Evidence for underuse of effective medical services around the world", *The Lancet*, vol. 390, p. 170.

420 Uno de los primeros estudios sobre variaciones de la práctica médica, el realizado por A. Glover sobre la incidencia de las tonsilectomías (amigdalectomía, si se extirpan las adenoides se llama adenoidectomía) en la población escolar de Reino Unido. Se encontró que había diferencias de hasta tres veces en los distritos próximos e incluso se observó que las tasas se mantenían constantes hasta la llegada de un nuevo médico al sistema. GLOVER JA, "The Incidence of Tonsilectomy in School Children", *Proceedings of the Royal Society of Medicine*, vol. 31, no 10, 1938, pp. 1225-1232. Casi cuarenta años más tarde J. Wennberg y A. Gittelson observaron que la variabilidad de la práctica clínica es la variación en diagnósticos, tratamientos, actuaciones preventivas, etc. sin razones médicas con un entorno y morbilidad similar. PEIRÓ S, BERNAL-DELGADO E, "Variaciones en la práctica médica: apoyando la hipótesis nula en tiempos revueltos", *Revista Española de Salud Pública*, vol. 86, no 3, 2012, p. 213.

421 GLASZIOU P, STRAUS S, BROWNLEE S, TREVENA L, DANS L, GUYATT G, ELSHAUG AG, JANETT R, SAINI V, "Evidence for underuse of efffective medical services around the world", *The Lancet*, vol. 390, 2017, pp. 171-174.

422 Los atlas a nivel internacional son: NHS Atlas of variation in Healthcare en U.K. (https://www.england.nhs.uk/rightcare/products/atlas/), The Darmouth Atlas of Health Care en EE.UU.

zó en 2003, se denomina Atlas de las Variaciones en la Práctica Médica (VPM). Está liderada por el grupo de Ciencia de datos para la investigación en servicios y políticas sanitarias del Instituto Aragonés de Ciencias de la Salud[423].

Los atlas desarrollados por este grupo de trabajo son múltiples y variados. Destacamos uno de ellos realizado para comprobar las variaciones en la asistencia sanitaria en el abordaje del Ataque Isquémico Transitorio (AIT), en relación con la infrautilización. Se encuentra que la variabilidad en la hospitalización es muy elevada en cuanto a sexo y a edad, en el periodo 2005-2010. Se hallan áreas en las que se obtienen un número menor de hospitalizaciones esperadas y otras áreas con un número mayor a las esperadas las cuales no son atribuibles al azar[424].

5.3. EL EFECTO REBOTE TEÓRICO DE LA PRÁCTICA DEFENSIVA

Una de las consecuencias teóricas más nefasta y paradójica de la práctica defensiva es la posibilidad de que su práctica aumente el riesgo de una demanda por mala praxis[425]. A la luz de la evaluación expuesta podría parecer una *contradictio in terminis*, es decir, si la medicina defensiva es concebida por los médicos como un mecanismo de defensa contra una eventual demanda por negligencia del paciente, ¿cómo es posible que a su vez pueda aumentar el riesgo de una demanda?. Lo cierto es que esta idea no es nueva y ha sido expuesta por algunos autores[426] pero no existen investigaciones. Sin embargo, parece lógico que pueda asumirse la idea teórica de que la medicina defensiva podría provocar, a su vez, un incremento del riesgo de una demanda por mala praxis. Dicha afirmación surge tras el análisis del fenómeno de la medicina defensiva, es decir, la utilización de tratamientos y pruebas innecesarias se convierten en la forma habitual del estándar de atención[427]. Estas pruebas o tratamientos con valores predictivos bajos o que son demasiado agresivos para dolencias de bajo riesgo, podrían producir *per se*, un motivo para una negligencia si ocasionan un daño innecesario al paciente.

(https://www.dartmouthatlas.org/), ICES Atlases & Reports en Canada (https://www.ices.on.ca/Publications/Atlases-and-Reports), National Atlas of Public Health en Holanda (http://www.zorgatlas.nl) y el Atlas of Healthcare Variation en Nueva Zelanda (https://www.hqsc.govt.nz/our-programmes/health-quality-evaluation/projects/atlas-of-healthcare-variation/).

[423] Consultado el 1 de agosto de 2021 en: https://www.atlasvpm.org/nosotros/quienes-somos/

[424] Consultado el 5 de agosto de 2019 en: https://www.atlasvpm.org/wp-content/uploads/2019/06/FichaVol9N1.pdf

[425] BERLIN L, "Medical errors, malpractice, and defensive medicine: an ill-fated triad", *Diagnosis*, vol. 4, no 3, 2017, p. 137.

[426] MOSSMAN D, "Defensive medicine: Can it increase your malpractice risk?", *Current Psychiatry*, vol. 8, no 12, 2009, p. 87.

[427] STUDDERT DM, MM MELLO, SAGE WM, DESROCHES CM, PEUGH J, ZAPERT K, BRENNAN TA, "Defensive Medicine Among High-Risk Specialist Physicians in a Volatile Malpactice Environment", *Journal of American Medical Association*, vol. 293, no 21, p. 2616.

CAPÍTULO SEGUNDO

EL ERROR EN MEDICINA

1. EL ABORDAJE DEL ERROR A TRAVÉS DE LA HISTORIA DE LA MEDICINA

1.1. PRELIMINAR

El concepto de error en medicina está íntimamente relacionado con la medicina defensiva. El motivo principal para practicar medicina defensiva es precisamente el temor a equivocarse y recibir una posible demanda posterior por negligencia médica.

Una de las cuestiones que mayor confusión y preocupación produce entre médicos, pacientes y familia es la idea generalizada de que todos los resultados adversos con daño en un paciente conllevan una responsabilidad profesional. Esta idea es errónea, puesto que muchos de los riesgos y resultados adversos son debidos a los propios procedimientos diagnósticos o terapéuticos (a veces incluso inesperados). En definitiva, son inherentes a la propia asistencia sanitaria y no hay relación directa con la acción u omisión del médico. Debemos insistir en esta diferenciación puesto que el límite de la responsabilidad está fundamentado en proporcionar todos los medios disponibles conforme al estado de la ciencia, sin exigencia más allá de lo razonable[428]. Esta preocupación histórica por el error médico y "no dañar" ha culminado en el siglo XX con el desarrollo e impulso de la Seguridad del Paciente[429].

[428] Incluso se reconocen situaciones dentro de la *lex artis ad hoc* en las que existen circunstancias lesivas al paciente, graves con resultado de muerte, donde se ha actuado conforme a la *lex artis*. En estos casos no es posible encontrar elementos de responsabilidad alguna, es lo que se denomina *enigma somático* (ante una misma enfermedad hay una respuesta diferente que resulta a priori imposible de detectar). TOMILLO URBINA J, "Nuevos derechos del paciente desde su condición jurídica como consumidor", *Derecho y Salud*, vol. 19 (Extra 1), 2010, p. 49.

[429] La definición según la OMS es: "*La seguridad del paciente es la ausencia de daños evitables a un paciente durante el proceso de atención médica y la reducción del riesgo de daños innecesarios asociados con la atención médica a un mínimo aceptable. Un mínimo aceptable se refiere a las nociones colectivas de los conocimientos actuales dados, los recursos disponibles y el contexto en el*

En relación con los conceptos anteriormente señalados se encuentra la responsabilidad del médico ante el error negligente a lo largo de la evolución de la medicina. Resulta innegable la evolución del nexo entre el Derecho y la Medicina[430], es decir, la penetración actual de las normas jurídicas en la medicina, las cuales establecen los límites de intervención y los límites de la responsabilidad médica[431].

1.2. LA ENFERMEDAD Y LA MEDICINA EN LA PREHISTORIA

La enfermedad es tan antigua como la vida y muy anterior a la aparición del hombre en la tierra[432]. Todas las sociedades han tenido que enfrentarse a la enfermedad y, por tanto, hemos de resaltar que no existe ni ha existido una única forma de medicina. Bajo esta premisa es conocido que existen otras formas de medicina que responden a otro tipo de realidades[433].

La disciplina encargada del estudio de los conocimientos médicos en esta etapa de la historia es la Paleopatología y la Paleomedicina. Estas son ramas de la medicina que estudian las enfermedades en restos fósiles y en momias, aunque es una realidad que los estudios en estas materias son limitados[434].

Uno de los hallazgos más seguros y conocidos de la época es la trepanación[435] que fue realizada desde el Paleolítico en varios lugares. Esta es considerada uno de los procedimientos más antiguos que se conocen y se ha encontrado en numerosas oportunidades en la Prehistoria[436]. Su finalidad ha sido ampliamente estudiada. Por un lado, quirúrgica, para eliminar sustancias acumuladas (reales o no) en la cabeza. Por otro lado, tenía una intención mágica porque intentaba eliminar seres malignos que habían entrado en el cuerpo[437]. Así por ejemplo, un dolor intolerable de cabeza podía ser in-

---

que se brindó la atención frente al riesgo de no recibir tratamiento u otro tratamiento". Consultado el 4 de septiembre de 2019 en: https://www.who.int/patientsafety/en/

430 PELAYO GONZÁLEZ-TORRE, A, "La intervención del Derecho en la actuación sanitaria. El extraño caso del consentimiento informado", *Anuario de Filosofía del Derecho*, no 26, 2010, p. 195.

431 TOMILLO URBINA J, "Nuevos derechos del paciente desde su condición jurídica como consumidor", *Derecho y Salud*, vol. 19 (Extra 1), 2010, p. 46.

432 REVERTE COMA JM, "Medicinas Primitivas, Paleomedicina y Paleopatología", *Munibe (Antropología-Arkeologia),* Supl. 8, 1992, p. 63.

433 LÓPEZ PIÑERO JM, *Historia de la Medicina*, Madrid, Historia 16, 1990, p. 13.

434 GARGANTILLA MADERA P, *Breve Historia de la Medicina*, Ediciones Nowtilus, S. L., Madrid, 2011, p. 12.

435 Es una técnica mediante la cual se retiran secciones de cráneo con un instrumento llamado trépano. COLLADO-VÁZQUEZ S, CARRILLO JM, "Cranial trepanation in The Egyptian", *Neurología*, vol. 29, no 7, 2011, p. 434.

436 PAVLOVIC T, DJONIC D, BYARD RW, "Trepanation in archaic human remains-characteristic features and diagnostic difficulties", *Forensic Science, Medicine and Pathology*, vol. 16, no 1, 2020, p. 195.

437 LAÍN ENTRALGO P, *Historia de la Medicina*, Salvat Editores, Barcelona, 1978, p. 5.

terpretado como que el demonio había atacado al paciente y se utilizaba la trepanación para eliminarlo. En suma, no se distinguía entre magia, medicina y religión[438]. No obstante, algunos autores en un principio no reconocían el papel terapéutico de la trepanación. Sin embargo, después de estudiar múltiples cráneos, se aceptó que los motivos para la trepanación eran mágicos, religiosos y terapéuticos[439].

El hombre primitivo que ayudaba a otro enfermo se ha denominado *medicine-man* o brujo sanador, cuyas acciones estaban basadas en las creencias mágicas, religiosas y empíricas[440]. Es decir, los enfermos eran considerados víctimas de un espíritu, ser maligno o circunstancia sobrenatural sobre los que se debía de actuar luchando con remedios del mismo origen.

1.3. LAS MEDICINAS ARCAICAS: ANTIGUA MESOPOTAMIA Y EGIPTO

Hasta llegar a las culturas arcaicas no encontramos textos escritos de características médicas. Estos textos fueron creados sobre todo en la antigua Mesopotamia y Egipto, son las llamadas culturas arcaicas que resultaron de la fusión de varias primitivas[441]. Históricamente se reconoce esta época como el comienzo de la civilización y ocurre alrededor del año 4000 a.C.. Dichas culturas introdujeron la escritura, los oficios, el comercio, la construcción, la ganadería y la agricultura, entre otros[442].

La práctica de la sanación en la antigua Mesopotamia se llevaba a cabo, por un lado, por los exorcistas o *a*šipu[443] que recurrían a la ayuda de los dioses, practicaban rituales y hechizos. Y por otro, por los terapeutas o *ašu,* que practicaban una medicina más "empírica"[444]. En definitiva, la medicina estaba basada en la magia con demonios y espíritus que agredían a los hombres y que era necesario eliminar mediante conjuros[445].

En cuanto al abordaje del error médico es obligado referirse a la existencia en esta época del primer gran texto que recopila las leyes escritas de la historia de la huma-

438 BARQUÍN M, *Historia de la Medicina*, Méndez Editores, México, 1994, pp. 7-12.

439 REVERTE COMA JM, "Medicinas Primitivas, Paleomedicina y Paleopatología", *Munibe (Antropología-Arkeologia)*, Supl. 8, 1992, p. 71.

440 LAÍN ENTRALGO P, "Los orígenes del diagnóstico médico", *Dynamis: Acta Hispánica ad Medicinae Scientiarumque Historiam Illustrandam*, vol. 1, 1981, pp. 4-5.

441 LÓPEZ PIÑERO JM, Historia de la Medicina, Historia 16, Madrid, 1990, p. 22.

442 Se trata de lo que se conoce como revolución urbana. Así, las mujeres conservaban y seleccionaban semillas y la cría de animales que supuso una importante reserva de carne. BARQUÍN M, *Historia de la Medicina*, Méndez Editores, México, 1994, p. 17.

443 REYNOLDS EH, KINNIER WILSON JV, "Neurology and psychiatry in Babylon", *Brain*, vol. 137, no 9, 2018, p. 2613.

444 YUSTE LECICEÑA P, "El arte de la curación en la antigua Mesopotamia", *Espacio, tiempo y forma. Serie II, Historia antigua,* vol. 23, 2010, p. 30.

445 JARAMILLO-ANTILLÓN J, "Evolución de la medicina: pasado, presente y futuro", *Acta Médica Costarricense*, vol. 43, no 3, 2001, p. 104.

nidad: el *Código de Hammurabi*[446] (1800 a.C.). El texto contiene un extenso prólogo con referencias al bienestar de las personas. Adicionalmente, recoge nueve leyes (números 215-223) que regulan las prácticas médicas[447] por primera vez. Así mismo, regulaba los honorarios y obligaciones de médicos y cirujanos que ocupaban un nivel inferior a los sanadores anteriormente mencionados[448]. Por ejemplo, si se producía una cirugía fallida y esta conducía a la muerte o discapacidad del paciente, el castigo al médico era cortarle la mano. No obstante, las leyes se aplicaban de forma distinta en función del estrato social[449].

De forma paralela, en el Antiguo Egipto la medicina era sobre todo mágica y religiosa. Existe controversia en cuanto a la evolución que tuvo la medicina egipcia. Algunos autores afirman que la medicina egipcia pasó de un primer momento en que era mágica y religiosa a una etapa más tardía, en la se tornó empírica y racional. En contraposición, otros autores sostienen que no había una base racional en ningún momento[450].

La aportación de los egipcios a través de textos médicos escritos sobre papiro es la fuente principal de conocimiento con respecto a la medicina egipcia. Entre ellos destacan dos fundamentalmente: el Papiro de E. Smith y el Papiro de Ebers[451]. El Papiro de E. Smith es reconocido como una de las mayores aportaciones racionales a la medicina de origen egipcio, estando muy alejado del pensamiento mágico o sobrenatural. Además, el texto se considera el primer tratado de cirugía conocido[452]. El papiro de Ebers contiene nueve capítulos con más de 700 fórmulas mágicas y encantamientos[453]. Se incluyen también materias terapéuticas de oftalmología, dermatología y de las extremidades, así como numerosas prescripciones.

---

[446] HAJAR R, "The Air of History: Early Medicine to Galen (Part I)", *Heart Views*, vol. 13, no 3, 2012, p. 124.

[447] La ley 218 de *Código de Hammurabi* dice así: "*Si un médico ha llevado a cabo una operación de importancia en un señor con una lanceta de bronce y ha causado la muerte de ese señor o (si) ha abierto la cuenca del ojo de un señor con la lanceta de bronce y ha destruido el ojo de ese señor, se le amputará la mano. Si un médico ha llevado a cabo una operación de importancia en el esclavo de un subalterno con una lanceta y le ha causado la muerte, entregará esclavo por esclavo*". HALWANI T, TAKROURI M, "Medical laws and ethics of babylon as read in Hammurabi's code (history)", *The Internet Journal of Law, Healthcare and Ethics*, vol. 4, no 2, 2006, pp. 5-6.

[448] YUSTE LECICEÑA P, "El arte de la curación en la antigua Mesopotamia", *Espacio, tiempo y forma. Serie II, Historia antigua,* vol. 23, 2010, p. 39.

[449] PEARN J, "Hammurabi's Code: A primary datum in the conjoined professions of medicine and law", *Medico-Legal Journal*, vol. 84, no 3, 2016, p. 128.

[450] LEDERMANN W, "Una mirada crítica sobre la medicina en el Antiguo Egipto", *Revista Chilena de Infectolofía*, vol. 33, no 6, 2016, p. 684.

[451] LÓPEZ PIÑERO JM, *Historia de la medicina*, Historia 16, Madrid, 1990, p. 23.

[452] PUIGBÓ JJ, "El papiro de Edwin Smith y la civilización egipcia", *Gaceta Médica de Caracas*, vol. 110, no 3, 2002, p. 378.

[453] LORIAUX DL, "Diabetes and The Ebers Papyrus: 1552 B. C.", *The Endocrinologist*, vol. 16, no 2, 2006, p. 55.

1.4. LA MEDICINA CLÁSICA GRIEGA: EL PATERNALISMO DE HIPÓCRATES

La transformación más importante que surge en este momento de la historia es el cambio de paradigma que produce el paso de un pensamiento mítico-religioso a un pensamiento racional. Es el paso del mito al *logos* o razón humana que se basa en la razón y la observación, por lo que podríamos afirmar que es la semilla de la ciencia. La medicina griega, de la que deriva la medicina clásica europea, se nutre de las culturas egipcias y mesopotámicas, entre otras. Es en el siglo VII y VI a.C. donde surge este pensamiento racional griego a través de los pensadores o filósofos conocidos como *presocráticos*[454]. Los presocráticos tenían como principal preocupación la naturaleza o *physis,* y el principio de las cosas o *arje* es el paso del mito al *logos*[455].

La medicina clásica griega proviene de la aplicación de los principios presocráticos y prácticas de los sacerdotes de Asclepio, aunque muchos reconocen también que se fue formando gracias a la aportación de *Alcmeón de Crotona*[456] (VI a.C.).

Así pues, entramos en el período hipocrático, cuya fuente escrita es la *Colección Hipocrática o Corpus Híppocraticum*[457] que tradicionalmente se atribuye a Hipócrates de Cos[458]. Este fue un médico que vivó durante el siglo V a.C. cuya fama se transmitió a lo largo del tiempo. Lo cierto es que se sabe poco de Hipócrates. Conocemos su trabajo únicamente a través de los diálogos de Platón y de Aristóteles. En relación con los libros que forman la *Colección Hipocrática,* no está claro que todos fueran escritos por él[459].

La aportación fundamental de la escuela hipocrática es una visión innovadora de la enfermedad y la medicina, libre de supersticiones y magia, es decir, la ex-

[454] El más antiguo de ellos (Escuela Jónica) y considerado el primer filósofo es Tales de Mileto (VII-VI a.C.) que intentó estructurar racionalmente la formación del universo. Afirmaba que el agua es el principio de lo que surge todo. SOLANA DUESO J, "EL agua como primer principio: las razones de Tales de Mileto", *Convivium*, vol. 22, 2009, p. 5.

[455] CALVO MARTÍNEZ T, "La noción de Physis en los orígenes de la filosofía griega", *Revista de Filosofía*, vol. 21, 2000, p. 21.

[456] LIPS-CASTRO W, "Breve historia de las causas naturales de la enfermedad humana", *Gaceta Médica Mexicana*, vol. 51, 2015, p. 807.

[457] Son un compendio de más de 1.000 páginas escritas en el dialecto jónico, con doctrinas y estilos muy diferentes. Están escritas en este dialecto porque fue en Jonia donde nació la filosofía. De esta nació la medicina, aunque después se separaron. ALBY JC, La concepción antropológica de la medicina hipocrática", *Enfoques*, vol. 16, no 1, 2004, pp. 7-9.

[458] Hipócrates de Cos (406 a.C.-351-371 a.C.). Médico griego nacido en Cos cuya muerte se cree que ocurrió en Larisa. LABIANO ILUNDAIN JM, "Actualización y breve repaso de las traducciones de Hipócrates en España", *Liburna*, vol. 2, 2009, pp. 89-90.

[459] Esta incertidumbre ha llevado a algunos autores a dudar de que Hipócrates escribiera texto alguno. LÓPEZ PÉREZ JA, "Hipócrates y los escritos hipocráticos: origen de la medicina científica", *Epos: Revista de Filología*, vol. 2, 1986, pp. 161-162.

plicación de los síntomas como un fenómeno de origen natural[460]. Se produce el nacimiento de la medicina como *saber técnico o ars* médica. Ello provoca todo un cambio que conducirá hacia el inicio de una medicina científica, cuestión que ha llevado a Hipócrates a ser reconocido como el *padre de la medicina*[461]. Hipócrates y su escuela afirmaban que la salud se basaba en la armonía de los cuatro elementos: agua, aire, tierra y fuego. Estos, junto con sus cuatro propiedades y partes, se convierten en la esencia de los cuatro humores: sangre, flema, bilis amarilla y negra. Los humores definen a su vez los cuatro temperamentos: sanguíneo, flemático, colérico y melancólico[462].

En cuanto a la actitud del médico hacia al paciente durante la época hipocrática, lo tradicional es hacer referencia al famoso *Juramento Hipocrático*[463], ya que en él se establecían los principios que un médico debía observar al atender a sus pacientes. La

---

[460] LONGRIGG J, "Presocratic philosophy and Hippocratic medicine", *History of Science*, vol. 27 (75 pt 1), 1989, p. 3.

[461] A pesar de ello algunos autores reconocen este "título" como resultado de la creación de una figura idealizada de Hipócrates, considerando un tópico este título de *padre de la medicina*. LÓPEZ PIÑERO JM, *Historia de la Medicina*, Historia 16, Madrid, 1990, p. 30.

[462] CARRILLO IBARRA J, "La evolución del pensamiento científico, la medicina y las funciones mentales. Del pensamiento primitivo a la diversidad y creatividad del pensamiento", *Revista Mexicana de Neurociencia*, vol. 9, no 1, 2008, p. 63.

[463] *"Juro por Apolo médico, por Asclepios, por Higia y Panacea, por todos los dioses y por todas las diosas y los tomo por testigo, que ejecutaré completamente según mis fuerzas y según mi juicio este juramento y este compromiso escrito:*

Consideraré a aquel que me enseñó el arte médico como mi padre. Haré vida en común con él, y si se encuentra necesitado le otorgaré lo necesario. Los hijos nacidos de él los consideraré como hermanos en línea masculina y les enseñaré este arte, si desean aprenderlo, sin exigirles salario ni compromiso escrito. Comunicaré los preceptos, la enseñanza oral y todo el resto de la instrucción a mis hijos, a los hijos de mi maestro así como a los discípulos ligados por compromiso escrito y por juramento según la ley médica, pero a nadie más. Utilizaré la dieta para el bien de los enfermos según mis fuerzas y según mi juicio; pero si es para su pérdida o por una injusticia frente a ellos, juro obstaculizarla.

No daré a nadie droga que pueda causar la muerte, incluso si se me pide, y no sugeriré semejante consejo. De manera similar, no colocaré pesario abortivo a una mujer. En la pureza y en la santidad, guardaré mi vida y mi arte.

No practicaré ciertamente la talla en los hombres que sufran de la piedra y dejaré esta operación a los especialistas.

En cualquier casa que entre, penetraré para el bien de los enfermos, manteniéndome fuera de toda injusticia voluntaria, de todo acto corruptor, en particular de actitudes amorosas hacia la persona de mujeres y también de hombres, libres y esclavos.

Todo lo que veré o escucharé en el curso del tratamiento o incluso fuera de él, en lo que concierne la vida de las gentes, aquello que no debe nunca ser difundido hacia fuera, lo callaré, considerando que estas cosas deben permanecer secretas.

Y así pues, si ejecuto este juramento completamente y sin transgredirlo, pueda gozar de mi vida y de mi arte, honrado por todos los hombres y para siempre. ¡Si lo violo y soy perjuro, que tenga la

cierto es que no es posible saber si este juramento fue originario de Hipócrates. Más aún, varios autores afirman lo contrario por diversas razones[464]. No obstante, nos llama la atención que, a pesar de todas las dudas que suscita el famoso juramento, sigue siendo considerado por muchos como el ancestro de la ética médica[465], aunque de forma habitual haya sido modificado y adaptado, incluso actualmente[466]. Prueba de la extensión de sus preceptos es que, de forma habitual, se utiliza en las ceremonias de celebración de finalización de la carrera de medicina. Junto a este aspecto, la tradicional frase *Primun non nocere* es atribuida clásicamente al *Juramento Hipocrático.* Sin embargo, no se encuentra en el juramento clásico. En realidad es un aforismo latino que, según algunos autores, está sacado de contexto. Otros afirman que la frase comenzó a popularizarse en el siglo XIX hasta nuestro días, siendo varios los autores a los cuales se atribuye[467].

---

suerte contraria!". DUCATILLON J, "El Juramento de Hipócrates. Problemas e interpretaciones", *Istor: revista de historia internacional*, vol. 10, 2009, p. 91.

464 Existe un importante desconocimiento de *Juramento Hipocrático*, incluso en relación con la fecha de su elaboración. Algunas de sus premisas, además, no coinciden con los preceptos éticos del *Corpus Hippocraticum* y de los que se encuentran en la literatura clásica. AMUNDSEN DW, "La obligación médica de prolongar la vida: un deber de la medicina que carece de raíces clásicas", *Ars Médica. Revista de Humanidades*, vol. 4, 2005, pp. 193-194.

465 "*En este sentido autores como E. D. PELLEGRINO (Pellegrino and Thonasma, 1981) defienden con fuerza la idea de que el juramento hipocrático es la base de la ética médica occidental. Otros adoptan más una posición intermedia como MILES (2004) y algunos como RM VEATH (1988) creen que que la supuesta moralidad que transmite la era hipocrática está muerta actualmente.*" JOTTERAND F, "The Hippocratic Oath and Contemporary Medicine: Dialectic Between Past Ideals and Present Reality?", *Journal of Medicine and Philosophy*, vol. 30, no 1, 2005, p. 109.

466 La primera actualización relevante fue la "Declaración de Ginebra" (Ginebra) que tuvo lugar en la 2ª asamblea de la Asociación Médica Mundial (AMA) en 1948, hasta la última realizada en la 68ª asamblea de la AMA (Chicago) en 2017 que es la siguiente:

"*PROMETO SOLEMNEMENTE dedicar mi vida al servicio de la humanidad; VELAR ante todo por la salud y el bienestar de mis pacientes; RESPETAR la autonomía y la dignidad de mis pacientes; VELAR con el máximo respeto por la vida humana; NO PERMITIR que consideraciones de edad, enfermedad o incapacidad, credo, origen étnico, sexo, nacionalidad, afiliación política, raza, orientación sexual, clase social o cualquier otro factor se interpongan entre mis deberes y mis pacientes; GUARDAR Y RESPETAR los secretos que se me hayan confiado, incluso después del fallecimiento de mis pacientes; EJERCER mi profesión con conciencia y dignidad, conforme a la buena práctica médica; PROMOVER el honor y las nobles tradiciones de la profesión médica; OTORGAR a mis maestros, colegas y estudiantes el respeto y la gratitud que merecen; COMPARTIR mis conocimientos médicos* en beneficio del *paciente y del avance de la salud; CUIDAR mi propia salud, bienestar y capacidades para prestar una atención médica del más alto nivel; NO EMPLEAR mis conocimientos médicos para violar los derechos humanos y las libertades ciudadanas, ni siquiera bajo amenaza; HAGO ESTA PROMESA solemne y libremente, empeñando mi palabra de honor*". Consultado el 21 de agosto en 2019: https://www.wma.net/es/policies-post/declaracion-de-ginebra/

467 SMITH CM, "Origin and Uses of *Primum Non Nocere* – Above All, Do no Harm!", *Journal of Clinical Pharmacology*, vol.45, no 4, 2005, pp. 371-374.

Por otra parte, la relación con el paciente en este momento se basaba en la voluntad de ayudar por parte del médico que era el que poseía el conocimiento técnico. Además, el médico solo desea la curación y sosiego del paciente por el bien del enfermo. Se habla de la *philanthropía* (o amor al hombre en cuanto hombre) y la *philotekhnía* (el amor al arte de curar), transmutando al médico en amigo (*philía*) del enfermo debido a su propia actividad médica[468]. Bajo este auspicio paternalista de la actuación del médico -el único que tiene el conocimiento- este siempre actúa por el bien del paciente, pasivo, débil e incapaz de cuidarse solo. Por lo tanto, parece lógico pensar que las actuaciones de los médicos no eran discutidas y siempre estaban justificadas.

Volviendo al *Juramento* clásico, si observamos la primera frase: *se clama a los dioses*, e incluso en uno de los escritos hipocráticos, se afirma que, al igual que los sacerdotes, el médico está en comunicación con los dioses. Se otorga al médico un papel "sacerdotal" y, por tanto, se le exime de cualquier responsabilidad. Así lo exponen algunos autores cuando hablan de los "roles sacerdotales de sacerdotes", reyes o jueces, con soporte religioso y elevada responsabilidad ética que les otorga "impunidad jurídica"[469]. En realidad, la responsabilidad se propone como una cuestión que va más allá de los hombres y su gobierno.

Por lo tanto, la etapa hipocrática no solo es trascendente por el paso de una medicina mágica y religiosa a una centrada en la razón, sino que los códigos éticos y morales representados en el *Juramento Hipocrático* fueron la base de la práctica médica hasta el siglo XVIII. Dicha base se resume, por un lado, en que la relación médico-paciente se basó en el denominado principio de beneficencia, es decir, el médico es el único que sabe de la materia y actúa por el bien del paciente. Por otro lado, la salud se considera el equilibrio de los humores, es la base de la "moralidad" y lo contrario, la enfermedad supone que el paciente es "inmoral"[470]. Finalmente, el médico no responderá de sus errores bajo un prisma jurídico. En cierta manera, su preocupación será caer en descrédito o la deshonra social si comete un error.

1.5. DE LA ETAPA HELENÍSTICA A LA DEL IMPERIO ROMANO

Cuando hablamos de la "etapa o periodo helenístico" (IV-III al I a.C.) nos referimos a un fenómeno de expansión de la civilización y cultura helénica como resulta-

468 LAÍN ENTRALGO P, "La relación médico-enfermo. Historia y teoría", *Revista de Occidente*, Madrid, 1964, p. 39.

469 El escrito *Ley o Nómos* del *Corpus Hippocraticum* refleja esta impunidad jurídica, según GRACIA GUILLÉN D, *Fundamentos de bioética*, Eudema Universidad, Madrid, 1989, p. 49.

470 En esta caso no se refiere al concepto actual de moral, sino que en esta época la moral es algo físico. GRACIA GUILLÉN D, *Fundamentos de Bioética*, Eudema Universidad, Madrid, 1989, pp. 26-27.

do de la unión de las culturas de Oriente y Grecia. Esta fue impulsada por Alejandro Magno[471] que llega hasta la unión al Imperio Romano tras la caída de Egipto (30 a.C).

En este momento la medicina griega se extiende hacia los territorios conquistados por Alejandro Magno. Así mismo, se transmite toda la cultura griega. Tras la muerte de Alejandro Magno el imperio se divide en reinos, uno de ellos gobernado por Ptolomeo [472]. Este fijó su residencia en Alejandría, en la que desarrolló la cultura, los oficios y la ciencia, incluida la medicina.

En lo que respecta al desarrollo de la medicina fue muy importante la evolución de la anatomía. Entre los avances del momento se encuentra la distinción del cerebro respecto del cerebelo que fue lograda por Herófilo, un investigador de la época[473]. Los avances hicieron que la medicina griega se convirtiese en el sistema médico predominante, instalándose en la península itálica. Al mismo tiempo, la medicina griega sustituyó a la medicina existente en Roma, la cual tenía un importante componente mágico. Esto supone uno de los acontecimientos más relevantes de la historia de la medicina. Lo cierto es que en Roma, antes de la influencia griega, las personas eran tratadas por el jefe del hogar o *pater familias*. Este actuaba a través de hierbas, ritos y plegarias de tipo religioso y, a pesar de la llegada de médicos griegos que eran desdeñados por los romanos[474].

Si tenemos que destacar una figura médica griega en el Imperio Romano es Galeno[475] que desarrolló una vasta obra. Su legado se extendería hasta la Edad Media y parte de la época moderna. Su máxima aportación es la introducción de un método científico que conducía a la búsqueda de las causas de la enfermedad dentro y fuera del organismo. Lo realizaba mediante la aplicación de reflexiones y asociación de ideas para establecer un diagnóstico, tratamiento y pronóstico[476].

Los romanos, a diferencia de los griegos, legislaron en relación a la profesión médica y su responsabilidad. En el Imperio Romano podemos afirmar que si se cometía algún error o imprudencia causando una lesión al enfermo, el médico respondía. Lo

---

471 Alejandro III de Macedonia.

472 LÓPEZ PIÑERO JM, *Historia de la Medicina*, Historia 16, Madrid, 1990, p. 32.

473 SCHIAVONE MA, *La medicina en Grecia y Roma*, Lizarraga, AA, Lemus JD, Buenos Aires, 1995, p. 32.

474 CALLAHAN RD, "Health Care in Ancient Rome", *North Carolina Medical Journal*, vol. 58, no 3, 1997, p. 202.

475 Galeno de Pérgamo (130 a.C. -200 a.C.). Su legado escrito es muy importante, con más de 400 libros con ilustraciones anatómicas y fisiológicas, de los cuales 83 están identificados. Sus habilidades como cirujano fueron muy conocidas ya que operaba todo tipo de lesiones. TOLEDO-PEREYRA LH, "Claudius Galenus of Pergamum: Surgeon of Gladiators. Father of Experimental Physiology", *Journal of Investigative Surgery*, vol. 15, no 6, 2002, p. 300.

476 ROMERO Y HUESCA A, RAMÍREZ BOLLÁS J, LÓPEZ SCHIETEKAT R, CUEVAS VELASCO G, DE LA ORTA REMENTERÍA JF, TREJO GUZMÁN LF, VORHAUER RAMÍREZ S, GARCÍA NAVARRETE SI, "Galeno de Pérgamo: Pionero en la historia de la ciencia que introduce los fundamentos científicos de la medicina", *Anales Médicos (Mexico)*, vol. 56, no 4, 2011, p. 225.

cual se hacía en función de la condición social del médico[477] y del enfermo y según el tipo de falta cometida. No obstante, se regularon determinadas inmunidades de los médicos, lo mismo que otras profesiones más valoradas por la sociedad romana.

1.6. EL TEOCENTRISMO COMO CLAVE DE LA MEDICINA EN LA EDAD MEDIA

Tras la caída del Imperio Romano y su división[478], el destino en cuanto al desarrollo y evolución de la medicina fue distinto en Oriente y Occidente. Por un lado, en el Imperio Bizantino se unieron la religión cristiana, la cultura griega y el derecho romano. Por otro lado, el mundo islámico surge paralelamente a Bizancio. Europa Occidental retrocedió en cuanto al saber médico con respecto a la época grecorromana. El interés por la ciencia y la medicina se recuperará posteriormente.

A pesar del evidente retroceso en cuanto a conocimientos científicos en la Alta Edad Media, según algunos autores, existen tres aportaciones importantes de la etapa medieval desde un punto de vista médico y social: la concepción de la ciencia médica como un servicio sanitario público, la evolución del antiguo hospital hasta dar lugar a la clínica moderna y la penetración de la ciencia médica en la Universidad[479].

1.6.1. Oriente: una luz en la sombra científica de Occidente en la Edad Media

Una de las aportaciones de Oriente al desarrollo de la medicina fue la conservación del conocimiento clásico. A su vez, añadieron algunos componentes de la medicina india y de otras culturas para lo que necesitaron la traducción al árabe de un gran número de textos.

Destacamos las contribuciones de dos médicos: Rhazes y Avicena. El primero aportó importantes descubrimientos, entre ellos, la diferencia entre sarampión y vi-

---

477 Existían diversas categorías de médicos en este momento: los *archiatri o medici publici* que eran los médicos municipales que atendían a la gente del pueblo (estos médicos tenían bastantes privilegios y un salario). Otra categoría eran los médicos de la corte e inferiormente estaban los médicos de los esclavos y los de los gladiadores. CILLIERS L, "Public Health in Roman Legislation", *Acta Classica*, vol. 36, 1993, pp. 2-3.

478 Clásicamente se ha datado esta caída en el año 476 d.C.. Sin embargo, históricamente lo más relevante fue la muerte de Teodosio I en el año 395 d.C. cuando sus dominios quedaron dividos entre sus hijos Honorio y Arcadio, los cuales gobernaron Oriente y Occidente. GUZMÁN ARMARIO FJ, "Año 476 después de Cristo: el eterno debate sobre la caída del Imperio romano y el comienzo de la Edad Media, a principio del siglo XXI", *Revista Estudios sobre Patrimonio, Cultura y Ciencias Medievales*, vol. 16, 2014, pp. 179-180.

479 SCHIPPERGES H, *El jardín de la salud: medicina en la Edad Media*, Editorial Laia, Barcelona, 1987, pp. 11-12.

ruela y la descripción del asma alérgica. De igual modo, dejó una obra escrita importante en la que describió sus experiencias con los pacientes[480]. El segundo fue un científico relevante, entre sus obras más conocidas se encuentran *El Libro de la Curación* y *Canon*. En esta combina sus propios descubrimientos mediante la unión de las enseñanzas galénicas y aristotélicas[481].

El mundo islámico también aportó el concepto de los primeros hospitales públicos o *bimaristán*. Esta contribución de origen islámico no siempre ha sido bien reconocida[482]. Según algunos autores, en estos lugares se trataba a los pacientes pobres[483]. En cierta manera se les dividía por áreas y además servían de lugar de enseñanza.

1.6.2. Occidente: la perdurabilidad de Hipócrates y Galeno

La llegada y extensión del cristianismo a occidente supondrá el gran cambio en relación a la Grecia clásica. Esto se traducirá en cambios en el concepto de enfermedad, salud y en la relación médico-paciente.

El cristianismo se convierte en el eje fundamental del pensamiento medieval. En este sentido, el médico va a ser un cristiano que basará su labor en las enseñanzas hipocráticas y galénicas. A estas añadirá la idea cristiana *"del amor al prójimo[484] basado en que somos hijos de un mismo Padre"*[485]. Como podemos deducir, esta idea cristiana de la medicina supuso que la fe jugaba un papel central en el proceso de curación. Debido ello, la obediencia a los médicos no se cuestionaba, pues estaban en íntima relación con Dios, lo que les otorgaba una moralidad superior.

En el alto medievo la medicina se concentraba en los monasterios[486]. A ella se dedicaban los monjes, coexistiendo con la práctica de médicos laicos, por ejemplo los judíos. De igual modo, se enseñaba medicina y se desarrollan los hospitales, cuyo ori-

---

[480] BRICEÑO-IRAGORRY L, *La medicina árabe II. El clínico Rhazes*, Ed. Ateproca, Caracas, 2008, pp. 439-440.

[481] EDRISS H, ROSALES BN, NUGENT C, CONRAD C, NUGENT K, "Islamic Medicine in the Middle Ages", *The American Journal of the Medical Sciences*, vol. 354, no 3, 2017, pp. 223-226.

[482] MILLER AC, "Jundi-Shapur, bimaristans, and the rise of academic medical centers", *Journal of The Royal Society of Medicine*, vol. 99, 2006, pp. 615-616.

[483] Los ricos y poderosos tenían sus propios médicos y utilizaban todo tipo de remedios y terapias, haciendo una importante distinción en el islam entre la medicina para ricos y para pobres. LAÍN ENTRALGO P, *Historia de la Medicina*, Salvat Editores, Barcelona, 1978, p. 177.

[484] El prójimo es entendido como toda persona a la que hay que hacerle el bien por el mero hecho de ser humano, sin necesidad de conocerle ni de haber tenido trato alguno. LAÍN ENTRALGO P, *El médico y el enfermo*, Tricastela, Madrid, 2003, p. 82.

[485] BARRAGÁN HL, *Lineamientos de la historia de la enfermedad y de la medicina occidental*, Editorial de la Universidad Nacional de La Plata, La Plata, 2007, p. 37.

[486] La norma de mayor relevancia en los monasterios era la *Regla de San Benito*. En el capítulo 36 sobre los cuidados que se deben prestar a los enfermos, afirma: *"estará por encima de todo y antes de nada, debiendo servírseles como si fueran Cristo en persona"*. VILLAR PA, "Las

gen es la caridad cristina[487]. El concepto de salud y enfermedad también cambia gracias al cristianismo, ya que la enfermedad se entiende como sufrimiento y prueba de fe para acercarse a Dios.

Así las cosas, la relación médico-paciente estaba basada en una idea básica: el enfermo debe honrar al médico por ser este un ser superior, ya que su autoridad proviene de Dios y consiguientemente, debe tener fe y prometer al médico obediencia[488]. Por este motivo entendemos que existía una separación del mundo jurídico respecto de la actividad médica, con una normativa en la Edad Media poco novedosa, que irá cambiando a partir del siglo XIII[489].

Algunos ejemplos en cuanto a la responsabilidad del médico podemos encontrarlos en España en el Fuero Juzgo[490]. Uno de sus libros se dedicó a "los físicos y los enfermos" (Libro XI, título I)[491]. De la misma manera, encontramos en las Siete Partidas[492] regulación sobre la responsabilidad del médico que causa un daño con su intervención en un paciente.

Conviene resaltar que el tipo de medicina practica era pre-técnica, con un retroceso[493] bastante importante de la medicina en el Alto Medievo. En realidad, se trataba de una medicina popular y basada en la superstición. Aprovechando dicho contexto, los

---

enfermerías monásticas: espacios comunitarios de curación en plena Edad Media", *EDAD MEDIA, Revista de Historia*, vol. 16, 2015, p. 129.

487 BONT M, "Orden Medieval: Origen de la Universidad y Medicina del Medioevo", *Comunidad y Salud*, vol. 3, no 1, 2005, pp. 41-42.

488 KATZ J, *El médico y el paciente: su mundo silencioso*, Fondo de Cultura Económica, México, 1990, p. 82.

489 CAYÓN DE LAS CUEVAS J, *La prestación de servicios sanitarios como relación jurídica de consumo*, Thomson Reuters Civitas, Navarra, 2017, p.106.

490 Es la traducción romance del código legal visigodo, *Liber ludicum*.

491 DE LA REGUERA VALDELOMAR J, FUERO JUZGO DE JUAN DE LA REGUERA VALDELOMAR 1798, Agencia Estatal Boletín Oficial del Estado, Madrid, 2015, p. 263. Consultado el 12 de mayo de 2021 en: https://www.boe.es/biblioteca_juridica/abrir_pdf.php?id=PUB-LH-2015-6

492 Es la normativa que se redactó en la Corona de Castilla durante el reinado de Alfonso X el Sabio (1252-1284). La relacionada con la responsabilidad del médico se encuentra en la Séptima Partida, Título VIII, Ley VI. Consultado el 6 de septiembre de 2019 en: http://www.cervantesvirtual.com/obra-visor/las-siete-partidas-del-rey-don-alfonso-el-sabio-cotejadas-con-varios-codices-antiguos-por-la-real-academia-de-la-historia-tomo-3-partida-quarta-quinta-sexta-y-septima--0/html/01fb8a30-82b2-11df-acc7-002185ce6064_579.htm

493 Es evidente que tal retroceso de la medicina es debido a la parálisis del pensamiento racional y la investigación por parte de la Iglesia Católica, pero hay quienes afirman que esto no fue así. Por ejemplo, en relación a las restricciones y vetos a la actividad médica de los monjes, se afirma que lo que se trataba era evitar el absentismo monacal. En cuanto a la prohibición de la cirugía, lo que se prohibía era toda actividad con efusión de sangre y limitada a los integrantes de órdenes mayores. PERLADO ORTIN DE PINEDO PA, "¿Prohibió la Iglesia la Medicina?", *Anuario de Derecho Eclesiástico del Estado*, vol. 33, 2017, pp. 193-204. En contraposición otros autores que sí encuentran una relación entre el cristianismo y la ausencia de disección. GONZÁLEZ

charlatanes y astrólogos explotaron la desconfianza de las personas en la medicina, debido a la llegada de diversas enfermedades y epidemias que no pudieron ser eliminadas por la ciencia. Si, además, añadimos que se produce la prohibición de las disecciones de cadáveres[494] y la separación entre los médicos y los cirujanos[495] podemos convenir que tal retroceso se produjo al auspicio del cristianismo y sus normas.

1.6.3. La universidad como elemento transformador de la medicina

A partir del siglo XI empieza a transformarse la sociedad medieval. Se produce el surgimiento de las ciudades y la suma de una nueva clase social: los burgueses. Estos aportaron nuevas formas de producción y como consecuencia se produjeron algunos cambios económicos y políticos que condujeron el inicio del progreso en la Baja Edad Media. En este contexto, el inicio del nacimiento de la universidad y su posterior alejamiento[496] de la Iglesia formarán las bases para el cambio de la profesión médica y de la atención a los pacientes. Aunque esto último, no tanto como hubiese sido deseable, puesto que el enfermo seguirá siendo sumiso y con un papel muy secundario en la relación médico-paciente.

En cuanto a la profesión médica distinguimos la escuela de Salerno que es considerada como la primera escuela laica[497] e incorporó el saber médico de origen griego.

HERNANDO I, "Abrir para comprender: Disecciones anatómicas en libros medievales", *Titivillus*, no 2, 2016, p. 36.

494 La práctica de las disecciones humanas supuso un avance notable en la ciencia médica griega que culminó con la escuela de Alejandría (III a.C.). De esta manera se aprendía anatomía. Años más tarde, la aparición de una escuela rival hizo que la disección humana se relegase como método de aprendizaje del cuerpo humano. Todo ello, unido a la llegada del cristianismo, en el que la disección humana se consideraba una blasfemia. Esta práctica se prohibió para después resurgir en el siglo XIV. GHOSH SK, "Human cadaveric dissection: a historical acccount from ancient Greece to the modern era", *Anatomy & cell biology*, vol. 48, no 3, 2015, p. 154.

495 El divorcio entre la medicina y la cirugía ya se había producido tras la llegada de Galeno a Roma. Este abandonó la práctica quirúrgica, quedando el cirujano en una posición más baja respecto al médico. De este modo, el cristianismo actuó de forma decisiva para la separación final. Porque, por un lado, se defendía la idea de que el cuerpo del hombre era una prisión del alma, lo que provocaba una percepción negativa del cuerpo. Por otro lado, a través de la prohibición de la cirugía a los sacerdotes con el edicto del Concilio de Tours (1163 d.C.). Así las cosas, los barberos surgieron para sustituir a los cirujanos. PEÑA QUIÑONES G, "Breve historia de la Neurocirugía", *Revista MEDICINA*, vol. 27, no 2, 2005, p. 114.

496 PEDRO CARAÑANA J, "La misión de la universidad en la Edad Media: servir a los altos estamentos y contribuir al desarrollo de las ciudades", *Nómadas*, vol.34, no 2, 2012, p. 330. Con el paso del tiempo, la universidad trata de alejarse del control eclesiástico o laico, lo cual lograron al conseguir que la máxima autoridad de la universidad fuese elegida por esta misma. LE GOFF J, *Los intelectuales en la Edad Media*, Gedisa, Barcelona, 1986, pp. 72-73.

497 Es sabido que el hospital de Salerno fue fundado por los monjes benedictinos. Posteriormente, los médicos laicos se hicieron con el poder y en el siglo X, la formación era totalmente laica. La enseñanza de la medicina y la cirugía no se separaron, lo que supuso una

Su figura más importante fue Constantino el Africano, gracias a sus conocimientos de árabe y latín pudo traducir varias obras capitales[498].

Las primeras universidades surgen a partir de las escuelas urbanas[499] porque las necesidades intelectuales sobrepasan la capacidad de estas escuelas. De igual forma, nacen como resultado de un cambio de pensamiento: se cree que el conocimiento ya no debe ser guardado sino transmitido. Entonces se forman las *Studium generale* (la universidad), las cuales son escuelas que nacen a través de un movimiento asociativo -corporaciones o gremios- de los ciudadanos dentro de las nuevas ciudades, donde se unían profesores para enseñar a los estudiantes una determinada materia[500].

En cuanto a la enseñanza de medicina, el nacimiento de la universidad supuso una evolución histórica. En los siglos XII y XIII, antes de acceder a la facultad de medicina, se tenía que haber cursado estudios en la Facultad de Artes. Posteriormente, se accedía a las Facultades Superiores que englobaban Derecho, Medicina y Teología. Esto supuso que el médico era un profesional con una titulación que le aportaba un *status* social importante. De esta forma se estableció en el siglo XIII la obligatoriedad de la titulación para ejercer la profesión, tras una ordenanza de Federico II[501].

En lo que se refiere a la regulación jurídica de la responsabilidad médica durante la Baja Edad Media, de nuevo existieron diversas normativas en función de la relación del médico con el enfermo, del tipo de lesión o falta producida y la clase social de ambos.

1.7. DEL RENACIMIENTO MÉDICO AL PATERNALISMO[502] PREDOMINANTE EN EL SIGLO XIX

Antes del análisis del período del Renacimiento debemos recordar que, a finales de la Edad Media, se produce una modificación histórica tanto intelectual como social. Esta se refleja, en el ámbito de la medicina, con la manifestación de un pensa-

excepción. PÉREZ MÉNDEZ P, VARELA TEMBRA JJ, "Evolución y desarrollo de la medicina medieval en occidente", *Oceánide*, no 1, 2009, pp. 3-4.

498 LÓPEZ PIÑERO JM, *Historia de la Medicina*, Historia 16, Madrid, 1990, p. 40.

499 SOTO RÁBANOS JM, "Las escuelas urbanas y el renacimiento del siglo XII", DE LA IGLESIA DUARTE JI (Coord..), *La enseñanza en la Edad Media: X Semana de Estudios Medievales*, Instituto de Estudios Riojanos, Logroño, 2000, pp. 214-216.

500 GARCIA BALLESTER L, *La búsqueda de la salud. Sanadores y enfermos en la España medieval*, Ediciones Península, Barcelona, 2001, p. 104.

501 Previamente, en 1140, hubo una reglamentación de Rogelio II de Sicilia que estableció la obligatoreidad de un examen oficial para ejercer la medicina. Dicha decisión parece influida por la escuela de Salerno. Según la ordenanza de Federico II se debían cursar tres años de estudios previos y cinco de medicina de Salerno, junto con la práctica con otro médico para obtener el título de medicina. LÓPEZ PIÑERO JM, *Historia de la medicina*, Historia 16, Madrid, 1990, p. 187.

502 El paternalismo es el modelo de relación predominante a lo largo de la historia, esto es, decidir por el otro sin tener en cuenta a este mismo, en general, para proporcionar un bien o evitar un daño. En el ámbito sanitario se refiere a dos rasgos: la beneficencia y la legítima autoridad del

miento alejado de la Iglesia, próximo a lo que será más adelante el pensamiento científico moderno. La práctica médica deja de estar monopolizada por los monjes y pasa a estar en manos laicas. Los médicos son formados en las universidades e impulsarán la transmisión del conocimiento y formalizarán la profesión médica. Sin embargo, dejarán de lado a los cirujanos que acabarán siendo una profesión artesanal[503]. Mientras tanto, la relación médico-paciente no avanza a la misma velocidad que la profesión médica y el cambio de pensamiento. El paciente sigue siendo absolutamente obediente, aunque como hemos visto, hubiese ya alguna forma de reglamentación de la responsabilidad médica.

En el Renacimiento, durante los siglos XV y XVI, se producen de nuevo una serie de cambios intelectuales. Entre ellos, el hombre comienza a ser el centro y confía en sus propias facultades. Así, se inicia un periodo de investigación científica con la incorporación de nuevos conocimientos y trabajos. En medicina, los mayores avances se produjeron en el campo de la anatomía[504] , sobre todo por el desarrollo de las universidades. De esta manera, se reconocieron la disección y las autopsias como técnicas necesarias para dichos avances[505].

Así las cosas, los cambios en este período en la relación médico-paciente no son sustanciales, si exceptuamos la secularización de la práctica médica. El paciente sigue estando a merced de las decisiones médicas de forma unilateral.

Con el paso del tiempo se inicia una forma de pensamiento en la medicina influida por la Ilustración, el pensamiento liberal y la razón. A través de esta nueva manera de pensar se prima al hombre como ser humano y comienzan a llevarse a cabo una serie de regulaciones de carácter ético o deontológico[506]. Se desarrollan normas internas de

---

médico. SEOANE JA, "La relación clínica en el siglo XXI: cuestiones médicas, éticas y jurídicas", *Derecho y Salud*, vol. 16 (no Extra 1), 2008, pp. 79-80.

503 Dados los prejuicios sociales de la época, los cirujanos eran considerados ejercientes de un *arte manual,* quedando fuera de las "artes liberales". Es decir, fuera de la gente culta, sin inmunidad jurídica y, por supuesto, sin ninguna clase de prevalencia moral. TOMILLO URBINA J, "Nuevos derechos del paciente desde su condición jurídica como consumidor", *Derecho y Salud*, vol. 19 (Extra 1), 2010, p. 48.

504 El avance de la disciplina anatómica no puede explicarse sin mencionar a A. Vesalio (1514-1564), cirujano y anatomista, el cual es considerado como el fundador de la Anatomía moderna. Su obra cumbre *De humani corporis fabrica libri septem* (1543) es el comienzo de la modernidad. RIERA PALMERO J, "V Centenario del Nacimiento de Andrés Vesalio (1514-1564)", *Revista de la Sociedad de Historia de las Ciencias y de las Técnicas*, vol. 38, no 82, 2015, pp. 400-401. BENINI A, BONAR SK, "Historical Perspective. Andreas Vesalius 1514-1564", *Spine*, vol. 21, no 11, pp. 1388-1390.

505 ROMERO Y HUESCA A, RAMÍREZ BOLLAS J, PONCE LANDÍN FJ, MORENO ROJAS JC, SOTO MIRANDA MA, "La cátedra de Cirugía y Anatomía en el Renacimiento", *Cirugía y Cirujanos, vol. 73, no 2, 2005, pp. 151-152.*

506 Una de las mayores figuras en este momento de la historia fue J. Gregory (1724-1773), un médico escocés que basó sus teorías de la ética médica en un concepto: *sympathy* (sentir la angustia de los enfermos y el impulso de aliviarlos), inspirado en David Hume. Sin embargo, su aportación

los propios médicos exentas de la acción de la justicia[507]. Si bien, todo este tipo de códigos centrados sobre todo en el comportamiento moral del médico hacia el paciente, en ningún momento otorgaban a este ningún tipo de autonomía. No obstante, surgieron algunos pensadores que proclamaban una serie de cambios en las tendencias del arraigado paternalismo médico e intentaban dar algunos pasos hacia la información del paciente[508]. Estos mínimos cambios fueron pequeños avances en la relación médico-paciente, incluso algunos autores lo denominaron "paternalismo juvenil[509]".

En definitiva, se prima decir la verdad al paciente salvo en circunstancias graves o mortales en los que se informará a los familiares. Bajo nuestra perspectiva y experiencia, esta situación todavía persiste actualmente como práctica no poco habitual. Existen numerosos casos en los que cuando se produce un mal pronóstico o se detecta una enfermedad grave, el paciente es el único que no conoce la verdad sobre su proceso. Además, esto ocurre aunque el paciente no haya expresado explícitamente que no desea tener información al respecto. Entendemos que, en ocasiones, todavía se trata al paciente como si fuera una persona sin capacidad de decisión o de afrontar determinadas situaciones complejas.

En lo que se refiere al manejo del error médico encontramos figuras importantes durante este período. Entre ellas, cabe destacar a A. Paré[510] considerado el padre de la

---

más importante es la obra *Lectures on the Duties and Qualifications* (1772). Gregory defiende que el paciente debe ser informado, salvo en casos de grave riesgo para su salud. A partir de él se forma la idea del médico comprensivo, paciente, discreto y con honor. MCCULLOUGH LB, "Hume's influence on John Gregory and the History", *Journal of Medicine and Philosophy*, vol. 24, no 4, pp. 376-380. Otra de las figuras fue Thomas Percival (1740-1804) que escribió el primer código ética médica, *Medical Ethics,* para los hospitales pequeños. Estaba basado en el espíritu caritativo cristiano, haciendo referencia también a sus modales (*médico gentelman*). A ambos personajes se les atribuye el cambio en la forma de llamar al enfermo: el paciente. MACKENZIE CR, "Professionalism and Medicine", *The Musculoskeletal Journal of Hospital for Special Surgery*, vol. 3, no 2, 2007, pp. 222-223. En relación al código ético de Percival, tal fue su importancia que fue tomado como base por la AMA. La primera reunión de esta sociedad en 1847 se basó en dos puntos principales. En el primero se enumeraron los requisitos médicos mínimos para la capacitación médica. En el segundo, se estableció la necesidad de redactar un código ético basado en Percival. RIDDICK FA, "The Code of Medical Ethics of the American Medical Association", *Ochsner J,* vol. 5, no 2, 2003, p. 6. A pesar del acuerdo de la comunidad médica sobre el código de ética de la AMA surgieron voces discrepantes, entre ellas las del norteamericano W. Hooker (1806-1867). Este criticó el hecho benevolente de no decir la verdad al paciente en casos graves. BEAUCHAMP TL, "Worthington Hooker on ethics in clinical medicine", en BAKER R (Ed.), *The Codification of Medical Morality. Philosophy and Medicine*, vol. 49, Springer, Dordrecht, 1995, p. 106.

507 CAYÓN DE LAS CUEVAS J, *La prestación de servicios sanitarios como relación jurídica de consumo*, Thomson Reuters Civitas, Navarra, 2017, pp. 118-119.

508 MCCULLOUGH LB, "Hume's influence on John Gregory and the History", *Journal of Medicine and Philosophy*, vol. 24, no 4, pp. 376-380.

509 GRACIA D, *Fundamentos de bioética*, Triacastela, Madrid, 2007, p. 91.

510 A. Paré (1510-1590) fue un cirujano de éxito y autor de varios libros en francés, lo cual, supuso una mayor difusión de sus obras. NOGUERA PALÁU JJ, "Ambrosio Paré, Ambroise Laval

cirugía. Su aportación más relevante fue observar que el remedio que utilizaba normalmente para el tratamiento de las heridas era erróneo. Dicho tratamiento consistía en la aplicación de aceite hirviendo para cauterizar las heridas. Al quedarse sin aceite de forma casual se vio obligado a reemplazarlo por un bálsamo que dejaba a los heridos sin dolor y sin fiebre[511].

Otra de las figuras que se considera relevante a finales del siglo XVIII fue P. C. A. Louis, ya que introdujo el denominado "métode numérique". Su aportación fue apoyar la necesidad de la introducción de los datos clínicos agregados que fue de suma importancia para progresar en el conocimiento médico-científico o lo que ahora llamamos epidemiología[512].

Ya adentrados en el siglo XIX nos encontramos con que la profesionalización de los médicos va siendo cada vez más mayoritaria, aunque todavía existían distintos niveles entre los propios profesionales. Estas diferencias permitieron a algunos de ellos obtener una buena posición social.

Desde el punto de vista de los avances médicos se van introduciendo progresos científicos importantísimos, de modo que se comienza a pensar que la ciencia superaría todas las barreras de la enfermedad. De la misma manera, comienza a confiarse cada vez más en los médicos y va disminuyendo progresivamente el número de personas que acceden a otro tipo de "sanadores".

En este momento, la preocupación de los médicos por los pacientes hace que comience a observarse cómo determinadas prácticas médicas resultaban perjudiciales para los pacientes. Como ejemplo de ello, destaca la aportación de I. P. Semmelweis y O. W. Holmes. Estos, después de estudiar la fiebre puerperal, propusieron como medida el lavado de manos antes de atender a las parturientas[513] con el objetivo de prevenir las infecciones de las mujeres que daban a luz, lo cual les provocaba una elevada mortalidad.

En este aspecto debemos destacar el papel fundamental protagonizado por una mujer, F. Nightingale. Ella es considerada la precursora de la enfermería moderna e impulsora de lo que hoy se conoce como calidad asistencial[514]. Entre varias de sus

---

(Bourg-Hersent/Laval, 1510-París, 1590)", *Archivos de la Sociedad Española de Oftalmología*, vol. 86, no 10, 2011, p. 341.

511 DRUCKER CB, "Ambroise Paré and the Bird of the Gentle Art of Surgery", *Yale Journal of Biology and Medicine*, vol. 81, no 4, 2009, p. 200.

512 MORABIA A, "Pierre-Charles-Alexandre Louis and the evaluation of bloodletting", *Journal of the Royal Society of Medicine*, vol. 99, 2006, pp. 159-160.

513 LANE HJ, BLUM N, FEE E, "Oliver Wendell Holmes (1809-1894) and Ignaz Phillip Semmelweis (1818-1865): Preventing the Transmission of Puerperal Fever", *American Journal of Public Health*, vol. 100, no 6, 2010, p. 1009.

514 ALLEN-DUCK A, ROBINSON JC, STEWART MW, "Healthcare Quality: A Concept Analysis", *Nursing Forum*, vol. 52, no 4, 2017, p. 378.

aportaciones a la medicina se la reconoce por su importante contribución en el campo de la salud pública, como consecuencia de su labor en la guerra de Crimea[515].

Paralelamente, también se van produciendo cambios en la atención a los pacientes. En el siglo XVIII predominaba diferencia entre una medicina para pobres y otra para ricos, de manera que a los primeros los atendían en los hospitales y a los segundos en casa. A mediados del siglo XIX, los avances en la medicina conllevarán un cambio en la manera de proporcionar la asistencia a los pacientes. De este modo, los hospitales comienzan a ser el centro de la atención sanitaria, transformándose en lugares en los que a su vez se imparte docencia[516].

1.8. LA AUTONOMÍA Y LA SEGURIDAD DEL PACIENTE COMO ELEMENTOS DIFERENCIADORES DE LA MEDICINA MODERNA

Los cambios culturales, sociales, científicos, económicos y políticos conformaron la base para todos los avances que se produjeron durante el siglo XX hasta llegar a la actualidad.

1.8.1. El nacimiento de los derechos de los pacientes materializado en el principio de autonomía

En primer lugar, recordamos que a principios del siglo XVIII y durante el XIX comienza a producirse un movimiento social transformador: la separación de la influencia religiosa. Esta se culmina con el asentamiento del pensamiento liberal debido a las revoluciones que proporcionaron a los ciudadanos los derechos civiles y políticos[517].

En cuanto a la relación clínica se produce un hecho que provoca la introducción del sujeto en la medicina, también llamada la "rebelión del sujeto". Esto significó que se dejó de considerar al enfermo como un objeto pudiendo ser partícipe de su propio tratamiento. Relacionado con lo anteriormente mencionado, a nivel social comienza el movimiento obrero a partir de la revolución industrial. La lucha tiene como objetivo eliminar las desigualdades sociales entre ricos y pobres. En el caso de asistencia sanitaria, dichas desigualdades se objetivaban por las grandes diferencias en la mortalidad y prevalencia de enfermedades entre ricos y pobres[518]. Se impulsarán una se-

---

515 FEE E, GAROFALO ME, "Florence Nightingale and the Crimean War", *American Journal of Public Health*, vol. 100, no 9, 2010, p. 1591.

516 LINDEMAN M, *Medicina y sociedad en la Europa moderna 1500-1800*, Siglo Veintiuno de España Editores, Madrid, 2001, pp. 132-135.

517 GRACIA D, *Fundamentos de Bioética*, Triacastela, Madrid, 2007, pp. 128-130.

518 LAÍN ENTRALGO P, *La relación médico-enfermo. Historia y teoría*, Revista Occidente, Madrid, 1964, p. 217.

rie de cambios para llegar a obtener una asistencia sanitaria para todos de carácter público[519].

Unido a este cambio social se produce un hito a nivel de los derechos de los pacientes y su autonomía que comienza en EE.UU.[520] a partir de una sentencia decisiva del juez Cardozo en 1914[521]. La novedad de dicha sentencia radica en que ya no es necesario producir un daño físico al paciente para que haya responsabilidad, sino que basta con no respetar el derecho del paciente en su decisión sobre su cuerpo para que el médico resulte responsable por daños. Sin embargo, no es hasta cuarenta años después que se sientan las bases sobre lo que luego se denominará consentimiento informado, tras el caso *Salgo v. Leland Stanford Jr University Board of Trustees*[522]. En este supuesto se consideró que era motivo de una acción legal la falta de información explícita por parte del médico al paciente sobre los riesgos y alternativas[523,524]. Posteriormente, aparecieron una serie de doctrinas que fueron desarrolladas para afinar más cual debía ser el estándar de información.

Dicho esto, se consolida en la segunda mitad del siglo XX la autonomía del paciente. Algunos autores la dividen en una autonomía decisoria, funcional e informativa[525]. En definitiva, la autonomía es la capacidad de tomar decisiones de forma libre y debidamente informada sobre nuestra salud. De modo que el consentimiento informado es una expresión o consecuencia de dicha autonomía[526]. En España se materializa mediante la Ley 41/2002 básica y reguladora de la autonomía del paciente y de derechos y obligaciones en materia de información y documentación clínica[527]. No obstante, no

---

519 De forma paralela se producirá dentro del propio espacio del acto médico un cambio de paradigma. Los pacientes manifestarán su necesidad de ser reconocidos como personas globalmente. Este cambio será más adelante fructificado en la denominada medicina antropológica desarrollada por Weizsäcker quien consideraba que el paciente debía ser valorado en conjunto, tanto en todos sus aspectos personales como sociales. LÁZARO J, GRACIA D, "La relación médico-enfermo a través de la historia", *Anales del Sistema Sanitario de Navarra*, vol. 29 (Supl.3), 2006, pp. 8-9.

520 EE.UU. es el país precursor en el desarrollo jurídico de la autonomía del paciente (tradición jurídica del *common law*) a través de la doctrina del consentimiento informado y del *right to privacy.* Este último es el derecho de la gestión autónoma del cuerpo, la vida y la sexualidad. SEOANE JA, "La construcción jurídica de la autonomía del paciente", *Eidon: revista de la fundación ciencias de la salud*, no. 39, 2013, p. 18.

521 Schloendorff v. Society of New York Hospital, 211 N.Y. 125, 105 NE 92 (1914).

522 Salgo v. Leland Stanford Jr. University Board of Trustees, 317 P.2d 170 (Cal. App. 1957).

523 PELAYO GONZÁLEZ-TORRE A, "La intervención del Derecho en la actuación sanitaria. El extraño caso del consentimiento informado", *Anuario del Filosofía del Derecho*, no 26, 2010, pp. 201-202.

524 GREEN DST, MACKENZIE CR, "Nuances of Informed Consent: The paradigm of Regional Anesthesia", *HSS Journal*, vol. 3, no 1, pp. 115-116.

525 SEOANE JA, "Las autonomías del paciente", *Dilemata*, no 2, 2010, pp. 63-64.

526 OSUNA CARRILLO DE ALBORNOZ E, "El derecho a la información sanitaria en la Ley 41/2002", *Cuadernos de Bioética*, vol. XVII, no 59, 2006, pp. 27-30.

527 Consultado el 15 de mayo de 2021 en: https://www.boe.es/buscar/act.php?id=-BOE-A-2002-22188

podemos desconocer el precedente constitucional integrado por la proclamación de valores como la libertad (art.1.1. CE), la dignidad humana (art.10.1 CE), el derecho a la vida y a la integridad física y moral (art.15 CE), la libertad ideológica y religiosa (art. 16.1 CE) y el derecho a la intimidad (art. 18.1 CE).

Desde un punto de vista más práctico nos interesa conocer la forma en que se aplica en la práctica médica diaria el consentimiento informado como máximo exponente de la autonomía. En una investigación realizada a pacientes mediante encuesta se concluye que el consentimiento escrito fue entregado por personal no médico en un 84,21% de los casos. Solo en la mitad de los casos el profesional intentó involucrar al paciente en la toma de decisiones y en menos de la mitad de los casos han firmado el consentimiento habiéndolo entendido[528]. En un estudio realizado mediante encuesta se concluyó que el formulario de consentimiento informado escrito no es suficiente para asegurar que los pacientes son conscientes totalmente de sus decisiones[529]. En una revisión sistemática sobre la capacidad de compresión de los componentes del consentimiento informado en participantes en ensayos clínicos se observó que dicha comprensión fue baja y solo la mitad de los participantes tenían un nivel de compresión óptimo[530].

1.8.2. La introducción del concepto de Calidad Asistencial

Entre finales del siglo XIX y principios del XX se conquistan los derechos civiles y se progresa en relación a los derechos de los pacientes. Su máximo exponente se obtiene con el consentimiento informado a partir de la segunda mitad del siglo XX. A su vez, a principios del siglo XX surge una inquietud por la calidad en los servicios de salud que se refleja clásicamente en la figura de E. Codman[531] quien es considerado el padre de la calidad asistencial[532]. En lo que se refiere a nuestro tema central, los errores en medicina, Codman aportó como una importante novedad la idea de registrar los errores, tanto de diagnóstico como de tratamiento, para después poder im-

528 RODRÍGUEZ PIÑERO JE, TABERNERO DUQUE MJ, RODRÍGUEZ CALVO MS, "Estudio descriptivo sobre la aplicación del consentimiento informado en centros sanitarios de Galicia (España)", *Cuadernos de Bioética*, vol. XXIX, no 95, 2018, pp. 69-70.

529 AGOZZINO E, BORRELLI S, CANCELLIERI M, CARFORA FM, DI LORENZO T, ATTENA F, "Does written consent adequately inform surgical patients? A cross sectional study", *BMC Medical Ethical*, vol. 20, no 1, p. 1.

530 PIETRZYKOWSKI T, SMILOWSKA K, "The reality of informed consent: empirical studies on patient comprehension-systematic review", *Trials*, vol. 22, no 57, pp. 7-8.

531 E. Codman nació en Boston y fue un autor de reconocido prestigio en el campo de la radiología y la cirugía. En cuanto a sus recomendaciones sobre el tratamiento de los errores encontró bastante oposición por parte de sus compañeros. BRAND RA, "Ernest Amory Codman, MD, 1869-1940", *Clinical Orthopaedics and Related Research*, vol. 467, no 11, 2009, pp. 2763-2764.

532 ARANAZ JM, AGRA Y, "La cultura de seguridad del paciente: del pasado al futuro en cuatro tiempos", *Medicina Clínica*, vol. 35 (Supl 1), 2010, pp. 1-2.

plementar áreas de mejora[533]. Este médico llegó a fundar su propio hospital que llamó "Hospital de los resultados finales". En él registró, clasificó y publicó 123 errores entre 1911 y 1916 e incluso promulgaba la necesidad de compararse entre los hospitales. Codman desarrolló el programa de estandarización de los hospitales (estándares mínimos) que sería la base para que en 1952 se formara la Comisión Conjunta de Acreditación de Organizaciones de Atención Médica (JCAHO)[534]. Estos planteamientos todavía están de plena actualidad y consideramos que son una asignatura pendiente del sistema sanitario.

Con relación a la calidad asistencial, debemos destacar la aportación al conocimiento de esta disciplina realizado por A. Donavedian[535] que fue clave para definir lo que hoy conocemos como calidad en la atención médica, cuyo reconocimiento internacional es indiscutible. La principal aportación fue el concepto organizativo de estructura, proceso y resultado para medir y posteriormente mejorar la calidad (vigente en la actualidad). Otra contribución fue su perseverancia en resaltar la importancia de la investigación en calidad[536].

El concepto de calidad[537] es por sí mismo muy amplio y complejo, puesto que se asigna a numerosos aspectos (productos, servicios, procesos, organización, objetivos) y como ocurre con otros conceptos tiene variadas definiciones[538]. Para lograr comprender mejor dicha complejidad, algunos autores se refieren a la calidad como: a) trascendental: sinónimo de superioridad o excelencia, b) basada en el producto: calidad definida por la cantidad en la que un atributo deseable está presente en un producto o servicio, c) basado en la fabricación: son los requisitos de

---

533 Nótese que esta idea resultó realmente rompedora en esta época, ya que Codman proponía evaluar los resultados de los pacientes, es decir, analizar si tras el ingreso hospitalario el tratamiento había sido exitoso. En caso contrario era preciso analizar los motivos. Así mismo, propuso la creación en los hospitales de un "comité de eficicencia" para la monitorización de los resultados. DONAVEDIAN A, "The End Results of Health Care: Ernest Codman's Contribution to Quality Assesment and Beyond", *The Milbank Quaterly*, vol. 67, no 2, 1989, pp. 238-239.

534 CHUN J, CHAO BAFFORD A, "History and Background of Quality Measurement", *Clinical Colon Rectal Surgeon*, vol. 27, no 1, 2014, p. 5.

535 A. Donavedian, nació en Beirut en 1919, fue un médico que desarrolló su trabajo en la Escuela de Salud Pública de la Universidad de Michigan. BEST M, NEUHAUSER D, "Avedis Donavedian: father of quality assurance and poet", *Quality Safety Health Care*, vol. 13, 2004, p. 472.

536 BERWICK D, FOX DM, ""Evaluating the Quality of Medical Care": Donabedian's Classic Article 50 Years Later", *The Milbank Quaterly*, vol. 94, no 2, 2016, p. 240.

537 Según la Real Academia Española la calidad se define como: "*propiedad o conjunto de propiedades inherentes a algo que permiten juzgar su valor*". Consultado el 11 de enero de 2020 en: https://dle.rae.es/calidad.

538 DEMING centra la definición de la calidad en función de las necesidades y expectativas del consumidor y no solo las actuales, sino también las futuras. Este aspecto aumenta la complejidad de la definición de la calidad. DEMING WE, GONZALBES BALLESTER M, MEDINA NICOLAU J, *Calidad, productividad y competitividad. La salida de la crisis,* Diaz de Santos, Madrid, 1989, pp. 132-133.

producción e ingeniería, d) basado en el usuario: relacionado con las necesidades y expectativas del cliente, e) basado en el valor: en relación con el coste y el precio[539].

Otros autores centraron sus estudios en tres componentes fundamentales como son el control, la mejora y la planificación de la calidad. Esta última está centrada en la definición de los clientes y la satisfacción de sus necesidades[540]. En definitiva, se define la calidad como la idoneidad para el uso de un producto.

En el caso de la atención sanitaria podemos distinguir, clásicamente, seis dimensiones según el IOM (varía según los diferentes autores): la seguridad, la efectividad, la atención centrada en el paciente, la accesibilidad, la eficiencia y la equidad[541]. La seguridad del paciente es la dimensión que actualmente cobra cada vez más preponderancia, junto con la atención centrada en el paciente.

Es complejo definir la calidad, sobre todo cuando comparamos la atención sanitaria en países con bajos, medios y altos ingresos. Esto no es más que un ejemplo de que la calidad de la atención sanitaria tiene más dimensiones que las anteriormente enunciadas. No es posible completar dichas dimensiones si no se hace hincapié en su conjunción con las normas sociales, las relaciones, los valores y la confianza de la comunidad y sociedad donde se presta la atención[542].

1.8.3. La Seguridad del Paciente hasta nuestros días

Así, la seguridad del paciente según la OMS se define como la reducción del riesgo de cualquier daño innecesario que pueda producirse en un paciente implementando las barreras necesarias para llegar a un mínimo aceptable, es decir, reducir el daño en la medida de lo posible.

En términos generales, muchos sectores productivos comenzaron a incorporar en su trabajo las metodologías necesarias para el control de la calidad[543]. Sin embargo, tienen que pasar casi 50 años para que dentro del campo de la medicina se

[539] GARVIN DA, *Managing Quality, The Strategic and Competitive Edge,* The Free Press A Division Macmillan, New York, 1988, pp. 40-46.

[540] BEST M, NEUHAUSER D, "Joseph Juran: overcomming resistance to organisational change", *Quality Safety Health Care*, vol. 15, 2006, p. 382.

[541] Institute of Medicine: Crossing the Quality Chasm. A New Health System for the 21st Century. National Academy Press, Washington, 2001. Consultado el 11 de enero de 2020 en: https://www.ncbi.nlm.nih.gov/books/NBK222274/pdf/Bookshelf_NBK222274.pdf

[542] HANEFELD J, POWELL-JACKSON T, BALABANOVA D, "Understanding and measuring quality of care: dealing with complexity", *Bulletin of the World Health Organization,* vol. 95, no 5, 2017, p. 371.

[543] Uno de los mayores pioneros en el campo de la calidad en este momento de la historia fue W. E. Deming (Iowa, 1914). A través de su trabajo, Deming aportó una filosofía de calidad desgranando los elementos fundamentales para la mejora de la calidad y añadiendo a estos el liderazgo, el aprendizaje organizacional, la cooperación y el pensamiento sistémico como elementos críticos del mensaje de su mensaje. BEST M, NEUHAUSER D, "W Edwards

comenzase a alertar sobre los daños asociados a la asistencia sanitaria. Un ejemplo fueron algunos estudios publicados que hablaban sobre los riesgos de la anestesia y la necesidad de poner en práctica sistemas de evaluación de la metodología empleada en el acto anestésico, con el fin de evitar las muertes asociadas a la técnica anestésica[544]. En este estudio se analizaron 599.548 procesos anestésicos en 10 instituciones de EE.UU. entre 1948 y 1952. En él se encontró que las muertes se producen en uno por cada 1.560 procesos anestésicos, por encima de lo que la bibliografía de ese momento reflejaba.

Otro ejemplo sobre los peligros de la asistencia sanitaria se muestra en el estudio en pacientes hospitalizados llevado a cabo en 1964 por un gastroenterólogo de la Universidad de Yale llamado E. M. Schimmel. En una investigación durante ocho meses de las admisiones en un hospital concluyó que un 20% de las personas de riesgo sufrieron uno o más episodios de complicaciones médicas dentro del hospital[545].

El *Havard Medical Practice Study* fue uno de los más importantes dentro de nuestro ámbito de investigación. Este analiza la incidencia de eventos adversos y negligencias en 30.000 pacientes hospitalizados en el estado de Nueva York en 1984. Los resultados de este estudio empezaron a arrojar más luz sobre los problemas derivados de la atención sanitaria. Se estimó que el 3,7% de las hospitalizaciones provocaron eventos adversos. De estos, el 27,6% se produjeron por una negligencia, es decir, el 1% del total[546]. En este estudio se observó que en los 98.609 eventos adversos encontrados se produjeron 13.451 muertes, en 2.550 personas se encontró una discapacidad total permanente, en 13.521 personas se halló una discapacidad moderada y en 56.042 personas se obtuvo una discapacidad mínima con recuperación completa. De todas las muertes, 6.895 se consideraron como resultado de una negligencia. Una puntualización importante que realiza este estudio es que no todos los eventos adversos y errores se producen como resultado de una negligencia. Por tanto, separa claramente el concepto de negligencia del de error o evento adverso.

A finales del siglo XX se publica el informe más conocido y relevante: *To Error is Human: building a safer health system*[547]. Este es considerado como punto de parti-

---

Deming: father of quality management, patient and composer", *BMJ Quality & Safety*, vol. 14, 2005, pp. 310-311.

544 BEECHER HK, TODD DP, "A study of the deaths associated with anesthesia and surgery", *Annals of Surgery*, vol. 140, no 1, 1954, p. 27.

545 SCHIMMEL EM, "The hazards of hospitalization*", *Quality and Safety in Healthcare*, vol. 12, no 1, 2003, p. 59. * This is a reprint of a paper that appeared in *Annals of Internal Medicine*, 1964, vol. 60, pp. 100-110.

546 BRENNAN TA, LEAPE LL, LAIRD NM, HEBERT L, LOCALIO A R, LAWTHERS AG, NEWHOUSE JP, WEILER PC, HIATT HH, "Incidence of adverse events and negligence in hospitalized patients", *The New England of Medicine*, vol. 324, no 6, 1991, pp. 370-373.

547 INSTITUTE OF MEDICINE, *To err is human, Bulding a Safer Health System*, National Academic Press, Washington, D.C., 1999.

da para que la seguridad del paciente fuese entendida como un elemento crucial en la asistencia sanitaria. Un dato trascendental de este informe es que los expertos estimaron que en EE.UU. se producían 98.000 muertes de personas en un año por los errores médicos, por encima de los accidentes automovilísticos, el cáncer de mama o el SIDA (Síndrome de Inmunodeficiencia Adquirida). De este modo se propuso al Congreso, como posible solución, la creación de un Centro para la Seguridad del Paciente. El objetivo principal del centro sería dar visibilidad al problema de la seguridad del paciente.

Observamos cómo a partir de finales del siglo XX y principio del XXI es cuando empieza a materializarse por parte algunos países desarrollados[548] su preocupación e interés por conocer la incidencia de los errores médicos. De modo que comienzan a investigarse más profundamente todos aquellos aspectos relacionados con el error y los eventos adversos en medicina, los cuales analizaremos más adelante.

Mundialmente, a nivel político, se manifiesta que la incidencia de eventos adversos supone un motivo de sufrimiento de los pacientes. Así mismo, pone en peligro la calidad de la atención de la asistencia sanitaria y como resultado se añaden costos innecesarios y costos de oportunidad. La OMS publicó un informe sobre los eventos adversos en la práctica clínica en 2001. En él se hace referencia a cómo la atención sanitaria proporciona un beneficio, pero también puede provocar daño[549]. Posteriormente, en la 55ª Asamblea Mundial de la Salud se instó a los Estados miembros a prestar la mayor atención posible al problema de la seguridad del paciente y a que establecieran los mecanismos necesarios para mejorar la seguridad del paciente y la calidad de la atención sanitaria[550].

De especial interés es la resolución de la 57ª Asamblea Mundial de la Salud en el 2004 donde se propone crear la Alianza Mundial para la Seguridad del Paciente. Los objetivos fundamentales eran coordinar, difundir y promover todas aquellas áreas de mejora necesarias para implementar la seguridad del paciente en todo el mundo. Uno de los primeros pasos dados fue la definición de la seguridad del paciente: *"es la ausencia de daño prevenible al paciente durante el proceso de atención a la salud"*[551]. Cabe destacar también el lema que escogieron: "*Ante todo, no hacer*

---

548 Un ejemplo de ello fue Reino Unido: cabe destacar un estudio realizado en dos hospitales del área de Londres donde se analizaron 104 registros médicos y de enfermería en los que se encontraron una tasa de 11,7% de eventos adversos. VINCENT C, NEALE G, WOLOSHYNOWYCH M, "Adverse events in British hospitals: preliminary retrospective record review", *British Medical Journal*, vol. 322, 2001, p. 517.

549 Consultado el 11 de enero de 2020 en: https://apps.who.int/iris/bitstream/handle/10665/81600/seb1099.pdf?sequence=1&isAllowed=y

550 Consultado el 12 de septiembre de 2019 en: https://apps.who.int/iris/bitstream/handle/10665/258955/WHA55-2002-REC-1-spa.pdf;jsessionid=A7C013DAFA9F9C53231F5FEC66A5E2DD?sequence=1. P. 24.

551 Consultado el 15 de septiembre de 2019 en: https://www.who.int/patientsafety/worldalliance/en/

daño", siendo los puntos de acción principales: los retos globales[552], los pacientes por su propia seguridad, la taxonomía, la investigación y las soluciones para la seguridad del paciente[553].

A nivel europeo, hubo una importante iniciativa que partió del Consejo de Europa en el año 2005. Nos referimos a la presentación de la declaración de Varsovia sobre seguridad del paciente. En ella se aconseja a los países miembros el desarrollo de una cultura de seguridad, el establecimiento de sistemas de información para el aprendizaje y apoyo de decisiones y, por último, la implicación de pacientes y familiares[554].

Al mismo tiempo, tras la conferencia denominada *European Commision DG Health and Consumer Protection*, la Comisión Europea y la Dirección General de Salud y Protección del Consumidor redactaron la denominada declaración de Luxemburgo: "*Patient security: making it Happen*". En esta se reconoce como "*derecho humano fundamental el acceso de la asistencia sanitaria y el derecho de los pacientes a esperar que se haga todo lo posible para garantizar su seguridad como usuarios de todos los servicios*"[555].

El Consejo de Europa emite en el año 2006 la Recomendación (Rec 2006) sobre el manejo de la seguridad del paciente y prevención de eventos adversos en la atención médica. Se reconoce que, aunque los errores son intrínsecos a cualquier actividad humana, es posible aprender de ellos y evitar que ocurran. De hecho, insta a los estados miembros a desarrollar una política de seguridad del paciente, también al desarrollo de un sistema de notificación de incidentes y de programas educativos y, por último, a promover la investigación[556].

En el año 2006 se realiza una "Declaración de los profesionales por la seguridad del paciente" en España, en la que numerosas sociedades científicas españolas apo-

---

[552] Los retos mundiales para la seguridad del paciente son inciativas que tratan de promover y mejorar prácticas seguras en ámbito sanitario. El primer reto fue: "Una atención limpia es una atención más segura". Consultado el 15 de septiembre de 2019 en: https://www.who.int/patientsafety/information_centre/GPSC_Launch_sp.pdf. El segundo reto fue: "la cirugía segura salva vidas". Consultado el 15 de septiebre de 2019 en: https://apps.who.int/iris/bitstream/handle/10665/70084/WHO_IER_PSP_2008.07_spa.pdf?sequence=1&isAllowed=y. El tercer reto es el que está vigente actualmente: "medicación sin daños". Consultado el 15 de septiembre de 2019 en: https://www.who.int/bulletin/volumes/95/8/17-198002/es/

[553] Consultado el 15 de septiembre de 2019 en: https://www.who.int/mediacentre/news/releases/2004/pr74/es/

[554] Consejo de Europa. La seguridad del Paciente: Un Reto Europeo. Varsovia, 13-15 Abril 2005. Consultado el 16 de septiembre de 2019 en: https://search.coe.int/cm/Pages/result_details.aspx?ObjectID=09000016805ae8b5. La recomendación del Consejo de Europa sobre seguridad del paciente realizada en 2005 recoge una política global sobre este tema, haciendo especial hincapié en la colaboración internacional.

[555] Consultado el 16 de septiembre de 2019 en: https://ec.europa.eu/health/ph_overview/Documents/ev_20050405_rd01_en.pdf

[556] Consultado el 11 de enero de 2020 en: https://search.coe.int/cm/Pages/result_details.aspx?ObjectID=09000016805ae8b5

yan la "Inclusión de la seguridad del paciente como elemento clave de su actuación" y acuerdan adherirse a las recomendaciones de la OMS, OPS[557] y el Comité Europeo de Sanidad del Consejo de Europa[558].

Volviendo a las iniciativas internacionales, y sin ánimo de realizar un recorrido de todas y cada una de las acciones y recomendaciones llevadas a cabo por la Asamblea Mundial de la Salud, nos parece necesario conocer en qué punto se encuentran los objetivos sobre esta materia a nivel mundial. Nótese que han pasado 18 años desde la primera asamblea, pues bien, la 72ª asamblea llevada a cabo en 2019 afirma con rotundidad que se pierden cada año 64 millones de años de vida ajustados en función de la discapacidad, debido a una atención poco segura. Es decir, queda mucho por hacer. La asamblea enfatiza que es preciso dar un nuevo impulso a las medidas mundiales. Este se materializa en una serie de recomendaciones que será preciso poner en marcha en los próximos años[559]. La última asamblea celebrada en mayo de 2022 se ha centrado en la Pandemia Covid-19 y en la preparación para las próximas emergencias sanitarias[560].

En cuanto a las acciones impulsadas en España, el Ministerio de Sanidad y Consumo desarrolló a partir del año 2005 la Estrategia de Seguridad del Paciente del Sistema Nacional de Salud, en colaboración con las Comunidades Autónomas y en sintonía con la Alianza Mundial para la Seguridad del Paciente, a la cual se unió. De esta forma, la seguridad el paciente ha sido parte de la estrategia número ocho del Plan de Calidad del Sistema Nacional de Salud[561]. Este ha colaborado activamente con todas las Comunidades Autónomas, de las que han nacido numerosas prácticas seguras que han contribuido a la mejora en la cultura de la seguridad del paciente.

2. EPIDEMIOLOGÍA DEL ERROR EN LA ASISTENCIA SANITARIA

2.1. INTRODUCCIÓN

Debemos resaltar que la asistencia sanitaria tiene una característica muy definitoria: la enorme cantidad de actores que durante la prestación de la asistencia sanitaria contribuyen a que se pueda producir un error. Por ello, resulta muy complejo que ac-

---

557 Organización Panamericana de la Salud.

558 Consultado el 28 de diciembre de 2019 en: https://www.seguridaddelpaciente.es/resources/contenidos/castellano/2006/Declaracion_Profesionales_SP.pdf

559 Consultado el 15 de septiembre de 2019 en: http://apps.who.int/gb/ebwha/pdf_files/WHA72/A72_26-sp.pdf

560 Consultado el 19 de agosto de 2022 en: https://www.who.int/about/governance/world-health-assembly/seventy-fifth-world-health-assembly

561 Consultado el 14 de enero de 2020 en: https://www.mscbs.gob.es/organizacion/sns/planCalidadSNS/ec_pnc03.htm

ciones individuales mejoren la probabilidad de que no se produzca un error. Lo idóneo es que los individuos y las organizaciones se coordinen para conseguir mejorar la asistencia[562]. Esta es una de las principales razones por la que la seguridad del paciente es un área en la que existe un enorme margen de mejora.

2.2. CONCEPTOS FUNDAMENTALES: EL ERROR, EL EVENTO ADVERSO Y EL EVENTO ADVERSO NEGLIGENTE

Es un hecho que el error, en cualquier tipo de profesión o actividad, está unido a la propia condición humana y la asistencia sanitaria no es una excepción. Es lógico pensar que en la práctica de la medicina también se producen errores. Sin embargo, esto no debe impedir que tratemos de disminuirlos y evitarlos, dadas las consecuencias tan negativas de algunos de ellos. El problema de los errores en la medicina ha adquirido unas dimensiones muy importantes, de tal forma que algunos autores han estimado que aproximadamente son la tercera causa de muerte en EE.UU..

J. Reason fue un conocido experto en el estudio del error humano[563]. Él afirmó, a finales del siglo XX, que los entornos de trabajo complejos como los sanitarios tienen sistemas de protección. Para ilustrarlo utilizó el famoso modelo del "queso suizo" en el que "las lonchas de queso suizo" representan las barreras de protección. Sin embargo, a pesar de estas barreras se encuentran fallas dentro de cada capa: son los denominados "agujeros en las lonchas de queso". Cuando las barreras o los sistemas de protección fallan, el error se produce y en ocasiones, llega al paciente (Figura 10)[564].

Figura 10. El modelo de queso suizo sobre cómo las defensas, barreras y salvaguardas pueden ser penetradas por una trayectoria de un accidente

562 DIXON-WOODS M, PRONOVOST P, "Patient safety and the problem of many hands", *British Medical Journal Quality & Safety*, vol. 25, no 7, 2016, pp. 485-486.

563 J. Reason nació en 1938 y fue profesor de Psicología de 1977 a 2001 en la Universidad de Manchester. Sus principales contribuciones son en el campo de la investigación del error y la seguridad en diferentes industrias, incluso en la asistencia sanitaria. REASON J, "James Reason: Patient Safety, Human Error, and Swiss Cheese. Interview by Karolina Peltomaa and Duncan Neuhauser", *Quality Manage Health Care*, vol. 21, no 1, 2012, pp. 59-60.

564 REASON J, "Human error: models and manegement", *British Medical of Journal*, vol. 320, 2000, p. 769.

Según J. Reason, los errores se pueden clasificar en dos categorías: a) el error de ejecución: es el fracaso de una secuencia planificada de actividades mentales y físicas para lograr el efecto deseado, siempre que este fracaso pueda atribuirse a factores aleatorios; b) el error de planificación: la implementación de un plan incorrecto para lograr el efecto deseado[565]. Como podemos observar, por un lado, el autor no hace referencia al resultado del error ni a los errores de omisión que sí son tomados en cuenta por otros autores[566]. Por otro lado, el enfoque que se lleva a cabo una vez que se produce el error es muy importante. Se distinguen, normalmente, dos actitudes: la centrada en la persona y la centrada en el sistema. En este último caso es donde la mayor parte de los autores hacen hincapié, puesto que se piensa que los errores no están relacionados con una única persona o acción, sino que lo que ocurre cuando se produce un error es un fallo de todo el sistema. Por consiguiente, aquellas organizaciones que hacen mayores esfuerzos en evitar o reducir los fallos poniendo barreras son en las existe una elevada confianza. Como resultado se producen menos accidentes porque se anticipan al error[567].

El análisis del error es complejo porque las definiciones de error son numerosas. Bajo nuestra perspectiva, una de las definiciones más completa es la siguiente: "el error médico es una acción u omisión a lo largo del diseño y la ejecución de un proceso de provisión de atención médica que causa o puede causar un resultado no deseado"[568]. Esta definición diferencia entre error médico y su resultado, lo cual es fundamental y muchas veces genera bastante confusión.

Para aclarar los conceptos clave relacionados con el error, la OMS desarrolló el Marco Conceptual de la Clasificación Internacional para la Seguridad del Paciente (Tabla 1)[569].

Evento	*algo que le ocurre a un paciente o le atañe*
Incidente	*es un evento o circunstancia que podría haber ocasionado u ocasionó un daño innecesario a un paciente*
Error	*es el hecho de no llevar a cabo una acción prevista según se pretendía o de aplicar un plan incorrecto. Los errores pueden manifestarse al hacer algo erróneo (error de comisión) o al no hacer lo correcto (error por omisión), ya sea en la fase de planificación o en la de ejecución*

565 REASON J, *Human Error*, Cambridge University Press, New York, 1990, p. 53.

566 LEAPE LL, "Error in medicine", *Journal of the American Medical Association*, vol. 272, no 23, 1994, pp. 1851-1857.

567 REASON J, "Human error: models and management", *Western Journal of Medicine,* vol. 320, 2000, p. 395.

568 GROBER ED, BOHNEN JMA, "Defining medical error", *Canadian Journal of Surgery*, vol. 48, no 1, 2005, pp. 42-43.

569 Consultado el 24 de mayo de 2021 en: https://www.who.int/patientsafety/implementation/icps/icps_full_report_es.pdf

Infracción	*es un desvío deliberado de las normas, reglas o procedimientos operativos*
Riesgo	*es la probabilidad de que se produzca un incidente*
Circunstancia notificable	*es una situación con gran capacidad de causar daños, pero en la que no se produce ningún incidente*
Cuasiincidente	*es un incidente que no alcanza al paciente*
Incidente sin daños	*incidente que alcanza el paciente pero no causa ningún daño apreciable*
Incidente con daños (evento adverso)	*incidente que produce daño a un paciente*
Reacción adversa	*daño imprevisto derivado de un acto justificado realizado durante la aplicación del procedimiento correcto en el contexto en que se produjo el evento*
Efecto secundario	*efecto conocido, distinto al deseado primordialmente, relacionado con las propiedades farmacológicas de un medicamento*

Tabla 1. Definición de conceptos clave (Elaboración propia)

De todo lo expuesto anteriormente se puede deducir que no todo error ni incidente tiene como consecuencia una responsabilidad por parte del médico. Para que exista responsabilidad debe producirse un incidente con daño (evento adverso) como resultado de un error negligente. Este se produce como resultado de la falta de un estándar de atención. Además, debe demostrarse una relación causal entre el error negligente y el daño. El médico que actúa conforme al estado de la ciencia en el momento en que se produce el error, no incurre en responsabilidad alguna. Recordemos que en la medicina curativa existe obligación de medios y no de resultado[570].

[570] El tribunal Supremo ha consolidado la doctrina de la obligación de medios y no de resultado en la medicina curativa. Cabe destacar la Sentencia del Tribunal Supremo, 83/1997, Sala 1ª, de 11 de febrero de 1997, (RJ/1997/940) FD4º: "*Resumidamente esta obligación de medios comprende: a) la utilización de cuantos medios conozca la ciencia médica de acuerdo con las circunstancias crónicas y tópicas en relación con el enfermo concreto. b) la información en cuanto sea posible, al paciente o, en su caso, familiares del mismo del diagnóstico, pronóstico, tratamiento y riesgos, muy especialmente en el supuesto de intervenciones quirúrgicas. Este deber de información en las enfermedades crónicas, con posibles recidivas o degeneraciones o evolutivas, se extiende a los*

De este modo, es preciso que diferenciemos claramente entre los eventos adversos negligentes y el mero error. Así, el evento adverso negligente se define como un subconjunto de eventos adversos[571] que son evitables y que cumplen los criterios legales para ser catalogados como negligentes[572].

2.3. PREVALENCIA Y MAGNITUD

Tras el estudio *To err is human* son numerosos los estudios que han enfocado su objetivo en analizar la frecuencia de los errores médicos. Sin embargo, la mayoría se han referido a la totalidad de los errores.

Desde un punto de vista de la seguridad del paciente, realmente los errores que son más útiles analizar son los prevenibles. En este sentido, una revisión sistemática concluye que uno de cada 20 pacientes están expuestos a daños prevenibles en la atención médica. Como resultado se produce en el 12% discapacidad permanente o muerte[573]. La revisión sistemática muestra una prevalencia del 6% en el daño prevenible y de un 12% para el daño total, es decir, el 50% de los daños son prevenibles. En cuanto a la frecuencia por tipo de error: el 25% corresponden a errores de medicación, el 24% a otros tratamientos, el 23% a los procedimientos quirúrgicos, el 16% a las infecciones en salud y el 16% a los errores de diagnóstico. La prevalencia más alta de daño prevenible tuvo lugar en cuidados intensivos en un 18% y la cirugía en un 10%. En este último caso, la prevalencia más baja se produjo en la especialidad de obstetricia, un 2%. Hemos de resaltar que la mayoría de los datos de esta revisión sistemática provienen de hospitales, lo que muestra un dato parcial, puesto que como es sabido por todos, la atención sanitaria va mucho más allá de la atención hospitalaria.

---

medios que comporta el control de la enfermedad y c) la continuidad del tratamiento hasta el alta y los riesgos de su abandono".

571 En un estudio realizado en el estado de New York en 1984 se analizaron 30.121 registros al azar (2.671.863 hospitalizaciones) de 51 hospitales no psiquiátricos. Se encontró un 3,7% de eventos adversos en las hospitalizaciones, mientras que la tasa de los eventos adversos relacionados con una negligencia fue del 1%, siendo este porcentaje mayor entre los ancianos. BRENNAN TA, LEAPE LL, LAIRD NM, HEBERT L, LOCALIO R, LAWTHERS AG, NEW HOUSE JP, WEILER PC, HIATT HH, "Incidence of Adverse Events and Negligence in Hospitalized Patients- Results of the Harvard Medical Practice Study I", *The New England Journal of Medicine,* vol. 324, no 6, 1991, p. 370.

572 GROBER ED, BOHNEN JMA, "Defining medical error", *Canadian Journal of Surgery*, vol. 48, no 1, 2005, p. 41.

573 Dicha revisión sistemática y metaanálisis de estudios registrados en Medline, PubMed, PsycINFO, Cinahly EMbase, WHOLIS, Google Scholar y SIGLE incluyó trabajos de enero del 2000 a enero de 2019. De los más de 7.000 trabajos se inluyen 70 estudios con 337.025 pacientes. PANAGIOTI M, KHAN K, KEERS RN, ABUZOUR A, PHIPPS D, KONTOPANTELIS E, BOWER P, CAMPBELL S, HANEEF R, AVERY AJ, ASHCROFT DM, "Prevalence, severity, and nature of preventable patient harm across medical care settings: systematic review and meta-analysis", *Britsh Medical Journal*, vol. 366, 2019, pp. 1-6.

Los determinantes socioeconómicos de los países influyen en la prevalencia de los errores, ya que los países con bajos y medios ingresos tienen un mayor número. Pese a que en estos países es menor el número de reportes de errores se considera que hasta dos tercios de los eventos adversos de la atención médica se producen en ellos[574].

La prevalencia de los errores, en general, es diferente en función de la edad del paciente, siendo mucho más frecuentes los errores en los pacientes ancianos y niños. En un estudio realizado para estimar la incidencia de los eventos adversos relacionados con edad en los ensayos clínicos se obtuvo que los niños y los pacientes mayores son más proclives a sufrir eventos adversos[575].

Según datos recientes de la OCDE, más de uno de cada 10 pacientes sufren daños debido a falta de seguridad. El resultado de estos errores supone más de tres millones de muertes al año. En los países en desarrollo mueren cuatro de cada 100 personas por una atención no segura. Actualmente, este daño se ha visto incrementado por la pandemia Covid-19, ya que se estima que entre un 12,5% y un 44% de casos se han adquirido dentro de un hospital y en un tercio de los casos en el personal sanitario[576].

Es preciso conocer la prevalencia de los errores también en el ámbito comunitario. En una investigación de cohorte multinacional se estudiaron los eventos adversos en la atención ambulatoria en países de América Latina. La prevalencia de los eventos adversos fue del 5,2% y se consideraron evitables un 44%. Dentro de todos los errores analizados, la mayor parte fueron errores de medicación, un 73,3%[577].

En España cabe destacar dos estudios: a) en el ámbito hospitalario, el estudio ENEAS (Estudio nacional sobre los efectos adversos ligados a la hospitalización); b) en atención primaria el estudio APEAS (Estudio sobre la seguridad de los pacientes en atención primaria).

En el estudio ENEAS, publicado en 2006, se analizan 24 hospitales de distinto tamaño, incluyendo los pacientes ingresados durante más de 24 horas. Se evaluaron 5.624 pacientes, encontrándose que la incidencia de eventos adversos relacionados con la asistencia sanitaria era de 9,3%[578]. En cuanto a la evitabilidad de estos even-

---

574 JHA AK, LARIZGOITIA I, AUDERA LOPEZ C, PRASOPA PLAISIER N, WATERS H, BATES DW, "The global burden unsafe medical care: analytic modelling of observational studies", *BMJ Quality Safety*, vol. 22, no 10, pp. 811-812.

575 LUO J, ELDREDGE C, CLISLER RA, "Population Analysis of Adverse Events in Different Age Groups Using Big Clinical Trials Data", *J MIR Medical Informatics*, vol. 4, no 4, 2016, p. 14.

576 SLAWORNISKI L, KLAZINGA N, The economics of Patient Safety. From analysis to action, OCDE, 2020, p. 6. Consultado el 25 de mayo de 2021 en: https://www.oecd.org/health/health-systems/Economics-of-Patient-Safety-October-2020.pdf

577 MONTSERRAT-CAPELLA D, SUÁREZ M, ORTIZ L, MIRA JJ, GAITÁN DUARTER H, REVEIZ L on behalf of the ABEAS Group, "Frecuency of ambulatory care adverse in Latin American countries: the AMBEAS/PAHO cohort study", *International Journal for Quality in Health Care*, vol. 27, no 1, 2015, pp. 52-56.

578 ARANAZ ANDRES JESÚS Mª, Estudio Nacional sobre los Efectos Adversos ligados a Hospitalización. ENEAS 2005. Madrid, 2006, Ministerio de Sanidad y Consumo, p. 5. Consultado

tos adversos se halló entre el 40 y el 65% de los casos. También se analizó en este estudio la naturaleza de los eventos adversos. Se observó que la causa más frecuente eran los problemas relacionados con la medicación en casi un 40% (Tabla 2)[579].

NATURALEZA DEL PROBLEMA	TOTAL (%)
Relacionados con la medicación	37.4
Infección relacionada con la asistencia	25.3
Relacionados con un procedimiento	25.0
Relacionados con los cuidados	7.6
Relacionados con el diagnóstico	2.7
Otros	1.8

Tabla 2. Resumen sobre la naturaleza de los eventos adversos en el estudio ENEAS (Elaboración propia)

El motivo, en segundo lugar por orden de frecuencia, fue el problema relativo a la infección relacionada con la asistencia, un 25,3%. En nuestra opinión, una de las cuestiones más relevantes de este estudio fue que se puso de manifiesto la existencia en España de una incidencia similar a otros estudios llevados a cabo en Canadá y Nueva Zelanda con metodologías similares. De la misma manera se puso énfasis en la vulnerabilidad del paciente y se constató la necesidad de que la seguridad el paciente fuera una prioridad de salud pública en Europa[580]. Otro de los aspectos importantes que puso de relieve el estudio ENEAS fue que el resultado de muerte tras un

el 12 de septiembre de 2019 en: https://www.seguridaddelpaciente.es/resources/contenidos/castellano/2006/ENEAS.pdf

[579] ARANAZ ANDRES JESÚS Mª, Estudio Nacional sobre los Efectos Adversos ligados a Hopsitalización. ENEAS 2005. Madrid, 2006, Ministerio de Sanidad y Consumo, p. 5. Consultado el 12 de septiembre de 2019 en: https://www.seguridaddelpaciente.es/resources/contenidos/castellano/2006/ENEAS.pdf

[580] ARANAZ ANDRÉS JM, AIBAR REMÓN C, VITALLER MURILLO J, RUIZ LÓPEZ P, LIMÓN RAMÍREZ R, TEROL GARCÍA E, ENEAS work group, "Incidence of adverse events related to health care in Spain: results of the Spanish National Study of Adverse Events", *Journal Epidemiology Community Health*, vol. 62 , no 12, 2008, p. 1022.

evento adverso fue de un 4,4%, un dato considerablemente inferior a la que tuvieron en seis estudios importantes a nivel internacional[581].

En cuanto a la Atención Primaria, el estudio APEAS[582] mostró datos muy interesantes. El estudio se realizó en 48 centros de salud. Se encontró una prevalencia de eventos adversos de 10,11 por cada mil pacientes, siendo en más del 70% de los casos evitables. Únicamente en un 6,7% de los casos se consideró que no hubiera sido posible evitar el evento adverso (Tabla 3). En relación a la naturaleza de los eventos adversos, los más frecuentes estaban relacionados con la medicación, en un 47,8%, al igual que en el estudio realizado en los hospitales. Sin embargo, las infecciones en este caso supusieron el 8,4% de los casos. En segundo lugar, se encontró como motivo la evolución de la enfermedad de base en un 19,9% de los casos (Tabla 4). En cuanto a la gravedad de los eventos adversos, un 55% fueron leves, un 38% moderados y un 7% graves.

EVITABILIDAD DE LOS EVENTOS ADVERSOS	N	%
Ausencia de evidencia de evitavilidad	74	6,7
Mínima probabilidad de evitabilidad	68	6,1
Ligera probabilidad de evitabilidad	188	17
Moderada probabilidad de evitabilidad	268	24,2
Elevada probabilidad de evitabilidad	333	30,1
Total probabilidad de evitabilidad	177	16
TOTAL	1108	100

Tabla 3. Evitabilidad de los eventos adversos (Elaboración propia)

[581] ARANAZ ANDRÉS J, AIBAR REMÓN C, VITALLER BURILLO J, REQUENA PUCHE J, TEROL GARCIA E, GEA VELÁZQUEZ DE CASTRO MT, AND THE ENEAS WORK GROUP, "Impact and preventability of adverse events in Spanish public hospitals: results of the Spanish National Study of Adverse Events (ENEAS)", *International Journal for Quality in Health Care*, vol. 21, no 6, 2009, pp. 408-412.

[582] Estudio APEAS. Estudio sobre la seguridad de los pacientes en atención primaria de salud. Madrid: Ministerio de Sanidad y Consumo; 2008. P. 12. Consultado el 12 de septiembre de 2019 en: https://www.seguridaddelpaciente.es/resources/contenidos/castellano/2008/APEAS.pdf

TIPOS DE EVENTOS ADVERSOS	N	%
Relacionados con la medicación	530	47,8
Peor curso evolutivo de enfermedad de base	221	19,9
Relacionados con un procedimiento	118	10,6
Relacionados con infección	93	8,4
Otros	74	6,7
Relacionados con los cuidados	72	6,5
TOTAL	1108	100

Tabla 4. Tipos de eventos adversos (Elaboración propia)

También cabe destacar el estudio IBEAS (Prevalencia de efectos adversos en hospitales de Latinoamérica) sobre la seguridad hospitalaria en Latinoamérica realizado en 2007. Se incluyeron cinco países que fueron Argentina, Colombia, Costa Rica, México y Perú. Este estudio tiene algunas diferencias con respecto a los estudios llevados a cabo en España. Es debido a que se realizó mediante encuesta a 11.379 pacientes hospitalizados. El objetivo pretendía medir la prevalencia puntual de eventos adversos de los pacientes en el momento de su hospitalización (participaron 58 hospitales). Se obtuvo una prevalencia global de pacientes con algún evento adverso de un 10,5%. De ellos, un 13,27% estaban relacionados con los cuidados, un 8,23% con la medicación, un 37,14% con la infección nosocomial, un 28,69% con algún procedimiento y un 6,15% con el diagnóstico. Se consideró que en casi un 60% de los casos los eventos adversos eran prevenibles[583].

2.4. CAUSAS Y FACTORES CONTRIBUYENTES

Si retomamos al autor Reason, en relación a las causas de los errores en la asistencia sanitaria, propone como factores los relacionados con el propio sistema y las conductas humanas. La tendencia en las últimas décadas en la seguridad del paciente es que el origen de los errores es multifactorial y por tanto el enfoque debe de ser sisté-

[583] ARANAZ ANDRÉS JM, AIBAR REMÓN C, LIMÓN RAMÍREZ R, AMARILLA A, RESTREPO FR, URROZ O, SARABIA O, GARCIA CORCUERA LV, TEROL GARCÍA E, AGRA VARELA Y, GONSETH GARCÍA J, BATES DW, LARIZGOITIA I", Prevalence of adverse events in the hospitals of five Latin American countries: results of the "Iberoamerican study of adverse events" (IBEAS)", *BMJ Quality Safety*, vol. 20, no 12, 2011, pp. 1046-1047.

mico. Este modelo fue ampliado y se desarrolló el conocimiento de una serie de factores que contribuyen al error y a las condiciones latentes[584]. Algunos autores, como Vincent, proponen una serie de factores contribuyentes (Figura 11)[585].

Table 1. Framework of Factors Influencing Clinical Practice and Contributing to Adverse Events.*

Framework	Contributory Factors	Examples of Problems That Contribute to Errors
Institutional	Regulatory context Medicolegal environment	Insufficient priority given by regulators to safety issues; legal pressures against open discussion, preventing the opportunity to learn from adverse events
Organization and management	Financial resources and constraints Policy standards and goals Safety culture and priorities	Lack of awareness of safety issues on the part of senior management; policies leading to inadequate staffing levels
Work environment	Staffing levels and mix of skills Patterns in workload and shift Design, availability, and maintenance of equipment Administrative and managerial support	Heavy workloads, leading to fatigue; limited access to essential equipment; inadequate administrative support, leading to reduced time with patients
Team	Verbal communication Written communication Supervision and willingness to seek help Team leadership	Poor supervision of junior staff; poor communication among different professions; unwillingness of junior staff to seek assistance
Individual staff member	Knowledge and skills Motivation and attitude Physical and mental health	Lack of knowledge or experience; long-term fatigue and stress
Task	Availability and use of protocols Availability and accuracy of test results	Unavailability of test results or delay in obtaining them; lack of clear protocols and guidelines
Patient	Complexity and seriousness of condition Language and communication Personality and social factors	Distress; language barriers between patients and caregivers

* The framework is based on Vincent et al.[8]

Figura 11. Conjunto de factores que influyen en la práctica clínica y contribuyen a los eventos adversos

El análisis de estos factores, mediante ejemplos de cada uno de ellos, nos ayudará a comprender mejor la naturaleza de los eventos adversos y plantear medidas para disminuir su incidencia.

2.4.1. Contexto institucional

En este sentido y según la revisión realizada previamente, la seguridad del paciente es una prioridad en todos los países. No obstante, los legisladores y políticos tienen en sus manos la posibilidad de tomar decisiones que pueden afectar a la estrategia en materia de seguridad del paciente. Entre ellas, deben tomar la decisión sobre cual deber ser el modelo de atención sanitaria y su financiación, ya que

---

584 Las condiciones latentes son aquellas que existen en el sistema debidas a las decisiones tomadas a nivel estratégico y que pueden producir errores en el trabajo o bien pueden crear debilidades en el sistema de barrera. La ventaja es que estas condiciones latentes son más fáciles de identificar y de prever antes de que se produzca un evento adverso. REASON J, "Human error: models and management", *British Medical of Journal*, vol. 320, 2000, p. 769.

585 VINCENT C, "Understanding and Responding to Adverse Events", *The New England Journal of Medicine*, vol. 348, no 1, 2003, p. 1052.

afecta claramente a la seguridad del paciente. Por ejemplo, en Europa el 8,5% de los pacientes que se someten a cirugías mayores ingresan en cuidados intensivos, con una mortalidad de hasta el 20% en los pacientes ancianos de alto riesgo anestésico. Sin embargo, en EE.UU. el 61% ingresan con una mortalidad entre los de más riesgo de entre el 10-15%. Los buenos resultados de EE.UU. se consiguen a costa de un elevado gasto (los cuidados intensivos suponen un 4% de todos los gastos en asistencia sanitaria de EE.UU.)[586].

En cuanto a la facilidad para aprender de los eventos adversos, en España disponemos de un sistema de notificación de eventos adversos llamado SINASP (Sistema de Notificación y Aprendizaje para la Seguridad del Paciente)[587]. El objetivo fundamental es el aprendizaje, siendo sus características: la voluntariedad, la no punibilidad, la confidencialidad, la notificación anónima o nominativa con anonimización, la orientación sistémica y la capacidad de un análisis y aprendizaje para la implementación de medidas de mejora. Como analizaremos más adelante, los sistemas de notificación contribuyen a la mejora de la seguridad del paciente.

2.4.2. Organización y gestión

Un elemento fundamental en las organizaciones sanitarias es la cultura de seguridad que tiene que ver con la estrategia de la organización, la cual viene definida por sus equipos directivos. Es esencial que la seguridad del paciente esté dentro de los ejes estratégicos de la dirección de las organizaciones que habitualmente se refleja en sus valores[588]. La cultura de seguridad se define con *"la suma de valores, actitudes, percepciones, competencias y patrones de conducta individuales y grupales que determinan el estilo, la competencia y el compromiso de la gestión de la seguridad en una organización"*[589]. Esta definición contiene conceptos bastante amplios que, a menudo, se evalúan mediante diversos instrumentos capaces de medir las condiciones de la organización, es decir, miden cómo se hacen las cosas[590].

---

586 VINCENT C, AMALBERTI R, *Seguridad del Paciente. Estrategias para una asistencia sanitaria más segura,* Editorial Modus Laborandi, Madrid, 2016, pp. 158-159.

587 Consultado el 27 de enero de 2020 en: https://sinasp.es/

588 WEAVER SJ, LUBOMKSI LH, WILSON RF, PFOH ER, MARTINEZ KA, DY SM, "Promoting a Culture of Safety as a Patient Safety Strategy. A Systematic Review", *Annals of Internal Medicine*, vol. 158 (5 Pt 2), 2013, p. 370.

589 AGENCIA DE CALIDAD DEL SISTEMA NACIONAL DE SALUD, "Traducción, validación y adaptación del cuestionario MOSPS para medir la cultura de seguridad del paciente en Atención Primaria", Madrid, Ministerio de Sanidad y Política Social e Igualdad, 2011, p. 18. Consultado el 29 de enero de 2020 en: https://www.mscbs.gob.es/organizacion/sns/planCalidadSNS/docs/MOSPS.pdf

590 NIEVA VF, SORRA, "Safety culture assessment: a tool improving patient safety in healthcare organizations", *Quality and Safety in Health Care*, vol 12 (suppl 2), 2003, pp. ii17, ii23.

Cabe preguntarse cual es el nivel de cultura de seguridad en España. Para ello haremos referencia a dos análisis realizados por el Ministerio de Sanidad, uno sobre la cultura de seguridad en el ámbito hospitalario y el otro en atención primaria.

En cuanto al primero de ellos, se realizó mediante una encuesta a 6.257 profesionales de 24 hospitales. La respuesta fue una calificación de siete al clima de seguridad en una escala de cero a 10. Dicha percepción fue más positiva en los hospitales pequeños. Además, se advirtieron estrategias positivas para mejorar el clima de seguridad, entre ellas: el fomento de la notificación, tratar los temas de seguridad en equipo y la implicación de las direcciones de los centros[591].

En el caso de la medición de la cultura de seguridad en atención primaria, la respuesta de los profesionales al cuestionario sobre la percepción de seguridad en su lugar de trabajo, fue buena. Se obtuvieron puntuaciones más bajas en las cuestiones relacionadas con el ritmo y la carga de trabajo[592].

2.4.3. Condiciones de trabajo

Como se ha comentado anteriormente, uno de los factores conocidos y que influyen en la seguridad del paciente son las condiciones de trabajo. Es lógico comprender que la situación de estas condiciones influye de forma muy directa en la aparición o no de eventos adversos[593]. Anteriormente se objetivó que, tanto en los hospitales como en atención primaria, los profesionales mostraban la necesidad de tener menor carga de trabajo para evitar errores. En relación con la carga de trabajo y la dotación del personal, no existen muchos trabajos publicados al respecto. Sin embargo, es aceptado que la alta rotación y la falta de personal pueden influir negativamente en la seguridad del paciente[594].

---

591 AGENCIA DE CALIDAD DEL SISTEMA NACIONAL DE SALUD, "Análisis de la cultura de seguridad del paciente en el ámbito hospitalario del Sistema Nacional de Salud Español", Madrid, Ministerio de Sanidad y Política Social, 2009, p. 114. Consultado el 29 de enero de 2020 en: https://www.mscbs.gob.es/organizacion/sns/planCalidadSNS/docs/Analisis_cultura_SP_ambito_hospitalario.pdf

592 AGENCIA DE CALIDAD DEL SISTEMA NACIONAL DE SALUD, "Análisis de la cultura de seguridad del paciente de los profesionales de la Atención Primaria del Ssitema Nacional de Salud", Madrid, Ministerio de Sanidad y Política Social, 2014, p. 107. Consultado el 29 de enero de 2020 en: https://www.seguridaddelpaciente.es/resources/documentos/2014/ANALISIS%20DE%20LA%20CULTURA%20DE%20SEGURIDAD%20%20DEL%20PACIENTE%20EN%20ATENCI%C3%93N%20PRIMARIA.PDF

593 LUNDSTROM T, PUGLIESE G, BARTLEY J, COX J, GUITHER C, "Organizational and environmental factors that effect worker health and safety and patient outcomes", *American Journal of Infection Control*, vol. 30, no 2, 2002, pp. 103-104.

594 BEUZEKOM M, BOER F, AKERBOOM S, HUDSON P, "Patient safety: latent risk factors", *British Journal of Anaesthesia*, vol. 105, no 1, 2010, p. 54.

2.4.3. a) Trabajo en equipo

Uno de los exponentes más importantes de la asistencia sanitaria es la necesaria colaboración y trabajo en equipo entre los diferentes profesionales. Para lograr que se trabaje en equipo es preciso que los objetivos de todos los profesionales sean comunes. Es decir, la idea es trabajar todos en la misma dirección para lograr los mejores resultados en los pacientes. Los estudios muestran que mejorar el trabajo en equipo es fundamental para mejorar la seguridad del paciente y reducir los errores. En este sentido, una de las herramientas que se consideran idóneas es la simulación de situaciones de crisis. La finalidad es que los profesionales puedan entrenar determinadas situaciones complejas para estar mejor preparados ante un problema[595].

2.4.3. b) El Síndrome de Burnout de los profesionales: salud física y mental

El *Síndrome de Burnout,* o también conocido como síndrome de desgaste profesional, fue descrito en los años setenta. Existen varias definiciones, aunque una de las más conocidas es la de Maslach y Jackson. Esto es debido a que construyeron un cuestionario denominado Maslach Burnout Inventory (MBI) a partir del cual definieron el síndrome como altos niveles de agotamiento emocional, despersonalización y reducida realización personal en el trabajador[596]. Existe una enorme variabilidad en los estudios de prevalencia de *burnout* entre los médicos, en una revisión sistemática se observó que variaba entre el 0 y el 80,5%[597].

A menudo, este factor se asocia como uno de los factores contribuyentes al riesgo en la seguridad del paciente y al que se hace referencia, de forma habitual, cuando se producen errores en los pacientes. Existe un consenso generalizado sobre la necesidad de realizar más estudios para demostrar la relación entre este síndrome y la seguridad del paciente. Esta posible relación no está suficientemente demostrada debido a que existe una evidencia moderada de que las situaciones de estrés o agotamiento estén relacionadas con la calidad de la atención prestada[598]. En una revisión sistemá-

---

595 FREYTAG J, STROBEN F, HAUTZ WE, EISENMANN D, KÄMMER JE, "Improving patient safety through better teamwork: how effective are different methods of simulation debriefing? Protocol for a pragmatic, prospective and randomised study", *BMJ Open*, vol. 7, no 6, 2017, p. 1.

596 MASLACH C, JACKSON SE, "The measurement of experienced burnout", *Journal of Occupational Behaviour*, vol. 2.99, no 11, 1981, pp. 101-104.

597 ROTENSTEIN LS, TORRE M, MATA DA, "Prevalence of Burnout Among Physicians", *Journal of American Medical Association*, vol. 320, no 11, 2018, pp. 1131-1133.

598 En una revisión sistemática de las publicaciones entre 2002 y 2017 en seis bases de datos electrónicas se concluye que de las 4.114 citas solo 12 artículos pudieron ser incluidos en la revisión y dos de ellos calificaron la relación de agotamiento y calidad de la atención como de alto riesgo y en los otros 10 de riesgo moderado. DEWA CS, LOONG D, BONATO S, TROJANOWSKY L, "The relationship between physician burnout and quality of healthcare in terms of safety and acceptability: a systematic review", *British Medical Journal Open*, vol. 7, no 6, 2017, pp. 1, 14.

tica y metaanálisis se concluye que el *burnout* médico podría poner en peligro la seguridad del paciente. Dicha afirmación es más evidente en los profesionales médicos residentes y en los que están empezando su carrera profesional. En las conclusiones de la revisión mencionada se insta a las organizaciones a que se invierta en estrategias organizativas para mejorar el bienestar del médico, sobre todo en aquellos que comienzan su carrera profesional[599]. En otra revisión sistemática se obtiene que existe una asociación entre el *síndrome de burnout* y el empeoramiento de la seguridad del paciente. Dicho *burnout* se relaciona con altas cargas de trabajo, jornadas largas y las relaciones interpersonales[600].

En un reciente estudio mediante encuesta se ha observado que el agotamiento de los médicos repercute en un aumento de la utilización de práticas defensivas entre los médicos especialistas en obstetricia y ginecología del Reino Unido[601].

En lo que se refiere a España y los países latinoamericanos, un estudio analizó el nivel de *burnout* a 11.530 médicos residentes a través del cuestionario MBI. Se concluye que el agotamiento emocional fue la primera variable asociada a absentismo. La despersonalización se relacionó con la percepción de cometer errores[602].

2.4.4. Utilización de guías clínicas y protocolos

Hoy en día es indiscutible la importancia de la puesta en marcha de recomendaciones de seguridad del paciente a través de la medicina basada en la evidencia, lo cual se traduce en determinadas prácticas en la atención sanitaria reconocidas a nivel internacional[603]. Aún así, hemos de entender que la utilización de guías de práctica clínica y protocolos para mejorar la seguridad del paciente no es un catálogo infali-

599 PANAGIOTI M, GERAGHTY K, ESMAIL A, "Association Between Physician Burnout and Patient Safety, Profesionalism, and Patient Satisfaction", *Journal of American Medical Association Internal Medicine*, vol. 178, no 10, 2018, p. 1324.

600 LIMA GARCÍA C, ABREU LC, SOUZA RAMOS JL, DIBAI DE CASTRO CF, NEVES SMIDERLE FR, DOS SANTOS JA, PINHEIRO BEZERRA IM, "Influence of Burnout on Patient Safety: Systematic Review and Meta-Analysis", *Medicina*, vol. 55, no 9, 2019, pp. 9-11.

601 BOURNE T, SHAH H, FALCONIERI N, TIMMERMAN D, LEES C, WRIGHT A, LUMSDEN MA, REGAN L, VAN CLASTER B, "Burnout, well being and defensive medical practice among obstetricians and gynaecologists in the UK: cross-sectional survey study", *BMJ Open*, vol. 9, no 11, 2019, p. 8.

602 SUÑER SOLER R, GRAU MARTIN A, FLICHTENTREI D, PRATS M, BRAGA F, FONT MAYOLAS S, GRAS ME, "The consequences of burnout syndrome among healthcare professionals in Spain and Spanish speaking Latin American countries", *Burnout Resarch*, vol. 1, no 2, 2014, pp. 87-88.

603 SUNOL R, WAGNER C, ARAH OA, SHAW CD, KRISTENSEN S, THOMPSON CA, DERSARKISSIAN M, BARTELS PD, PFAFF H, SECANELL ,M MORA N, VLCEK F, KUTAJ-WASIKOWSKA H, KUTRYBA B, MICHEL P, GROENE O, "Evidence-based organization and patient safety strategies in European hospitals", *International Journal of Quality in Health Care*, vol. 24 (Suppl. I), 2014, p. 48.

ble de buenas prácticas. Es preciso que exista una alternativa en la que se combine la mejor evidencia disponible con las experiencias de éxito en el ámbito de la salud[604].

2.4.5. La participación del paciente en su seguridad

La participación del paciente en la asistencia sanitaria y las tendencias a nivel internacional son cuestiones de enorme actualidad, otorgándose cada vez más un papel preponderante al paciente. Sin embargo, su participación todavía es bastante limitada debido a la presencia de algunos obstáculos. Una estrategia de mejora es ofrecer a los pacientes una mayor formación para ayudarles en la toma de decisiones sobre su salud, ya que es conocido desde hace tiempo que su implicación puede mejorar su propia seguridad. Un ejemplo sobre este aspecto es la contribución del paciente en la higiene de manos, una medida fundamental para disminuir las infecciones asociadas a la atención médica. Algunos estudios revelaron que los pacientes educados en el lavado de manos e instaron al personal a lavárselas motivó que los consumos de jabón aumentaran un 34%[605].

A pesar de la evidencia de la mejora de la seguridad que se produce cuando el paciente se incorpora a participar existen obstáculos, como hemos mencionado anteriormente, que hacen que la participación se limite. Algunos de estos aspectos que impiden su plena participación son: la falta de conocimientos sobre temas médicos, su propia enfermedad, la edad y el nivel socioeconómico[606]. También influyen en la participación de los pacientes otros factores: sus propias creencias, las experiencias previas, la interacción con los profesionales de la salud, el tipo de atención médica y el tipo de acciones requeridas para comprometerse con su seguridad[607].

Una forma de participación del paciente es que, cuando se produce un error, puede añadir información relevante con respecto a aquellos factores que pudieron contribuir a que se produjera el error. No obstante, existen escasos estudios que analicen su participación[608]. Otras formas de participación son: comprobar que las dosis

---

[604] LEAPE LL, BERWICK DM, BATES DW, "What Practices Will Most Improve Safety? Evidence-Based Medicine Meets Patient Safety", *Journal of American Medical Association*, vol. 288, no 4, 2002, pp. 506-507.

[605] McGUCKIN M, WARERMAN R, PORTEN L, BELLO S, CARUSO M, JUZAITIS B, KRUG E, MAZER S, OSTRAWSKI, "Patient education model for increasing handwashing compliance", *American Journal of Disease Control*, vol. 27, 1999, p. 311.

[606] LONGTIN Y, SAX H, LEAPE LL, SHERIDAN SE, DONALDSON L, PITTET D, "Patient Participation: Current Knowledge and Applicability to Patient Safety", *Mayo Clinics Proccedures*, vol. 85, no 1, 2010, pp. 54-55.

[607] DAVIS RE, JACKLIN R, SEVDALIS N, VINCENT CA, "Patient involvement in patient safety: what factors influence patient participation and engagement?", *Health Expectations*, vol. 10, 2007, pp. 260-261.

[608] BUSCH IM, SAXENA A, WE AW, "Putting the Patient in Patient Safety Investigations: Barriers and Strategies for Involment", *Journal of Patient Safety*, vol. 17, no 5, 2021, pp. 358-359.

de fármacos que reciben es la correcta, estar bien informados sobre las intervenciones quirúrgicas, informar si se produce un evento adverso, participar en la higiene de manos y asegurarse de que le han identificado correctamente antes de un tratamiento[609].

Las políticas a nivel internacional están alineadas con la idea de involucrar cada vez más al paciente en su propia salud y seguridad, lo que incluye la toma de decisiones. A este respecto, el Ministerio de Sanidad, Servicios Sociales e igualdad incluyó en la Estrategia de Seguridad del Paciente del Sistema Nacional de Salud 2015-2020 la "Participación de los pacientes y ciudadanos por su Seguridad". Se constituyó como una línea estratégica dentro de las políticas del Sistema Nacional de Salud para impulsar la participación de los ciudadanos y sus cuidadores en su seguridad dentro del ámbito asistencial[610].

2.5. TIPOS DE ERRORES MÉDICOS

2.5.1. Introducción

Hasta ahora hemos analizado diversos aspectos relacionados con el error en medicina. Sin embargo, una de las más cuestiones más relevante es conocer los tipos de error más frecuentes en la atención sanitaria, ya que nos permitirá poner barreras para evitarlo. De esta manera, es posible proteger la seguridad de los pacientes, prevenir errores y, a su vez, proporcionar al profesional un entorno más seguro y favorable para desarrollar su trabajo.

Según la OMS, los errores que producen más carga de daño en todo el mundo son los siguientes: a) los relacionados con la medicación, b) las infecciones asociadas con la asistencia sanitaria (nosocomiales), c) los procesos quirúrgicos, d) las inyecciones no seguras relacionadas con la transmisión de HIV (Virus de la Inmunodeficiencia Humana) , VHB (Virus de la Hepatitis b) y VHC (Virus de la Hepatitis C), e) los errores diagnósticos, f) las transfusiones inseguras, g) los errores de radiación, h) el infradiagnóstico de sepsis, i) el tromboembolismo venoso[611].

La frecuencia de los errores y su íntima relación con los comportamientos defensivos se ha investigado en diversos ámbitos. En este sentido, en una revisión sistemática de la literatura dedicada a la epidemiología de las demandas por negligencia en

---

609 WHO, Exploring patient participation in reducing health-care-related safety risks, WHO Regional Office for Europe, Demmark, 2013, p. 142. Consultado el 30 de mayo de 2021 en: https://www.euro.who.int/__data/assets/pdf_file/0010/185779/e96814.pdf

610 Consultado el 3 de febrero de 2020 en: https://www.seguridaddelpaciente.es/resources/documentos/2015/Estrategia%20Seguridad%20del%20Paciente%202015-2020.pdf

611 Consultado el 8 de febrero de 2020 en: https://www.who.int/news-room/fact-sheets/detail/patient-safety

atención primaria se objetivó que la principal causa era el error diagnóstico. Este representó la mayoría de las reclamaciones seguido de los errores de medicación[612].

En otro estudio llevado a cabo en EE.UU. en el que se analizan 350.706 demandas por negligencia entre 1986-2010 se concluye que los errores de diagnóstico son los más frecuentes, el 28,6%. Estos también fueron los que representaron el mayor porcentaje de pagos, un 35,2% y los que más relacionados estaban con la muerte como resultado de daño al paciente[613]. En el mismo estudio se objetiva que tras los errores diagnósticos, por orden de frecuencia, están los errores en la cirugía, los de tratamiento, los obstétricos, los de medicación y otros (Figura 12)[614].

Table 3 Attributable fraction of severe outcomes by malpractice allegation group (1986*–2010)

Malpractice allegation group	Attributable fraction of disability (%)	Attributable fraction of death (%)	Attributable fraction of disability or death (%)
Diagnosis related	33.8	39.3	36.5
Surgery related	21.5	11.3	16.4
Treatment related	18.3	24.3	21.3
Obstetrics related	14.7	5.5	10.1
Medication related	3.6	7.1	5.4
Other (all categories with <5% of total each)	8.2	12.5	10.3
Total	100	100	100

*Data on severity of injury are available in the NPDB only for claims filed after 31 January 2004. This table does not include claims filed before 2004, so claims paid during the 1980s and 1990s are under-represented in these analyses.
NPDB, National Practitioner Data Bank.

Figura 12. Motivos de demandas por negligencia y pagos realizados

En un estudio se analizan las sentencias en España durante el periodo 2002-2012. Se observó que los errores médicos estaban involucrados en casi el 26% de las sentencias. Los tipos de errores más frecuentes fueron el diagnóstico, un 25,1% y los relacionados con las intervenciones quirúrgicas, un 22,2%. La especialidad más frecuente

612 WALLACE E, LOWRY J, SMITH SM, FAHEY T, "The epidemiology of malpractice claims in primary care: a systematic review", *British Medical Journal Open*, vol. 3, no 6, 2013, p. 6.

613 SABER TEHRANI AS, LEE H, MATHEWS SC, SHORE A, MAKARY MA, PRONOVOST PJ, NEWMAN-TOKER DE, "25-Year summary of US malpractice claims for diagnostic errors 1986-2010: an analysis from the National Practitioner Data Bank", *British Medical Journal Quality and Safety*, vol. 22, no 8, 2013, p. 672.

614 SABER TEHRANI AS, LEE H, MATHEWS SC, SHORE A, MAKARY MA, PRONOVOST PJ, NEWMAN-TOKER DE, "25-Year summary of US malpractice claims for diagnostic errors 1986-2010: an analysis from the National Practitioner Data Bank", *British Medical Journal Quality and Safety*, vol. 22, no 8, 2013, p. 674.

fue obstetricia y ginecología, un 21%. La mayoría de los errores fueron de alta gravedad, un 59,4% y causaron la muerte en un 32% de los casos[615].

Si nos centramos en algunas especialidades, según un estudio en EE.UU., la causa más frecuente de demandas contra los radiólogos es el error diagnóstico y, en concreto, la omisión de diagnóstico del cáncer de mama, seguido de fracturas no vertebrales y por último las fracturas vertebrales[616].

2.5.2. Los errores de diagnóstico

El error de diagnóstico, a pesar de ser el más frecuente, es el menos estudiado ya que no se mide de forma habitual. Esto complica a las organizaciones el diseño de mecanismos de mejora para disminuir su incidencia[617].

El error diagnóstico, que puede tener como consecuencia un daño prevenible al paciente, tiene su causa en un diagnóstico que no se produce, ya sea por retraso o por un diagnóstico incorrecto. En caso de que se produzca un daño puede ser debido a la falta de tratamiento de una enfermedad al errar en el diagnóstico o el tratamiento de alguna enfermedad que no existe o un retraso en el tratamiento[618].

Se ha descrito que el error diagnóstico puede producirse en varias etapas: a) el acceso y presentación, b) la historia clínica, c) el examen físico, d) las pruebas complementarias, e) la evaluación, f) la referencia y g) el seguimiento[619]. Si a esto unimos que en la mayoría de los procesos de la asistencia sanitaria existe una importante complejidad en el proceso diagnóstico, el resultado final queda condicionado. Es decir, realizar un diagnóstico correcto depende de numerosos factores. Por ello, vamos a distinguir, al menos, entre los errores de diagnóstico a nivel de atención primaria y hospitalaria.

Según un estudio realizado en EE.UU., los resultados muestran que aproximadamente existe una tasa de error diagnóstico en atención primaria de un 5,08% (12

---

615 GIRALDO P, SATO L, SALA M, COMAS M, DYWER K, CASTELLS X, "A restrospective review of medical error adjucated in court between 2002 and 2012 in Spain", *International Journal for Quality in Health Care*, vol. 28, no 1, 2016, p. 33.

616 WHANG JS, BAKER SR, PATEL R, LUK L, CASTRO A, "The Causes of Medical Malpractice Suits against Radiologists in the United States", *Radiology*, vol. 266, no 2, 2013, p. 548.

617 GRABER ML, "The incidence of diagnostic error in medicine", *British Medical Journal Quality Safety*, vol. 22 (Suppl 2), 2013, pp. ii21-ii22.

618 NEWMAN TOKER DE, PRONOVOST P, "Diagnostic Errors-The Next Frontier for Patient Safety", *The Journal of the American Medical Association*, vol. 301, no 10, 2009, p. 1060.

619 SCHIFF GD, KIM S, ABRAMS R, COSBY K, LAMBERT B, ELSTEIN AS, HASLER S, KROSNJAR N, ODWAZNY R, WISNIEWSKI MF, McNUTT RA, "DIagnosing Diagnosis Errors: Lessons from a Multiinstitutional Collaborative Project", HENRIKSEN K, BATTLES JB, MARKS ES, LWEIN DI (Dirs.), *Advances in Patient Safety: From Reseach to Implementation (Volume 2: Concepts and Methodology)*, Agency for Healthcare Reseach and Quality, Rockville, 2005, p. 255.

millones de adultos cada año). De todos ellos, el 50% podrían tener un resultado de daño para el paciente[620].

En cuanto al ámbito hospitalario, en un estudio realizado en cinco hospitales durante cinco años en EE.UU. se objetivó que el origen de los errores diagnósticos era multifactorial. Los motivos más frecuentes estuvieron relacionados con los fallos del sistema en un 65%[621]. En este sentido, los autores incluyen como factores que contribuyen al error de diagnóstico los sistémicos, los cognitivos y factores relacionados con el paciente[622].

En un reciente estudio de 55.377 reclamaciones por mala praxis analizadas en EE.UU. se obtuvo que 11.592 correspondían a errores de diagnóstico. Las enfermedades principales fueron vasculares, infecciones y cánceres[623].

Dada la escasa información y estudios con respecto al error diagnóstico, su prevención y disminución supone hoy en día un verdadero reto para la seguridad del paciente.

2.5.3. Los errores de medicación

Un error de medicación es un "*fallo en el proceso de tratamiento que puede causar un daño al paciente*" e incluye la fabricación, la prescripción, la dispensación, la administración y la monitorización posterior. El error puede producirse por el médico, la enfermera, el farmacéutico, el cuidador o el propio paciente [624]. Otra definición es la reportada por National Coordinating Council for Medication Error Reporting and Prevention (NCC MERP) que define los errores de medicación como: "*cualquier incidente prevenible que pueda causar daño al paciente o dé lugar a una utilización inapropiada de los medicamentos, cuando éstos están bajo el control de los profesionales sanitarios o del paciente o consumidor. Estos incidentes pueden estar relacionados con la práctica profesional, con los procedimientos o con los sistemas, incluyendo fallos en la prescripción, comunicación, etiquetado, envasado, denomina-*

---

[620] SINGH H, MEYER A, THOMAS EJ, "The frecuency of diagnostic errors in outpatient care: estimations from three large observational studies involving US adult populations", *British Medical Journal Quality Safety*, vol. 23, no 9, 2014, p. 727.

[621] GRABER ML, FRANKLIN N, GORDON R, "Diagnostic Error in Internal Medicine", *Archives of Internal Medicine*, vol. 165, no 13, 2005, p. 1498.

[622] SINGH H, GRABER ML, LABRESH KA, "System Related Interventions to Reduce Diagnostic Error: A Narrative Review", *British Medical Journal Quality and Safety*, vol. 21, no 2, 2012, p. 162.

[623] NEWMAN-TOKER DE, SCHAFFER AC, YU-MOE CW, NASSERY N, SABER TEHRANI AS, CLEMENS GD, WANG Z, ZHU Y, FANAI M, SIEGAL D, "Serious misdiagnosis-related harms in malpractice claims: The "Big Three"-vascular events, infections, and cancers", *Diagnosis*, vol. 6, no 3, pp. 230-231.

[624] ARONSON JK, "Medication errors: definitions and classification", *British Journal of Clinical Pharmacology*, vol. 67, no 6, 2009, p. 601.

ción, preparación, dispensación, distribución, administración, educación, seguimiento y utilización"[625].

En relación con este tipo de errores, el IOM realizó en 2006 un informe en el que, además de otros aspectos, se estudia la incidencia de los errores de medicación. Se estima que los medicamentos provocan un daño evitable a un millón y medio de personas al año[626]. En una revisión sistemática sobre los errores de medicación en atención primaria se encontraron rangos muy amplios de prevalencia de los errores de prescripción, entre el 2 y el 94%. El error más común fue la prescripción inadecuada[627].

En un estudio se observó que el 3,7% de los ingresos hospitalarios evitables estaban relacionados con fármacos, estando el 50% de ellos motivados por cuatro grupos farmacológicos[628]. El objetivo de una revisión sistemática en Reino Unido fue conocer la tasa real de errores de medicación intravenosa. Se obtuvo que se producían 101 errores de medicación por cada 1000 administraciones, la mitad de ellos relacionados con la administración[629]. Como en otras circunstancias que hemos analizado previamente, algunos autores han observado que las diferencias sociales también influyen en las posibilidades de sufrir un error. En este aspecto, en una revisión sistemática se pone de manifiesto que en relación a la medicación, las mujeres y los pacientes negros tenían menos probabilidades de recibir el tratamiento con opioides para el dolor[630].

En España, según el ISMP (Instituto para el uso seguro del medicamento) se han clasificado los 10 tipos de error que han tenido consecuencias más graves para los pacientes durante el año 2020. Se destaca que son errores que se repiten y que se pueden disminuir con la implementación de prácticas seguras (Tabla 5)[631].

---

625 Consultado el 8 de febrero de 2020 en: http://ismp-espana.org/estaticos/view/19

626 INSTITUTE OF MEDICINE, Preventing medication errors, Washington, The National Academy Press, 2006, p. 124. Consultado el 8 de febrero de 2020 en: https://www.nap.edu/read/11623/chapter/1#viii

627 ASSIRI GA, SHEBL NA, MAHMOUD MA, ALOUDAH N, GRANT E, AJADHEY H, SHEIKH A, "What is the epidemiology of medication errors, error-related adverse events and risk factors for errors in adults managed in community care contexts? A systematic review of the international literature", *BMJ Open*, vol. 8, no 5, p. 1.

628 HOWARD RL, AVERY AJ, SLAVENBURG S, ROYAL S, PIPE G, LUCASSEN O, PIRMOHAMED M, "Wich drugs cause preventable admissions to hospital? A systematic review", *British Journal of Clinical Pharmacology*, vol. 63, no 2, 2006, p. 136.

629 SUTHERLAND A, CANOBBIO M, CLARKE J, RANDALL M, SKELLAND T, WESTON E, "Incidence and prevalence of intravenous medication errors in the UK: a systematic review", *European Journal of Hospital Pharmacy*, vol. 27, no 1, 2020, p. 3.

630 PICCARDI C, DETOLLENAERE J, BUSSCHE PV, WILLIEMS S, "Social disparities in patient safety in primary care: a systematic review", *International Journal for Equity in Health*, vol. 17, no 111, 2018, p. 7.

631 Consultado el 7 de junio de 2021 en: http://www.ismp-espana.org/ficheros/Boletin%2050%20%28Febrero%202021%29.pdf

1	Errores por omisión o retraso de la medicación
2	Administración de medicamentos a un paciente equivocado
3	Errores asociados a alergias o efectos adversos conocidos a medicamentos
4	Errores de cálculo de la dosis en pacientes pediátricos
5	Errores por similitud en el etiquetado o envasado de medicamentos comercializados
6	Errores asociados a la falta de utilización de bombas de infusión inteligente
7	Errores por administración accidental de bloqueantes neuromusculares
8	Admnistración equivocada por vía IV de medicamentos orales líquidos
9	Errores en la conciliación d ela medicación al ingreso y al alta hospitalaria
10	Errores por problemas de comprensión de los pacientes de cómo utilizar los medicamentos

Tabla 5. Los 10 tipos de errores de medicación con consecuencias más graves detectados en 2020 (Elaboración propia)

Actualmente, este tipo de errores sigue siendo uno de los mayores problemas en relación a la seguridad del paciente a nivel mundial. Por este motivo, la OMS lanzó en el 2017 una iniciativa: "Medicación Sin Daño", con el objetivo de reducir a la mitad los daños graves y evitables relacionados con la medicación en los siguientes cinco años. Las líneas estratégicas se centran en los pacientes y el público, los profesionales de la salud, los medicamentos y sistemas y las prácticas de medicación[632].

De igual manera, se han puesto en marcha otras estrategias para evitar los errores de medicación dada la magnitud del problema. Algunas de ellas inciden en la evitación del error a la hora de escoger el medicamento correcto y su dosis, la utilización de nuevas tecnologías en la prescripción, el correcto etiquetado de los medicamentos

632 Consultado el 8 de febrero de 2020 en: https://www.who.int/patientsafety/medication-safety/en/

y la conciliación[633] de la medicación[634]. En un estudio realizado en España se objetiva la importancia de la atención a los pacientes más vulnerables, sobre todo aquellos con edad avanzada y polimedicados. Según este estudio, más de la mitad de los pacientes ancianos polimedicados (con cuatro o más medicamentos) presentan errores de conciliación durante la transición al hospital que supone un 13,9% de los medicamentos prescritos. Este dato es al igual a los datos que se muestran en otras investigaciones a nivel internacional[635].

2.5.4. Las infecciones relacionadas con la asistencia sanitaria

Las infecciones relacionadas con la asistencia sanitaria son también uno de los eventos adversos más frecuentes a los que están expuestos los pacientes durante la atención sanitaria. Clásicamente, la definición de infecciones nosocomiales se atribuía a las infecciones adquiridas en el hospital (*nosocomium*), pero actualmente es mucho más preciso denominarlas infecciones relacionadas con la asistencia sanitaria, puesto que se incluyen todas las infecciones que se adquieren tanto en el hospital como en la comunidad. La magnitud del problema de las infecciones relacionadas con la asistencia sanitaria es incuestionable. En una encuesta de prevalencia realizada en EE.UU. en 183 hospitales en 10 estados se obtuvo que en un 4% de los casos se producían infecciones. Las infecciones más comunes fueron la neumonía, las infecciones de la herida quirúrgica y las infecciones gastrointestinales[636].

Las infecciones se consideran como un verdadero problema de salud pública, por ello existe una vigilancia sistemática que incluye cuestiones como la prevalencia y la incidencia. Su control y la puesta en marcha de medidas preventivas se considera un componente fundamental de la seguridad clínica. Según The European Centre for Disease Control, 3,8 millones de personas sufren cada año una infección relaciona-

---

633 Cuando hablamos de conciliación de la medicación nos referimos el proceso de comprobar las órdenes de medicación cuando un paciente cambia de nivel asistencial (por ej. atención primaria y hospital). En ese tránsito es habitual que se produzcan errores en la medicación por la falta de coordinación asistencial. MAKIANI MJ, NASIRIPOUR S, MAHBUBI A, "Drug-drug interactions: The importance of medication reconciliation", *Journal of Research in Pharmacy Practice*, vol. 6, no 1, 2017, p. 61.

634 WITTICH CM, BURKLE CM, LANIER WL, "Medication errors: An Overview for Clinicians", *Mayo Clinic Proceedings*, vol. 89 , no 8, 2014, p. 1118.

635 DELGADO SÁNCHEZ O, NICOLÁS PICÓ J, MARTÍNEZ LÓPEZ I, SERRANO FABIÁ A, ANOZ JIMÉNEZ L, FERNÁNDEZ CORTÉS F, "Errores de conciliación en el ingreso y en el alta hospitalaria en pacientes ancianos polimedicados. Estudio prospectivo aleatorizado multicéntrico", *Medicina Clínica*, vol. 133, no 19, 2009, p. 743.

636 MAGILL SS, EDWARDS JR, BAMBERG W, BELDAVS ZG, DUMYATI G, KAINER MA, LYNFIELD R, MALONEY M, MCALLISTER-HOLLOD L, NADLE J, RAY SM, THOMPSON DL, WILSON LE, FRIDKIN SK, "Multistate Point-Prevalence Survey of Health Care-Associated Infections", *New England Journal of Medicine*, vol. 370, no 13, p. 1199.

da con la asistencia sanitaria en los hospitales de la Unión Europea, Noruega e Islandia[637].

2.5.5. Las intervenciones quirúrgicas

La seguridad del paciente en el entorno quirúrgico es otro de los objetivos fundamentales a nivel mundial. La OMS indica que se realizan anualmente unas 234 millones de intervenciones quirúrgicas de cirugía mayor en todo el mundo, es decir, una intervención por cada 25 personas. Las consecuencias negativas de las intervenciones quirúrgicas son las complicaciones que causan hospitalización y prolongación de las estancias. Se estima que dichas complicaciones afectan a siete millones de personas al año[638].

En las últimas décadas, los esfuerzos para la prevención y la reducción de errores en el ámbito quirúrgico han sido numerosos. Una de las iniciativas más conocidas es la implantación del Listado de Verificación Quirúrgica que se puso en marcha gracias al impulso de la Alianza Mundial durante el 2008. Su lema era: "Segundo reto mundial por la seguridad del paciente: la cirugía segura salva vidas". Sin embargo, es muy difícil conocer el grado de aplicación de esta medida y los resultados obtenidos en salud. Por lo tanto, es conocido que la incidencia de las complicaciones quirúrgicas prácticamente se ha mantenido sin cambios en las últimas dos décadas[639].

3. IMPACTO DE LA FALTA DE SEGURIDAD EN LA ATENCIÓN SANITARIA

Tras el análisis que hemos realizado sobre el origen, los factores predisponentes y tipos de error en la asistencia sanitaria es preciso que conozcamos cuales son sus consecuencias. Hemos de resaltar que es reconocido a nivel internacional que solo conocemos una pequeña parte de los errores que provocan daño en la asistencia sanitaria. Por ello, es lógico pensar que el impacto tampoco está bien dimensionado.

En el informe de IOM se estimaba que los errores médicos producían entre 44.000 y 98.000 muertes al año en EE.UU.. En la actualidad, se considera que estas estimaciones fueron inferiores a la realidad. En un estudio realizado mediante la revisión de la literatura científica se estimó que el número real de muertes prematuras por

637 OECD (2019), *Health at a Glance: OECD Indicators*, OECD Publishing, Paris, p. 166. Consultado el 8 de febrero de 2020 en: https://www.oecd-ilibrary.org/docserver/health_glance_eur-2018-45-en.pdf?expires=1581180110&id=id&accname=guest&checksum=C81F4B4AA05EF22BFD515F37C78791D5

638 Consultado el 8 de febrero de 2020 en: https://www.who.int/features/factfiles/safe_surgery/facts/es/

639 Dichas complicaciones más frecuentes son las relacionadas con las técnicas quirúrgicas, las infecciones y el sangrado. HAUGEN AS, SEVDALIS N, SOTELAND E, "Impact of the World Health Organization Surgical Safety Checklist on Patient Safety", *Anesthesiology*, vol. 131, no 2, 2019, pp. 420-421.

eventos adversos en los hospitales de EE.UU. eran más de 400.000 al año[640]. En una investigación más reciente se ha llegado a afirmar que los errores médicos son la tercera causa de muerte en ese país, por detrás de las enfermedades cardiovasculares y el cáncer (Figura 13)[641].

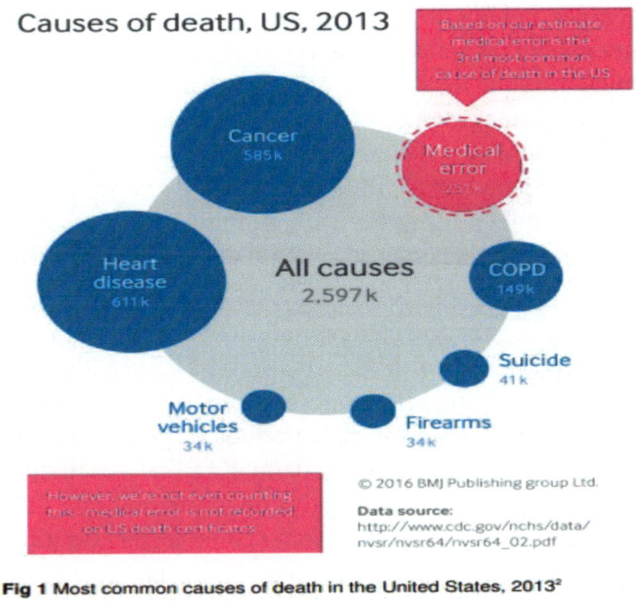

Figura 13. Causas de muerte en EE.UU. en 2013

3.1. EL PACIENTE Y EL DAÑO

Bajo nuestro punto de vista, el paciente que resulta dañado por un evento adverso es el único que puede considerarse víctima de dichos errores. Por un lado, porque la definición de víctima es: "aquella persona que padece daño o muere por culpa ajena" [642]. Por otro lado, porque entendemos que el término que se utiliza habitualmente en la literatura científica para calificar a los profesionales como "segundas víctimas" no se corresponde con el papel del profesional en el error. El tér-

---

640 JAMES MT, "A New Evidence-based Estimate of Patient Harms Associated with Hospital Care", *Journal of Patient Safety*, vol. 9, no 3, 2013, p. 127.

641 Hemos de tener en cuenta que este tipo de muertes no se miden y se trata de estimaciones puesto que el sistema que se utiliza para codificar las muertes por error médico tiene sus limitaciones. MAKARY M, MICHAEL D, "Medical error-the third leading cause of death in the US", *British Medical Journal (Clinical Research Edition)*, vol. 353, 2016, p. 5.

642 Consultado el 17 de febrero de 2020 en: https://dle.rae.es/v%C3%ADctima.

mino fue acuñado a principio del siglo XXI por un profesor de la Universidad Johns Hopkins y está ampliamente utilizado en el ámbito de la asistencia sanitaria[643]. Si observamos las tendencias más actuales, algunos profesionales y pacientes, defienden que este término debería de dejar de utilizarse. Esto es debido a que surgiere determinadas connotaciones negativas para el paciente que ha sufrido un daño, como por ejemplo, la falta de responsabilidad en el resultado dañoso de profesionales e instituciones[644]. Ahondando más en este aspecto del término "segunda víctima", el propio autor que lo acuñó se pregunta si actualmente este término debería evolucionar y da argumentos a favor y en contra de este término. El autor recoge así las diferentes sensibilidades afectadas en el uso de esta terminología y exponiendo algunas alternativas para este término que bajo nuestra perspectiva son mucho más idóneas[645]. No obstante, esto no significa que no se deba prestar atención y apoyo en el manejo de estas situaciones e implementar medidas de afrontamiento de los profesionales.

Si ahondamos aún más en la utilización del término víctima, nos encontramos que también se utiliza el término "terceras víctimas" para identificar las consecuencias de los errores en las organizaciones sanitarias. Dicho término se introdujo en 2007 y el argumento más utilizado es la pérdida de reputación que ocurre en la organización tras producirse un error con daño. Estamos de acuerdo en que la pérdida reputacional es una consecuencia negativa de los errores con daño pero de ningún modo podemos hablar de las organizaciones como terceras víctimas[646].

El impacto de los errores en los pacientes, según algunos autores, tiene varias vertientes: a) la primera es que los pacientes depositan su confianza en el sistema sanitario y su reacción puede ser difícil de manejar cuando se ven dañados; b) a veces son atendidos por los mismos profesionales que han participado en el resultado dañoso, en esta tormenta perfecta encontramos disparidad de reacciones y situaciones; c) los pacientes que sufren un daño tienen muy en cuenta la forma en que se produce

---

643 WU AW, "Medical error: the second victim. The doctor who makes the mistake needs help too", *British Medical Journal*, vol. 320, no 7237, 2000, pp. 726-727.

644 CLARKSON M, HASKELL H, HEMMELGARN C, SKOLNIK P, "Abandon the term: "second victim"", *British Medical Journal*, vol. 364, 2019, pp. 1-2.

645 WU AW, SHAPIRO J, HARRISON R, SCOTT SD, CONNORS C, KENNEY L, VANHAECHT K, "The Impact of Adverse Events on Clinicians: What's in a Name?", *Journal Patient of Safety*, vol. 16, no 1, 2020, pp. 65-72.

646 DENHAM CR, "TRUST: The 5 Rights of the Second Victim", *Journal of Patient Safety*, vol. 3, no 2, 2007, p. 115.

(aparte de sufrir por su propia lesión). Si se les comunica el error[647] y además se piden disculpas[648] es más probable que el impacto en ellos sea menor[649].

Para minimizar las consecuencias del impacto de un error con resultado dañoso se recomiendan una serie de pautas en relación al paciente, además, se debe tratar dicho error a través del protocolo establecido. Por ejemplo, en España algunas recomendaciones del Ministerio de Sanidad son ofrecer apoyo psicológico, designar un profesional referente de contacto (al menos en los tres meses posteriores), proporcionar una información correcta y a tiempo, tratar de reducir la incertidumbre e informar de los pasos que se van a dar para saber por qué ha ocurrido el error[650].

3.2. EL PROFESIONAL ANTE EL ERROR

Cuando se produce un error en la asistencia sanitaria tiene consecuencias también para los profesionales que han estado involucrados en él. En general, los efectos sobre los profesionales son negativos y a menudo se ven inmersos en una respuesta emocional muy nociva para ellos.

En un estudio, realizado en Reino Unido mediante encuesta a 1.755 médicos, contestaron en su mayoría que habían participado, al menos, en un evento adverso en toda su vida. Como resultado de esta situación, su vida profesional o personal se había visto afectada. Las respuestas más comunes en cuanto al alcance en su vida profesional fueron: la pérdida de confianza en su capacidad profesional, la disminución de su satisfacción laboral y la repercusión negativa en la relación con sus colegas. En cuanto a la vida personal, las respuestas fueron: la falta de sueño, el estrés y la ansiedad con efectos sobre la cultura de seguridad a largo plazo[651].

---

647 Los pacientes afirman que si se les comunican los errores aumenta la confianza en la honestidad de los médicos, además, sabrían que se les está informando de forma correcta. GALLAGHER TH, WATERMAN AD, EBERS AG, FRASER VJ, LEVINSON W "Patients' and Physicans' Attitudes Regarding The Disclosure of Medical Errors", *Journal American Medical Association*, vol. 289, no 8, 2003, pp. 1006-1007.

648 ROMEO CASABONA CM, URRUELA MORA A, PEIRÓ CALLIZO E, ALAVA CANO F, GENS BARBERA M, IRIARTE ARISTU I, SILVESTRE BUSTO, ASIER PEÑA MP, "¿Qué normativas han desarrollado las comunidades autónomas para avanzar en cultura de seguridad del paciente en sus organizaciones sanitarias?", *Journal of Healthcare Quality Research*, vol. 34, no 5, 2019, pp. 259-260.

649 VINCENT CA, CULTER A, "Patient safety: what about the patient?", *Quality Safety Health Care*, vol. 11, 2002, p. 78.

650 GRUPO DE INVESTIGACIÓN DE SEGUNDAS Y TERCERAS VÍCTIMAS, Guía de recomendaciones para ofrecer una adecuada respuesta al paciente tras la ocurrencia de un evento adverso y atender a las segundas y terceras víctimas, 2015, p. 41. Consultado el 17 de febrero de 2020 en: https://www.seguridaddelpaciente.es/resources/documentos/2015/Guia-de-recomendaciones_sv-pdf.pdf

651 HARRISON R, LAWTON R, STEWART K, "Doctors' experiences of adverse events in secondary care: the professional and personal impact", *Clinical Medicine Journal*, vol. 14, no 6, 2014, pp. 587-588.

En una encuesta realizada entre varios profesionales y diferentes instituciones de Johns Hopkins Medicine participaron 350 personas. Sus respuestas vinculadas a las consecuencias sobre ellos de los errores cometidos fueron: un 46% se sintió emocionalmente afectado y un 66% experimentó ansiedad, depresión o preocupación por realizar su trabajo. Además, más de dos terceras partes afirmó que había buscado ayuda para hablar sobre el incidente[652].

En España se realizó un estudio transversal mediante encuesta a 1.087 profesionales de la salud, tanto de atención primaria como hospitalaria. Las conclusiones fueron muy similares a los estudios citados previamente de otros países: los profesionales sienten después de un evento adverso culpa, ansiedad, cansancio, insomnio e inseguridad profesional[653].

El malestar psicológico de los profesionales también se ha relacionado con las demandas por responsabilidad médica. En una encuesta telefónica realizada en España más de la mitad de los profesionales respondió que tuvieron una notable reacción psicológica ante una demanda por mala praxis. Aquellos que estaban inmersos en procesos penales la probabilidad era mayor. En casi la mitad de los encuestados se obtuvo que veían a los pacientes como posibles litigante y se prestaba más atención a los registros clínicos. En un tercio de los encuestados se ordenaban más pruebas y tuvieron mayor formación médico-legal. En casi un 20% se evitaban tipos específicos de pacientes o determinados procedimientos[654].

Con el fin de mitigar todos estos aspectos negativos sobre el profesional han surgido una serie de iniciativas o programas[655]. Uno de ellos fue el pionero: el denominado forYOU de la Universidad de Missouri. Tras años de investigación se puso en marcha este programa formado por un equipo multidisciplinar con un líder. El mensaje principal es que, a cada evento adverso que experimente un médico, se le debe tratar individualmente[656].

---

[652] EDREES HH, PAINE LA, FEROLI ER, WU AW, "Health care workers as second victims of medical errors", *Polskie Archivium Medycyny Wewnetrznej*, vol. 121, no 4, 2011, p. 105.

[653] MIRA JJ, CARRILLO I, LORENZO S, FERRÚS L, SILVESTRE C, PÉREZ´PÉREZ P, OLIVERA G, IGLESIAS F, ZAVALA E, MADERUELO-FERNÁNDEZ JA, VITALLER J, NUÑO-SOLINÍS R, ASTIER P, "The aftermath of adverse events in Spanish primary care and hospital health professionals", *BMC Health Services Research*, vol. 15, no 151, 2015, p. 1.

[654] VIZCAÍNO-RADOSNIK M, MARTÍN-FUMADÓ C, ARIMANY-MANSO J, GÓMEZ-DURÁN EL, "The Impact of Malpractice Claims on Physicians' Wel-Being and Practice", *Journal of Patient Safety*, vol. 18, no 1, 2022, pp. 47-50.

[655] HARRISON R, LAWTON R, PERLO J, GARDNER P, ARMITAGE G, SHAPIRO J, "Emotion and Coping in the Aftermath of Medical Error: A Cross-Country Exploration", *Journal of Patient Safety*, vol. 11, no 1, 2015, p. 28.

[656] SCOTT SD, HIRSCHINGER LE, COX KR, McCOIG M, HAHN-COVER K, EPPERLY KM, PHILLIPS EC, HALL LW, "Caring for our Own: Developing a Systemwide Second Victim Rapid Response Team", *The Joint Commission Journal on Quality and Patient Safety*, vol. 36, no 5, 2010, pp. 238-239.

Otro programa es Medically Induced Trauma Support Services (MITTS) en Boston[657]. En él se presta apoyo a los sanitarios, los pacientes y las familias cuando se produce un trauma inducido por la asistencia sanitaria. Incluye un kit de herramientas y de evaluación rápida para que las organizaciones tengan apoyo en la visión general ante esta cuestión[658].

3.3. COSTES ASOCIADOS A LOS ERRORES EN LA ASISTENCIA SANITARIA

Tal y como hemos analizado hasta el momento, la calidad asistencial se mide, entre otros factores, en términos de seguridad del paciente. Sin embargo, pese a los avances científicos y tecnológicos, los servicios de salud de baja calidad están provocando un freno en el avance del progreso en la salud de todos los países del mundo. Esta información se desprende de un informe realizado en 2018 por la OMS, OCDE y el Grupo Banco Mundial[659]. Las conclusiones del informe son esclarecedoras: el 15% del gasto hospitalario en países de altos ingresos se usa para corregir los errores, las complicaciones y el daño a los pacientes que son prevenibles. Existen, además, grupos más vulnerables en la sociedad que sufren daños cuyas consecuencias son la discapacidad y pérdida de productividad.

En relación con otros datos sobre el coste de los errores a nivel mundial, en un estudio se analizaron siete eventos adversos en el entorno hospitalario (farmacológicos, infecciones del tracto urinario relacionadas con catéter, infecciones sanguíneas relacionadas con catéter, neumonía nosocomial, tromboembolismos venosos, caídas y úlceras por decúbito). Se encontró que los errores de medicación fueron más frecuentes en los países de altos ingresos. El evento adverso más común en los países de bajos y medios ingresos fue el tromboembolismo venoso. Se estimó que existen unos 43 millones de lesiones cada año. A través del cálculo de la pérdida de años de vida ajustada por discapacidad (AVAD) se valoró que existen 23 millones de AVAD perdidos por año en países de bajos y medios ingresos[660].

---

657 Consultado el 24 de febrero de 2020 en: https://psnet.ahrq.gov/issue/medically-induced-trauma-support-services-mitss#:~:text=Medically%20Induced%20Trauma%20Support%20Services%20(MITSS)%2C%20Inc.%20is,affected%20individuals%20and%20their%20families

658 GRISSINGER M, "Too Many Abandon the "Second Victims" Of Medical Errors", *Pharmacy and Therapeutics*, vol. 39, no 9, 2014, p. 592.

659 Delivering quality health services: a global imperative for universal health coverage. Geneva: World Health Organization, Organisation for Economic Co-operation and Development, and The World Bank; 2018. Licence: CC BY-NC-SA 3.0 IGO. (VER CITA). Consultado el 24 de febrero de 2020 en: http://documents.worldbank.org/curated/en/482771530290792652/pdf/127816-REVISED-quality-joint-publication-July2018-Complete-vignettes-ebook-L.pdf

660 JHA AK, LARIZGOITIA I, AUDERA-LOPEZ C, PRASOPA-PLAIZIER N, WATERS H, BATES DW, "The global burden of unsafe medical care: analytic modelling of observational studies", *British Medical Journal Quality Safety*, vol. 22, 2013, pp. 810-814.

En cuanto al gasto que provocan los errores existen diversas investigaciones a nivel internacional en los que se expone la proporción del gasto total en los hospitales públicos debido a los eventos adversos. Por ejemplo, en el caso de Nueva Zelanda llega al 32%, en Australia entre el 12-16,5% y en Europa entre el 0,2-6% (Figura 14)[661].

En EE.UU., en un estudio realizado entre el 2000 y 2008 se estimó que los costes directos relacionados con el error médico eran de 17.000 millones de dólares, el 0,72% del coste total del 2008 en atención sanitaria[662].

En Reino Unido se ha llevado a cabo un estudio donde se analizan los costes de los errores de medicación. Teniendo en cuenta que estiman que se producen 237 millones de errores de medicación al año se considera que los eventos adversos evitables suponen un gasto de 98.462.582 libras esterlinas al año. Se valora que consumen 181.626 días de hospitalización y contribuyen a 1.708 muertes al año[663].

No obstante, otros estudios estiman un coste aún mayor, entre 73.500-98.000 millones en AVAC (Años de Vida Ajustados por Calidad). Si a ello unimos que algunas estimaciones afirman que el daño prevenible es 10 veces mayor que los datos aportados por IOM, las cifras podrían llegar a multiplicarse por 10 hasta 980.000 millones de dólares al año[664].

---

661 SLAWOMIRSKI L, AURAAEN A, KLAZING N, The economics of patient safety. Strengthening a value-based approach to reducing patient harm at national level, OECD, 2017, p. 19. Consultado el 2 de marzo de 2020 en: https://www.oecd.org/els/health-systems/The-economics-of-patient-safety-March-2017.pdf

662 VAN DEN BOS J, RUSTAGI K, GRAY T, HALFORD M, ZIEMKIEWICZ, SHREVE J, "The $17.1 Billion Problem: The Annual Cost Of Measurable Medical Errors", *Health Affairs*, vol. 30, no 4, 2011, p. 601.

663 ELLIOT RA, CAMACHO E, JANKOVIC D, SCULPER MJ, FARIA R, "Economic analysis of the prevalence and clinical and economic burden of medication error in England", *British Medical Journal Quality and Safety*, vol. 30, no 2, 2021, p. 1.

664 ANDEL C, DAVIDOW SL, HOLLANDER M, MORENO DA, "The Economics of Health Care Quality and Medical Errors", *Journal of Health Finance*, vol. 39, no 1, 2010, p. 48.

Adverse events in hospitals			Share of public hospital spending
Brown, P. (2002)	New Zealand	The results suggest that treating adverse events costs hospitals over $870 million.	32%
Rafter et al., (2016)	Ireland	Adverse events relate to adult inpatient amounted to 194 million€ in 2009	4%
Etchells et al (2012)	Canada	Financial burden of adverse events in Canada in 2009– 2010 was $CAN 1,071,983,610	4.2%
Jackson (2009)	Canada	Administrative data.	14%
Health Policy Analysis, Australia (2013)	Australia	Hospital-associated conditions modelled to range between AUD 634 million and AUD 896 million	12 % – 16.5%
Ehsani etl al (2006)	Australia (Victoria)	Impact of adverse events modelled from hospital administrative data was AUD 6,800 per episode or AUD 460 Million in aggregate.	15.7%
Zsifkovits et al (2016)	Europe	Direct costs for the public care sector ranged from 2.8 billion euros to 84.6 billion euros	0.2%-6% *
Hoonhout L. et al (2009)	Netherlands	Costs estimated at a total of €355 million for all adverse events in hospitals	1.8%
Adverse events in long term care			
Levinson, D.(2014)	United States	Long-term care2% of all MediCare spending is associated with treatment of adverse events.	2%

Figura 14. Proporción del gasto debido a los eventos adversos en los hospitales públicos

En un estudio realizado en España entre 2008-2010 se evaluó la incidencia y costes de los eventos adversos que se encontraron en el Conjunto Mínimo Básico de Datos (CMBD). Se encontró que la incidencia es similar a otros estudios a nivel internacional, un 6,8%. El impacto del coste sanitario en el gasto total sanitario fue de un 16,2% (88.268.906 euros), semejante a otros estudios internacionales[665].

4. SISTEMAS DE COMUNICACIÓN DE EVENTOS ADVERSOS COMO ESTRATEGIA PARA EVITAR Y DISMINUIR LOS ERRORES DE LA ASISTENCIA SANITARIA

4.1. INTRODUCCIÓN

Dada la trascendencia y repercusión en distintos niveles de la falta de prevención del error en la asistencia sanitaria parece imprescindible la puesta en marcha de medidas que disminuyan y eviten los errores en el ámbito sanitario.

[665] ALLUÉ N, CHIARELLO P, BERNAL DELGADO E, CASTELLS X, PRISCILA G, MARTÍNEZ N, SARSANEDAS E, COTS F, "Impacto económico de los eventos adversos en los hospitales españoles a partir del Conjunto Mínimo Básico de Datos", *Gaceta Sanitaria*, vol. 28, no 1, 2014, pp. 48-50.

La Estrategia de Seguridad del Paciente del Sistema Nacional de Salud (2015-2020) sirve como marco de referencia a las comunidades autónomas y contiene seis líneas estratégicas[666]. Dichas líneas son las siguientes: 1) Cultura de Seguridad, factores humanos, organizativos y formación, 2) Prácticas clínicas seguras, 3) Gestión del riesgo y sistemas de notificación y aprendizaje de los incidentes, 4) La participación de los pacientes y ciudadanos por su seguridad, 5) Investigación en seguridad del paciente, 6) Participación internacional.

4.2. SISTEMAS DE NOTIFICACIÓN DE INCIDENTES COMO ELEMENTO CLAVE PARA LA SEGURIDAD DEL PACIENTE

La manera de obtener información sobre los errores que se producen en la atención sanitaria ha variado a lo largo del tiempo. Los problemas de seguridad del paciente se abordaban, clásicamente, mediante las sesiones de morbi-mortalidad y a través de sugerencias o reclamaciones de los pacientes. No obstante, en las últimas décadas se han desarrollado los sistemas de notificación de incidentes que complementan a los anteriores[667].

Estos sistemas son mucho más conocidos en otro tipo de sectores como son la aviación, las industrias petroquímicas, la energia nuclear, la producción de acero y las operaciones militares[668]. Ha sido tradicional comparar los sistemas de seguridad que utiliza la aviación[669], debido a su éxito, con la atención sanitaria. Ya que, a pesar del aumento en horas de vuelo (se ha duplicado en las últimas décadas), no se ha producido un incremento similar en el número de muertes, sino por contrario, ha descendido casi a la mitad[670]. Una de las cuestiones que parece estar en relación con el éxito de los sistemas de seguridad en la aviación es que todos, incluidos los pasajeros, se implican en el proceso[671].

---

666 Consultado el 4 de marzo de 2020 en: https://www.seguridaddelpaciente.es/resources/documentos/2015/Estrategia%20Seguridad%20del%20Paciente%202015-2020.pdf

667 BAÑERES J, ORREGO C, SUÑOL R, UREÑA V, "Los sistemas de registro y notificación de efectos adversos y de incidentes: una estrategia para aprender de los errores", *Revista de Calidad Asistencial*, vol. 20, no 4, 2005, p. 217.

668 BARACH P, SMALL SD, "Reporting and preventig medical mishaps: lessons from non-medical near miss reporting systems", *British Medical Journal*, vol. 320, no 7237, 2000, p. 759.

669 Uno de los primeros sistemas fue el creado en EE.UU. y demoninado Aviation Safety Reporting System (ASRS) que se implementó en 1976 para informar de errores y casi errores. HOLZMUELLER CC, PRONOVOST P, DICKMAN F, THOMPSON DA, WU AW, LUBOMSKI LH, FAHEY M, STEINWACHS DM, ENGINEER L, JAFFREY A, MORLOCK LL, DORMAN T, "Creating the Web-based Intensive Care Unit Safety Reporting System", *Journal of the American Informatics Association*, vol. 12, no 2. 2005, p. 130.

670 KAPUR N, PARAND A, SOUKUP T, READER T, SEVDALIS N, "Aviation and healthcare: a comparative review with implications for patient safety", *Journal of the Royal Society of Medicine Open*, vol. 7, no 1, 2015, p. 1.

671 BILLINGS CE, CHARLES E, "Some hopes concerns regarding medical event-reporting systems: Lessons From the NASA Aviation Safety Reporting System", *Archives of Pathology & Laboratory Medicine*, vol. 122, no 3, 1998, pp. 214-215.

En este contexto, proclive al desarrollo de los sistemas de notificación de eventos adversos en la asistencia sanitaria, tres países fueron los pioneros en ponerlos en marcha. En Australia, los primeros servicios en poner en implementar este tipo de registro fueron las Unidades de Cuidados Intensivos. Así, se puso en marcha el proyecto AIMS-ICU (Australian Incident Monitoring Study in Intensive Care) en el que se revisaron 536 informes. Se detectaron 610 incidentes, en los que el 66% estaban relacionados con el factor humano [672]. En Reino Unido se creó el National Reporting and Learning System (NRLS) establecido por la National Patient Safety Agency (NPSA) a finales del año 2003 [673]. Los incidentes notificados al NRLS entre octubre de 2011 y marzo de 2012 fueron 612.414. El 6% tuvieron como resultado un daño moderado y el 1% produjo daños graves o la muerte[674]. Otro de los países precursores de los sistemas de notificación fue EE.UU.[675]

En el año 2006, el Consejo de Europa emite la Rec (2006)7 del Comité de Ministros a los Estados miembros, sobre el manejo de la seguridad del paciente y la prevención de eventos adversos en la atención médica. Entre otros asuntos apoya la promoción de los sistemas de notificación de incidentes de seguridad del paciente, cuyas características deberían ser las siguientes[676]:

a. ser no punitivo y justo en su propósito;

b. ser independiente de otros procesos regulatorios;

---

672 BECKMANN U, BALDWIN I, HART GK, RUNCIMAN WB, "The Australian Incident Monitoring Study in Intensive Care: AIMS-ICU. An Analysis of the First Year of Reporting", *Anaesthesia Intensive Care*, vol. 24, no 3, 1996, p. 320.

673 HUTCHINSON A, YOUNG TA, COOPER KL, McINTOSH A, KARNON JD, SCOBIE S, THOMSON RG, "Trends in healthcare incident reporting and relationship to safety and quality data in acute hospitals: results from the National Reporting and Learning System", *Quality Safety and Health Care*, vol. 18, no 1, 2009, p. 5.

674 STAVROPOULOU C, DOHERTY C, TOSEY P, "How Effective Are Incident-Reporting Systems for Improving Patient Safety? A Systematic Literature Review", *The Milbank Quaterly*, vol. 93, no 4, 2015, p. 828.

675 En EE.UU. existen diversos sistemas de notificación de eventos adversos: a) en relación con los medicamentos existe el Institute for Safe Medication Practices (ISMP) https://www.ismp.org/, b) se registran eventos centinela de forma voluntaria a través de Sentinel Event Reporting System creado por The Joint Commision on Accreditation of Healthcare Organizations (JCAHO) en 1996, https://www.jointcommission.org/resources/patient-safety-topics/sentinel-event/sentinel-event-policy-and-procedures/ c) United States Pharmacopoeia MedMARx creado en 1998 en relación a los medicamentos, https://psnet.ahrq.gov/issue/medmarxr. WORLD ALLIANCE FOR PATIENT SAFETY, Who draft guidelines for adverse event reporting and learning systems. From imformation to action, WHO Press, 2005, pp. 46-48. Consultado el 2 de junio de 2020 en: https://psnet.ahrq.gov/issue/medmarxr

676 Consultado el 3 de junio de 2020 en: https://search.coe.int/cm/Pages/result_details.aspx?ObjectID=09000016805ae8b5

c. estar diseñado de tal manera que aliente a los proveedores de atención médica y al personal de atención médica a informar incidentes de seguridad (por ejemplo, siempre que sea posible, la notificación debe ser voluntaria, anónima y confidencial);

d. establecer un sistema para recopilar y analizar informes de eventos adversos a nivel local y, cuando sea necesario, agregados a nivel regional o nacional, con el objetivo de mejorar la seguridad del paciente; para este propósito, los recursos deben asignarse específicamente;

e. involucrar a los sectores público y privado;

f. facilitar la participación de los pacientes, sus familiares y todos los demás cuidadores informales en todos los aspectos de las actividades relacionadas con la seguridad del paciente, incluido el informe de incidentes de seguridad del paciente.

En España también disponemos de varios sistemas de notificación de eventos adversos[677]. Uno de ellos fue creado por el Sistema Nacional de Salud (SNS) en 2010: Sistema de Notificación y Aprendizaje para la Seguridad del Paciente (SiNASP). Las características fundamentales de este sistema son: la voluntariedad, no punibilidad, la confidencialidad, la notificación anónima o nominativa con anonimización de los datos, la orientación sistémica y el análisis para el aprendizaje y la implementación de mejoras a nivel local[678]. Sin embargo, la consolidación de este sistema ha sido desigual en el territorio español, por lo que está disponible en 13 comunidades autónomas, mientras que en el resto existen otros tipos de registro[679].

4.3. LOS SISTEMAS DE NOTIFICACIÓN DE EVENTOS ADVERSOS EN LA UNIÓN EUROPEA

4.3.1. Características de los sistemas de notificación europeos

Nos encontramos ante diversos tipos de sistemas de notificación a nivel de la Unión Europea. Según datos del Subgrupo de la Comisión Europea sobre los sistemas de notificación en 2014, las características son las siguientes[680]:

677 Entre ellos a nivel nacional: 1) el sistema de registro y notificación de errores de medicación del ISMP, http://www.ismp-espana.org/, 2) el Sistema Español de Notificación en Seguridad en Anestesia y Reanimación (SENSAR), https://sensar.org/, 3) Estudio Nacional de Vigilancia de Infección Nosocomial en Unidades de Críticos (ENVIN-HELICS), http://hws.vhebron.net/envin-helics/

678 Consultado el 3 de junio de 2020 en: https://sinasp.es/Sinasp_GuiaNotificante.pdf

679 Consultado el 3 de junio de 2021 en: https://www.seguridaddelpaciente.es/resources/documentos/2021/05/Recomendaciones%20para%20el%20an%C3%A1lisis%20de%20los%20incidentes%20de%20seguridad%20del%20paciente%20con%20da%C3%B1o.%20Accesible.pdf

680 REPORTING AND LEARNING SUBGROUP OF THE EUROPEAN COMMISSION PSQCWG, "Key findings and recommendations on Reporting and learning systems for patient

a) En cuanto a la voluntariedad encontramos que existen países como Croacia, Dinamarca, Estonia, Francia, Irlanda, Italia, Noruega y Suecia en donde la notificación es obligatoria para los profesionales sanitarios. En otros países la notificación es voluntaria como Austria, Bélgica, Chipre, República Checa, Alemania, Hungría, Letonia, Luxemburgo, Holanda, Eslovaquia, Eslovenia, España y Reino Unido.
b) En el caso de la anonimización del notificante existe una gran variabilidad entre los países incluso dentro de un mismo país. Por ejemplo, en Luxemburgo es anónimo en algunos hospitales.
c) Mucho más importante y relevante es la participación de los pacientes y su familia en la notificación. En este sentido, solo siete países que son Bélgica, Croacia, Dinamarca, Francia, Alemania, Suecia y Reino Unido, tienen sistemas para los pacientes. En el caso de los cinco últimos países nombrados se dispone también de sistemas de notificación para sus familiares.
d) Los tipos de incidentes notificados, lo mismo que en los casos anteriores, varía de unos países a otros. Como modelo, en Noruega se notifican obligatoriamente los eventos adversos graves. En otros países, como Alemania, se notifican todo tipo de eventos, incluso los que no hayan producido daño.

4.3.2. Modelos de legislación europea en materia de notificación de eventos adversos

La legislación existente en la Unión Europea sobre los sistemas de notificación de eventos adversos es poco homogénea. Por lo tanto, analizaremos aquellos países donde la legislación a este respecto es sistemática[681].

4.3.2. a) Dinamarca

Dinamarca tiene desarrollado un sistema de notificación de eventos adversos con un marco legal a través de la *Act on Patient Safety in the Danish Health System*[682] desde el año 2003. Más tarde, dicha ley se integró dentro de *The Danish Health Care Act* en 2007[683].

---

safety incidents across Europe", European Commision, Patient Safety and Quality of Care working group, 2014, pp. 21-22. Consultado el 13 de junio de 2020 en: http://www.somuca.es/ServletDocument?document=487

681 REPORTING AND LEARNING SUBGROUP OF THE EUROPEAN COMMISSION PSQCWG, "Key findings and recommendations on Reporting and learning systems for patient safety incidents across Europe", European Commision, Patient Safety and Quality of Care working group, 2014, pp. 21-22. Consultado el 13 de junio de 2020 en: http://www.somuca.es/ServletDocument?document=487

682 Act on Patient Safety in the Danish Health Care System. ACT N°. 429 of 10/06/2003.

683 OCDE, "OCDE Reviews of heatl Care Quality: Denmark 2013: Raising Standards", OCDE Publishing. Consultado el 15 de junio de 2020 en: https://read.oecd-ilibrary.org/social-issues-migration-health/oecd-reviews-of-health-care-quality-denmark-2013_9789264191136-en#page2

Es un sistema de notificación sin culpa[684] y la notificación es obligatoria a nivel de los hospitales, el sistema de salud comunitario y las farmacias[685].

4.3.2. b) Noruega

En el caso de Noruega, la ley *The Specialist Care Act 1999* establece que los proveedores de atención médica están obligados de informar sobre los eventos adversos a la Dirección de Salud y los eventos adversos graves deben notificarse a la Junta de Supervisión de Salud[686].

4.3.2. c) Suecia

Desde el año 1937 existe un sistema regulado por la legislación[687], pero está vigente desde el 2011 *The Patient Safety Act* (2010). La característica más destacable es que los profesionales son responsables de sus propias acciones. Los proveedores deben analizar los eventos adversos, informar al paciente y a la Junta Nacional de Salud y Bienestar. Esta última tiene competencia para informar de cara a que puedan tomarse medidas disciplinarias[688].

4.4. BARRERAS PARA LA NOTIFICACIÓN DE LOS EVENTOS ADVERSOS

Aunque se ha realizado un gran esfuerzo a nivel internacional para mejorar la seguridad del paciente y estimular la notificación de los eventos adversos[689], todavía

---

684 "El art. 6 de la *Act on Patient Safety in the Danish Health System* afirma que quien notifique no será sometido a ninguna medida disciplinaria ni estará implicado en ningún procedimiento legal por la notificación. WHO, "Explorinf patient participation in reducing health-care-related safety risks", World Health Organization, Copenhagen, 2013, p. 14. Consultado el 15 de junio de 2020 en: https://apps.who.int/iris/bitstream/handle/10665/326442/9789289002943-eng.pdf

685 MAINZ J, KRISTENSEN S, BARTELS P, "Quality improvement and accountability in the Danish health care system", *International Journal for Quality in Health Care*, vol. 27, no 6, 2015, p. 525.

686 STORM M, WIIG S, Care Coordination, *Samhandling* and Patient Safety, en TORGERSEN GE (Ed.), *Interaction: "Samhandling" Under Risk,* Cappelen Damn Akademisk, Oslo, 2018, p. 433.

687 WRIGSTAD J, BERGSTRÖM J, GUSTAFSON P, "Incident investigations by the regulatory authority of Swedish healthcare- a 20-year perspective", *Journal of Hospital Administration*, vol. 4, no 6, 2015, p. 69.

688 Consultado el 15 de junio de 2020 en: https://www.who.int/health-laws/countries/swe-en.pdf

689 Divulgar los eventos adversos resulta una práctica muy beneficiosa para todos, además, de dar voz y capacidad de participación al paciente. Tiene un efecto positivo a la hora de evitar determinadas situaciones adversas que surgen en la asistencia sanitaria. PETERSON KA, RUTHERFORD M, DRVOL D, BARKMAN D, STEVENS L, TEMAN S, TEETS J, "Disclosure of Adverse Events: A Guide for Clinicians", *Pediatric Quality and Safety*, vol. 4, no 4, 2019, p. 2.

existen muchas barreras para que esta se lleve a cabo de forma habitual. A nivel global es aceptado que existe una infranotificación[690] de los eventos adversos.

En la literatura encontramos de forma más habitual la introducción de términos como la transparencia[691] a la hora de abordar un error, dado que se considera un elemento necesario para mejorar la calidad de la atención sanitaria. En cambio, el término transparencia aparece desde hace décadas en algunas experiencias, por ejemplo, en el nacimiento en 1987 del Modelo Lexington: un programa de gestión de riesgos. Este surgió tras un caso de fallecimiento de un paciente del Centro Médico de Asuntos de Veteranos de Lexington (Kentucky) causado por un error en la asistencia. Los responsables del centro en ese momento tomaron la decisión (jefe y abogado de personal) de reunirse con la familia y darles información sobre lo ocurrido, aparte de la revisión exhaustiva del caso. Unido a esto, ofrecieron disculpas a la familia, una compensación justa y una planificación adecuada para evitar en un futuro el mismo error. Como resultado de ello, los litigios no disminuyeron, pero sí lo hizo su coste[692].

Otro modelo más reciente es el implementado por el Sistema de Salud de la Universidad de Michigan a principios del siglo XXI. El cambio que llevó a cabo fue transitar de un modelo tradicional de negar el error y la defensa en los juicios a una divulgación abierta. Los principios fundamentales del Modelo Michigan se basan en[693]: a) una indemnización rápida al paciente en los casos en los que esté indicado; b) dar soporte al paciente en cualquier caso, independientemente si el error afectó o no al paciente; c) el aprendizaje continuo de los errores con el fin de reducir las lesiones y los litigios. A través de este modelo, más adecuado a las expectativas de los pacientes y sus familias, se consiguió una disminución del coste de las reclamaciones, pasando de tres a un millón de dólares[694]. El Modelo Michigan ha cambiado desde sus comienzos y ha incluido un proceso de investigación del error y del casi error antes de recibir la demanda; los resultados son realmente buenos, ya que han disminuido las demandas de 260 a 100[695].

---

[690] Aunque la tendencia es a notificar cada vez más, internacionalmente se sigue utilizando como referencia en relación a la infranotificación el rango entre el 50 y el 96% anualmente. BARACH P, SMALL SD, "Reporting and preventing medical mishaps: lessons from non-medical near miss reporting systems", *British Medical Journal*, vol. 320, no 7237, 2000, p. 759.

[691] KACHALIA A, "Improving Patient Safety through Transparency", *The New England Journal of Medicine*, vol. 369, no 18, 2013, p. 1677.

[692] EAVES-LEANOS A, DUNN EJ, "Open Disclosure of Adverse Events: Transparency and Safety in Health Care", *Surgical Clinics of North America*, vol. 92, no 1, 2012, pp. 163-164.

[693] HELO S, MOULTON CA E, "Complications: acknowledging, managing, and coping with human error", *Translational Andrology and Urology*, vol. 6, no 4, 2017, p. 776.

[694] WU W, BOYLE DJ, WALLACE G, MAZOR KM, "Disclosure of adverse events in the United States and Canada: an update, and a proposed framework for improvement", *Journal of Public Health Research*, vol. 2, (e32), 2013, p. 188.

[695] Consultado el 20 de junio de 2020 en: https://www.uofmhealth.org/michigan-model-medical-malpractice-and-patient-safety-umhs

En una revisión sistemática se estudió la frecuencia, los efectos esperados, los obstáculos y los facilitadores de la divulgación de incidentes de seguridad del paciente. Se realizó a través de la revisión de las publicaciones en PubMed, Scopus y Biblioteca Cochrane entre 1990 y 2014, y finalmente se seleccionaron 99 artículos. Se encuentra que las principales barreras a la divulgación son: el miedo a las demandas y castigos como principal motivo, el miedo a que la reputación sea dañada, la pérdida de confianza del paciente, la presencia de situaciones complejas (problemas de entendimiento con el paciente, diferencias culturales y del lenguaje, falta de tiempo) y la deficiencia de cultura de seguridad[696]. Hay otros estudios que dan especial importancia a la escasa capacitación de los profesionales en la divulgación de los errores como elemento que provoca una barrera para la divulgación. En este sentido, se plantean programas de capacitación para lograr su implementación[697]. Otros autores afirman que también existen otros factores para no divulgar los errores como los aspectos legales[698] y las pérdidas financieras[699].

En definitiva, después de analizar las barreras de la notificación y divulgación de los errores encontramos que existe una similitud importante con la causa principal de la medicina defensiva: el miedo[700], incluido el relativo a una demanda[701]. Por tanto, nos

---

696 MINSU O, LIM SY, JO MW, LEE S, "Frequency, Expected Effects, Obstacles, and Facilitators of Disclosure of Patient Safety Incidents: A Systematic Review", *Journal of Preventive Medicine and Public Health*, vol. 50, 2017, pp. 72-73.

697 PETERSON KA, RUTHERFORD M, DRVOL D, BARKMAN D, STEVENS L, TEMAN S, TEETS J, "Disclosure of Adverse Events: A Guide for Clinicians", *Pediatric Quality and Safety*, vol. 4, no 4, 2019, pp. 4-5.

698 En el año 2002 se promulgó en Pensylvania una ley en la que era obligatorio la divulgación de todos los eventos adversos graves. Se tenía que divulgar dentro de las primeras 24 horas posteriores al evento verbalmente y dentro de los primeros siete días de forma escrita. En un estudio realizado de estos eventos de 2002 a 2011 (15.028 divulgaciones y 1.302 reclamaciones) se observó que esta divulgación no se relacionó con un aumento de las demandas, aunque sí tuvieron una mayor compensación económica en comparación con aquellos que no fueron divulgados. PAINTER LM, KIDWELL KM, KIDWELL RP, JANOV C, VOINCHET RG, SIMMONS RL, WU AW, "Do Written Disclosures of Serious Events Increase Risk of Malpractice Claims? One Health Care System´s Experience", *Journal of Patient Safety*, vol. 14, no 2, 2018, pp. 87-89.

699 PEREZ B, KNYCH S, WEAVER S, LIBERMAN A, ABEL E, OETJEN D, WAN TH, "Understanding the Barriers to Physician Error Reporting and Disclosure: A systemic Approach to a Systemic Problem", *Journal of Patient Safety*, vol. 10, no 1, 2014, pp. 46-48.

700 COMMITTEE OPINION Nº. 681, "Disclosure and Discussion of Adverse Events", *Obstetrics and Gynecology*, vol. 128, no 6, 2016, p. e258.

701 En un estudio realizado mediante encuesta a médicos de EE.UU. y Reino Unido, los primeros tenían más del doble de probabilidad de no revelar el error al paciente por temor a una demanda. Posiblemente debido a un mayor riesgo de demandas en EE.UU. que en Reino Unido. Por ello, los médicos de EE.UU. están más de acuerdo en explicar todos los riesgos y beneficios de cualquier actuación a los pacientes . ROLAND M, RAO SR, SIBBALD B, HANN M, HARRISON S, WALTER A, GUTHERIE B, DESROCHES C, FERRIS TG, CAMPBELL EG, "Professional values and reported behaviours of doctors in the USA and UK: quantitative survey", *British Medical Journal Quality Safety*, vol. 20, no 6, 2011, p. 520.

adentramos en un terreno muy complejo, ya que el miedo es una emoción y por ello, resulta muy difícil conocer los factores que influyen en él. No obstante, entendemos que existen mecanismos para disminuir el miedo. En un estudio realizado mediante encuesta para conocer estos mecanismos se observó que el liderazgo en seguridad es un factor esencial para reducir el miedo, tanto en médicos como en enfermeras[702].

4.5. PARTICIPACIÓN DIRECTA DEL PACIENTE Y LA FAMILIA EN LA COMUNICACIÓN DE REACCIONES ADVERSAS MEDICAMENTOSAS

Actualmente no hay duda de que la participación del paciente y su familia es imprescindible para la mejora de su seguridad. En el caso de la notificación de eventos adversos medicamentosos[703] proporciona una información complementaria a la de los profesionales sanitarios y robustece el sistema[704]. El impacto de las reacciones adversas a medicamentos supone un importante riesgo para los pacientes y un factor etiológico de los ingresos hospitalarios urgentes. En este último caso pueden llegar a suponer hasta el 5,6% de todos los ingresos urgentes, siendo la mitad de ellos prevenibles[705]. En otros estudios, las reacciones adversas medicamentosas llegan a suponer el 8,4% de los ingresos urgentes[706].

Los primeros países en poner en marcha este sistema fueron Dinamarca y Países Bajos en 2003. Italia, Reino Unido y Suecia lo implementaron posteriormente. En el momento presente, todos los países de la Unión Europea lo tienen desarrollado, dado que están sujetos a la regulación europea de fármacovigilancia desde 2012[707].

---

702 CASTEL ES, GINSBURG LR, ZAHEER S, TAMIM H, "Understanding nurses' and physicians' fear of repercussions for reporting errors: clinician characteristics, organization demographics, or leadership factors?", *BMC Health Services Research*, vol. 15, no 326, p. 1.

703 En relación a las reacciones adversas medicamentosas, cabe destacar una de las primeras estudiadas: la anemia aplásica producida por un antibiótico llamado cloranfenicol que fue estudiado en la década de los sesenta en EE.UU.. En dicho estudio se identificó que el uso de este fármaco aumentaba hasta 13 veces la aparición de anemia aplásica fatal (muerte por infección o hemorragia o ambas) y que no estaba relacionado con la dosis. WALLERSTEIN RO, CONDIT PK, KASPER CK, BROWN JW, MORRISON FR, "Statewide Study of Chloramphenicol Therapy and Fatal Aplastic Anemia", *The Journal of the American Medical Association*, vol. 208, no 11, 1969, p. 2045.

704 INÁCIO P, CAVACO A, AIRAKSINEN M, "The value of patient reporting to the pharmacovigilance system: a systematic review", *British Journal of Clinical Pharmacology*, vol. 83, no 2, 2017, p. 244.

705 LEENDERTSE AJ, EGBERTS AC, STOKER LJ, VAN DER BEMT PM, HARM STUDY GROUP, "Frecuency of and risk factors for preventable medication-related hospital admissions in the Netherland", *Archives Internal Medical*, vol. 168, no 17, 2008, p. 1890.

706 MEJÍA G, SAIZ-RODRÍGUEZ M, GÓMEZ DE OLEA B, OCHOA D, ABAD-SANTOS F, "Urgent Hospital Admissions Caused by Adverse Drug Reactions and Medication Errors –A Population – Based Study in Spain", *Frontiers in Pharmacology*, vol. 11, 2020, p. 7.

707 Directive 2010/84/EU amending as regards pharmacovigilance Directive 2001/83/EC on the Community code relating to medicinal products for human use. Consultado el 17 de junio de 2020

Existen diversas motivaciones para que los pacientes reporten los eventos adversos. En el caso de los Países Bajos, en un estudio realizado mediante encuesta, se observó que las motivaciones principales fueron la gravedad del evento y la necesidad de compartir la experiencia[708]. En una revisión sistemática guiada de Reino Unido, Países Bajos y Australia se concluye que la motivación principal de los pacientes es prevenir el evento adverso en otros pacientes[709].

La opinión de los expertos[710], en este caso, concuerda con las tendencias a nivel internacional. Se destaca que la participación del paciente en la fármacovigilancia aporta una información importante, cuyo detalle no podría ser valorado solo con la información de los profesionales. Se reconoce, así mismo, que todavía queda mucho camino por recorrer en este aspecto. La participación activa del paciente fortalece este sistema y, además, aumenta la confianza de los ciudadanos en los medicamentos y en la propia asistencia sanitaria.

en: https://eur-lex.europa.eu/LexUriServ/LexUriServ.do?uri=OJ:L:2010:348:0074:0099:EN:PDF. Regulation (EU) 1235/2010 amending, as regards phamacovigilance of medicinal products for human use. Consultado el 17 de junio de 2020 en: https://eurlex.europa.eu/LexUriServ/LexUriServ.do?uri=OJ:L:2010:348:0001:0016:EN:PDF. Regulation (EC) Nº 726/2004 laying down Communitiy procedures for the authorisation and supervision of medicinal products for human and veterinary use and establishing a European Medicines Agency. Consultado el 17 de junio d e2020 en: https://eur-lex.europa.eu/legal-content/EN/TXT/?uri=CELEX%3A32004R0726. Regulation (EC) Nº 1394/2007 on advanced therapy products. Consultado el 17 de junio de 2020 en: https://eur-lex.europa.eu/legal-content/EN/ALL/?uri=CELEX%3A32007R1394

[708] VAN HUNSEL F, VAN DER WELLE C, PASSIER A, VAN PUIJENBROEK E, VAN GROOTHEEST K, "Motives for reporting adverse drug reactions by patient-reporters in the Netherland", *European Journal Clinical Pharmacology*, vol. 66, no 11 , 2010, p. 1147.

[709] AL DWEIK R, STACEY D, KOHEN D, YAYA S, "Factors affecting patient reporting of adverse drug reactions: a systematic review", *British Journal of Clinical Pharmacology*, vol. 83, no 4, 2017, p. 975.

[710] VAN HUNSEL F, HÄRMARK L, ROLFES L, "Fifteen years of patient reporting- what have we learned and where are we heading to?", *Expert Opinion on Drug Safety*, vol. 18, no 6, 2019, p. 482.

CAPÍTULO TERCERO

MEDICINA DEFENSIVA Y LITIGIOSIDAD: ANÁLISIS DE LA JUDICIALIZACIÓN EN MATERIA DE RESPONSABILIDAD PATRIMONIAL SANITARIA EN ESPAÑA

1. METODOLOGÍA

La investigación llevada a cabo se trata de un estudio observacional transversal de las sentencias de los Tribunales Superiores de Justicia (salas de lo contencioso-administrativo) sobre responsabilidad patrimonial sanitaria en España dictadas en el período de 1 enero 2008 a 31 de agosto de 2020. Se excluye la jurisdicción penal, ya que se refiere a situaciones que conlleven delito o falta por acción u omisión. Así mismo, excluimos la jurisdicción civil al versar principalmente sobre conflictos relacionados con la asistencia sanitaria privada. Las sentencias del Tribunal Supremo también se han excluido, ya que el acceso a casación está enormemente restringido, por tanto, su inclusión produciría importantes sesgos en los resultados.

En lo que respecta a la metodología hemos incluido las sentencias tanto de primera como de segunda instancia. En este aspecto debe tenerse en cuenta que, dependiendo de los casos, los Tribunales Superiores de Justicia se pueden pronunciar en primera y única instancia o en segunda, cuando el caso ha sido dirimido previamente por un órgano jurisdiccional inferior (juzgado de lo contencioso-administrativo). La variabilidad de uno u otro caso se encuentra en función de la cuantía reclamada y del órgano de la administración sanitaria que tiene la competencia para resolver la reclamación. Consideramos preciso resaltar que, en las demandas por responsabilidad en el ámbito de la asistencia sanitaria pública, solo puede ser demandada la Administración sanitaria correspondiente y no directamente el profesional implicado en el caso.

Para llevar a cabo el análisis de las sentencias se ha utilizado la base de datos de acceso público CENDOJ (Centro de Documentación Judicial). La clave como criterio de búsqueda fue: "responsabilidad patrimonial sanitaria", de esta manera se obtuvieron un primer grupo de 11.767 sentencias.

Las variables estudiadas y recogidas a través de una ficha de datos por año se clasifican en cuatro apartados:

a. Administrativas:

- Comunidad Autónoma donde se produce la demanda.
- Instancia primera o segunda en caso de apelación.
- Apelante en caso de segunda instancia en su caso paciente y/o familia o el servicio de salud y/o aseguradora.

b. Clínicas:

- Edad del paciente. Dado que en la mayoría de las sentencias no existen datos suficientes para conocer la edad exacta del paciente hemos distinguido entre mayores y menores de edad y los recién nacidos (RN) hasta 1 año. Estos últimos para después analizar las sentencias relacionadas con el parto.
- Ámbito del acto médico. Se ha diferenciado entre el hospitalario y el extrahospitalario.
- Especialidad implicada. Hemos incluido como especialidad la Medicina de Urgencias, aunque no esté reconocida aún en España (a diferencia de casi el resto de Europa). Dentro ella hemos considerado preciso disitinguir entre la Medicina de Urgencias Hospitalaria (Med de Urgencias) y Extrahospitalaria (M R Emergencias).
- Tipo de actuación. A la hora contextualizar y analizar las sentencias desde un punto de vista clínico se ha diferenciado si la actuación es de tipo urgente o no urgente.

c. Judiciales:

- Daño reclamado. Se ha divido el daño reclamado entre secuelas y fallecimiento. Dentro de esta variable se ha añadido por su interés el daño al recién nacido, fallecimiento en el recién nacido y feto muerto.
- Motivo de la sentencia. Uno de los aspectos más relevantes para la consecución de los objetivos del estudio era conocer los motivos de las sentencias. Se han clasificado en:

1. Sin infracción de la *lex artis*.
2. Con infracción de la *lex artis*:

a) déficit de información: por la falta de consentimiento informado o por la falta de información correcta;
b) mala praxis diagnóstica y/o terapéutica;
c) pérdida de oportunidad;

d) daño desproporcionado;
e) daño moral;
f) wronful birth;
g) mala praxis diagnóstico y/o tratamiento más déficit de información;
h) mala praxis diagnóstica y/o tratamiento más daño moral.

- Fallo de la sentencia. Se divide en desestimatorio, estimación parcial o total.
- Cuantía de la indemnización.

El tamaño de la muestra se ha obtenido a través del programa Granmo 7.12. Dada la ausencia de datos previos sobre la prevalencia de las sentencias se toma una proporción estimada de P=0,50, para un nivel de confianza de 95% (alfa=0.05) y una precisión del 5%. Se obtuvo un tamaño muestral de al menos 350 sentencias. Con el fin de aumentar la fiabilidad de los datos obtenidos se decide ampliar el tamaño de la muestra hasta 1.015 sentencias. De tal forma que se han incluido 80 sentencias por año, excepto en el año 2020 que han sido 55 dado ya que se han evaluado ocho meses del año. El muestreo utilizado ha sido de tipo sistemático, incluyéndose una de cada ocho sentencias obtenidas a través de la base de datos CENDOJ.

Los criterios de inclusión fueron tres: motivación clínica del pronunciamiento judicial, consecuencias para el paciente y cuantía de la indemnización.

Los criterios de exclusión fueron:

a. las sentencias en las que existe más de una especialidad implicada;
b. las sentencias que traen causa de reclamaciones en las que solo se ha demandado a la compañía aseguradora;
c. las sentencias que se limitan a inadmitir por motivos formales la reclamación (p.ej. prescripción del plazo para reclamar);
d. las sentencias no relacionadas con el objeto de estudio;

La estadística descriptiva se muestra en las variables categóricas mediante la obtención de valores absolutos, porcentajes e intervalos de confianza para todas las variables al 95% (IC 95%) y en las variables cuantitativas mediante la mediana y el rango intercuartil (RIC). En relación con las variables cuantitativas se comprobó previamente el tipo de distribución por medio del test de la Z de Kolmogorov-Smirnov. Con el fin de realizar la comparación de datos cualitativos se utilizó ji al cuadrado, y para la comparación de las variables cuantitativas se utilizó la prueba de U de Mann-Whitney o la prueba de Kruskal Wallis, según se precise. Lo valores de $p < 0,05$ se consideran significativos. Los datos se analizan con el programa IBM SPSS Statitics versión 24 (License Python 2.7.6. y 3.4.3.).

En lo relativo a la variable comunidad autónoma y con el objetivo de corregir el valor absoluto obtenido se ha elaborado un índice de sentencias por cada 100.000 habitantes, en función de la población de la comunidad autónoma y actualizado a fecha de 2019, según los datos de INE (Instituto Nacional de Estadística).

Dado que el estudio se ha llevado a cabo a través del análisis de sentencias de carácter público es imposible identificar a las personas implicadas en las sentencias por lo que considero que no existen problemas de carácter ético ni tampoco es preciso el consentimiento para el tratamiento de datos.

2. RESULTADOS

2.1. ANÁLISIS DESCRIPTIVO INDIVIDUAL DE CADA VARIABLE

2.1.1. Variables administrativas

2.1.1. a) Comunidades Autónomas

En orden decreciente la frecuencia de sentencias en las comunidades autónomas fue: Madrid con 333 (32,81%; IC 29,92-35,79), Valencia con 116 (11,43%; IC 9,53-13,54), Andalucía con 79 (7,78%; IC 6,21-9,60), Asturias con 70 (6,89%; IC 5,41-8,63), Castilla León con 65 (6,40%; IC 4,97-8,09), Cataluña con 56 (5,51%; IC 4,19-7,10), Galicia con 52 (5,12%; IC 3,85-6,66), Aragón con 39 (3,84%; IC 2,74-5,21), Murcia con 32 (3,15%; IC 2,16-4,42), País Vasco con 32 (3,15%; IC 2,16-4,42), Extremadura con 26 (2,56%; IC 1,68-3,73), Canarias con 25 (2,46%; IC 1,60-3,61), Castilla la Mancha con 24 (2,36%; IC 1,52-3,49), Baleares con 21 (2,06%; IC 1,28-3,14), Cantabria con 18 (1,77%; IC 1,05-2,78), Navarra con 12 (1,18%; IC 0,61-2,05) (Tabla 6). En la Figura 15 se aprecia el resultado en frecuencia de todas las comunidades autónomas.

Tabla 6. Número, frecuencia e IC (95%) de sentencias por CC.AA.

CC. AA.	N (%)	IC95%
Andalucía	79 (7,78)	[6,21-9,60]
Aragón	39 (3,84)	[2,74-5,21]
Asturias	70 (6,89)	[5,41-8,63]
Baleares	21 (2,06)	[1,28-3,14]
Canarias	25 (2,46)	[1,60-3,61]
Cantabria	18 (1,77)	[1,05-2,78]
Castilla La Mancha	24 (2,36)	[1,52-3,49]

Castilla León	65 (6,40)	[4,97-8,09]
Cataluña	56 (5,51)	[4,19-7,10]
Extremadura	26 (2,56)	[1,68-3,73]
Galicia	52 (5,12)	[3,85-6,66]
La Rioja	15 (1,47)	[0,82-2,42]
Madrid	333(32,81)	[29,92-35,79]
Murcia	32 (3,15)	[2,16-4,42]
Navarra	12 (1,18)	[0,61-2,05]
País Vasco	32 (3,15)	[2,16-4,42]
Valencia	116(11,43)	[9,53-13,54]
Total	1.015	

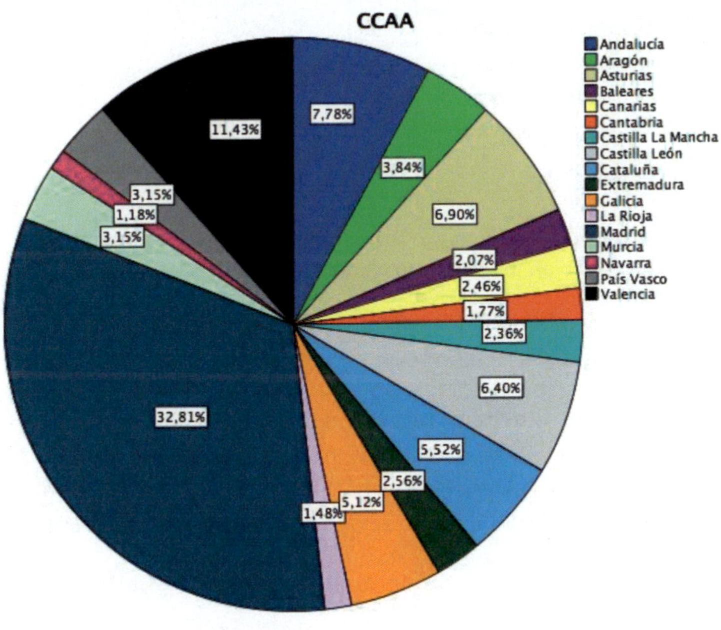

Figura 15. Porcentaje de sentencias en valor absoluto por Comunidad Autónoma

Una vez normalizados por 100.000 habitantes se encontró que la comunidad con mayor índice fue Asturias (6,84), seguida de Madrid (4,99), La Rioja (4,73) y Cantabria. Las tres comunidades con menor índice fueron Andalucía (0,09), Cataluña (0,72) y Canarias (1,16) (Figura 16).

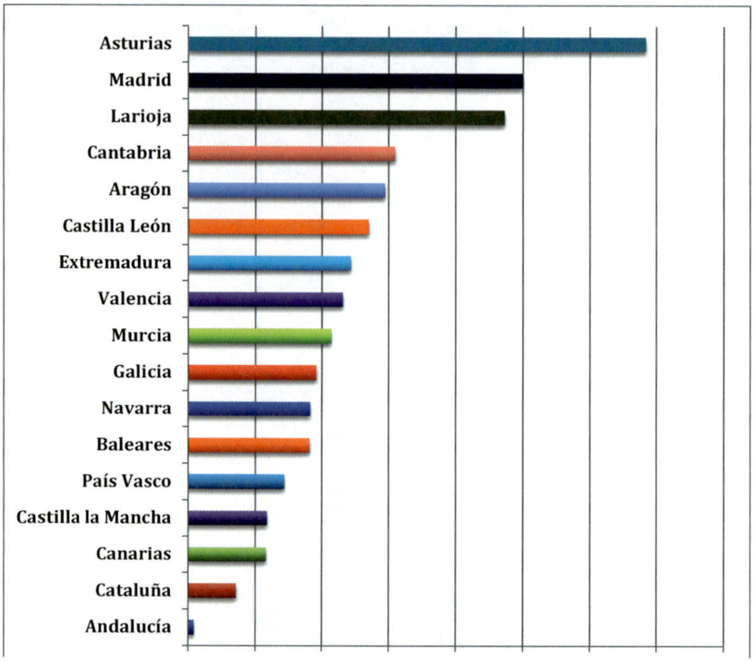

Figura 16. Índice de sentencias por 100.000 habitantes según datos de población del Instituto Nacional de Estadística de 2019

2.1.1. b) Instancia y apelante

La mayor parte de las sentencias fueron en primera instancia con 732 (72,11%; IC 69,24-74,19) y en segunda instancia 283 (27,88%; IC 25,14-30,75) (Figura 17). De las 283 sentencias de segunda instancia, 218 (77,03%; IC 71,68-81,80) sentencias el apelante es el paciente y/o la familia y 65 (22,96%; IC 18,19-28,31) lo son el servicio de salud o bien la aseguradora o ambos.

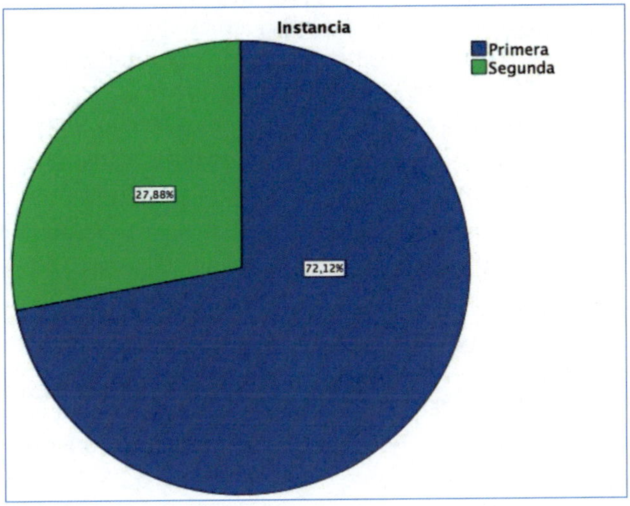

Figura 17. Porcentaje de sentencias en función de la instancia

2.1.2. Variables clínicas

2.1.2. a) Edad

La mayoría de los pacientes eran mayores de edad, en 927 casos (91,33%). Los recién nacidos hasta 1 año fueron 41 casos (4,04%) y el resto de menores de edad fueron 47 casos (4,63%) (Tabla 7).

Tabla 7. Sentencias según la edad

Edad	N (%)	IC95%
Menor de edad	47 (4,63)	[3,42-6,11]
Mayor de edad	927 (91,33)	[89,42-92,98]
RN	41 (4,04)	[2,91-5,44]
Total	1.015	

2.1.2. b) Especialidades médicas

Se ha obtenido un conjunto de especialidades donde la frecuencia es menor del 2% (Otros): Anatomía Patológica 1 caso (0,09%; IC 0,002-0,548), Cirugía Maxilofacial 8 casos (0,78%; IC 0,34-1,54), Cirugía Pediátrica 3 casos (0,29%; IC 0,06-0,86), Cirugía Plástica 2 casos (0,19%; IC 0,02-0,71), Cirugía Torácica 7 casos (0,69%; IC 0,27-1,41),

Dermatología 5 casos (0,49%; IC 0,16-1,14), Enfermera 4 casos (0,39%; IC 0,10-1,00), Fisioterapeuta 1 caso (0,09%; IC 0,002-0,548), Hematología 8 casos (0,78%; IC 0,34-1,54), Matrona 3 casos (0,29%; IC 0,06-0,86), Medicina Intensiva 6 casos (0,59%; IC 0,21-1,28), Medicina Preventiva 1 caso (0,09%; IC 0,002-0,548), M. R. Emergencias 12 casos (1,18%; IC 0,61-2,05), Nefrología 3 casos (0,29%; IC 0,06-0,86), Neumología 11 casos (1,08%; IC 0,54-1,93), Neuropediatría 1 caso (0,09%; IC 0,002-0,548), Oncología 10 casos (0,98%; IC 0,47-1,80), Oncología Infantil 2 casos (0,19%; IC 0,02-0,71), Psiquiatría 9 casos (0,88%; IC 0,40-1,67), Radiodiagnóstico 5 (0,49%; IC 0,16-1,14), Rehabilitación 1 caso (0,09%; IC 0,002-0,548), Reumatología 6 casos (0,59%; IC 0,21-1,28).

La especialidad más implicada en las demandas fue Traumatología y Ortopedia con 172 casos (16,9%; IC 14,68-19,39), le sigue Ginecología y Obstetricia con 142 casos (14%; IC 11,91-16,27) y en tercer lugar Cirugía General con 103 casos, (10,1%; IC 8,35-12,17). Por detrás de ellas y en orden descendente se encuentran: Medicina de Urgencias con 97 casos (9,5%; IC 7,81-11,53), Medicina de Familia con 61 casos (6%; IC 4,62-7,65), Oftalmología con 45 casos (4,4%; IC 3,25-5,88), Medicina Interna con 39 casos (3,8%; IC 2,74-5,21), Neurocirugía con 38 casos (3,7%; IC 2,66-5,10), Pediatría con 30 casos (3%; IC 2,00-4,19), Urología con 26 casos (2,6%; IC 1,68-3,73), Anestesiología y Reanimación con 26 casos (2,6%; IC 1,68-3,73), Cirugía Cardiovascular con 25 casos (2,5%; IC 1,60-3,61), Digestivo con 24 casos (2,4%; IC 1,52-3,49), Cardiología con 22 casos (2,2%; IC 1,36-3,26) y Otorrinolaringología con 21 casos (2,1%; IC 1,28-3,14). No se ha encontrado la especialidad en 17 casos (1,7%; IC 0,97-2,66) (Figura 18). En la Tabla 8 se observan los valores absolutos, frecuencias e intervalos de confianza.

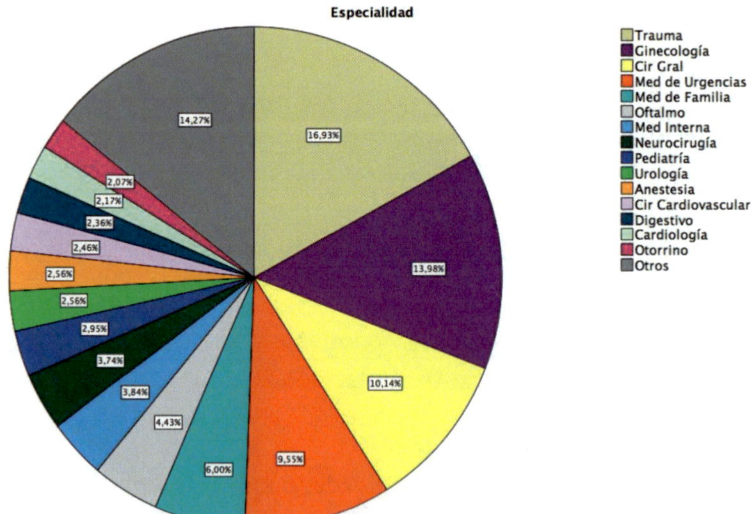

Figura 18. Porcentaje de las especialidades implicadas en las sentencias

Especialidad	N (%)	IC95%
A. Patológica	1 (0,1)	[0,002-0,548]
Anestesia	26 (2,6)	[1,68-3,73]
Cardiología	22 (2,2)	[1,36-3,26]
C. Cardiovascular	25 (2,5)	[1,60-3,61]
C. General	103 (10,1)	[8,35-12,17]
C. Maxilofacial	8 (0,8)	[0,34-1,54]
C. Pediátrica	3 (0,3)	[0,06-0,86]
C. Plástica	2 (0,2)	[0,02-0,71]
C. Torácica	7 (0,7)	[0,27-1,41]
Dermatología	5 (0,5)	[0,16-1,14]
Desconocido	17 (1,7)	[0,97-2,66]
Digestivo	24 (2,4)	[1,52-3,49]
Enfermera	4 (0,4)	[0,107-1,006]
Fisioterapeuta	1 (0,1)	[0,002-0,548]
Ginecología	142 (14)	[11,91-16,27]
Hematología	8 (0,8)	[0,34-1,54]
Matrona	3 (0,3)	[0,06-0,86]
Med de Familia	61 (6)	[4,62-7,65]
Med de Urgencias	97 (9,6)	[7,81-11,53]
Med Intensiva	6 (0,6)	[0,21-1,28]
Med Interna	39 (3,8)	[2,74-5,21]
Med Preventiva	1 (0,1)	[0,002-0,548]
M. R. Emergencias	12 (1,2)	[0,61-2,05]
Nefrología	3 (0,3)	[0,06-0,86]
Neumología	11 (1,1)	[0,54-1,93]
Neurocirugía	38 (3,7)	[2,66-5,10]
Neurología	18 (1,8)	[1,05-2,78]
Neuropediatría	1 (0,1)	[0,002-0,548]
Oftalmología	45 (4,4)	[3,25-5,88]
Oncología	10 (1)	[0,47-1,80]
O. Infantil	2 (0,2)	[0,02-0,71]
Otorrinolaringología	21 (2,1)	[1,28-3,14]
Pediatría	30 (3)	[2,00-4,19]

Psiquiatría	9 (0,9)	[0,40-1,67]
Radiodiagnóstico	5 (0,5)	[0,16-1,14]
Rehabilitación	1 (0,1)	[0,002-0,548]
Reumatología	6 (0,6)	[0,21-1,28]
Traumatología	172 (16,9)	[14,68-19,39]
Urología	26 (2,6)	[IC1,68-3,73]
TOTAL	1.015	

Tabla 8. Análisis descriptivo de las sentencias según la especialidad

2.1.2. c) Ámbito

La mayor parte de las sentencias pertenecen al ámbito hospitalario con 934 sentencias (92,02%; IC 90,17-93,61). En el ámbito extrahospitalario se han encontrado 81 sentencias (7,98%; IC 6,38-9,82) (Figura 19).

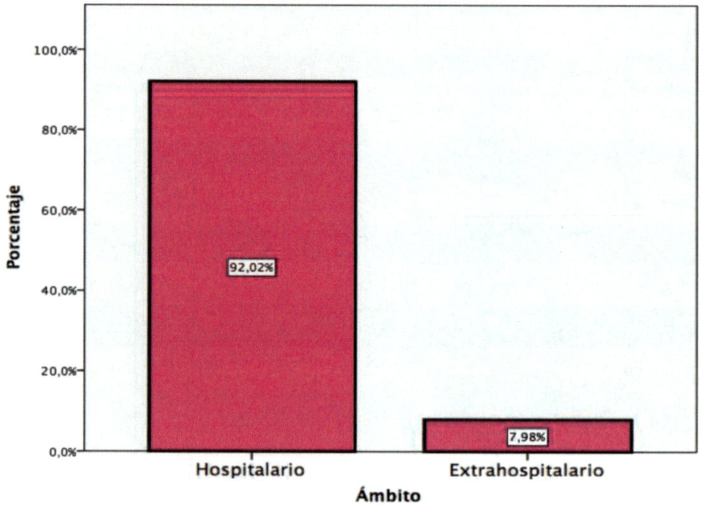

Figura 19. Ámbito de las sentencias

2.1.2. d) Actuación

Se ha encontrado que en la mayoría de las sentencias se trató de una actuación no urgente, 769 casos (75,8%; IC 73,00-78,37). La actuación fue urgente en 243 casos, (23,9%; IC 21,34%-26,68%) (Figura 20). En 3 casos esta variable era desconocida (0,29%; IC 0,06-0,86).

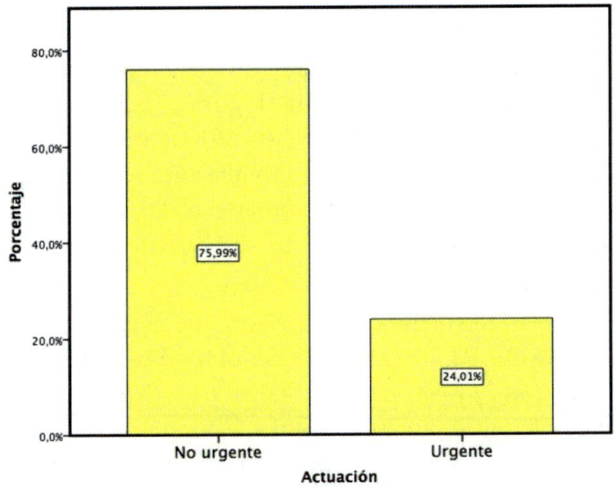

Figura 20. Porcentaje de las sentencias según la actuación

2.1.3 Variables judiciales

2.1.3. a) Daño reclamado

Se ha obtenido como daño reclamado las secuelas en 669 sentencias (65,91%; IC 62,90-68,82) y en 292 por fallecimiento (28,76%; IC 25,99-31,66). Se han encontrado 24 casos de secuelas en el recién nacido (2,36%; IC 1,52-3,49), 9 casos por fallecimiento de recién nacido (0,9%; IC 0,40-1,67) y en 8 por feto muerto (0,78%; IC 0,34-1,54) (Figura 21).

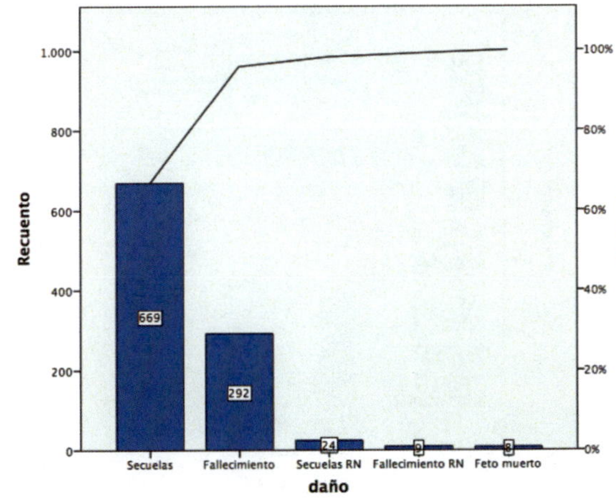

Figura 21. Distribución del daño según gráfico de Pareto

2.1.3. b) Fallo de las sentencias

El fallo de las sentencias se analiza en función de la instancia y en caso de segunda instancia también en función del apelante (Figura 22). En primera instancia (732) fueron desestimadas 470 (64,20%; IC 60,61-67,68), se estimaron parcialmente 247 (33,74%; IC 30,32-37,29) y fueron estimadas totalmente 15 (2,05%; IC 1,15-3,36). En segunda instancia (283) se obtuvieron 205 sentencias desestimatorias casos (72,43%; IC 66,83-77,56), se estimaron parcialmente 61 sentencias (21,55%; IC 16,90-26,80) y se estimaron totalmente 17 (6%; IC 3,53-9,44).

En segunda instancia (283) cuando el apelante fue el paciente o la familia fueron desestimadas 167 (76,61%; IC 70,41-82,05). Se obtuvo estimación parcial en 45 casos (20,64%; IC 15,47-26,62) y estimación total en 6 (2,75%; IC 1,01-5,89). Cuando el apelante es el servicio de salud y/o aseguradora se encontraron 38 sentencias desestimatorias (58,46%; IC 45,56-70,56), se estimaron parcialmente 16 (24,61%; IC 14,77-36,87) y con se estimaron totalmente 11 (16,92%; IC 8,76-28,26).

2.1.3. c) Motivos de las sentencias

De las 1.015 sentencias analizadas en 369 existe infracción de la lex artis (36,35%; IC 33,38-39,39). El motivo más frecuente fue la mala praxis diagnóstica /o de tratamiento con 138 casos (37,40%; IC 32,44-42,55). En frecuencia decreciente: la pérdida de oportunidad con 104 casos (28,18%; IC 23,65-33,07), déficit de información con 75 casos (20,3 2%; IC 6,33-24,79), la mala praxis diagnóstica y/o de tratamiento más información juntos fueron 21 casos (5,6%; IC 3,55-8,56), el daño moral en 11 casos (2,98%; IC 1,49-5,27), la mala praxis diagnóstica y/o tratamiento más daño moral en 10 casos (2,71%; IC 1,30-4,92), el daño desproporcionado en 7 casos (1,89%; IC 0,76-3,86) y por último *wrongful birth* en 3 casos (0,81%; IC 0,16-2,35) (Figura 23).

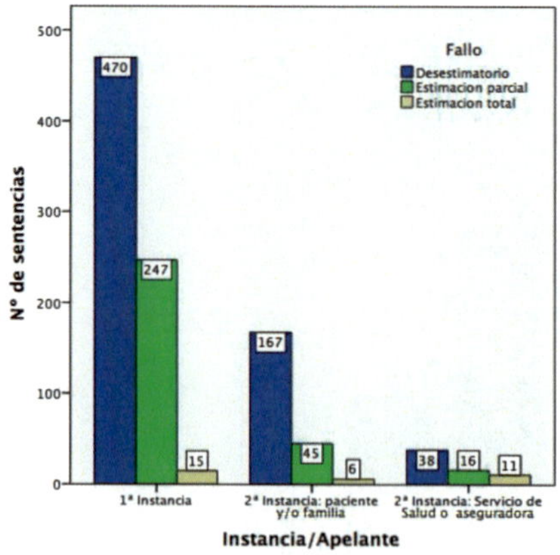

Figura 22. Sentencias según instancia y apelante en función del fallo

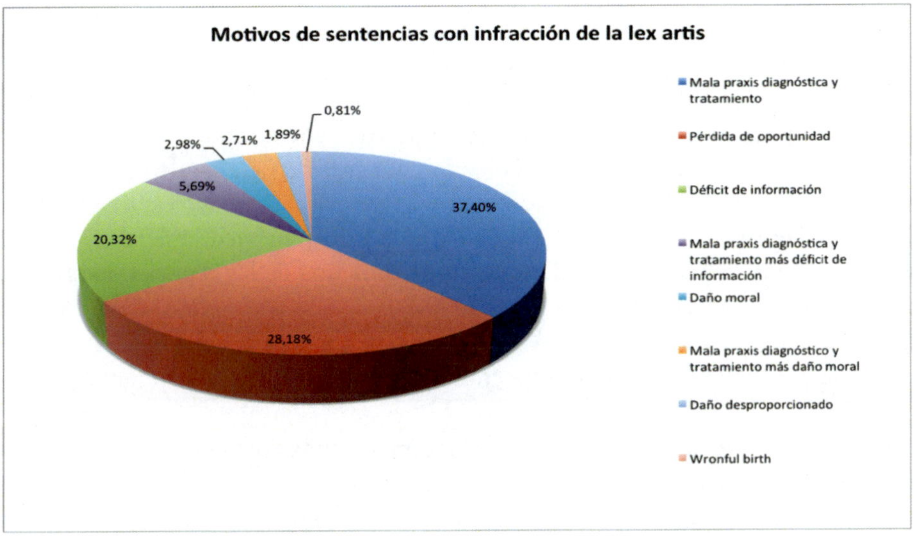

Figura 23. Los motivos de sentencias con infracción de la lex artis en porcentaje

2.1.3. d) Cuantías indemnizatorias

De las 366 sentencias con cuantía indemnizatoria, la mediana fue 40.369,48 euros (RIC 72.000) (Figura 24). El mínimo fueron 1.300 euros y el máximo 974.848,71 euros. Las dos cuantías más altas fueron una de 800.000 euros y otra de 974.848,71 euros.

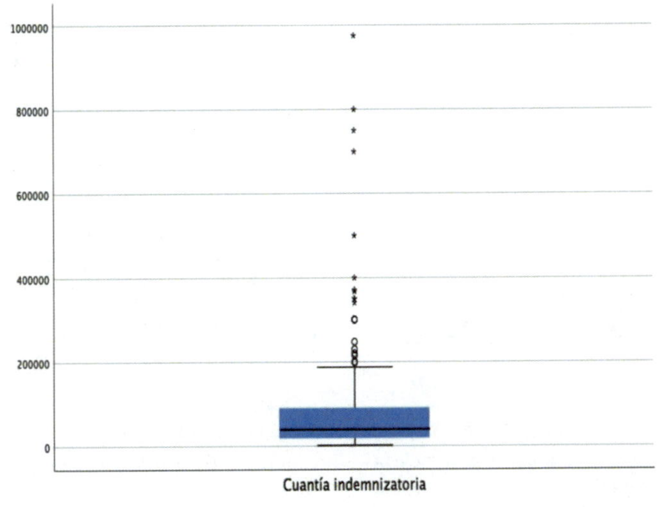

Figura 24. Mediana de la totalidad de las cuantías indemnizatorias

2.2. ANÁLISIS DESCRIPTIVO DE LA RELACIÓN ENTRE LAS VARIABLES

2.2.1. Relación entre la especialidad y el daño

Se han analizado las especialidades con una frecuencia mayor o igual al 2%. Se ha encontrado que en Cardiología el fallecimiento es la secuela más frecuente, 12 casos (54,54%; IC 32,21-75,61), en Medicina de Urgencias, 55 casos (59,14%; IC 48,45-69,22), en Digestivo, 14 casos (60,87%; IC 38,54-80,29) y en Medicina Interna con 29 casos (76,31%; IC 59,75-88,55). El recuento de cada una de las especialidades según el daño se observa en la Figura 25.

2.2.2. Relación entre la especialidad y el motivo de la sentencia

Se han analizado los tres motivos de sentencias más frecuentes: la mala praxis diagnóstica y/o tratamiento, la pérdida de oportunidad y el déficit de información en relación con las especialidades con una frecuencia igual o mayor del 2% (Figura 26). El déficit de información fue más frecuente en Anestesia con 5 casos (35,71%; IC 12,76-64,86), Neurocirugía con 8 casos (50%; IC 24,65-75,34) y Oftalmología con 8 casos (53,33%; IC 26,58-78,73). La pérdida de oportunidad es más frecuente en Cardiología con 4 casos (57,14%; IC 18,40-90,10), Digestivo con 3 casos (50% IC; 11,81-88,18), Medicina de Familia con 13 casos (59,1%; IC 36,35-79,29), Medicina de Urgencias con 15 casos (48,38% IC; 30,15-66,93).

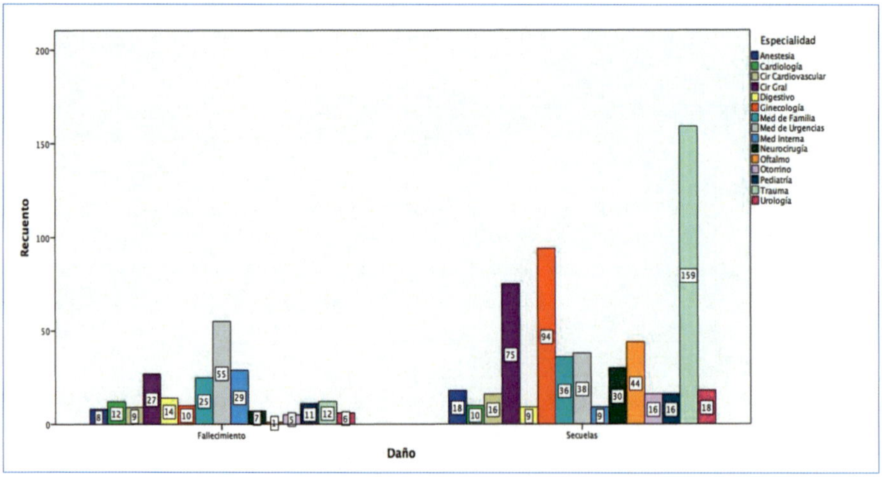

Figura 25. Búmero de sentencias en función de la especilaidad y el daño (secuelas/fallecimiento)

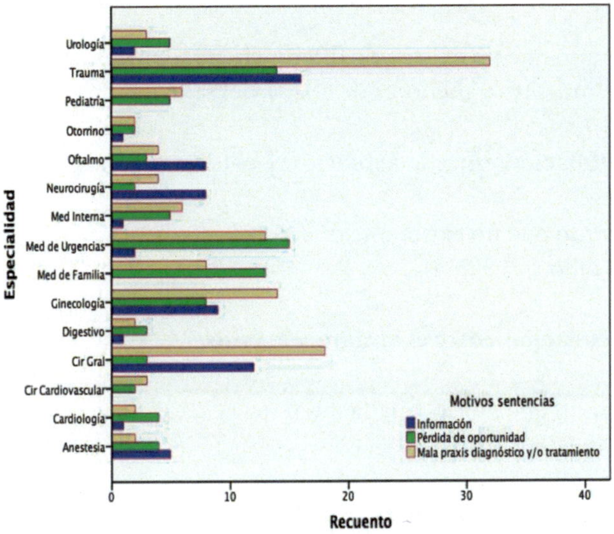

Figura 26. Número de sentencias en función de la especialidad y de los tres motivos de sentencia estimatoria más frecuentes

2.2.3. Relación entre el año y el motivo de sentencia

Se han analizado los tres motivos de sentencia estimatoria más frecuentes: mala praxis diagnóstica y/o tratamiento, pérdida de oportunidad y déficit de información en relación a los años estudiados. Los resultados obtenidos se observan en la Figura 27.

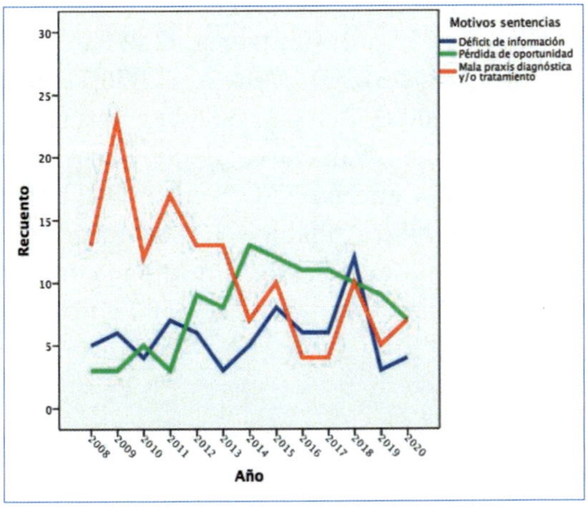

Figura 27. Evolución de los tres motivos de sentencias estimatorias más frecuentes

2.2.4. Relación entre la edad y el fallo

Se ha encontrado que no existe una diferencia estadísticamente significativa entre la variable edad (mayores y menores de edad) y el fallo (p=8,90).

2.2.5. Relación entre la actuación y el fallo

Se ha encontrado que no existe una diferencia estadísticamente significativa entre la actuación y el fallo (p= 5,234).

2.2.6. Relación entre el ámbito y el fallo

Se ha encontrado que no existe una diferencia estadísticamente significativa entre el ámbito y el fallo (p= 1,302).

2.2.7. Relación entre el daño y el fallo

Se ha encontrado que no existe una diferencia estadísticamente significativa entre el daño (secuelas y fallecimiento) y el fallo (p= 6,335).

2.2.8. Relación entre la cuantía indemnizatoria y la comunidad autónoma

El análisis de las cuantías indemnizatorias por CC. AA. nos muestra que existe una diferencia estadísticamente significativa (p<0,001) (Figura 28). En orden ascendente las cuantías por CC. AA. son las siguientes: Extremadura es la comunidad con la mediana más baja, 15.000 euros (RIC 70.000), Baleares con una mediana de 25.813,63 euros (RIC 47.422,64), Valencia con 30.000 euros (RIC 157.193,08), Madrid 30.000 euros (RIC 74.953,66), Cantabria 37.779,62 euros (RIC 52.191,20), La Rioja 40.000 euros (RIC 100.287,75), Murcia 42.056,77 euros (RIC 94.185,36), Aragón 50.000 euros (RIC 100.000), Asturias 50.000 euros (RIC 58.421,13), Castilla León 50.000 euros (RIC 64.297,28), País Vasco 55.000 euros (RIC 75.920,41, Cataluña 60.000 euros (RIC 128.000), Canarias 72.075 euros (RIC 418.239,80), Castilla La Mancha 80.000 euros (RIC 93.488), Andalucía 100.000 euros (RIC 106.520,64), Navarra 103.808 (RIC 187.419,64). Madrid es la comunidad con la cuantía más elevada, 974 848,71 euros y Castilla León con la más baja, 1.300 euros.

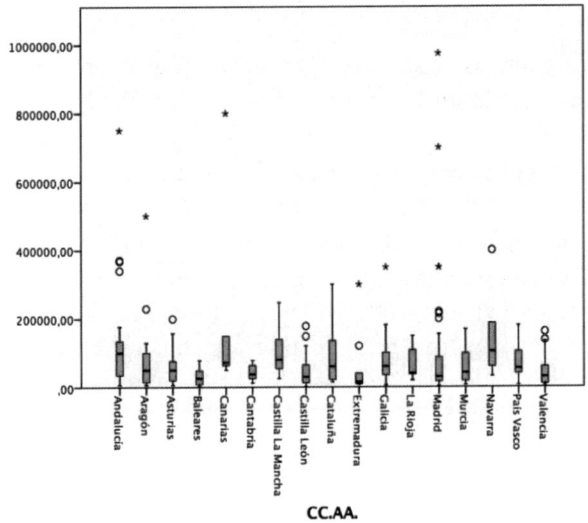

Figura 28. Mediana de las cuantías indemnizatorias por CC. AA.

2.2.9. Relación entre la cuantía indemnizatoria y el año

En cuanto a las indemnizaciones a lo largo de los años estudiados, no se ha hallado una diferencia estadísticamente significativa (p= 0,393) (Figura 29).

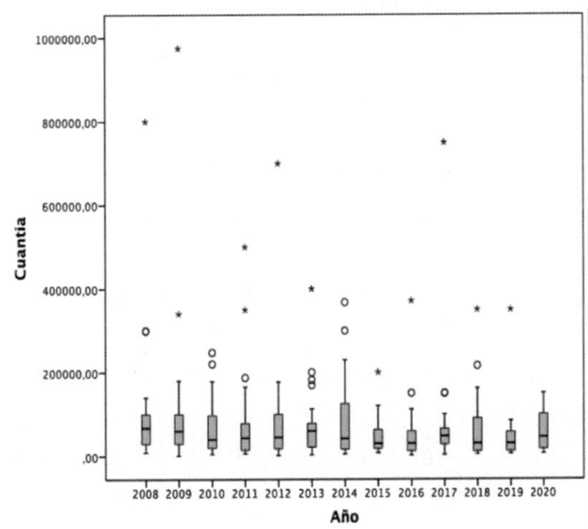

Figura 29. Mediana de las cuantías por años

2.2.10. Relación entre la cuantía indemnizatoria y la edad

Se ha encontrado que no existe una diferencia estadísticamente significativa en la mediana de las cuantías obtenidas en relación a la edad (p= 0,081).

2.2.11. Relación entre la cuantía y la instancia

Se ha encontrado una diferencia estadísticamente significativa en la mediana de las cuantías entre la primera y la segunda instancia (p= 0,003). En primera instancia la mediana fue de 37.076,47 euros (RIC 67.601,55) y en segunda instancia la mediana fue de 60.000 euros (RIC 83.469,23). En primera instancia el mínimo fue 2.000 euros y el máximo 974.848,71 euros. En segunda instancia el mínimo fue 1.300 euros y el máximo 800.000 euros (Figura 30).

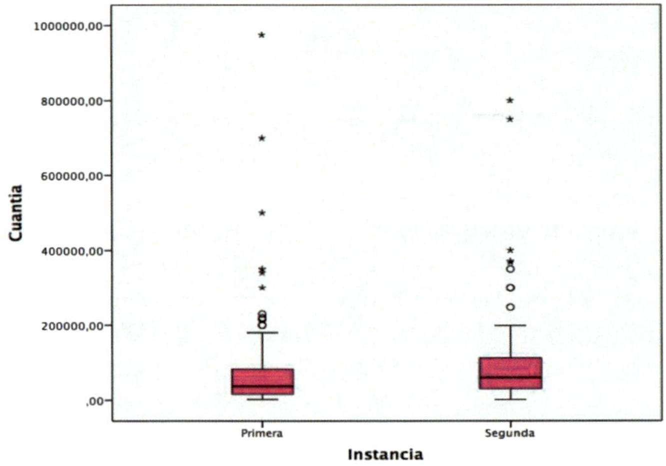

Figura 30. Mediana de las cuantías en función de la instancia

2.2.12. Relación entre la cuantía y la especialidad

Se ha encontrado que no existe diferencia estadísticamente significativa en la mediana de las cuantías en las especialidades con frecuencia igual o mayor al 2% (p= 0,305). En la Figura 31 se observa la mediana de las cuantías por especialidades. La especialidad de Pediatría obtuvo la mediana más elevada con 80.000 euros (RIC 189.548,42).

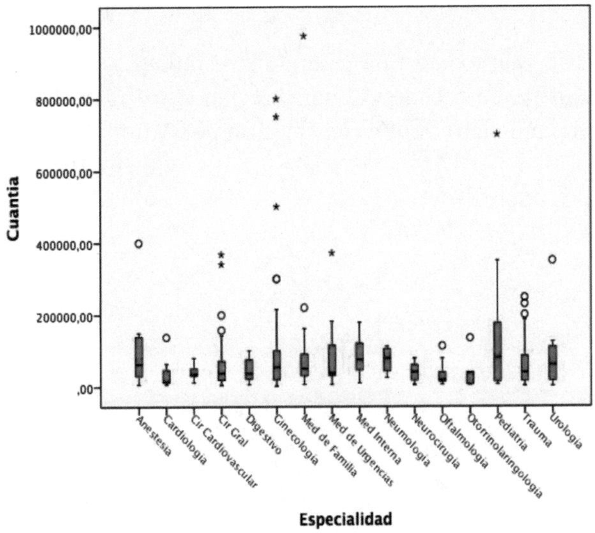

Figura 31. Mediana de las cuantías en función de la especialidad

Por orden decreciente se hallaron las siguientes medianas: Medicina Interna 74.117,23 euros (RIC 168.800), Anestesia 62.964 euros (RIC 115.375), Urología 60.000 euros (RIC 110.000), Ginecología y Obstetricia 53.758,50 euros (RIC 80.885,34), Medicina de Familia 50.000 euros (RIC 64.934,33), Neurocirugía 40.000 euros (RIC 44.000), Traumatología 38.889,58 euros (RIC 73.666,61), Otorrinolaringología 38.056,77 euros (RIC 57.938,40), Medicina de Urgencias 37.779,62 euros (RIC 90.000), Cirugía General 37.500 euros (RIC 56.436), Digestivo 37.000 euros (RIC 64.750), Cirugía Cardiovascular 35.140,64 euros (RIC 24.000), Oftalmología 18.000 euros (RIC 28.000), Cardiología con 15.000 euros (RIC 55.667,90). Medicina de Familia fue la especialidad con la cuantía máxima concedida, 974.848,71 euros y la especialidad la cuantía menor fue Urología, 1.300 euros.

2.2.13. Relación entre la cuantía y el ámbito

Se ha encontrado que no existe una diferencia estadísticamente significativa en la mediana de las cuantías obtenida en relación al ámbito (p= 0,459).

2.2.14. Relación entre la cuantía y la actuación

Se ha encontrado que no existe una diferencia estadísticamente significativa en la mediana de las cuantías obtenida en relación con la actuación (p= 0,490).

2.2.15. Relación entre la cuantía y el daño

Se ha encontrado que existe una diferencia estadísticamente significativa en la mediana de las cuantías en relación al daño reclamado (p= 0,000). La Figura 32 representa la la mediana de las cuantías en función del daño reclamado.

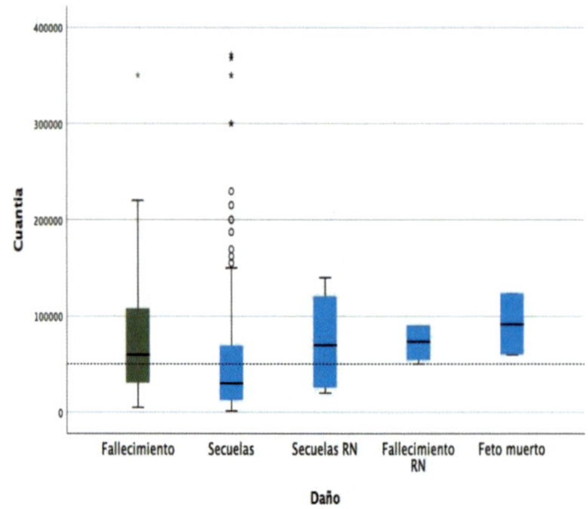

Figura 32. Mediana de las cuantías en función del daño reclamado

En caso de fallecimiento. la mediana fue 60.000 euros (RIC 78.621,25), con un mínimo de 5.000 euros y un máximo de 700.000 euros. En las secuelas la mediana fue de 30.000 euros (RIC 57.512,39), con un mínimo de 1.300 euros y un máximo de 974 848,71 euros. En las secuelas en el RN se obtuvo una mediana de 70.000 euros (RIC 107.500), con un mínimo de 20.000 euros y máximo de 800.000 euros. En el fallecimiento en el RN la mediana es de 73.758,50 euros (RIC 38.120,75), el mínimo fue de 60.000 euros y el máximo de 123.216,47 euros. En caso de feto muerto la mediana fue de 91 608,23 euros (RIC 63.216,47) un mínimo de 60.000 euros y un máximo de 123.215,47 euros.

2.2.16. Relación entre la cuantía y el motivo de la sentencia

Se ha encontrado una diferencia estadísticamente significativa en la mediana de las cuantías en relación a los motivos de sentencia (p= 0,000).

Las sentencias por *wrongful birth* han obtenido la mediana más elevada, 300.000 euros (RIC 164.450), con un mínimo de 30.000 euros y un máximo de 800.000 euros. En orden decreciente: el daño desproporcionado, la mediana fue 100.000 euros (RIC 148.800), con un mínimo de 15.000 euros y un máximo de 350.000 euros; la mala praxis diagnóstica y/o tratamiento más déficit de información, 65.929 euros (RIC 79.604), con un mínimo de 6.000 euros y un máximo de 750.000 euros; la mala praxis diagnóstica y/o de tratamiento, 60.000 euros (RIC 95.000), con un mínimo de

1.300 euros y un máximo de 974.848,71 euros; la mala praxis diagnóstica y/o tratamiento y daño moral, 42.727,921 euros (RIC 98.500), con un mínimo de 2.000 euros y un máximo de 367.838,18 euros; la pérdida de oportunidad, 42.000 euros (RIC 59.691), con un mínimo de 5.887 euros y un máximo de 371.137; el daño moral, 20.000 euros (RIC 25.140), con un mínimo de 6.000 euros y un máximo de 97.000 euros; el déficit de información, 19.360 euros (RIC 32.500), con un mínimo de 2.000 euros y un máximo de 247.550,28 euros (Figura 33).

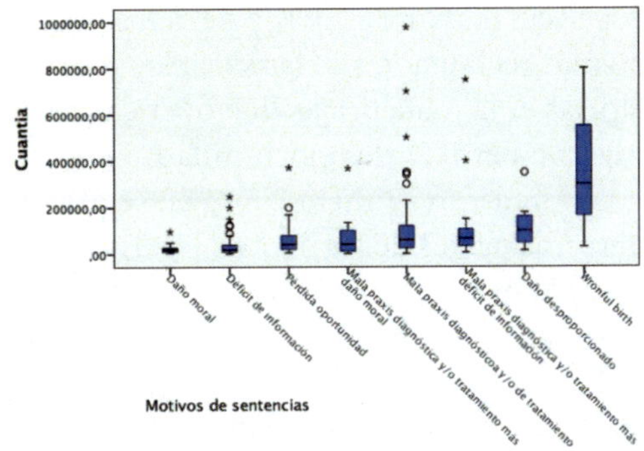

Figura 33. Mediana de las cuantías en función del motivo de la sentencia

2.2.17. Relación entre la cuantía y el fallo

Se ha encontrado una diferencia estadísticamente significativa en la mediana de las cuantías en relación con el fallo de la sentencia (p= 0,000). En las sentencias con estimación total se ha obtenido una mediana de 117.852 euros (RIC 115.969), con un mínimo de 15.000 euros y un máximo de 685.000 euros. En las sentencias estimadas parcialmente se ha hallado una mediana de 36.000 euros (RIC 60.230), con un mínimo de 1.300 euros y un máximo de 974.848 euros (Figura 34).

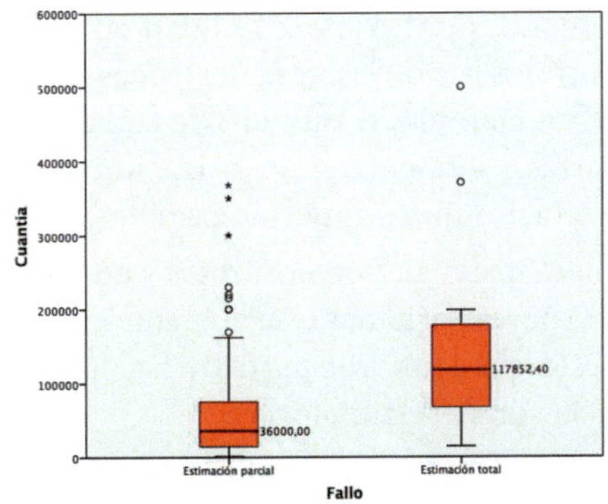

Figura 34. Mediana de las cuantías en función del fallo

3. DISCUSIÓN

El presente estudio se propuso con el objetivo de analizar las características de las sentencias por responsabilidad médica en el ámbito de la administración pública. El perfil general de las sentencias es el siguiente: la mayor parte de los casos se producen en pacientes mayores de edad, en el ámbito hospitalario y en un contexto de actuación no urgente. Las especialidades más frecuentemente implicadas en las demandas son Traumatología y Ortopedia, Ginecología y Obstetricia y Cirugía General. Todas ellas presentan una frecuencia mayor del 10% y pertenecen al grupo de especialidades quirúrgicas. El daño más reclamado son las secuelas y el motivo más frecuente de las sentencias condenatorias es la mala praxis diagnóstica y/o de tratamiento, encontrándose en segundo lugar la pérdida de oportunidad. El fallo es, en su mayoría, favorable a la administración tanto en primera como en segunda instancia, puesto que son desestimadas dos terceras partes de las demandas. Este es el hallazgo fundamental del estudio y que apoya la hipótesis planteada. En cuanto a las cuantías indemnizatorias, la mediana de todas las sentencias favorables al paciente y/o familia es de 40.369,98 euros y su evolución ha permanecido estable a lo largo de los años analizados, no hallándose una diferencia estadísticamente significativa.

La Comunidad Autónoma con mayor número de sentencias es Madrid. Sin embargo, cuando se ajusta la frecuencia por población, pasa a ser Asturias la comunidad de mayor índice con 6,84 sentencias por cada 100.000 habitantes. Los hallazgos obtenidos por CC.AA. son extremadamente complicados de justificar, ya que existen diferentes factores que puede influir en el índice de litigiosidad obtenido. En términos generales, algunos de ellos son: el propio sistema legal, su accesibilidad, la renta per cápita y la existencia o no de mecanismos extrajudiciales de conflictos, entre otros. En el caso de Asturias, en la que obtenemos el mayor índice, una de las explicaciones a nivel global es que es una de las comunidades autónomas con una tasa de litigiosidad superior a la media, 35,4 por cada 1.000 habitantes, según datos del Consejo General del Poder Judicial en 2019[711]. Por otro lado, los datos obtenidos en cuanto a la frecuencia de las demandas por responsabilidad en cada comunidad autónoma, también pueden verse influidos por las características de la asistencia sanitaria en cada comunidad, como por ejemplo: el número de camas y los recursos disponibles. Como veremos en el apartado siguiente, la organización de la jurisdicción contencioso-administrativa es otro factor que influye en los datos obtenidos en esta variable.

Los procesos en primera instancia son el 72,11% y en segunda instancia el 27,88%. El paciente y/o familia es mayoritariamente el apelante en segunda instancia, 77,03%, cuestión predecible, puesto que la mayor parte de las demandas de pacientes y/o familia en primera instancia son desestimatorias.

---

711 Consultado el 12 de julio de 2021 en: https://www.poderjudicial.es/cgpj/es/Poder-Judicial/En-Portada/Los-juzgados-y-tribunales-de-toda-Espana-registran-1-581-627-de-nuevos-asuntos-en-el-segundo-trimestre-de-2019--una-cifra-casi-identica-a-la-de-hace-un-ano

En cuanto a la edad de los pacientes implicados en las sentencias, nuestros datos indican que la población mayor de edad es a quienes afectan la mayor parte de las sentencias (91,33%). La población menor de edad relacionada con las sentencias está por debajo del 10%. Así mismo, hemos encontrado que no existe una diferencia estadísticamente significativa entre la edad y el fallo de la sentencia. A nuestro entender, el resultado obtenido de la población menor de edad implicada en demandas por responsabilidad podría explicarse por diversos motivos. En primer lugar, las enfermedades que afectan en la edad pediátrica tienen una menor incidencia que en adultos, es decir, los menores enferman menos. En segundo lugar, los métodos diagnósticos y terapéuticos son menos invasivos y agresivos que en los adultos. En tercer lugar, en España existe una cobertura universal mediante la cual la salud de los niños está protegida tanto en la atención primaria como en la hospitalaria. Por lo tanto, entendemos que existen menos oportunidades para que se produzcan situaciones de riesgo que puedan terminar en un proceso judicial. No obstante, este aspecto es distinto en otros países, en los que los condicionantes de vida y salud son muy diferentes en función del estatus social. En EE.UU. por ejemplo, existe una falta de cobertura universal, un aumento de las enfermedades crónicas -entre ellas la obesidad- y una falta de acceso a otras subespecialidades relacionadas con la infancia. Por consiguiente, la edad es por sí misma, un riesgo[712].

Las especialidades más implicadas en las sentencias son Traumatología y Ortopedia, Ginecología y Obstetricia y Cirugía General, entre todas suponen un 41% de los casos. No hemos encontrado estudios que analicen las sentencias únicamente en el ámbito contencioso-administrativo en España. Pese a ello, el dato obtenido en nuestro estudio es acorde con el obtenido a través del análisis de 24.000 médicos asegurados en Cataluña entre 1986 y 2005 en el que se analizaron 5.426 casos cerrados[713]. En otro estudio realizado en España se obtiene que las especialidades más reclamadas son Traumatología y Ortopedia, Ginecología y Obstetricia y en tercer lugar Urgencias[714]. Hemos de indicar que este estudio presenta diferencias metodológicas con respecto al nuestro, en cuanto a las jurisdicciones (civil, penal, contencioso administrativa) y el tribunal analizado (Audiencia provincial, Tribunales Superiores de Justicia y Tribunal Supremo). Sin embargo, los resultados son muy similares, puesto que en nuestros datos obtenemos que la medicina de urgencias se encuentra en cuarto lugar en orden de frecuencia.

---

[712] GREVE P, "Pediatrics: A unique and volatile risk", *Clinical Risk Management*, vol. 31, no 2, 2011, pp. 20-22.

[713] ARIMANY MANSO J, GÓMEZ DURÁN E, ALUBIA MARIMON J, "Las reclamaciones sobre responsabilidad por especialidades en un escenario diferente al estadounidense", *Gaceta Sanitaria*, vol. 27, no 1 , 2013, p. 92.

[714] PEREA PÉREZ B, SANTIAGO SÁEZ A, LABAJO GONZÁLEZ ME, ALBARRÁN JUAN E, DORADO FERNÁNDEZ E, GARCIA MARTIN A, "El médico ante los tribunales: análisis de las sentencias judiciales relacionadas con la responsabilidad profesional médica en España", *Revista Española de Medicina Legal*, vol. 39, no 4, 2013, pp. 130.

En el caso de EE.UU., las investigaciones determinan la probabilidad de que determinadas especialidades se enfrenten a una reclamación. Clásicamente se considera que las especialidades de Neurocirugía, Cirugía Cardio-Torácica y Cirugía General son las de mayor riesgo[715]. No obstante, en un estudio más reciente la especialidad de Neurocirugía obtiene únicamente un 2,2% del total de las reclamaciones estudiadas en EE.UU. entre 2003 y 2012[716]. En nuestro caso, la especialidad de Neurocirugía obtiene el octavo lugar en orden de frecuencia con un 3,7%. Como se observa existen diferencias que podrían deberse al hecho que nuestro análisis se circunscribe a la administración pública.

En el caso de Reino Unido, las especialidades más implicadas son la Medicina de Urgencias junto con Traumatología y Ortopedia, ambas obtienen un 12%. En tercer y cuarto lugar se encuentran Obstetricia, 9% y Cirugía General, 8%, de un total de 11.281 reclamaciones entre 2019 y 2020[717]. En otro estudio realizado entre 2002 y 2013 en Taiwan se obtuvo que las tres especialidades más implicadas fueron Obstetricia, Ortopedia y Medicina de Emergencia[718]. En una investigación en Italia, en el ámbito de la responsabilidad civil, se obtuvo que las especialidades más demandadas fueron: Ortopedia, Odontología, Cirugía General y Obstetricia y Ginecología[719]. Como podemos observar, los datos de estos estudios son muy similares a los obtenidos en nuestra investigación.

La medicina de urgencias y emergencias no es una especialidad reconocida en España (contrariamente a lo que ocurre prácticamente en toda Europa). Sin embargo, entendemos que su análisis como si realmente lo fuera es fundamental. En nuestra serie hemos encontrado que se posiciona en cuarto lugar dentro de las especialidades más demandadas. Este dato es similar al que encontramos en la literatura internacional, por lo que puede considerarse una especialidad de alto riesgo. No obstante, también hallamos estudios en los que se afirma que dicho riesgo es moderado[720].

---

[715] JENA AB, SEABURY S, LAKDAWALLA D, CHANDRA A, "Malpractice Risk According to Physician Specialty", *New England Journal Medicine*, vol. 365, no 7, 2011, p. 629.

[716] ELSAMADICY AA, SERGESKETTER AR, FRAKES MD, LAD SP, "Review of neurosurgery Medical Professional Liability Claims in the United States", *Neurosurgery*, vol. 83, no 5, 2018, pp. 998-1000.

[717] Annual Report and accounts 2019/20. NHS Resolution, p. 56. Consultado el 16 de febrero de 2020 en: https://resolution.nhs.uk/wp-content/uploads/2020/07/NHS-Resolution-2019_20-Annual-report-and-accounts-WEB.pdf.

[718] HWANG CY, WU CH, CHENG FC, YEN YL, WU KH, "A 12-year analysis of closed medical malpractice claims of the Taiwan civil court. A restrospective study", *Medicine*, vol. 97, no 13, 2018, p. 4.

[719] TREGLIA M, PALLOCI M, PASSALACQUA P, GIAMMATTEO J, DE LUCA L, MAURIELLO S, CISTERNA AM, MARSELLA LT, "Medical Liability: Review of a Whole Year of Judgments of the Civil Court of Rome", *International Journal of Environmental Research and Public Health*, vol. 18, no 11, 2021, p. 7.

[720] FERGUSON B, GERALDS J, PETREY J, HUECKER M, "Malpractice in Emergency Medicine- A Review of Risk and Mitigation Practices for the Emergency Medicine Provider", *Journal of Emergency Medicine*, vol. 55, no 5, 2018, pp. 659-665.

En cuanto a la medicina de familia se encuentra en nuestra investigación en quinto lugar, con un 6% de todas las reclamaciones. En un estudio realizado en EE.UU. en el que se revisaron 239.756 demandas se obtuvo que atención primaria (médicos de familia) estuvo implicada en el 11,5% de los casos, ocupando el tercer lugar[721]. Hemos de tener en cuenta que las características que tiene la práctica de la medicina de familia en EE.UU. en relación con la practicada en España son muy diferentes.

En conjunto, los resultados de nuestro estudio con respecto a las especialidades más implicadas en las demandas, no difiere de los datos a nivel mundial en cuanto a las tres especialidades más implicadas, siendo todas ellas quirúrgicas. Este resultado es congruente con lo que *a priori* pudiéramos estimar como especialidades de riesgo. Dicho dato es probablemente debido a que estas especialidades tienen un elevado nivel de tecnificación y que el acto quirúrgico es, en sí mismo, un proceso complejo. Así mismo, lo justifica el alto número de personas que se someten a un acto quirúrgico[722], por lo que podemos considerar que estas especialidades son de alto riesgo de demanda por negligencia.

En lo que se refiere a las especialidades de bajo riesgo o menos demandadas destacamos la Psiquiatría[723] por su relevancia en el ámbito de las especialidades médicas. En nuestro estudio hemos hallado que la Psiquiatría supone el 0,9% de todas las demandas. En otros estudios en EE.UU. se obtiene una frecuencia del 2,6%[724]. En una investigación en España se obtiene una incidencia acumulada de 1,35% en 23 años de periodo estudio[725]. Por lo tanto, aunque los datos no pueden ser comparados, sí parece que existe congruencia en que la Psiquiatría es una especialidad de bajo riesgo.

Teniendo en cuenta que las especialidades más demandadas son eminentemente del ámbito hospitalario, el resultado que hemos obtenido en este aspecto es el esperado: las demandas por responsabilidad médica en el ámbito hospitalario son las más frecuentes, 92%. Bajo nuestra perspectiva, la frecuencia de las demandas está íntimamente relacionada con el tipo de atención sanitaria que se practica. La medicina en el ámbito hospitalario tiene elevada complejidad en los medios diagnósticos y tera-

---

721 FLANNERY FT, PARIKH PD, OETGEN WJ, "Characteristics of Medical Professional Liability Claims in Patients Treated by Family Medicine Physicians", *Liability Claims in Family Medicine*, vol. 23, no 6, 2010, p. 753.

722 Según los datos del Ministerio de Sanidad, en España se realizaron en 3.700.000 millones de intervenciones quirúrgicas en 2019 (con y sin hospitalización). Consultado el 15 de julio de 2021 en: https://www.mscbs.gob.es/estadEstudios/sanidadDatos/home.htm

723 FRIERSON RL, JOSHI KG, "Malpractice Law and Psychiatry: An Overview", *Focus (Am Psychiatr Publ)*, vol. 17, no 4, 2019, pp. 332-334.

724 JENA AB, SEABURY S, LAKDAWALLA D, CHANDRA A, "Malpractice Risk According to Physician Specialty", *New England Journal Medicine*, vol. 365, no 7, 2011, p. 632.

725 MARTÍN FUMADÓ C, GÓMEZ DURÁN EL, RODRÍGUEZ PAZOS M, ARIMANY MANSO J, "Medical Professional Liability in Psychiatry", *Actas Españolas de Psiquiatría*, vol. 43, no 6, 2015, p. 208.

péuticos, lo que conlleva una enorme tecnificación. Sin embargo, la atención primaria es el primer nivel de atención, ya que se ocupa de los problemas más frecuentes de la población, de la promoción de la salud y de la prevención de las enfermedades. Así mismo, la relación médico-paciente es más cercana y fluida en términos generales, esto puede ser un argumento por el cual también el número de reclamaciones se concentra en su gran mayoría en el ámbito hospitalario.

La mayor parte de las sentencias se dan en un ámbito de actuación no urgente, 75,99%. Este resultado concuerda con que son mucho más abundantes las actuaciones sanitarias en procesos no urgentes que en los urgentes, siendo esta quizás, una explicación plausible a dicho resultado. No hemos encontrado en la literatura científica estudios que diferencien y comparen ambas actuaciones en el ámbito público.

En cuanto al daño reclamado, de todas las sentencias analizadas un 65,91% se refieren a secuelas y un 28,76% a fallecimiento. En el informe Medical Malpractice in America[726] que analiza, entre los años 2007 y 2016, las reclamaciones por negligencia médica en EE.UU. (124.000 casos analizados) obtiene que el resultado de muerte ocurre en el 22% de los casos. En otro estudio se analizaron 280.368 demandas con resultado de pago y el resultado de muerte se obtuvo en un 32%[727]. Los resultados de los citados estudios son muy similares a nuestros resultados a pesar de las diferencias metodológicas. Otro hallazgo de nuestro estudio es que no se ha encontrado una diferencia estadísticamente significativa entre el daño reclamado y el resultado de la sentencia.

El daño más reclamado en el caso de la especialidad de Cardiología es el fallecimiento, cercano al 55%. En una investigación que analizó las sentencias (civil, penal y contenciosos administrativo) entre 1992 y 2007 en España en la especialidad de cardiología, se obtuvo que el daño reclamado más frecuente fue el fallecimiento, un 75%[728]. En este caso existen algunas similitudes, en el sentido de que en esta especialidad parece que el fallecimiento es el daño reclamado más frecuente, aunque se debería corroborar mediante un estudio con un mayor tamaño muestral de las sentencias de la especialidad de Cardiología.

---

[726] CRICO 2018 CBS BENCHMARKING REPORT, "Medical Malpractice in Maerica. A 10-Year assessment with insights", 2018, p. 11, consultado el 7 de agosto de 2021 en: https://www.rmf.harvard.edu/Malpractice-Data/Annual-Benchmark-Reports/Medical%20Malpractice%20in%20America/Thank%20you%20for%20your%20request?submissionGuid=6ce3bd2e-fa8e-4e34-b4f7-9995269c33d9

[727] SCHAFFER AC, JENA AB, SEABURY SA, SINGH H, CHALASANI V, KACHALIA A, "Rates and Characteristics of Paid Malpractice Claims Among US Physicians by Specialty, 1992-2014", *Journal of American Medical Association Internal Medicine*, vol. 177, no 5, 2017, p. 713.

[728] SANTIAGO SÁEZ A, PEREA PÉREZ B, ALBARRÁN JUAN ME, LABAJO GONZÁLEZ E, ANADÓN BASELGA MJ, ALMENDRAL GARROTE J, "Análisis de las sentencias judiciales en la práctica de la cardiología resueltas en segunda instancia en España entre 1992-2007", *Revista Española de Cardiología*, vol. 65, no 9, 2012, p. 803.

El hallazgo más importante de la presente investigación y que apoya nuestra hipótesis de trabajo es que la mayor parte de las sentencias son desestimatorias, es decir, a favor de la administración sanitaria. Entendemos que este resultado puede contribuir a mejorar el conocimiento de los profesionales sanitarios sobre los aspectos relativos a las demandas por responsabilidad patrimonial. De igual modo, puede ayudar a disminuir la percepción negativa de los profesionales en lo que se refiere al resultado de las demandas. Aún en el caso de que se produzca la demanda, el resultado es favorable a la administración. En la primera instancia son el 64,2%, mientras que en segunda instancia, cuando el apelante es el paciente y/o la familia, se desestiman un 76,61%. Consideramos este resultado muy relevante porque si la mayor parte de las demandas son desestimatorias, más aún en segunda instancia, nos preguntamos cuales pueden ser los motivos: ¿carecen la mayor parte de las demandas de fundamentos jurídicos?. Si esto fuese así: ¿existe en España el fenómeno conocido en el mundo anglosajón como demandas "frívolas"?. También nos preguntamos: ¿existe un cierto sesgo a favor de la propia administración pública?. Es preciso que, a través del conocimiento científico, podamos dar respuesta a estos interrogantes para así poder implementar medidas de mejora.

Los estudios a este respecto en España son prácticamente inexistentes. Según datos del Consejo General del Poder Judicial, el sector donde se produce un mayor número de reclamaciones patrimoniales es la sanidad, un 33,3%. En este mismo informe, el resultado en cuanto al fallo en el conjunto de los litigios por responsabilidad patrimonial de la administración pública es que concluyen sin indemnización el 68,3% en primera instancia y el 66,1% en segunda instancia. Estos datos, además, permanecen estables a lo largo de los años. No obstante, estos resultados no son íntegros, ya que no existe un sistema completo de información[729]. Como podemos observar, aunque las cifras son generales sobre los fallos de las sentencias sobre responsabilidad patrimonial de la administración, son muy similares a los obtenidos en nuestro estudio. Creemos que estos datos podrían apoyar el resultado más importante de nuestra investigación y soportan la hipótesis defendida en la tesis. En un informe del Consello de Contas de Galicia se analizan 548 sentencias del Tribunal Superior de Justicia de Galicia entre 2000 y 2008, encontrándose que en total se desestimaron el 59,5%[730].

---

[729] DÍEZ SASTRE S, MARTÍNEZ SÁNCHEZ C, EGEA DE HARO A, ESTEBAN MIGUEL A, GONZÁLEZ ALONSO A, MARCO PEÑAS E, MARTÍN DELGADO I, PASTOR MERCHANTE F, REDONDO MARTÍN J, "Informe sobre la Justicia Administrativa 2020. Tributos, Contratos Públicos, Responasbilidad Patrimomial, Derechos Fundamentales, Personal de la Administración, Portección de datos, Transparencia y responsabilidad Contable", Centro de Investigación sobre Justicia Administrativa de la Universidad Autónoma de Madrid (CUA-UAM), 2020, p. 174. Consultado el 15 de julio de 2021 en: https://cija-uam.org/wp-content/uploads/2020/09/Informe_CIJA_2020_WEB_2.pdf

[730] CONSELLO DE CONTAS DE GALICIA, Informe de fiscalización da responsabilidades patrimonial sanitaria do Sergas, Ejercicio 2008. Consultado el 20 de julio de 2021 en: https://www.

En el escenario internacional la comparación es muy complicada debido a las diferencias en cuanto a los sistemas sanitarios y legales. Por ejemplo, la posibilidad de obtener un acuerdo sin llegar a juicio mediante mecanismos alternativos de resolución extrajudicial de conflictos. Pese a ello, en un estudio realizado en EE.UU. entre 1991 y 2005 se obtiene que la mayor parte de las reclamaciones no resultó en un pago al reclamante, 78%[731]. En una investigación se afirma que los médicos ganan la mayor parte de los litigios, incluso, cuando existe baja y media evidencia de que se haya producido una negligencia[732]. En otro estudio en el que se analizan 6.779 reclamaciones entre 2001 y 2015 relacionadas con los departamentos de emergencias en EE.UU. se obtuvo que en el 7,6% (515) de los casos se resolvieron en un juicio. El resultado final fue favorable al médico en el 92,6% de los casos[733]. En una investigación en dos regiones alemanas entre 2006 y 2010 se analizaron 232 decisiones judiciales. Se obtuvo un acuerdo en la mayoría de los casos 65,6%, en un 18,9% de los casos se retiró la demanda, en un 11,2% hubo desestimación y en 2,6% se produjo un proceso penal[734].

El motivo de sentencia estimatoria más frecuente es la mala praxis en relación al diagnóstico y/o el tratamiento. Este dato es congruente con un estudio donde se revisan 25 años de reclamaciones en EE.UU.[735]. En un estudio realizado entre 2004 y 2014 en EE.UU. en el que analizaron las características de las reclamaciones con resultado de pago se obtuvo que más de la mitad de ellas estaban relacionadas con el diagnóstico y el tratamiento (incluida la medicación)[736]. En una investigación en EE.UU. en la que se tomaron datos a partir de la base CRICO (Controlled Risk Insurance Company) se observó que casi un 21% de las 55.377 reclamaciones cerradas analizadas se relacionaban con problemas relacionados con errores diagnósticos[737]. En un estudio realizado en España se analizaron 303 sentencias (1995-2011) de la especialidad de Traumatología y

---

ccontasgalicia.es/sites/consello_de_contas/files/contents/documents/2008/Responsabilidade_patrimonial_SERGAS_2008_G.pdf

[731] JENA AB, SEABURY S, LAKDAWALLA D, CHANDRA, "Malpractice Risk According to Physician Specialty", *New England Journal of Medical*, vol. 365, 2011, pp. 629-636.

[732] PETERS PG, "Twenty Years of Evidence on the Outcomes of Malpractice Claims", *Clinical Orthopaedics and Related Research*, vol. 467, no 2, 2009, p. 352.

[733] WONG KE, PARIKH PD, MILLER KC, ZONFRILLO MR, "Emergency Department and Urgent Care Medical Malpractice Claims 2001-15", *Western Journal of Emergency Medicine*, vol. 22, no 2, 2021, pp. 334-335.

[734] KNAAK JP, PARZELLER M, "Court decisions on medical malpractice", *International Journal of Legal Medicine*, vol. 128, no 6, 2014, p. 1049.

[735] TEHRANI ASS, LEE H, MATHEWS, SHORE A, MAKARY MA, PRONOVOST PJ, NEWMAN-TOKER DE, "25-Year summary of US malpractice claims for diagnostic errors 1986-2010: an analysis from the National Practitioner Data Bank", *British Medical Journal Quality and Safety*, vol. 22, 2013, p. 675.

[736] SCHAFFER AC, JENA AB, SEABURY S, SINGH H, CHALASANI V, KACHALIA A, "Rates and Characteristics of Paid Malpractice Claims Among US Physicians by Specialty, 1992-2014", *Journal of American Medical Association Internal Medicine*, vol.177, no 5, 2017, p. 716.

[737] NEWMAN TOKER DE, SCHAFFER AC, YU MOE W, NASSERY N, SABER TERHANI AS, CLEMENS GD, WANG Z, ZHU Y, FANAL M, SIEGAL D, "Serious misdiagnosis-related

Ortopedia se obtuvo que los motivos de reclamación más frecuente fueron el error terapéutico quirúrgico y el error diagnóstico. Si bien, el estudio abarcó la jurisdicción civil y penal, además de la contencioso administrativa y las Audiencias Provinciales, los Tribunales Superiores de Justicia y el Tribunal Supremo[738].

La pérdida de oportunidad es el segundo motivo de sentencia estimatoria en nuestro estudio (28,18%), cuestión que es concordante con la tendencia en España en relación a la aplicación de la citada doctrina. Es preciso resaltar que no hemos encontrado estudios que analicen la frecuencia de la pérdida de oportunidad en las sentencias con respecto al resto de motivos. En una investigación que analiza las sentencias estimatorias dictadas por pérdida de oportunidad en el ámbito público en España entre 2002 y 2014 se obtiene que dichas sentencias han aumentado un 100% en los últimos años[739].

Debemos tener en cuenta que en la doctrina de la pérdida de oportunidad, conocida en EE.UU. como *loss of chance,* lo que se valora es la incertidumbre de lo que hubiera podido ocurrir si el profesional hubiera actuado con diligencia. Es decir, se entiende que la atención no fue del todo correcta, puesto que existe la probabilidad[740] de que se le haya desposeído al paciente de una posibilidad de diagnóstico y/o tratamiento. En relación a esta última cuestión, la pérdida de oportunidad puede producirse en lo que concierne al diagnóstico al no realizar determinadas pruebas, realizarlas tardíamente o por error diagnóstico. Lo mismo ocurre con el tratamiento[741], la falta de vigilancia o por la ausencia de información[742].

El tercer motivo de sentencia estimatoria es el déficit de información y la prestación del consentimiento informado que supone en sí mismo una infracción de la *lex artis ad hoc*[743]. Una quinta parte de las sentencias estimatorias lo son por déficit de información. Dicho resultado no puede compararse con la literatura científi-

---

harms in malpractice claims: The "Big Three" –vascular events, infections, and cancers", *Diagnosis*, vol. 6, no 3, 2019, p. 227.

738 CARDOSO CITA Z, PEREA PÉREZ B, ALBARRÁN JUAN ME, LABAJO GONZÁLEZ ME, LÓPEZ DURÁN L, MARCO MARTÍNEZ F, SANTIAGO SÁEZ A, "Análisis de sentencias judiciales relativas a negligencias médicas emitidas contra traumatólogos entre 1995 y 2011", *Revista Española de Cirugía Ortopédica y Traumatología*, vol. 60, no 1, 2016, p. 34.

739 SARDINERO GARCÍA C, SANTIAGO SAÉZ A, PEREA PÉREZ B, ALBARRÁN JUAN ME, LABAJO GONZÁLEZ E, BENITO LEÓN J, "Responsabilidad por pérdida de oportunidad asistencial en la medicina pública española", *Revista Española de Medicina Legal*, vol. 43, no 1, 2017, p. 7.

740 MEDINA ALCOZ L, "Hacia una nueva teoría general de la causalidad en la responsabilidad civil contractual (y extracontractual): La doctrina de la pérdida de oportunidades", *Revista de responsabilidad civil y seguro*, no 30, 2009, p. 48.

741 VICANDI MARTÍNEZ A, "La pérdida de oportunidad en la responsabilidad civil sanitaria, ¿se puede cuantificar lo incuantificable?", *Derecho y Salud*, vol. 25, no 2, 2015, pp. 24-58.

742 GALÁN CORTÉS JC, *Responsabilidad civil médica,* Civitas, 2ª ed., Madrid, 2011, pp. 470-471.

743 CAYÓN DE LAS CUEVAS J, *La prestación de servicios sanitarios como relación jurídica de consumo*, Thomson Reuters Civitas, Navarra, 2017, pp. 466-467.

ca actual, pues no hemos hallado estudios con dicho análisis. Los datos obtenidos muestran que el número de sentencias estimatorias en relación a los déficits de información son estables a lo largo de los años analizados, lo cual a nuestro entender no es un resultado positivo. Desde nuestro punto de vista, lo esperable hubiese sido una disminución a lo largo de los años debido a la consolidación de la legislación con respecto a esta materia y el conocimiento adquirido por parte de los profesionales sobre el derecho de los pacientes a ser correctamente informados. Entendemos que este resultado confirma que existe una deficiente información a los pacientes en relación a su proceso clínico que no permite una correcta toma de decisiones por parte del paciente.

La doctrina del daño desproporcionado se basa en que el resultado de una actuación médica no guarda proporción con la enfermedad que causó la asistencia sanitaria[744]. En este caso existe una presunción de culpa, facilitándose la prueba[745], es decir, la administración demandada debe probar que la actuación ha sido conforme a la *lex artis ad hoc.* En nuestro estudio supone el cuarto motivo de sentencia estimatoria, apenas un 2% del total. Dicho resultado es acorde con una investigación realizada en España entre 2010 y 2013, en la que se analiza de forma explícita el daño desproporcionado en las sentencias de los Tribunales Superiores de Justicia, representando este motivo el 2%[746].

Las acciones por nacimiento injusto o *wrongful birth* ocurren cuando los progenitores demandan al sistema sanitario alegando que, al no detectarse o no informar de forma precisa sobre una enfermedad grave, incurable o malformación, se priva a la madre de tomar una decisión sobre continuar con la gestación[747]. En nuestro caso hemos detectado únicamente tres sentencias en las que se indemniza por dicho motivo. Hemos de tener en cuenta que en estos casos deben de darse unas circunstancias objetivas. Además, las conductas relacionadas con la negligencia se refieren a la etapa de diagnóstico, a la de información o bien en el consejo[748]. Los pronunciamientos son en su mayoría por la falta de información para tomar una decisión sobre si continuar o no con el embarazo. En definitiva, lo que sucede en las acciones *wrongful birth* es

---

744 CAYÓN DE LAS CUEVAS J, *La prestación de servicios sanitarios como relación jurídica de consumo*, Thomson Reuters Civitas, Navarra, 2017, pp. 470-471.

745 SOLÉ FELIÚ J, "Mecanismos de flexibilización de la prueba de la culpa y del nexo causal en la responsabilidad civil médico-sanitaria", *Revista de Derecho Civil*, vol. V, no 1, 2018, pp. 68-71.

746 FONSECA FERRANDIS F, *La teoría del daño desproporcionado en materia de responsabilidad patrimonial de la administración sanitaria; su alcance a tenor de la jurisprudencia contencioso-administrativa*, [Tesis para obtener el grado de doctor], Madrid, Universidad Complutense de Madrid, 2017, pp. 110-113.

747 TOMILLO URBINA J, "Las acciones "wrongful birth" y "wrongful life": indemnización por daños al inicio de la vida", TOMILLO URBINA J, CAYÓN DE LAS CUEVAS J (Dirs), *Estudios sobre Derecho de la Salud*, Thomson Reuters Civitas, Navarra, 2011, pp. 126-127.

748 TOMILLO URBINA J: "Veinte años de wrongful birth en España (1997-2017): inicio, desarrollo consolidación jurisprudencial", PRATS ALBENTOSA L, TOMÁS MARTÍNEZ G, (Coords.), *Culpa y responsabilidad*, Thomson Reuters Civitas , Navarra, 2017, p. 875.

una falta de la *lex artis ad hoc* en el diagnóstico prenatal[749]. Estos casos, aunque son minoritarios, suelen tener como resultado las indemnizaciones más elevadas y, sobre todo, son un motivo de preocupación para los médicos obstetras. A pesar de la relevancia de este tipo de demandas por negligencia no se ha encontrado una relación entre el hecho que la responsabilidad por la falta de una buena atención obstétrica y la mejora de la calidad en este tipo de atención[750].

En cuanto a las indemnizaciones, en caso de sentencia estimatoria no hemos encontrado estudios que analicen la cuestión únicamente en las demandas por negligencia en asistencia sanitaria pública. Por lo tanto, los resultados no pueden ser comparables. Sin embargo, a modo ilustrativo, encontramos que no existe coincidencia con los estudios, tanto por exceso como por defecto. En un estudio llevado a cabo en Bélgica, tras analizar 727 casos, se obtuvo un pago medio de 4.950 euros[751]. En una investigación llevada a cabo en Italia sobre 38.125 reclamaciones en el ámbito hospitalario en 15 regiones italianas, la mediana de las indemnizaciones es 984 euros[752]. En un reciente estudio realizado en Italia se analizaron las sentencias en la Corte Civil de Roma durante 2018 y 2019. Se obtuvo que la media de las indemnizaciones fue de 163.119,82 euros[753].

Sin embargo, en una investigación estadounidense se obtiene un pago medio de 329.565 dólares, además se obtiene que ha ido incrementándose a lo largo de los años analizados (1992-2014) un 23,3%[754]. Este resultado tampoco coincide con nuestros resultados ya que hemos encontrado que durante los 13 años analizados la mediana de las indemnizaciones no ha variado de forma estadísticamente significativa. Este hallazgo nos permite afirmar que las cuantías indemnizatorias en el ámbito de nuestro estudio son estables. Por otro lado, uno de los temas más recurrentes a la hora de evaluar las indemnizaciones es lo que en el mundo anglosajón se conoce como cuantías "catastróficas". Son aquellas que superan el millón de dólares. En nuestro entorno dichas cantidades son minoritarias y algunos autores que han definido estos pagos

---

749 MACÍA MORILLO A, "El tratamiento de las acciones de wrongful birth y wrongful life a la luz de la nueva ley sobre interrupción voluntaria del embarazo", *Revista Jurídica de la Universidad Autónoma de Madrid*, no 23, 2011, p. 84.

750 MELLO MM, FRAKES MD, BLUMENKRANZ E, STUDDERT DM, "Malpractice Liability and Health Care Quality", *Journal of American Medical Association*, vol. 323, no 4, 2020, pp. 357-358.

751 BIELEN S, GRAJZI P, MARNEFFE W, "Investigating medical malpractice victim compensation: micro-level evidence from a professional liability insurer's files", *The European Journal of Health Econonomics*, vol. 20, 2019, pp. 1249-1260.

752 BONETTI M, CIRILLO P, TANZI PM, TRINCHERO E, "An Analysis of the Number of Medical Malpractice Claims and Their Amounts", *PLoS ONE*, vol. 11, no 4, 2016, p. 6.

753 TREGLIA M, PALLOCCI M, PASSALACQUA P, GIAMMATTEO J, DE LUCA L, MAURIELLO S, CISTERNA AM, MARSELLA LT, "Medical Liability: Review of a Whole Year of Judgments of the Civil Court of Rome", *International Journal of Environmental Research and Public Health*, vol. 18, no 11, 2021, p. 7.

754 SCHAFFER AC, JENA AB, SEABURY S, SINGH H, CHALASANI V, KACHALIA A, "Rates and Characteristics of Paid Malpractice Claims Among US Physicians by Specialty, 1992-2014", *Journal of American Medical Association Internal Medicine*, vol. 177, no 5, 2017, p. 710.

afirman que serían asimilables a unos 770.000 euros[755]. Si tomamos este dato como referencia obtendríamos únicamente dos sentencias del total. En un estudio llevado a cabo en EE.UU. entre 2004 y 2010 se encontró que el 7,9% correspondían a indemnizaciones superiores a un millón de dólares[756]. Sin embargo, hemos de tener en cuenta como hemos mencionado anteriormente, que dichos datos no son comparables, ya que nuestro estudio tiene por objeto la responsabilidad en el ámbito público.

Cuando analizamos las indemnizaciones en función de los motivos de las sentencias, las más cuantiosas corresponden a las acciones *wrongful birth*, cuya mediana es siete veces mayor que la mediana de todas las indemnizaciones.

Cabe destacar que, en lo relativo a las cuantías indemnizatorias en caso de daño desproporcionado, nuestros datos objetivan que su mediana se encuentra en 100.000 euros. Aunque el número de sentencias obtenidas en nuestro estudio es bajo, siete en total, si comparamos nuestros resultados con los obtenidos en un estudio realizado en España entre 2010 y 2013, en él se obtiene que la mayor parte de las indemnizaciones se encuentran entre los tramos de hasta 50.000 euros y entre 50.000 y 150.000 euros[757]. Este resultado podría ser similar al encontrado en nuestro estudio, aunque como hemos mencionado, el tamaño de nuestra muestra en el caso de este tipo de sentencias es bajo y sería preciso aumentar el número muestral para corroborar este dato.

4. LIMITACIÓN DEL ANÁLISIS

La principal limitación del presente estudio se refiere a los datos obtenidos de las comunidades autónomas. Esto es debido a que por aplicación de la Ley 29/1998, de 13 de julio, que regula la Jurisdicción Contencioso-Administrativa, existe una variabilidad en cuanto a la competencia de los tribunales de las comunidades autónomas. El significado de esta limitación es, mientras en algunos casos las demandas se interponen en primera instancia en los Juzgados de lo contencioso-administrativo y en segunda instancia en los Tribunales Superiores de Justicia, en otros casos se interponen directamente ante los Tribunales Superiores de Justicia.

---

755 ARIMANY MANSO J, GÓMEZ DURÁN EL, BARBERÍA MARCALAIN J, BENERT TREVÉ J, MARTIN FUMADÓ C, "Catastrophic medical Malpractice Payouts in Spain", *Journal of Healthcare Quality*, vol. 38, 2016, pp. 290-95.

756 BIXENSTINE PJ, SHORE AD, MEHTSUN WT, IBRAHIM AM, FREISCHLAG JA, MAKARY MA, "Catastrophic Medical Malpractice in the United States", *Journal for Healthcare Quality*, vol. 36, no 4, 2014, p. 43.

757 FONSECA FERRANDIS F, *Estudio médico-legal sobre el daño desproporcionado en la sanidad púbica española*, Thomson Reuters Civitas, Navarra, 2017, p. 183.

BIBLIOGRAFÍA

ADAMS EK, ZUCKERMAN S, "Variation in the growth and incidence of medical malpractice claims", *Journal of Health Politics, Policy and Law*, vol. 9, 1984, pp. 475-488.

ADUSUMALLI J, BENKHADRA K, MURAD MH, "Good Samaritan Laws and Graduate Medical Education: A Tristate Survey", *Mayo Clinic Proceedings: Innovations, Quality & Outcomes*, vol. 2, no 4, 2018, pp. 336-341.

AGARWAL AK, MURINSON BB, "New Dimensions in Patient-Physician Interaction: Values, Autonomy, and Medical Information in the Patient-Centered Clinical Encounter", *Rambam Maimonides Medical Journal*, vol. 3, no 3, 2012, pp. 1-11.

AGOZZINO E, BORRELLI S, CANCELLIERI M, CARFORA FM, DI LORENZO T, ATTENA F, "Does written consent adequately inform surgical patients? A cross sectional study", *BMC Medical Ethical*, vol. 20, 2019, no 1, pp. 1-8.

AL DWEIK R, STACEY D, KOHEN D, YAYA S, "Factors affecting patient reporting of adverse drug reactions: a systematic review", *British Journal of Clinical Pharmacology*, vol. 83, no 4, 2017, pp. 875-883.

ALAN TARR G, "Federalism and health care in the United States", *Revista d'Estudis Autonòmics i Federals*, vol. 14 (octubre), 2011, pp. 10-35.

ALBY JC, "La concepción antropológica de la medicina hipocrática", *Enfoques*, vol. 16, no 1, 2004, pp. 5-30.

ALLEN-DUCK A, ROBINSON JC, STEWART MW, "Healthcare Quality: A Concept Analysis", *Nursing Forum*, vol. 52, no 4, 2017, pp. 377-386.

ALLUÉ N, CHIARELLO P, BERNAL DELGADO E, CASTELLS X, PRISCILA G, MARTÍNEZ N, SARSANEDAS E, COTS F, "Impacto económico de los eventos adversos en los hospitales españoles a partir del Conjunto Mínimo Básico de Datos", *Gaceta Sanitaria*, vol. 28, no 1, 2014, pp. 48-50.

ALMOND D, CURRIE J, SIMEONOVA E, "Public vs. private provision of charity care? Evidence from the expiration of Hill-Burton requirements in Florida", *Journal of Health Economics*, vol. 30, no 1, 2010, pp. 189-199.

ALTISENT R, DELGADO MARROQUÍN MT, ASTIER PEÑA MP, "Conflictos de interés en la profesión médica", *Atención Primaria*, vol. 51, no 8, 2019, pp. 506-511.

AMUNDSEN DW, "La obligación médica de prolongar la vida: un deber de la medicina que carece de raíces clásicas", *Ars Médica. Revista de Humanidades,* vol. 4, no 2, 2005, pp. 185-203.

ANDEL C, DAVIDOW SL, HOLLANDER M, MORENO DA, "The Economics of Health Care Quality and Medical Errors", *Journal of Health Care Finance*, vol. 39, no 1, 2012, pp. 39-50.

ANDERSON RE, "Billions for Defense. The Pervasive Nature of Defensive Medicine", *Archives of Internal Medicine*, vol. 159, no 20, 1999, pp. 2399-2402.

ANTELA-BERNÁNDEZ IB, SIERRA MARTÍN C, "Alejandro y la Anábasis de la medicina griega", *Athenaeum: Studi di letteratura e Storia dell'antichità,* vol. 104, no 2, 2016, pp. 397-417.

ARANAZ ANDRÉS J, AIBAR REMÓN C, VITALLER BURILLO J, REQUENA PUCHE J, TEROL GARCIA E, GEA VELÁZQUEZ DE CASTRO MT, AND THE ENEAS WORK GROUP, "Impact and preventability of adverse events in Spanish public hospitals: results of the Spanish National Study of Adverse Events (ENEAS)", *International Journal for Quality in Health Care*, vol. 21, no 6, 2009, pp. 408-414.

ARANAZ ANDRÉS JM, AIBAR REMÓN C, LIMÓN RAMÍREZ R, AMARILLA A, RESTREPO FR, URROZ O, SARABIA O, GARCIA CORCUERA LV, TEROL GARCÍA E, AGRA VARELA Y, GONSETH GARCÍA J, BATES DW, LARIZGOITIA I, "Prevalence of adverse events in the hospitals of five Latin American countries: results of the "Iberoamerican study of adverse events" (IBEAS)", *BMJ Quality Safety*, vol. 20, no 12, 2011, pp. 1043-1051.

ARANAZ ANDRÉS JM, AIBAR REMÓN C, VITALLER MURILLO J, RUIZ LÓPEZ P, LIMÓN RAMÍREZ R, TEROL GARCÍA E, ENEAS work group, "Incidence of adverse events related to health care in Spain: results of the Spanish National Study of Adverse Events", *Journal of Epidemiology and Community Health*, vol. 62 , no 12, 2008, pp. 1022-1029.

ARANAZ JM, AGRA Y, "La cultura de seguridad del paciente: del pasado al futuro en cuatro tiempos", *Medicina Clínica*, vol. 35 (Supl 1), 2010, pp. 1-2.

ARIMANY MANSO J, GÓMEZ DURÁN E, AUBIA MARIMON J, "Las reclamaciones sobre responsabilidad por especialidades en un escenario diferente al estadounidense", *Gaceta Sanitaria*, vol. 27, no 1 , 2013, pp. 92-93.

ARIMANY MANSO J, GÓMEZ DURÁN EL, BARBER´ÍA MARCALAIN J, BENERT TREVÉ J, MARTIN FUMADÓ C, "Catastrophic medical Malpractice Payouts in Spain", *Journal of Healthcare Quality*, vol. 38, no 5, 2016, pp. 290-295.

ARONSON JK, "Medication errors: definitions and classification", *British Journal of Clinical Pharmacology*, vol. 67, no 6, 2009, pp. 599-604.

ASHER E, GREENBERG-DOTAN S, HALEVY J, GLICK S, REUVENI H, "Defensive Medicine in Israel- A Nationwide Survey", *PloS One*, vol.7, no 8, 2012, pp. 1-7.

ASSIRI GA, SHEBL NA, MAHMOUD MA, ALOUDAH N, GRANT E, AJADHEY H, SHEIKH A, "What is the epidemiology of medication errors, error-related adverse events and risk factors for errors in adults managed in community care contexts? A systematic review of the international literature", *BMJ Open*, vol. 8, no 5, pp. 1-30.

BAICKER K, WRIGHT BJ, OLSON NA, "Reevaluating Reports of Defensive Medicine", *Journal of Health Politics, Policy and Law*, vol. 40, no 6, 2015, pp. 1157-1177.

BAILEY MJ, GOODMAN-BAICON A, "The War on Poverty's Experiment in Public Medicine: Community Health Centers and the Mortality of Older Americans", *American Economic Review*, vol. 105, no 3, 2015, pp. 1067-1104.

BAKER T, *The medical malpractice myth*, University of Chicago Press, Chicago, 2005.

BAL BS, "An Introduction to Medical Malpractice in the United States", *Clinical Orthopaedics and Related Research*", vol. 467, no 2, 2009, pp. 339-347.

BAL BS, "The Expert Witness in Medical Malpractice Litigation", *Clinical Orthopaedics Related Research*, vol. 467, no 2, 2009, pp. 383-391.

BALLARD DJ, SPREADBURY B, RS HOPKINGS, "Health Care Quality Improvement across the Baylor Health Care System: the first century", *Baylor University Medical Center Proceedings*, vol. 17, no 3, 2004, pp. 277-288.

BAÑERES J, ORREGO C, SUÑOL R, UREÑA V, "Los sistemas de registro y notificación de efectos adversos y de incidentes: una estrategia para aprender de los errores", *Revista de Calidad Asistencial*, vol. 20, no 4, 2005, pp. 216-222.

BARACH P, SMALL SD, "Reporting and preventig medical mishaps: lessons from non-medical near miss reporting systems", *British Medical Journal*, vol. 320, no 7237, 2000, pp. 759-763.

BARQUÍN M, *Historia de la Medicina*, Méndez Editores, México, 1994.

BARRAGÁN HL, *Lineamientos de la historia de la enfermedad y de la medicina occidental*, Editorial de la Universidad Nacional de La Plata, La Plata, 2007.

BARRANCO R, VALLEGA BERNUCCI DU TREMOUL L, VENTURA F, "Hospital-Adquired SARS-Cov-2 Infections in Patients: Inevitable Conditions or Medical Malpractice?", *International Journal of Environmental Research and Public Health*, vol. 18, no 2, 2021, pp. 1-9.

BASS GD, ZHAO FS, SCHWEICKERT WD, MANAGER S, "A Retrospective Analysis of Malpractice-Related Procedure Rates for Internal Medicine Specialists at an Academic Medical Center", *The Joint Commission Journal on Quality and Patient Safety*, vol. 47, no 11, 2021, pp. 704-710.

BASTRON RD, McCULLOUGH LB, "What goes around, comes around: John Gregory, MD, and the profession of medicine", *Proceedings (Baylor University Medical Center)*, vol. 20, no 1, 2007, pp. 18-21.

BAUNGAARD N, SKOVVANG P, HVIDT EA, GERBILD H, ANDERSEN MK, LYKKEGARD J, "How defensive medicine is defined and understood in European medical literature: protocol for a systematic review", *British Medical Journal Open*, vol. 10, no 2, 2020, pp. 1-4.

BAUNGAARD N, LADEBY SKOVVANG P, ASSING HVIDT EA, GERBILD H, ANDERSEN MK, LYKKEGAARD J, "How defensive medicine is defined in European medical literature: a systematic review", *BMJ Open*, vol. 12, no 1, 2022, pp. 1-9.

BEAUCHAMP T, CHILDRESS JF, *Principles of Biomedical Ethics (Fith Edition)*, Oxford University Press, New York, 2011.

BEAUCHAMP TL, "Worthington Hooker on ethics in clinical medicine", en BAKER R (Ed.), *The Codification of Medical Morality. Philosophy and Medicine*, vol. 49, Springer, Dordrecht, 1995.

BECKMANN U, BALDWIN I, HART GK, RUNCIMAN WB, "The Australian Incident Monitoring Study in Intensive Care: AIMS-ICU. An Analysis of the First Year of Reporting", *Anaesthesia Intensive Care*, vol. 24, no 3, 1996, pp. 320-329.

BEECHER HK, TODD DP, "A Study of the Deaths Associated with Anesthesia and Surgery", *Annals of Surgery*, vol. 140, no 1, 1954, pp. 2-34.

BELL RS, LOOP JW, "The utility and futility of radiographic skull examination for trauma", *The New England Journal of Medicine,* vol. 284, no 5, 1971, pp. 236-239.

BENDER FF, ""I'm sorry" laws and medical liability", *American Medical Association Journal of Ethics*, vol. 9, no 4, 2007, pp. 300-304.

BENINI A, BONAR SK, "Historical Perspective. Andreas Vesalius 1514-1564", *Spine*, vol. 21, no 11, pp. 1388-1393.

BERKOWITZ E, MCQUAID K, "Welfare Reform in the 1950s", *Social Service Review*, vol. 54, no 1, 1980, pp. 45-48.

BERLIN L, "Medical errors, malpractice, and defensive medicine: an ill-fated triad", *Diagnosis*, vol. 4, no 3, 2017, pp. 133-139.

BERTOLI P, GREMBI V, Medical Malpractice: How Legal Liability Affects Medical Decisions, BALTAGI B, MOSCONE F (Dir), *Health Economics ,Volume 294,(Contributions to Economic Analysis),* Emerald Publishin Limited, 2018.

BERWICK D, FOX DM, ""Evaluating the Quality of Medical Care": Donabedian's Classic Article 50 Years Later", *The Milbank Quaterly*, vol. 94, no 2, 2016, pp. 237-241.

BEST M, NEUHAUSER D, "Avedis Donavedian: father of quality assurance and poet", *Quality Safety Health Care*, vol. 13, no 6, 2004, pp. 472-473.

BEST M, NEUHAUSER D, "Joseph Juran: overcomming resistance to organisational change", *Quality Safety Health Care*, vol. 15, no 5, 2006, pp. 380-382.

BEST M, NEUHAUSER D, "W Edwards Deming: father of quality management, patient and composer", *BMJ Quality & Safety*, vol. 14, no 4, 2005, pp. 310-312.

BESTER JC, "Defensive practice is indefensible: how defensive medicine runs counter to the ethical and professional obligations of clinicians", *Medicine, Health Care and Philosophy*, vol. 23, no 3, 2020, pp. 413-420.

BEUZEKOM M, BOER F, AKERBOOM S, HUDSON P, "Patient safety: latent risk factors", *British Journal of Anaesthesia*, vol. 105, no 1, 2010, pp. 52-59.

BIELEN S, GRAJZI P, MARNEFFE W, "Investigating medical malpractice victim compensation: micro-level evidence from a professional liability insurer's files", *The European Journal of Health Econonomics*, vol. 20, no 8, 2019, pp. 1249-1260.

BILLINGS CE, CHARLES E, "Some hopes concerns regarding medical event-reporting systems: Lessons From the NASA Aviation Safety Reporting System", *Archives of Pathology & Laboratory Medicine*, vol. 122, no 3, 1998, pp. 214-215.

BISHOP TF, FEDERMAN AD, KEYHANI S, "Physicians' views on defensive medicine: a national survey", *Archives of Internal Medicine*, vol. 170, no 12, 2010, pp. 1981-1983.

BIXENSTINE PJ, SHORE AD, MEHTSUN WT, IBRAHIM AM, FREISCHLAG JA, MAKARY MA, "Catastrophic Medical Malpractice in the United States", *Journal for Healthcare Quality*, vol. 36, no 4, pp. 43-53.

BLAKE V, "The Jury Is Still Out on Health Courts", *American Medical Association Journal of Ethics*, vol. 13, no 9, 2011, pp. 637-641.

BONETTI M, CIRILLO P, TANZI PM, TRINCHERO E, "An Analysis of the Number of Medical Malpractice Claims and Their Amounts", *PLoS ONE*, vol. 11, no 4, 2016, e0153362, pp. 1-30.

BONT M, "Orden Medieval: Origen de la Universidad y Medicina del Medioevo", *Comunidad y Salud*, vol. 3, no 1, 2005, pp. 37-51.

BOURNE T, WYNANTS L, PETERS M, VAN AUDENHOVE C, TIMMERMAN D, VAN CALSTER B, JALMBRANT M, "The impact of complaints procedures on the welfare, health and clinical practise of 7926 doctors in the UK: a cross-sectional survey", *British Medical Journal Open*, vol. 5, no 1, 2015, pp. 1-12.

BOURNE T, SHAH H, FALCONIERI N, TIMMERMAN D, LEES C, WRIGHT A, LUMSDEN MA, REGAN L, VAN CLASTER B, "Burnout, well being and defensive medical practice among obstetricians and gynaecologists in the UK: cross-sectional survey study", *BMJ Open*, vol. 9, no 11, 2019, pp. 1-11.

BRACH C, LEWIT EM, VANLANDEGHEM K, BRONSTEIN J, DICK AW, KIMMINAU KS, LACLAIR B, SHENKMAN E, SHONE LP, SWIGONSKI

N, SZILAGYI PG, "Who's Enrolled in the State Children's Health Insurance Program (SCHIP)? An overview of Findings From the Child Health Insurance Research Initiative (CHIRI)", *Pediatrics*, vol.112, no 6, 2003, pp. e489-e507.

BRAND RA, "Ernest Amory Codman, MD, 1869-1940", *Clinical Orthopaedics and Related Research*, vol. 467, no 11, 2009, pp. 2763-2765.

BRENNAN TA, LEAPE LL, LAIRD NM, HEBERT L, LOCALIO A R, LAWTHERS AG, NEWHOUSE JP, WEILER PC, HIATT HH, "Incidence of adverse events and negligence in hospitalized patients", *The New England of Medicine,* vol. 324, no 6, 1991, pp. 370-376.

BRICEÑO-IRAGORRY L, *La medicina árabe II. El clínico Rhazes*, Ed. Ateproca, Caracas, 2008.

BRIDGMAN B, "Economic organization of Medicine and the Committee on the Costs of Medical Care", *American Journal of Public Heatlh*, vol. 88, no 11, 1988, pp. 1721-1726.

BROWNLEE S, CHALKIDOU K, DOUST J, ELSHAUG AG, GLASZIOU P, HEALTH I, NAGPAL S, SAINI V, SRIVASTAVA D, CHALMERS K, KORENSTEIN D, "Evidence of Overuse of Medical Services Around the World", *The Lancet*, vol. 390 (10090), 2017, pp. 156-168.

BURKE T, "The Health Information Technology Provisions in the American Recovery and Reinvestment Act of 2009: Implications for Public Health Policy and Practice", *Public Health Reports*, vol. 125, no 1, 2010, pp. 141-145.

BUSCH IM, SAXENA A, WU AW, "Putting the Patient in Patient Safety Investigations: Barriers and Strategies for Involment", *Journal of Patient Safety*, vol. 17, no 5, 2021, pp. 358-362.

CALLAHAN RD, "Health Care in Ancient Rome", *North Carolina Medical Journal*, vol. 58, no 3, 1997, pp. 202-204.

CALVO MARTÍNEZ T, "La noción de Physis en los orígenes de la filosofía griega", *Revista de Filosofía*, vol. 21, 2000, pp. 21-38.

CANTINO M, "Why doctors practice defensive medicine? The side-effects of Medical Litigation", *Safety Science Monitor*, vol. 15, no 1, 2011, pp. 1-13.

CANZIONERO JV, AFSHAR E, HEDIAN H , KOCH C, MORGAN DJ, "Unnecesary Hospitalization and Related Harm for Patients With Low-Risk Syncope", *Journal of American Medical Association Internal Medicine*, vol. 175, no 6, 2015, pp. 1065-1067.

CARDOSO CITA Z, PEREA PÉREZ B, ALBARRÁN JUAN ME, LABAJO GONZÁLEZ ME, LÓPEZ DURÁN L, MARCO MARTÍNEZ F, SANTIAGO SÁEZ A, "Análisis de sentencias judiciales relativas a negligencias médicas emitidas contra traumatólogos entre 1995 y 2011", *Revista Española de Cirugía Ortopédica y Traumatología*, vol. 60, no 1, 2016, pp. 29-37.

CARRIER ER, RESCHOVSKY, KATZ DA, MELLO MM, "High Physician Concern About Malpractice Risk Predicts More Aggressive Diagnostic Testing In Office-Based Practice", *Health Affairs*, vol. 32, no 8, 2013, pp. 1383-1391.

CARRIER ER, RESCHOVSKY JD, MELLO MM, MAYRELL RC, KATZ D, "Physicians' Fears Of Malpractice Lawsuits Are Not Assuaged By Tort Reforms", *Health Affaires (Milwood)*, vol. 29, no 9, 2010, pp. 1585-1592.

CARRILLO IBARRA J, "La evolución del pensamiento científico, la medicina y las funciones mentales. Del pensamiento primitivo a la diversidad y creatividad del pensamiento", *Revista Mexicana de Neurociencia*, vol. 9, no 1, 2008, pp. 61-69.

CARTER SM, ROGERS W, HEATH I, DEGELING C, DOUST J, "The challenge of overdiagnosis begins with its definition", *Faculty of Social Sciences-Papers*, vol. 350, 2015, pp. 1-5.

CASTEL ES, GINSBURG LR, ZAHEER S, TAMIM H, "Understanding nurses' and physicians' fear of repercussions for reporting errors: clinician characteristics, organization demographics, or leadership factors?", *BMC Health Services Research*, vol. 15, no 326, pp. 1-10.

CAYÓN DE LAS CUEVAS J, "Resolución extrajudicial de conflictos sanitarios: manifestaciones jurídico-positivas y posibilidades de futuro" en GARCIA VILLALUENGA L, TOMILLO URBINA J, VÁZQUEZ DE CASTRO E (Dir.), *Mediación, Arbitraje y Resolución Extrajudicial de Conflictos en el siglo XXI: Tomo II: Arbitraje y Resolución Extrajudicial de Conflictos,* Reus, Madrid, 2010, pp. 293-329.

CAYÓN DE LAS CUEVAS J, "Implantación de mecanismos de resolución extrajudicial de conflictos por mala praxis: ventajas y posibilidades de articulación jurídica". *Revista de Administración Sanitaria,* vol. 8, no 1, 2010, pp. 183-198.

CAYÓN DE LAS CUEVAS J, *La prestación de servicios sanitarios como relación jurídica de consumo,* Thomson Reuters Civitas, Navarra, 2017.

CHANDRA S, MOHAMMADNEZHAD M, WARD P, "Trust and Communication in a Doctor-Patient Relationship: A Literature Review", *Journal of Healthcare Communications*, vol. 3, no 3, 2018, pp. 1-6.

CHAPMAN CB, "Doctors and Their Autonomy: Past Events and Future Prospects", *Science*, vol. 200, no 26, 1978, pp. 851-856.

CHAPMAN CB, "Straton v. Swanlond : The fourteenth- Century Ancestor of the Law of Malpractice", *Pharos Alpha Omega Alpha Honor Med Soc*, vol. 45, no 4, 1982, pp. 20-24.

CHARATAN F, "US medical liability crisis spurs doctors' walkouts and rallies", *British Medical Journal*, vol. 326, no 7381, 2003, p. 126.

CHASSIN MR, GALVIN RW, THE NATIONAL ROUNDTABLE ON HEALTH CARE QUALITY, "The Urgent Need to Improve Health Care Quality: Institute of Medicine National Roundtable on Health Care Quality", *Journal of the American Medical Association*, vol. 280, no 11, 1998, pp. 1000-1005.

CHAWLA A, GUNDERMAN RB, "Defensive Medicine: Prevalence, Implications, and Recomendations", *Academic Radiology*, vol. 15, no 87, 2008, pp. 948-949.

CHEN J, MAJERCIK S, BLEDSOE J, CONNOR K, MORRIS B, GARDNER PA, SCULLY C, WILSON B, DICKERSON J, WHITE T, DILON D, "The prevalence and impact of defensive medicine in the radiographic workup of the trauma patient: a pilot study", *American Journal of Surgery*, vol. 210, no 3, 2015, pp. 462-467.

CHENG YW, SNOWDEN JM, HANDLER SJ, TAGER IB, HUBBARD AE, CAUGHEY AB, "Litigation in obstetrics: does defensive medicine contribute to increases in cesarean delivery?", *The Journal of Maternal-Fetal & Neonatal Medicine*, vol. 27, no 16, 2014, pp. 1668-1675.

CHETTY R, STEPNER M, ABRAHAM D, LIN S, SCUDERI B, TURNER N, BERGERON A, CUTLER D, "The Association Between Income and Life Expentancy in the United States, 2011-2014", *Journal of American Medical Association*, vol. 315, no 16, 2016, pp. 1750-1756.

CHODOS JE, "Should there be specialty courts for medical malpractice litigation?", *Columbia Medical Review,* vol. 1, no 1, 2015, pp. 10-22.

CHOU R, QASEEM A, OWENS DK, SHEKELLE P, "Diagnostic Imaging for Low Back Pain: Advice for High-Value Health Care From the American College for Physicians", *Annals of Internal Medicine*, vol. 154, no 3, 2011, pp. 181-189.

CHUN J, CHAO BAFFORD A, "History and Background of Quality Measurement", *Clinical Colon Rectal Surgeon*, vol. 27, no 1, 2014, pp. 5-9.

CILLIERS L, "Public Health in Roman Legislation", *Acta Classica*, vol. 36, 1993, pp. 1-10.

CLARKSON M, HASKELL H, HEMMELGARN C, SKOLNIK P, "Abandon the term: "second victim"", *British Medical Journal,* vol. 364, 2019, pp. 1-2.

CLINE RE, PEPINE CJ, "Medical Malpractice Crisis", *Circulation*, vol. 109, no 24, 2004, pp. 2936-2938.

CLINTON HR, OBAMA B, "Making Patient Safety the Centerpiece of Medical Liability Reform", *The New England Journal of Medicine*, vol. 354, no 21, 2006, pp. 2205-2208.

COLL BENEJAM T, BRAVO TOLEDO R, MARCOS CALVO MP, ASTIER PEÑA MP, "Impacto del sobrediagnóstico y sobretratamiento en el paciente, el sistema sanitario y la sociedad", *Atencion Primaria*, vol. 50, no 52, 2018, pp. 86-95.

COLLADO-VÁZQUEZ S, CARRILLO JM, "Cranial trepanation in The Egyptian", *Neurología*, vol. 29, no 7, 2011, pp. 433-440.

COMMITEE ON CHILD HEALTH FINANCING, “Children's Health Insurance Program (CHIP): Accomplishments, Challenges, and Policy Recommendations”, *Pediatrics,* vol. 11, no 3, 2014, pp. e784-e793.

COMMITTEE OPINION Nº. 681, “Disclosure and Discussion of Adverse Events”, *Obstetrics and Gynecology*, vol. 128, no 6, 2016, p. e258.

COOKE BK, WORSHAM E, REISFIELD GM, “The Elusive Standard of Care”, *Journal of the American Academy Psychiatry and the Law,* vol. 45, no 3, 2017, pp. 358-364.

COOPER, JK, STEPHENS SK, “The Malpractice Crisis—What Was It All About?”, *Inquiry*, vol. 14, no 3, 1977, pp. 240-253.

COTE DJ, KARHADE AV, LARSEN AM, CASTLEN JP, SMITH TR, “Neosurgical Defensive Medicine in Texas and Illinois: A Tale of 2 States”, *World Neurosurgery*, vol. 89, 2016, pp. 112-120.

CROWLEY RA, BORNSTEIN SS, “Improving the Patient Protection and Affordable Care Act's Insurance Coverage Provisions: A Position Paper From the American College of Physicians”, *Annals of Internal Medicine*, vol. 170, no 9, 2019, pp. 651-653.

CRUZ VALIÑO AB, “*Medicina Defensiva: Aspectos sociales, éticos y jurídicos*”, [Tesis para obtener el grado de doctor], A Coruña, Universidade da Coruña, 2020.

CUCKLER GA, SISKO AM, POISAL JA, KEEHAN SP, SMITH SD, MADISON AJ, WOLFE CJ, HARDESTY JC, “National Health Expenditure Projections, 2017-26: Despite Uncertainty, Fundamentals Primarily Drive Spending Growth”, *Health Affairs*, vol. 37, no 3, 2018, pp. 482-492.

CUNNINGHAM W, DOVEY S, “Defensive changes in medical practice and the complaints process: a qualitative study of New Zealand doctors”, *The New Zealand Medical Journal,* vol. 119, no 1244, 2006, pp. 1-9.

CURRAN WJ, “Senator Ribicoff's Report on Medical Malpractice”, *The New England Journal of Medicine,* vol. 282, no 6, 1970, pp. 325-326.

CURRAN WJ, “The Malpractice Comission Report: Controversy Unabated; the Findings”, *The New England Journal of Medicine*, vol. 288, no 23, 1973, pp. 1222-1224.

CURRIE J, MAcLEOD WB, “First do no harm?: Tort Reform and Birth Outcomes”, *The Quaterly Journal of Economics*, vol. 123, no 2, 2008, pp. 795-830.

DACHS RJ, ELIAS JM, “What You Need to Know When Called Upon to Be a Good Samaritan”, *Family Practice Management*, vol. 15, no 4, 2008, pp. 37-40.

DALLA-VORGIA P, LASCARATOS J, SKIADAS P, GARANIS-PAPADATOS, “Is consent in medicine a concept only of modern times?”, *Journal of Medical Ethics*, vol. 27, 2001, pp. 59-61.

DALLAS GM, STEWART A, SMALTZ HN, McCARTHY JA, LEWIS HB, "Department of Evidence. Union Pacific Railwayb Co. V. Botsford. Supreme Court of the United States", *The American Law Register and Review*", vol. 41, no 6, 1893, pp. 550-556.

DANZON PM, "The "Crisis" in Medical Malpractice: A Comparaison of Trends in the United States, Canada, the United Kingdon and Australia", *Law, Medicine & Health Care*, vol. 18, no 1-2, 1990, pp. 48-58.

DANZON P, "The Frequency and Severity of Medical Malpractice Claims", *The Journal of Law & Economics*, vol. 27, no 1, 1984, pp. 115-148.

DARLING LL, "The applicability of Experience Rating to Medical Insurance", *Case Western Reserve Law Review*, vol. 38, no 2, 1987, pp. 255-278.

DÁVILA RODRÍGUEZ AA, "Medicina Defensiva. ¿Evitable?", *Cirujano General*, vol. 40, no 1, 2018, pp. 54-60.

DAVIS RE, JACKLIN R, SEVDALIS N, VINCENT CA, "Patient involvement in patient safety: what factors influence patient participation and engagement?", *Health Expectations*, vol. 10, 2007, pp. 259-267.

DE LA QUINTANA FERGUSÓN M, *La responsabilidad civil del médico,* Estades Artes Gráficas, Madrid, 1949.

DE PABLOS ESCOBAR L, GARCÍA CENTENO MC, "Impacto de la Covid-19 sobre las listas de espera quirúrgicas", *Revista Española de Salud Pública*, vol. 95, no 3, 2021, pp. 1-12.

DE VILLE KA, "The Jury Is Out: Pre-Dispute Binding Arbitration Agreements for Medical Malpractice Claims", *The Journal of Legal Medicine*, vol. 28, no 3, 2007, pp. 333-395.

DE VILLE KA, *Medical Malpractice Nineteenth-Century America, Origins and Legacy,* New York University Press, 1990.

DELGADO SÁNCHEZ O, NICOLÁS PICÓ J, MARTÍNEZ LÓPEZ I, SERRANO FABIÁ A, ANOZ JIMÉNEZ L, FERNÁNDEZ CORTÉS F, "Errores de conciliación en el ingreso y en el alta hospitalaria en pacientes ancianos polimedicados. Estudio prospectivo aleatorizado multicéntrico", *Medicina Clínica*, vol. 133, no 19, 2009, pp. 741-744.

DELICE O, TEKIN E, YILMAZ S, "Defensive Medicine in the Emergency Deparment: A Cross-sectional Study from the Perspective of Emergency Medical Specialists", *Eurasian Journal of Emergency Medicine*, vol. 18, no 4, 2019, pp. 178-184.

DEMING WE, GONZALBES BALESTER M, MEDINA NICOLAU J, *Calidad, productividad y competitividad. La salida de la crisis,* Diaz de Santos, Madrid, 1989.

DENHAM CR, "TRUST: The 5 Rights of the Second Victim", *Journal of Patient Safety*, vol. 3, no 2, 2007, pp. 107-119.

DEWA CS, LOONG D, BONATO S, TROJANOWSKY L, "The relationship between physician burnout and quality of healthcare in terms of safety and acceptability: a systematic review", *British Medical Journal Open*, vol. 7, no 6, 2017, e015141, pp. 1-16.

DICK JF, GALLAGHER TH, BRENNER RJ, YI JP, REISCH LM, ABRAHAM L, MIGLIORETTI DL, CARNEY PA, CUTTER GR, ELMORE JG, "Predictors of Radiologists' Perceived Risk of Malpractice Lawsuits in Breast Imaging", *Am J Roentgenol*, vol. 192, no 2, 2009, pp. 327-333.

DIXON-WOODS M, PRONOVOST P, "Patient safety and the problem of many hands", *British Medical Journal Quality & Safety*, vol. 25, no 7, 2016, pp. 485-488.

DONAVEDIAN A, "The End Results of Health Care: Ernest Codman´s Contribution to Quality Assesment and Beyond", *The Milbank Quaterly*, vol. 67, no 2, 1989, pp. 257-267.

DONOHUE III JJ, HO DE, "The Impact of Damage Caps on Malpractice Claims: Randomization Inference with Difference-in-Differences", *Journal of Empirical Legal Studies,* vol. 4, no 1, 2007, pp. 69-102.

DRUCKER CB, "Ambroise Paré and the Bird of the Gentle Art of Surgery", *Yale Journal of Biology and Medicine*, vol. 81, no 4, 2009, pp. 199-202.

DUCATILLON J, "El Juramento de Hipócrates. Problemas e interpretaciones", *Istor: revista de historia internacional*, vol. 10, 2009, pp. 90-120.

DUGUET AM, *Medical Law in France*, Wolters Kluver, The Netherlands, 2018.

DURAND MA, MOULTON B, COCKLE E, MANN M, ELWYN G, "Can shared decision-making reduce medical malpractice litigation? A systematic review", *BMC Health Services Research*, vol. 15, no 167, 2015, pp. 2-11.

EAVES-LEANOS A, DUNN EJ, "Open Disclosure of Adverse Events: Transparency and Safety in Health Care", *Surgical Clinics of North America*, vol. 92, no 1, 2012, pp. 163-177.

EDITORIAL BOARD, "The Medical Malpractice Threat: A Study of Defensive Medicine", *Duke Law Journal,* vol. 20, no 5, 1971, pp. 939-993.

EDREES HH, PAINE LA, FEROLI ER, WU AW, "Health care workers as second victims of medical errors", *Polskie Archivium Medycyny Wewnetrznej*, vol. 121, no 4, 2011, pp. 101-108.

EDRISS H, ROSALES BN, NUGENT C, CONRAD C, NUGENT K, "Islamic Medicine in the Middle Ages", *The American Journal of the Medical Sciences*, vol. 354, no 3, 2017, pp. 223-229.

EGGERS PW, "Medicare's End Stage Renal Disease Program", *Health Care Financial Review*, vol. 22, no 1, 2000, pp. 55-60.

ELKAMEL M, CURRY P, "Economic analysis of Medical Malpractice Liability and Tort Reform, *International Congress on Politic, Econonmic and Social Studies*, no 1, 2016, pp. 43-60.

ELSAMADICY AA, SERGESKETTER AR, FRAKES MD, LAD SP, "Review of neosurgery Medical Professional Liability Claims in the United States", *Neurosurgery*, vol. 83, no 5, 2018, pp. 997-1006.

EMANUEL EJ, EMANUEL LL, "Four Models of The Physician-Patient Relationship", *Journal of American Medical Association*, vol. 267, no 16, 1992, pp. 2221-2226.

EVANS A, REFROW-RUTALA, "Medico-legal education: A pilot curriculum to fill identified knowledge gap", *Journal of Graduate Medical Education*, vol. 2, no 4, 2010, pp. 595-599.

FEE E, "Signing the US Medicare Act: a long political struggle", *The Lancet*, vol. 386, no 9991, 2015, pp. 332-333.

FEE E, GAROFALO ME, "Florence Nightingale and the Crimean War", *American Journal of Public Health*, vol. 100, no 9, 2010, p. 1591.

FERGUSON B, GERALDS J, PETREY J, HUECKER M, "Malpractice in Emergency Medicine- A Review of Risk and Mitigation Practices for the Emergency Medicine Provider", *Journal of Emergency Medicine*, vol. 55, no 5, 2018, pp. 659-665.

FETTER B, PHIL M, "Origins and Elaboration of the National Health Accounts, 1926-2006", *Health Care Financial Review*, vol. 28, no 1, 2006, pp. 53-67.

FIELDS AC, MELLO MM, KACHALIA A, "Apology laws and malpractice liability: what have we learned?", *British Medical Journal Quality and Safety*, vol. 30, 2021, pp. 64-67.

FINESCHI V, ARCANGELI M, DI FAZIO N, DEL FANTE Z, FINESCHI B, SANTORO P, FRATI P, ASSOCIAZIONE CONSULCESI HEALTH AND ONLUS FUTURA RICERCA, "Defensive Medicine in the Management of Cesarean Delivery: A Survey among Italian Physicians", *Healthcare (Basel)*, vol. 9, no 9, 2021, pp. 1-10.

FLANNERY FT, PARIKH PD, OETGEN WJ, "Characteristics of Medical Professional Liability Claims in Patients Treated by Family Medicine Physicians", *Liability Claims in Family Medicine*, vol. 23, no 6, 2010, pp. 753-761.

FONSECA FERRANDIS F, *Estudio médico-legal sobre el daño desproporcionado en la sanidad púbica española*, Editorial Aranzadi, Navarra, 2017.

FONSECA FERRANDIS F, *La teoría del daño desporporcionado en materia de responsabilidad patrimonial de la administración sanitaria; su alcance a tenor de la jurisprudencia contencioso-administrativa*, [Tesis para obtener el grado de doctor], Madrid, Universidad Complutense de Madrid, 2017.

FOX D, MARKEL H, "Is History Relevant to Implementing Health Reform?", *Journal of American Medical Association*, vol. 303, no 17, 2010, pp. 1749-1750.

FRAKES M, "Defensive Medicine and Obstetric Practices", *Journal of Empirical Legal Studies*, vol. 9, no 3, 2012, pp. 457-481.

FREYTAG J, STROBEN F, HAUTZ WE, EISENMANN D, KÄMMER JE, "Improving patient safety through better teamwork: how effective are different methods of simulation debriefing? Protocol for a pragmatic, prospective and randomised study", *BMJ Open*, vol. 7, no 6, 2017, pp. 1-9.

FRIERSON RL, JOSHI KG, "Malpractice Law and Psychiatry: An Overview", *Focus (Am Psychiatr Publ)*, vol. 17, no 4, 2019, pp. 332-336.

FROSCH DL, MAY SG, RENDLE KAS, TIETBOHL C, ELWYN G, "Authoritarian Physicians And Patients' Fear Of Being Labeled "Difficult" Among Key Obstacles To Shared Decision Making", *Health Affairs*, vol. 31, no 5, 2012, pp. 1034-1038.

FRYER AA, SMELLIE WSA, "Managing demand for laboratory test: a laboratory toolkit", *Journal Clinical Pathologie*, vol. 366, 2013, pp. 62-72.

FUERTES C, MARTÍN LASO MA, "El inmigrante en la consulta de atención primaria", *Anales del Sistema Sanitario de Navarra*, vol. 29 (Supl.1), 2006, pp. 9-25.

GALÁN CORTÉS JC, *Responsabilidad civil médica,* Civitas, 2ª ed., Madrid, 2011.

GALE A, "Fifty Years of Medicare The Good and The Bad", *Mo Med*, vol. 112, no 4, 2015, pp. 252-257.

GALLAGHER TH, WATERMAN AD, EBERS AG, FRASER VJ, LEVINSON W, "Patients' and Physicans' Attitudes Regarding The Disclosure of Medical Errors", *Journal American Medical Association*, vol. 289, no 8, 2003, pp. 1001-1007.

GARCIA BALLESTER L, *La búsqueda de la salud. Sanadores y enfermos en la España medieval*, Ediciones Península, Barcelona, 2001.

GARCÍA-NÚÑEZ SERRANO F, "Los complementos autonómicos: ¿Seguridad Social o Asistencia Social?", *Revista del Ministerio de Trabajo y Asuntos Sociales,* vol. 134, 1998, pp. 129-168.

GARGANTILLA MADERA P, *Breve Historia de la Medicina*, Ediciones Nowtilus, S. L., Madrid, 2011.

GARVIN DA, *Managing Quality, The Strategic and Competitive Edge,* The Free Press A Division Macmillan, New York, 1988.

GAY G, "Ten years' experience with the medical defense act", *Boston Medical Surgery Journal,* vol. 180, 1919, pp. 597-601.

GBD 2016 SDG COLLABORATORS, "Measuring progress and projecting attainment on the basis of past trends of the health-related Sustainable Development Goals in 188 countries: an analysis from de Global Burden of Disease Study 2016", *The Lancet*, vol. 390, no 10100, 2017, pp. 1423-1459.

GHOSH SK, "Human cadaveric dissection: a historical acccount from ancient Greece to the modern era", *Anatomy & cell biology*, vol. 48, no 3, 2015, pp. 153-169.

GINSBERG M, "The Execution Of An Arbitration Provision As A Condition Precedent To Medical Treatment: Legally Enforceable? Medically Ethical?", *Mitchell Hamline Law Review*, vol. 42, no 1, 2016, pp. 273-318.

GIRALDO P, SATO L, SALA M, COMAS M, DYWER K, CASTELLS X, "A restrospective review of medical error adjucated in court between 2002 and 2012 in Spain", *International Journal for Quality in Health Care*, vol. 28, no 1, 2016, pp. 33-39.

GLASSMAN PA, ROLPH JE, PETERSEN LP, BRADLEY MA, KRAVITZ RL, "Physicians' Personal Malpractice Experiences Are Not related to Defensive Clinical Practices", *Journal of Health Politics, Policy and Law*, vol. 21, no 2, 1996, pp. 219-241.

GLASZIOU P, STRAUS S, BROWNLEE S, TREVENA L, DANS L, GUYATT G, ELSHAUG AG, JANETT R, SAINI V, "Evidence for underuse of efffective medical services around the world", *The Lancet*, vol. 390, 2017, pp. 169-177.

GLAUSER J, "Legal Notes: Quantifying the Unquantifiable: Defensive Medicine", *Emergency Medicine News*, vol. 33, no 1, 2011, p. 20.

GLIED S, "Implications of the 2017 Tax Cuts and Jobs for Public Health", *American Journal of Public Health*, vol. 108, no 6, 2018, pp. 734-736.

GLOVER JA, "The Incidence of Tonsilectomy in School Children", *Proceedings of the Royal Society of Medicine*, vol. 31, no 10, 1938, pp. 1219-1236.

GONZÁLEZ HERNANDO I, "Abrir para comprender: Disecciones anatómicas en libros medievales", *Titivillus*, no 2, 2016, pp. 27-55.

GORE TB, "A forgotten landmark medical study from 1932 by the Committe on the Cost of Medical Care", *Proc (Bayl Univ Med Cent)*, vol. 26, no 2, 2013, pp. 142-143.

GRABER ML, FRANKLIN N, GORDON R, "Diagnostic Error in Internal Medicine", *Archives of Internal Medicine*, vol. 165, no 13, 2005, pp. 1493-1499.

GRABER ML, "The incidence of diagnostic error in medicine", *British Medical Journal Quality Safety*, vol. 22 (Suppl 2), 2013, pp. ii21-ii27.

GRACIA D, *Fundamentos de Bioética*, Triacastela, Madrid, 2007.

GRACIA GUILLÉN D, *Fundamentos de Bioética*, Eudema Universidad, Madrid, 1989.

GRATE MW, "COBRA's Requirements for Group Health Plans: Do They Apply in a Strike?", *The Labor Lawyer*, vol. 4, no 1, 1988, pp. 35-44.

GREEN DST, MACKENZIE CR, "Nuances of Informed Consent: The paradigm of Regional Anesthesia", *HSS Journal*, vol. 3, no 1, 2007, pp. 115-118.

GREVE P, "Pediatrics: A unique and volatile risk", *Journal of Healthcare Clinical Risk Management*, vol. 31, no 2, 2011, pp. 19-29.

GRISSINGER M, "Too Many Abandon the "Second Victims" Of Medical Errors", *Pharmacy and Therapeutics*, vol. 39, no 9, 2014, pp. 591-592.

GROB R, SCHLESINGER M, DAVIS S, COHEN D, LAPPS J, "The Affordable Care Act's Plan For Consumer Assistance With Insurance Moves States Forward But Remains A Work In Progress", *Health Affairs*, vol. 32, no 2, 2013, pp. 347-356.

GROBER ED, BOHNEN JMA, "Defining medical error", *Canadian Journal of Surgery*, vol. 48, no 1, 2005, pp. 39-44.

GUZMÁN ARMARIO FJ, "Año 476 después de Cristo: el eterno debate sobre la caída del Imperio romano y el comienzo de la Edad Media, a principio del siglo XXI", *Revista Estudios sobre Patrimonio, Cultura y Ciencias Medievales*, vol. 16, 2014, pp. 175-188.

HACKER K, ANIES M, FLOB BL, ZALLMAN L, "Barriers to health care for undocumented inmigrants: a literature review", *Risk Management and Healthcare Policy*, vol. 8, 2015, pp. 175-183.

HAJAR R, "The Air of History: Early Medicine to Galen (Part I)", *Heart Views*, vol. 13, no 3, 2012, pp. 120-128.

HALL DE, PROCHAZKA AV, FINK AS, "Informed consent for clinical treatment", *Canadian Medical Association Journal*, vol. 184, no 2, 2012, pp. 533-540.

HALWANI T, TAKROURI M, "Medical laws and ethics of babylon as read in Hammurabi's code (history)", *The Internet Journal of Law, Healthcare and Ethics*, vol. 4, no 2, 2006, pp. 1-8.

HANEFELD J, POWELL-JACKSON T, BALABANOVA D, "Understanding and measuring quality of care: dealing with complexity", *Bulletin of the World Health Organization,* vol. 95, no 5, 2017, pp. 368-374.

HARNEY D, "Medical Malpractice", *Duke Law Journal*, vol. 23, no 5, 1974, pp. 1000-1012.

HARRISON R, LAWTON R, PERLO J, GARDNER P, ARMITAGE G, SHAPIRO J, "Emotion and Coping in the Aftermath of Medical Error: A Cross-Country Exploration", *Journal of Patient Safety*, vol. 11, no 1, 2015, pp. 28-35.

HARRISON R, LAWTON R, STEWART K, "Doctors' experiences of adverse events in secondary care: the professional and personal impact", *Clinical Medicine Journal*, vol. 14, no 6, 2014, pp. 585-590.

HAUGEN AS, SEVDALIS N, SOTELAND E, "Impact of the World Health Organization Surgical Safety Checklist on Patient Safety", *Anesthesiology*, vol. 131, no 2, 2019, pp. 420-425.

HAWKINS CM, DELAO AJ, HUNG C, "Social Media and the Patient Experience", *Journal of the American College of Radiology*, vol. 13 (12PB), 2016, pp. 1615-1621.

HAY I, "Medical liability and the insurance of remote over U.S. tort law reform", *Australasian Journal of American Studies*, vol. 16, no 1, 1997, pp. 1-25.

HE AJ, "The doctor-patient relationship, defensive medicine and overprescription in Chinese public hospitals: Evidence from a cross-sectional survey in Shenzhen city", *Social Science & Medicine*, vol. 123, 2014, pp. 64-71.

HELLBORG S, "Liability for medical injuries in Sweden", *Journal de Droit de la Santé et de l'Assurance Maladie*, no 23, 2019, pp. 72-76.

HELLINGER FJ, ENCINOSA WE, "The Impact of State Laws Limiting Malpractice Damage Awards on Health Care Expenditures", *American Journal of Public Health*, vol. 96, no 8, 2006, pp. 1375-1381.

HELO S, MOULTON CA E, "Complications: acknowledging, managing, and coping with human error", *Translational Andrology and Urology*, vol. 6, no 4, 2017, pp. 773-782.

HENDEE WR, BECKER GJ, BORGSTEDE JP, BOSMA J, CASARELLA WJ, ERICKSON BA, MAYNARD CD, THRALL JH, WALLNER PE, "Adressing Overutilization in Medical Imaging", *Radiology*, vol. 257, no 1, 2010, pp. 240-245.

HERSHEY N, "The Defensive Practice of Medicine: Myth or Reality", *The Milbank Memorial Fund Quaterly*, vol. 50, no 1, Part.1, 1972, pp. 69-98.

HIMMELSTEIN DU, THORME D, WARREN E, WOOLHANDLER S, "Medical Bankruptcy in the United States, 2007: Results of a National Study", *The American Journal of Medicine*, vol. 122, no 8, 2009, pp. 741-746.

HIYAMA T, YOSHIHARA M, TANAKA S, URABE Y, IKEGAMI Y, FUKUHARA T, CHAYAMA K, "Defensive medicine practices among gastroenterologists in Japan", *World Journal Gastroenterology*, vol. 12, no 47, 2006, pp. 7671-7675.

HO B, LIU E, "Does Sorry Work?, The impact of Apology Laws on Medical Malpractice", *Journal of Risk and Uncertainty*, vol. 43, 2011, pp. 141-167.

HOFFMAN B, "Health Care Reform and Social Movements in the United States", *American Journal of Public Health*, vol. 93, no 1, 2003, pp. 75-85.

HOGAN NC, *Unhealed Wounds. Medical Malpractice in the Twentieh Century*, LFB Scholarly Publishing, New York, 2003.

HOLZMUELLER CC, PRONOVOST P, DICKMAN F, THOMPSON DA, WU AW, LUBOMSKI LH, FAHEY M, STEINWACHS DM, ENGINEER L, JAFFREY A, MORLOCK LL, DORMAN T, "Creating the Web-based Intensive Care Unit Safety Reporting System", *Journal of the American Informatics Association*, vol. 12, no 2. 2005, pp. 130-139.

HORTY JF, "The status of de doctrine of charitable inmunity in hospital cases", *Ohio State Law Journal*, vol. 25, 1964, pp. 343-359.

HOWARD RL, AVERY AJ, SLAVENBURG S, ROYAL S, PIPE G, LUCASSEN O, PIRMOHAMED M, "Wich drugs cause preventable admissions to hospital? A systematic review", *British Journal of Clinical Pharmacology*, vol. 63, no 2, 2006, pp. 136-147.

HSUAN C, HORWITZ JR, PONCE NA, HSIA RY, NEEDLEMAN J, "Complying with the Emergency Medical Treatment and Labor Act (EMTALA): Challenges and solutions", *American Society for Healthcare Risk Management*, vol. 37, no 3, 2018, pp. 31-41.

HUBBARD FP, "The nature and impact of "the tort reform" movement", *Hofstra Law Review*, vol. 437, pp. 437-538.

HUTCHINSON A, YOUNG TA, COOPER KL, McINTOSH A, KARNON JD, SCOBIE S, THOMSON RG, "Trends in healthcare incident reporting and relationship to safety and quality data in acute hospitals: results from the National Reporting and Learning System", *Quality Safety and Health Care*, vol. 18, no 1, 2009, pp. 5-10.

HWANG CY, WU CH, CHENG FC, YEN YL, WU KH, "A 12-year analysis of closed medical malpractice claims of the Taiwan civil court. A restrospective study", *Medicine*, vol. 97, no 13, 2018, pp. 1-7.

HYMAN DA, BLACK B, SILVER C, SAGE WM, "Estimating the effect of damages caps in medical malpractice cases: evidence from Texas", *Journal of Legal Analysis*", vol. 1, no 1, 2009, pp. 355-409.

IGLEHART JK, "The Fate of SCHIP. Surrogate Marker for Health Care Ideology?", *New England of Journal Medical*, vol. 357, no 22, 2007, pp. 2104-2107.

INÁCIO P, CAVACO A, AIRAKSINEN M, "The value of patient reporting to the pharmacovigilance system: a systematic review", *British Journal of Clinical Pharmacology*, vol. 83, no 2, 2017, pp. 227-246.

INSTITUTE OF MEDICINE, *To err is human. Bulding a Safer Healh System*, National Academic Press, Washington, D.C., 1999.

JACOBSON PD, "Medical Malpractice and the Tort System", *Law and Medicine*, vol. 262, no 23, 1989, pp. 3320-3327.

JAFFE S, "50 years of Medicare", *The Lancet*, vol. 386, no 9992, 2015, pp. 419-420.

JAMES MT, "A New Evidence-based Estimate of Patient Harms Associated with Hospital Care", *Journal of Patient Safety*, vol. 9, no 3, 2013, pp. 122-128.

JARAMILLO-ANTILLÓN J, "Evolución de la medicina: pasado, presente y futuro", *Acta Médica Costarricense*, vol. 43, no 3, 2001, pp. 105-113.

JENA AB, SEABURY S, LAKDAWALLA D, CHANDRA A, "Malpractice Risk According to Physician Specialty", *New England Journal of Medical*, vol. 365, no 7, 2011, pp. 635-636.

JENKINS RC, SMILLOV AE, GOODWIN MA, "Mandatory presuit mediation: 5-year results of a medical malpractice resolution program", *American Society for Healthcare Risk Management of the American Hospital Association*, vol. 33, no 4, 2014, pp. 15-22.

JHA AK, LARIZGOITIA I, AUDERA LOPEZ C, PRASOPA PLAISIER N, WATERS H, BATES DW, "The global burden unsafe medical care: analytic modelling of observational studies", *BMJ Quality Safety*, vol. 22, no 10, pp. 809-815.

JOTTERAND F, "The Hippocratic Oath and Contemporary Medicine: Dialectic Between Past Ideals and Present Reality?", *Journal of Medicine and Philosophy*, vol. 30, no 1, 2005, pp. 107-128.

KACHALIA A, "Improving Patient Safety through Transparency", *The New England Journal of Medicine*, vol. 369, no 18, 2013, pp. 1677-1679.

KACHALIA A, STUDDERT DM, "Professional Liability Issues in Graduate Medical Education", *Journal of American Medicine Association,* vol. 292, no 9, 2004, pp. 1051-1056.

KAINBERGER F, "Defensive medicine and overutilization of imaging- an issue of radiation protection", *Wiener klinische Wochenschrift*, vol. 129, no 5-6, pp. 157-158.

KAMZAN AD, ELAYNA NG, "When Less is More: The Role of Overdiagnosis and Overtreatment in Patient Safety", *Advances in Pediatrics*, vol. 68, 2021, pp. 21-35.

KAPUR N, PARAND A, SOUKUP T, READER T, SEVDALIS N, "Aviation and healthcare: a comparative review with implications for patient safety", *Journal of the Royal Society of Medicine Open*, vol. 7, no 1, 2015, pp. 1-10.

KASS JS, ROSE RV, "Medical Malpractice Reform: Historical Approaches, Alternative Models, and Communication and Resolutions Programs", *American of Medical Association Journal of Ethics*, vol. 18, no 3, 2016, pp. 299-310.

KATZ J, *El médico y el paciente: su mundo silencioso*, Fondo de Cultura Económica, México, 1990.

KAYSER JB, "Mediation Trainning for the Physisician: Expanding the Communication Toolkit to Manage Conflict", *The Journal of Clinical Ethics*, vol. 26, no 4, 2015, pp. 339-341.

KESSLER D, MACCLELLAN M, "Do doctors practice defensive medicine?", *Quaterly Journal of Economics*, vol. 111, no 2, 1996, pp. 353-390.

KESSLER DP, "Evaluating the Medical Malpractice System and options for reform", *Journal of Economics Perspectives*, vol. 25, no 2, 2011, pp. 93-110.

KIBRIDE MK, JOFFE S, “The New Age of Patient Autonomy: Implications for the Patient-Physician Relationship”, *Journal of American Medical Association*, vol. 320, no 19, pp. 1973-1974.

KIM EK, FLETCHER WJ, JOHNSON CT, “Effect of Increasing Malpractice Insurance Cost and Subsequent Practice of Defensive Medicine on out-of-Hospital Birth Rates in the United States”, *American Journal of Perinatology*, vol. 36, no 7, 2019, pp. 723-729.

KLEMM JD, “Medicaid Spending: A Brief History”, *Health Care Finnancing Review*, vol. 22, no 1, 2000, pp. 105-112.

KNAAK JP, PARZELLER M, “Court decisions on medical malpractice”, *International Journal of Legal Medicine*, vol. 128, no 6, 2014, pp. 1049-1057.

KNOBLAUCH HK, ““A Campaign Won as a Public Issue Will Stay Won”: Using Cartoons and Comics to Fight National Health Care reform, 1940s and Beyond”, *American Journal of Public Health*, vol. 104, no 2, 2015, pp. 227-236.

KRANZ AM, MAHMUD A, AGNIEL D, DAMBERG C, TIMBIE JW, “Provision of Social Services and Health Care Quality in US Community Health Centers”, *American Public Health Association,* vol. 110, no 4, 2020, pp. 567-573.

KÜÇÜK M, “Defensive medicine among obstetricians and gynaecologists in Turkey”, *Journal of Obstetrics and Gynaecology*, vol. 38, no 2, 2018, pp. 200-205.

LABIANO ILUNDAIN ML, “Actualización y breve repaso de las traducciones de Hipócrates en España”, *Liburna*, vol. 2, 2009, pp. 89-98.

LAÍN ENTRALGO P, “Los orígenes del diagnóstico médico”, *Dynamis: Acta Hispánica ad Medicinae Scientiarumque Historiam Illustrandam*, vol. 1, 1981, pp. 1-15.

LAÍN ENTRALGO P, *Historia de la Medicina*, Salvat Editores, Barcelona, 1978.

LAÍN ENTRALGO P, *El médico y el enfermo*, Tricastela, Madrid, 2003.

LAÍN ENTRALGO P, “La relación médico-enfermo. Historia y teoría”, *Revista de Occidente*, Madrid, 1964.

LAM JH, PICKLES K, STANAWAY FF, BELL KJL, “Why clinicians overtest: development of a thematic framework”, *BMC Health Services Research*, vol. 20, no 1011, 2020, pp. 1-11.

LANE HJ, BLUM N, FEE E, “Oliver Wendell Holmes (1809-1894) and Ignaz Phillip Semmelweis (1818-1865): Preventing the Transmission of Puerperal Fever”, *American Journal of Public Health*, vol. 100, no 6, 2010, pp. 1008-1009.

LANGEL S, “Averting Medical Malpractice Lawsuits: Effective Medicine-Or Inadequate Cure?”, *Health Affairs*, vol. 29, no 9, 2010, pp. 1565-1568.

LAROS RK, “Presidential address: Medical-legal issues in obstetrics and gynecology”, *American Journal of Obstetrics and Ginecology*, vol. 192, 2005, pp. 1883-1889.

LAWTHERS AG, RUSSEL LOCALLO A, LAIRD NM, LIPSITZ S, HEBERT LL, BRENNAN TA, "Physicians' Perceptions of the Risk of Being Sued", *Journal of Health Politics, Policy and Law*, vol. 17, no 3, 1992, pp. 463-482.

LÁZARO J, GRACIA D, "La relación médico-enfermo a través de la historia", *Anales del Sistema Sanitario de Navarra*, vol. 29 (Supl.3), 2006, pp. 7-17.

LAZER DM, BAUM MA, BENKLER Y, BERINSKY AJ, GREENHILL KM, MENEZER F, METZGER MJ, NYHAN B, PENNYCOOK G, ROTHSCHILD D, SCHUDSON M, SLOMAN SA, SUNSTEIN CR, THORSON EA, WATSS DJ, ZITTRAIN JL, "The Science of fake news", *Science*, vol. 359, no 6380, 2018, pp. 1094-1096.

LE GOFF J, *Los intelectuales en la Edad Media*, Gedisa, Barcelona, 1986.

LEAPE LL, "Error in medicine", *Journal of the American Medical Association*, vol. 272, no 23, 1994, pp. 1851-1857.

LEAPE LL, BERWICK DM, BATES DW, "What Practices Will Most Improve Safety? Evidence-Based Medicine Meets Patient Safety", *Journal of American Medical Association*, vol. 288, no 4, 2002, pp. 501-507.

LEDERMANN W, "Una mirada crítica sobre la medicina en el Antiguo Egipto", *Revista Chilena de Infectolofía*, vol. 33, no 6, 2016, pp. 684-685.

LEE MJ, " On Patient Safety: Do You Say "I'm sorry" to Patients?", *Clinical Orthopeadics and Related Research,* vol. 474, no 11, 2016, pp. 2359-2361.

LEENDERTSE AJ, EGBERTS AC, STOKER LJ, VAN DER BEMT PM, HARM STUDY GROUP, "Frecuency of and risk factors for preventable medication-related hospital admissions in the Netherland", *Archives Internal Medical*, vol. 168, no 17, 2008, pp. 1890-1896.

LeMASURIER J, "Physician medical malpractice", *Health Care Financial Review,* vol. 7, no 1, 1985, pp. 111-116.

LEWIS MH, GOHAGAN JK, MERENSTEIN DJ, "The Locality Rule and Physician's Dilemma. Local Medical Practices vs the National Standard of Care", *Journal of American Medical Association,* vol. 297, no 23, 2007, pp. 2633-2637.

LI S, DOR A, DEYO D, HUGHES D, "The Impact of State Tort Reform on Imaging Utilization", *Journal of the American College of Radiology*, vol. 14, no 2, 2017, pp. 149-156.

LIEBMAN CB, "Medical Malpractice Mediation: Benefits Gained, Opportunities Lost", *Law and Contemporary Problems*, vol. 74, pp. 135-149.

LIMA GARCÍA C, ABREU LC, SOUZA RAMOS JL, DIBAI DE CASTRO CF, NEVES SMIDERLE FR, DOS SANTOS JA, PINHEIRO BEZERRA IM, "Influence of Burnout on Patient Safety: Systematic Review and Meta-Analysis", *Medicina*, vol. 55, no 9, 2019, pp. 1-13.

LINDEMAN M, *Medicina y sociedad en la Europa moderna 1500-1800*, Siglo Veintiuno de España Editores, Madrid, 2001.

LIPS-CASTRO W, "Breve historia de las causas naturales de la enfermedad humana", *Gaceta Médica Mexicana*, vol. 51, 2015, pp. 806-818.

LONGRIGG J, "Presocratic philosophy and Hippocratic medicine", *History of Science*, vol. 27 (75 pt 1), 1989, pp. 1-39.

LONGTIN Y, SAX H, LEAPE LL, SHERIDAN SE, DONALDSON L, PITTET D, "Patient Participation: Current Knowledge and Applicability to Patient Safety", *Mayo Clinics Proccedures*, vol. 85, no 1, 2010, pp. 53-62.

LÓPEZ PÉREZ JA, "Hipócrates y los escritos hipocráticos: origen de la medicina científica", *Epos: Revista de Filología*, no. 2, 1986, pp. 157-176.

LÓPEZ PIÑERO JM, *Historia de la Medicina*, Madrid, Historia 16, 1990.

LORIAUX DL, "Diabetes and The Ebers Papyrus: 1552 B. C.", *The Endocrinologist*, vol. 16, no 2, 2006, pp. 55-56.

LUNDSTROM T, PUGLIESE G, BARTLEY J, COX J, GUITHER C, "Organizational and environmental factors that effect worker health and safety and patient outcomes", *American Journal of Infection Control*, vol. 30, no 2, 2002, pp. 93-106.

LUO J, ELDREDGE C, CLISLER RA, "Population Analysis of Adverse Events in Different Age Groups Using Big Clinical Trials Data", *J MIR Medical Informatics*, vol. 4, no 4, 2016, pp. 1-20.

LYU H, XU T, BROTMAN D, MAYER-BLACKWELL B, COOPER M, DANIEL M, WICK EC, SALNI V, BROWNIEE S, MAKARY MA, "Overtreatment in the United States", *PLoS ONE*, vol. 12, no 9, 2017, pp. 1-11.

MACÍA MORILLO A, "El tratamiento de las acciones de wrongful birth y wrongful life a la luz de la nueva ley sobre interrupción voluntaria del embarazo", *Revista Jurídica de la Universidad Autónoma de Madrid*, no 23, 2011, pp. 83-98.

MACKENZIE CR, "Professionalism and Medicine", *The Musculoskeletal Journal of Hospital for Special Surgery*, vol. 3, no 2, 2007, pp. 222-227.

MAGILL SS, EDWARDS JR, BAMBERG W, BELDAVS ZG, DUMYATI G, KAINER MA, LYNFIELD R, MALONEY M, MCALLISTER-HOLLOD L, NADLE J, RAY SM, THOMPSON DL, WILSON LE, FRIDKIN SK, "Multistate Point-Prevalence Survey of Health Care-Associated Infections", *New England Journal of Medicine*, vol. 370, no 13, pp. 1198-1208.

MAINZ J, KRISTENSEN S, BARTELS P, "Quality improvement and accountability in the Danish health care system", *International Journal for Quality in Health Care*, vol. 27, no 6, 2015, pp. 523-527.

MAKARY M, MICHAEL D, "Medical error-the third leading cause of death in the US", *British Medical Journal (Clinical Research Edition)*, vol. 353, 2016, p. 5.

MAKIANI MJ, NASIRIPOUR S, MAHBUBI A, "Drug-drug interactions: The importance of medication reconciliation", *Journal of Research in Pharmacy Practice*, vol. 6, no 1, 2017, pp. 61-62.

MANCHIKANTI L, HELM S,BENYAMIN RM, HIRCH JA, "A critical Analysis of Obamacare: Affordable Care or Insurance for Many and Coverage for Few?", *Pain Physician*, vol. 20, no 3, 2017, pp. 131-138.

MARAÑÓN G, *Vocación y ética*, Espasa-Calpe, Madrid, 1946.

MARTÍN FUMADÓ C, GÓMEZ DURÁN EL, RODRÍGUEZ PAZOS M, ARIMANY MANSO J, "Medical Professional Liability in Psychiatry", *Actas Españolas de Psiquiatría*, vol. 43, no 6, 2015, pp. 205-212.

MASLACH C, JACKSON SE, "The measurement of experienced burnout", *Journal of Occupational Behaviour*, vol. 2.99, no 11, 1981, pp. 99-113.

MCCULLOUGH LB, "Hume's influence on John Gregory and the History", *Journal of Medicine and Philosophy*, vol. 24, no 4, 2010, pp. 376-395.

McGUCKIN M, WARERMAN R, PORTEN L, BELLO S, CARUSO M, JUZAITIS B, KRUG E, MAZER S, OSTRAWSKI, "Patient education model for increasing handwashing compliance", *American Journal of Disease Control*, vol. 27, 1999, pp. 309-314.

McMANUS M, SILVERSTEIN B, "Brief History of Alternative Dispute Resolution in the USA", *Cadmus*, vol. 1, no 3, 2011, pp. 100-105.

McMICHAEL BJ, VAN HORN RL, VISCUSI WK, ""Sorry", Is Never Enough: How State Apology Laws Fail to Reduce Medical Malpractice Liability Risk", *Standford Law Review*, vol. 71, 2019, pp. 341-409.

McQUADE JS, "The medical malpractice crisis-reflections on the alleged causes and porposed cures: discussion paper", *Journal of the Royal Society of Medicine*, vol. 84, no 7, 1991, pp. 408-411.

MEDINA ALCOZ L, "Hacia una nueva teoría general de la causalidad en la responsabilidad civil contractual (y extracontractual): La doctrina de la pérdida de oportunidades", *Revista de responsabilidad civil y seguro*, no 30, 2009, pp. 31-74.

MEJÍA G, SAIZ-RODRÍGUEZ M, GÓMEZ DE OLEA B, OCHOA D, ABAD-SANTOS F, "Urgent Hospital Admissions Caused by Adverse Drug Reactions and Medication Errors –A Population – Based Study in Spain", *Frontiers in Pharmacology*, vol. 11, 2020, pp. 1-9.

MELHADO EM, "Health planning in the United States and the decline of public-interest policymaking", *Milbank Quarter*, vol. 84, no 2, 2006, pp. 359-440.

MELLO M, STUDDERT D, BRENNAN TA, "The New Medical Malpractice Crisis", *New England Journal of Medicine*, vol. 348, no 23, 2003, pp. 2281-2284.

MELLO MM, CHANDRA A, GAWANDE AA, STUDDERT DM, "National Costs Of The Medical Liability System", *Health Affaires*, vol. 29, no 9, 2010, pp. 1569-1577.

MELLO MM, FRAKES MD, BLUMENKRANZ E, STUDDERT DM, "Malpractice Liability and Health Care Quality", *Journal of American Medical Association*, vol. 323, no 4, 2020, pp. 352-366.

MELLO MM, STUDERT DM, KACHALIA AB, BRENNAN TA, ""Health Courts", and Accountability for Patient Safety", *The Milbank Quaterly*, vol. 84, no 3, 2006, pp. 459-492.

MELLO MM, STUDERT DM, THOMAS EJ, YOON CS, BRENNAN TA, "Who Pays for Medical Errors? An Analysis of Adverse Event Costs, the Medical Liability System, and Incentives for Patient Safety Improvement", *Journal of Empirical Legal Studies*, vol. 4, no 4, 2007, pp. 835-860.

MILLER AC, "Jundi-Shapur, bimaristans, and the rise of academic medical centers", *Journal of The Royal Society of Medicine*, vol. 99, 2006, pp. 615-617.

MILLER RA, SAMPSON NR, FLYNN JM, "The Prevalence of Defensive Orthopaedic Imaging: A Prospective Practice Audit in Pennsylvania", *The Journal of Bone and Joint Surgery American,* vol. 94, no 3, 2012, pp. e18 (1)-e18 (6).

MINSU O, LIM SY, JO MW, LEE S, "Frequency, Expected Effects, Obstacles, and Facilitators of Disclosure of Patient Safety Incidents: A systematic Review", *Journal of Preventive Medicine and Public Health*, vol. 50, 2017, pp. 68-82.

MIRA JJ, CARILLO I, SILVESTRE C, PÉREZ-PÉREZ P, NEBOT C, OLIVERA G, GONZÁLEZ DE DIOS J, ARANAZ ANDRÉS JM, "Drivers and strategies for avoiding overuse. A cross-sectional study to explore the experience of Spanish primary care providers handling uncertainly and patients' requests", *BMJ Open*, vol. 8, no 6, 2017, pp. 1-10.

MIRA JJ, CARRILLO I, "Medicina Defensiva en Atención Primaria", *Anales del Sistema Sanitario de Navarra*, vol. 41, no 2, 2018, pp. 273-275.

MIRA JJ, CARRILLO I, LORENZO S, FERRÚS L, SILVESTRE C, PÉREZ´PÉREZ P, OLIVERA G, IGLESIAS F, ZAVALA E, MADERUELO-FERNÁNDEZ JA, VITALLER J, NUÑO-SOLINÍS R, ASTIER P, "The aftermath of adverse events in Spanish primary care and hospital health professionals", *BMC Health Services Research*, vol. 15, no 151, 2015, pp. 1-9.

MOGHTADERI A, FARMER S, BLACK B, "Damage Caps and Defensive Medicine: Reexamination with Patient-Level Data", *Journal of Empirical Legal Studies,* vol. 16, no 1, 2019, pp. 26-68.

MOHR JC, *Doctors and the Law. Medical Jurisprudence in Nineteenth-Century America*, Oxford University Press, Baltimore, 1996.

MONEREO PÉREZ JL, "William Henry Beveridge (1879-1963): La construcción de los modernos sistemas de seguridad social", *Revista de derecho de la seguridad social*, vol. 4, 2015, pp. 279-305.

MONTAGNANA M, LIPPI G, "The risks of defensive (emergency) medicine. The laboratory perspective", *Emergency Care Journal*, vol. 12, no 5581, 2016, pp. 17-19.

MONTSERRAT-CAPELLA D, SUÁREZ M, ORTIZ L, MIRA JJ, GAITÁN DUARTER H, REVEIZ L on behalf of the ABEAS Group, "Frecuency of ambulatory care adverse in Latin American countries: the AMBEAS/PAHO cohort study", *International Journal for Quality in Health Care*, vol. 27, no 1, 2015, pp. 52-59.

MOORE JD, SMITH DG, "Legislating Medicaid: Considering Medicaid and its origins", *Health Care Financial Review*, vol. 27, no 2, 2005, pp. 45-52.

MOOSAZADEH M, MOVAHEDNIA M, MOVAHEDNIA N, AMIRESMAILI M, AGHAEI I, "Determining the frecuency of defensive medicine among general practitioners in Southeast Iran", *International Journal of Health Policy and Management*, vol. 2, no 3, 2014, pp. 119-123.

MORABIA A, "Pierre-Charles-Alexandre Louis and the evaluation of bloodletting", *Journal of the Royal Society of Medicine*, vol. 99, no 3, 2006, pp. 158-160.

MORGAN DJ, BROWNLEE S, LEPPIN AL, KRESSIN N, DHRUVA SS, LEVIN L, LANDON BE, ZEZZA MA, SCHMIDT H, SAINI V, EISHAUG A, "Setting a research agenda for medical overuse", *British Medical Journal*, vol. 351, 2015, pp. 1-20.

MORGAN SM, ROMEUS L, RAHMAN, ASMAR A, "Internal Medicine Residents and the Practice of Defensive Medicine: A Pilot Study Across Three Internal Medicine Residency Programs", *Cureus*, vol. 12, no 2, 2020, pp. 1-16.

MORRISON EM, LUFT HS, "Health maintenance organization environments in the 1980s and beyond", *Health Care Financial Review*, vol. 12, no 1, 1990, p. 81.

MOSELEY GB, "The U. S. Health Care Non-System, 1908-2008", *Virtual Mentor,* vol. 10, no 5, 2008, pp. 324-331.

MOSSMAN D, "Defensive medicine: Can it increase your malpractice risk?", *Current Psychiatry*, vol. 8, no 12, 2009, pp. 86-88.

MOYA-i-MITJANS A, RIVAS-GÁNDARA N, SARRIAS-MERCÈ A, PÉREZ-RODÓN J, ROCA-LUQUE I, "Síncope", *Revista Española de Cardiología*, vol. 68, no 8, 2012, pp. 755-765.

MOYNIHAN R, DOUST J, HENRY D, "Preventing overdiagnosis: how to stop harming the healthy", *British Medical Journal*, vol. 344, (e3592), 2012, pp. 1-6.

NASH LM, WALTON MM, DALY MG, KELLY PJ, WALTER G, H VAN EKERT E, WILLCOCK SM, TENNENT CC, "Perceived practice change in Australian doctors as a result of medicolegal concerns", *Medical Journal of Autralia,* vol. 194, no 6, 2011, pp. 579-583.

NELSON III LJ, MORRISEY MA, KILGORE ML, "Damages Caps in Medical Malpractice Cases", *The Milbank Quaterly,* vol. 85, no 2, 2007, pp. 259-286.

NEWMAN TOKER DE, SCHAFFER AC, YU MOE W, NASSERY N, SABER TERHANI AS, CLEMENS GD, WANG Z, ZHU Y, FANAL M, SIEGAL D, "Serious misdiagnosis-related harms in malpractice claims: The "Big Three" – vascular events, infections, and cancers", *Diagnosis*, vol. 6, no 3, 2019, pp. 227-240.

NEWMAN-TOKER DE, PRONOVOST P, "Diagnostic Errors-The Next Frontier for Patient Safety", *The Journal of the American Medical Association*, vol. 301, no 10, 2009, pp. 1060-1062.

NIEVA VF, SORRA, "Safety culture assessment: a tool improving patient safety in healthcare organizations", *Quality and Safety in Health Care*, vol. 12 (suppl 2), 2003, pp. ii17- ii23.

NOGUERA PALÁU JJ, "Ambrosio Paré, Ambroise Laval (Bourg-Hersent/Laval, 1510-París, 1590)", *Archivos de la Sociedad Española de Oftalmología*, vol. 86, no 10, 2011, pp. 341-342.

NUSSBAUM L, "Trial and Error: Legislating ADR for Medical Malpractice Reform", *Maryland Law Review*, vol. 76, no 2, 2017, pp. 247-308.

O'LEARY KJ, CHOI J, WATSON K, MARK V, "Medical Students' and Residents' Clinical and Educational Experiences With Defensive Medicine", *Academic Medicina*, vol. 87, no 2, 2012, pp. 142-148.

OBERLANDER J, "Learning from Failure in Health Care reform", *New England of Journal Medicine,* vol. 357, no 17, 2007, pp. 1677-1679.

OMOLE FS, SOW CM, FRESH E, BABALOLA D, STROTHERS H, "Interacting with Patient's Family Members During the Office Visit", *American Family Physician*, vol. 84, no 7, 2011, pp. 780-784.

ONAMBELE L, SAN MARTIN RODRÍGUEZ L, NIU H, ALVAREZ ALVAREZ I, ARNEDO PEÑA, GUILLEN GRIMA F, AGUINAGA ONTOSO I, "Mortalidad infantil en la Unión Europea: análisis de tendencias en el período 1994-2015", *Anales de Pediatría,* vol. 91, no 4, 2019, pp. 219-227.

ORTASHI O, VIRDEE J, HASSAN R, MUTRYNOWSKY T, ABU-ZIDAN F, "The practice of defensive medicine among hospital doctors in the United Kingdom", *BMC Medical Ethics*, vol. 14, no 42, 2013, pp. 1-14.

OSTI M, STEYRER J, " A national survey of defensive medicine among orthopaedic surgeons, trauma surgeons and radiologists in Austria: evaluation of prevalence and context", *Journal of Evaluation in Clinical Practice*, vol. 21, no 2, 2015, pp. 278-284.

OSTI M, STEYRER, "A perspective on the health care expenditures for defensive medicine", *European Journal of Health Economics*, vol. 18, 2017, pp. 399- 404.

OSUNA CARRILLO DE ALBORNOZ E, "El derecho a la información sanitaria en la Ley 41/2002", *Cuadernos de Bioética*, vol. XVII, no 59, 2006, pp. 27-42.

PAIK M, BLACK B, HYMAN DA, "Damage caps and defensive medicine, revisited", *Journal of Health Economics*, vol. 51, 2017, pp. 84-97.

PAIK M, BLACK B, HYMAN DA, "The Receding Tide of Medical Malpractice Litigation: Part 2-Effect of Damage Caps", *Journal of Empirical Legal Studies*, vol. 10, no 4, 2013, pp. 639-669.

PAINTER LM, KIDWELL KM, KIDWELL RP, JANOV C, VOINCHET RG, SIMMONS RL, WU AW, "Do Written Disclosures of Serious Events Increase Risk of Malpractice Claims? One Health Care System´s Experience", *Journal of Patient Safety*, vol. 14, no 2, 2018, pp. 87-94.

PALAZZOLO A, "The Medical Malpractice "Crisis": The Constitutionality of Damage Limitations", *Journal of Civil Rights and Economic Development*, vol. 1, no 1, 1985, pp. 80-93.

PANAGIOTI M, GERAGHTY K, ESMAIL A, "Association Between Physician Burnout and Patient Safety, Profesionalism, and Patient Satisfaction", *Journal of American Medical Association Internal Medicine*, vol. 178, no 10, 2018, pp. 1317-1331.

PANAGIOTI M, KHAN K, KEERS RN, ABUZOUR A, PHIPPS D, KONTOPANTELIS E, BOWER P, CAMPBELL S, HANEEF R, AVERY AJ, ASHCROFT DM, "Prevalence, severity, and nature of preventable patient harm across medical care settings: systematic review and meta-analysis", *Britsh Medical Journal*, vol. 366, 2019, pp. 1-34.

PANELLA M, RINALDI C, LEIGHEB F, KNESSE S, DONNARUMMA C, KUL S, VANHAECHT K, DI STANISLAO F, "Prevalence and costs of defensive medicine: a national survey of Italian physicians", *Journal of Health Servicies Research & Policy*, vol. 22, no 4, 2017, pp. 211-217.

PAPANICOLAS I, WOSKIE LR, "Health Care Spending in the United States and Other High-Income Countries", *Journal of American Medical Association*, vol. 319, no 10, 2018, pp. 1024-1039.

PARRY MS, "Dorothea Dix (1802-1887)", *American Journal of Public Health,* vol. 96, no 4, 2006, pp. 624-625.

PASSMORE K, LEUNG W-C, "Defensive practice among psychiatrists: a questionnaire survey", *Postgraduate Medical Journal*, vol. 78, no 925, 2002, pp. 671-673.

PATERICK TJ, CARSON GV, ALLEN MC, PATERICK TE, "Medical Informed Consent: General Considerations for Physicians", *Mayo Clinics Proccedures*, vol. 83, no 3, 2008, pp. 313-319.

PATHINARA T, CLARK J, MOYNIHAN R, "Mapping the drivers of overdiagnosis to potential solutions", *British Medical Journal*, vol. 358, (j3879), 2017, pp. 1-9.

PAVLOVIC T, DJONIC D, BYARD RW, "Trepanation in archaic human remains-characteristic features and diagnostic difficulties", *Forensic Science, Medicine and Pathology*, vol. 16, no 1, 2020, pp. 195-200.

PEARN J, "Hammurabi's Code: A primary datum in the conjoined professions of medicine and law", *Medico-Legal Journal*, vol. 84, no 3, 2016, pp. 125-131.

PEDRO CARAÑANA J, "La misión de la universidad en la Edad Media: servir a los altos estamentos y contribuir al desarrollo de las ciudades", *Nómadas. Revista Crítica de Ciencias Sociales y Jurídicas*, vol. 34, no 2, 2012, pp. 325-355.

PEIRÓ S, BERNAL-DELGADO E, "Variaciones en la práctica médica: apoyando la hipótesis nula en tiempos revueltos", *Revista Española de Salud Pública*, vol. 86, no 3, 2012, pp. 213-217.

PELAYO GONZÁLEZ-TORRE A, "La intervención del Derecho en la actuación sanitaria. El extraño caso del consentimiento informado", *Anuario del Filosofía del Derecho*, no 26, 2010, pp. 193-216.

PEÑA QUIÑONES G, "Breve historia de la Neurocirugía", *Revista MEDICINA*, vol. 27, no 2, 2005, pp. 112-121.

PEREA PÉREZ B, GARROTE DÍAZ JM, HERNÁNDEZ GIL A, MARTÍNEZ HERNÁNDEZ S, GARCÍA MARTÍN AF, SANTIAGO SÁEZ A, "Medicina defensiva en los servicios de urgencias hospitalarias", *Revista Española de Salud Pública*, vol. 95, 2021, pp. 1-10.

PEREA PÉREZ B, SANTIAGO SÁEZ A, LABAJO GONZÁLEZ ME, ALBARRÁN JUAN E, DORADO FERNÁNDEZ E, GARCIA MARTIN A, "El médico ante los tribunales: análisis de las sentencias judiciales relacionadas con la responsabilidad profesional médica en España", *Revista Española de Medicina Legal*, vol. 39, no 4, 2013, pp. 130-134.

PEREZ B, KNYCH S, WEAVER S, LIBERMAN A, ABEL E, OETJEN D, WAN TH, "Understanding the Barriers to Physician Error Reporting and Disclosure: A systemic Approach to a Systemic Problem", *Journal of Patient Safety*, vol. 10, no 1, 2014, pp. 41-51.

PÉREZ MÉNDEZ P, VARELA TEMBRA JJ, "Evolución y desarrollo de la medicina medieval en occidente", *Oceánide*, no 1, 2009, pp. 1-6.

PERIN A, "El fenómeno de la medicina defensiva como cuestión político-criminal. ¿Cómo conjugar autonomía y responsabilidad?", en ROMEO CASABONA CM, PERIN A (Eds), *Derecho y medicina defensiva: legitimidad y límites de la intervención penal*, Editorial Comares, Granada, 2020.

PERLADO ORTIN DE PINEDO PA, "¿Prohibió la Iglesia la Medicina?", *Anuario de Derecho Eclesiástico del Estado*, vol. 33, 2017, pp. 175-213.

PERMPONGKOSOL S, "Iatrogenic disease in the ederly: risk factors, consequences, and prevention", *Clinical Interventions in Aging*, vol. 6, 2011, pp. 77-82.

PETERS PG, "Health Courts?", *Boston University Law Review*, vol. 88, no 227, 2008, pp. 227-289.

PETERS PG, "Twenty Years of Evidence on the Outcomes of Malpractice Claims", *Clinical Orthopaedics and Related Research*, vol. 467, no 2, 2009, pp. 352-357.

PETERSON KA, RUTHERFORD M, DRVOL D, BARKMAN D, STEVENS L, TEMAN S, TEETS J, "Disclosure of Adverse Events: A Guide for Clinicians", *Pediatric Quality and Safety*, vol. 4, no 4, 2019, pp. 1-6.

PICCARDI C, DETOLLENAERE J, BUSSCHE PV, WILLIEMS S, "Social disparities in patient safety in primary care: a systematic review", *International Journal for Equity in Health*, vol. 17, no 111, 2018, pp. 1-9.

PIETRZYKOWSKI T, SMILOWSKA K, "The reality of informed consent: empirical studies on patient comprehension-systematic review", *Trials*, vol. 22, no 57, 2021, pp. 1-8.

PIZZUTI AG, PATEL KH, MCCREARY EK, HELL E, BLAND CM, CHINAEKE E, LOVE BL, BOOKSTAVER PB, "Healthcare practitioner's views of social media as an educational resource", *PLoS ONE*, vol. 15, no 2, 2020, pp. 1-16.

PLEBANI M, "Defensive medicine and diagnostic testing", *Diagnosis*, vol. 1, no 2, 2014, pp. 151-154.

POSNER JR, "Trends in medical malpractice insurance, 1970-1985", *Law and Contemporary Problems,* vol. 49, no 2, 1986, pp. 37-56.

POWERS BW, JAIN SH, SHRANK WH, "De-adopting Low-Value Care", *Journal of American Medical Association*, vol. 324, no 16, 2020, pp. 1603-1604.

PRESKITT JT, "Health care reimbursement: Clemens to Clinton", *Proceedings (Baylor University Medical Center)*, vol. 21, no 1, 2008, pp. 40-44.

PUIGBÓ JJ, "El papiro de Edwin Smith y la civilización egipcia", *Gaceta Médica de Caracas*, vol. 110, no 3, 2002, pp. 378-385.

QUADAGNO J, "Why the United States Has No National Health Insurance: Stakeholder Mobilization Agaisnt the Welfare State, 1945-1996", *Journal of Health and Social Behav*ior, vol. 45(extra issue), 2004, pp. 25-44.

QUAM L, DINGWALL R, FENN P, "Medical malpractice in perspective", *British Medical Journal (Clin Res Ed),* vol. 294 (6586), 1987, pp. 1529-1532.

RAGGI A, LEONARDI M, SANSONE E, CURONE M, GRAZZI L, D'AMICO D, "The cost and value of treatment of medication overuse headache in Italy: a longitudinal study based on patient-derived data", *European Academy of Neurology*, vol. 27, no 1, 2020, pp. 62-68.

RAMELLA S, MANDOTTI G, TRODELLA L, D'ANGELILLO RM, "The first survey on defensive medicine in radiation oncology", *Radiology Medica*, vol. 120, no 5, 2015, pp. 421-429.

REASON J, "Human error: models and management", *British Medical of Journal*, vol. 320, 2000, pp. 768-770.

REASON J, "James Reason: Patient Safety, Human Error, and Swiss Cheese. Interview by Karolina Peltomaa and Duncan Neuhauser", *Quality Manage Health Care*, vol. 21, no 1, 2012, pp. 59-63.

REASON J, *Human Error*, Cambridge University Press, New York, 1990.

RESCHOVSKY JD, SAIONTZ-MARTINEZ CB, "Malpractice Claim fears and the Costs of Treating medicare patients: A New Approach to Estimating the Costs of Defensive Medicine", *Health Services Research*, vol. 53, no 3, 2018, pp. 1498-1516.

REUVENI I, PELOV I, REUVENI H, BONNE O, CANETTI L, "Cross-sectional survey on defensive practices and defensive behaviours among Israeli psychiatrists", *BMJ Open*, vol. 7, no 3, 2017, pp. 1-7.

REVERTE COMA JM, "Medicinas Primitivas, Paleomedicina y Paleopatología", *Munibe (Antropología-Arkeologia),* Supl. 8, 1992, pp. 63-79.

REYNOLDS EH, KINNIER WILSON JV, "Neurology and psychiatry in Babylon", *Brain*, vol. 137, no 9, 2014, pp. 2611-2619.

REYNOLDS RA, RIZZO JA, GONZALEZ ML, "The Cost of Medical Profesional Liability", *Journal of American Medical Association*, vol. 257, no 20, 1987, pp. 2776-2781.

RICE T, QUENTIN W, ANELL A, BARNES AJ, ROSENAU P, UNRUH LY, VAN GINNEKEN E, "Revisiting out-of-pocket requirements: trends in spending, financial access barriers, and policy in ten high-income countries", *BioMed Central Health Services Research*, vol. 18, no 1, 2018, pp. 1-19.

RIDDICK FA, "The Code of Medical Ethics of the American Medical Association", *Ochsner J,* vol. 5, no 2, 2003, pp. 6-10.

RIERA PALMERO J, "V Centenario del Nacimiento de Andrés Vesalio (1514-1564)", *Revista de la Sociedad de Historia de las Ciencias y de las Técnicas*, vol. 38, no 82, 2015, pp. 399-404.

RIES NM, JANSEN J, "Physisicians' views and experiences of defensive medicine: An international review of empirical research", *Health Policy*, vol. 125, no 5, 2021, pp. 634-642.

ROBEZNIEKS A, "Wary physicians. Defensive medicine linked to high costs, less access", *Modern Healthcare*, vol. 35, no 23, 2005, pp. 8-9.

ROBINSON GO, "The Medical Malpractice crisis of the 1970's: a retrospective", *Law and Contemporary Problems*, vol. 49, no 2, 1986, pp. 5-35.

RODRÍGUEZ PIÑERO JE, TABERNERO DUQUE MJ, RODRÍGUEZ CALVO MS, "Estudio descriptivo sobre la aplicación del consentimiento informado en centros sanitarios de Galicia (España)", *Cuadernos de Bioética*, vol. XXIX, no 95, 2018, pp. 69-79.

ROLAND M, RAO SR, SIBBALD B, HANN M, HARRISON S, WALTER A, GUTHERIE B, DESROCHES C, FERRIS TG, CAMPBELL EG, "Professional values and reported behaviours of doctors in the USA and UK: quantitative survey", *British Medical Journal Quality Safety*, vol. 20, no 6, 2011, pp. 515-521.

ROMEO CASABONA CM, URRUELA MORA A, PEIRÓ CALLIZO E, ALAVA CANO F, GENS BARBERA M, IRIARTE ARISTU I, SILVESTRE BUSTO, ASIER PEÑA MP, "¿Qué normativas han desarrollado las comunidades autónomas para avanzar en cultura de seguridad del paciente en sus organizaciones sanitarias?", *Journal of Healthcare Quality Research*, vol. 34, no 5, pp. 259-260.

ROMERO Y HUESCA A, RAMÍREZ BOLLÁS J, LÓPEZ SCHIETEKAT R, CUEVAS VELASCO G, DE LA ORTA REMENTERÍA JF, TREJO GUZMÁN LF, VORHAUER RAMÍREZ S, GARCÍA NAVARRETE SI, "Galeno de Pérgamo: Pionero en la historia de la ciencia que introduce los fundamentos científicos de la medicina ", *Anales Médicos (Mexico)*, vol. 56, no 4, 2011, pp. 218-225.

ROMERO Y HUESCA A, RAMÍREZ BOLLAS J, PONCE LANDÍN FJ, MORENO ROJAS JC, SOTO MIRANDA MA, "La cátedra de Cirugía y Anatomía en el Renacimiento", *Cirugía y Cirujanos*, vol. 73, no 2, 2005, pp. 151-158.

ROSENBACH ML, STOME AG, "Malpractice insurance costs and physician practice, 1983-1986", *Health Affairs*, vol. 9, no 4, 1990, pp. 176-185.

ROTENSTEIN LS, TORRE M, MATA DA, "Prevalence of Burnout Among Physicians", *Journal of American Medical Association*, vol. 320, no 11, 2018, pp. 1131-1150.

ROWLAND D, LYONS B, EDWARDS J, "MEDICAID: Health Care for Poor in the Reagan Era", *American Review of Public Health*, vol. 9, 1988, pp. 427-450.

RUDEY EL, LEAL MC, REGO G, "Defensive medicine and caesarean sections in Brazil", *Medicine*, vol. 100, no 1, 2021, pp. 1-25.

SACHS S, "The Jury is Out: mandating Pre-Treatment Arbitration Clauses in Patient Intake Contracts", *Journal of Dispute Resolution*, vol. 2018, no 2, 2018, pp. 118-131.

SAINI V, GARCÍA-ARMESTO S, KLEMPERER D, PARIS V, ELSHAUG AG, BROWNLEE S, IOANNIDIS JPA, FISHER E, "Drivers of poor medical care", *The Lancet*, vol. 390 (10090), 2017, pp. 178-190.

SAINT S, VAUGHN VM, CHOPRA V, FOWLER KE, KACHALIA A, "Perception of Resources Spent on Defensive Medicine and History of Being Sued Among

Hospitalists: Results from a National Survey", *Journal of Hospital Medicine*, vol. 13, no 1, 2018, pp. 26-29.

SÁNCHEZ GONZÁLEZ JM, TENA TAMAYO C, CAMPOS CASTOLO EM, HERNÁNDEZ GAMBOA LE, RIVERA CISNEROS AE, "Medicina defensiva en México: una encuesta exploratoria para su caracterización", *Cirugía y Cirujanos*, vol. 73, no 3, 2005, pp. 199-206.

SANDOR AA, CALIF A, "The history of proffesional liability suits in the United States", *Journal of American Medical Association,* vol. 163, no 6, 1957, pp. 459-466.

SANTIAGO SÁEZ A, PEREA PÉREZ B, ALBARRÁN JUAN ME, LABAJO GONZÁLEZ E, ANADÓN BASELGA MJ, ALMENDRAL GARROTE J, "Análisis de las sentencias judiciales en la práctica de la cardiología resueltas en segunda instancia en España entre 1992-2007", *Revista Española de Cardiología*, vol. 65, no 9, pp. 801-806.

SARDINERO GARCÍA C, SANTIAGO SAÉZ A, PEREA PÉREZ B, ALBARRÁN JUAN ME, LABAJO GONZÁLEZ E, BENITO LEÓN J, "Responsabilidad por pérdida de oportunidad asistencial en la medicina pública española", *Revista Española de Medicina Legal*, vol. 43, no 1, 2017, pp. 5-12.

SAWYER NT, "Why the EMTALA Mandate for Emergency Care Does not Equal Healthcare "Coverage"", *Western Journal of Emergency Medicine*, vol. 18, no 4, 2017, pp. 551-552.

SCHAFFER AC, JENA AB, SEABURY S, SINGH H, CHALASANI V, KACHALIA A, "Rates and Characteristics of Paid Malpractice Claims Among US Physicians by Specialty, 1992-2014", *Journal of American Medical Association Internal Medicine*, vol. 177, no 5, 2017, pp. 710-718.

SCHIAVONE MA, *La medicina en Grecia y Roma*, Lizarraga, AA, Lemus JD, Buenos Aires, 1995.

SCHIFF GD, KIM S, ABRAMS R, COSBY K, LAMBERT, EISTEIN AS, HASLER S, KROSNJAR N, ODWAZNY R, WISNIEWSKI MF, McNUTT RA, "*Diagnosing Diagnosis Errors: Lessons from a Multiinstitutional Collaborative Project*", HENRIKSEN K, BATTLES JB, MARKS ES, LWEIN DI (Dirs.), *Advances in Patient Safety: From Research to Implementation, (Volume 2: Concepts and Methodology), Agency for Healthcare Research and Quality,* Rockville, 2005.

SCHIMMEL EM, "The hazards of hospitalization*", *Quality and Safety in Healthcare*, vol. 12, no 1, 2003, pp. 58-63. * This is a reprint of a paper that appeared in *Annals of Internal Medicine*, vol. 60, 1964, pp. 100–110.

SCHIPPERGES H, *El jardín de la salud: medicina en la Edad Media*, Editorial Laia, Barcelona, 1987.

SCHLEITER KE, "Difficult Patient-Physician Relationships and the Risk of Medical Malpractice Litigation", *American Medical Association Journal of Ethics*, vol. 11, no 3, 2009, pp. 242-246.

SCHLESINGER ER, "The Sheppard-Towner era: a prototype case study in federal-state relationships", *Am J Public Health Nations Health*, vol. 57, no 6, 1967, pp. 1034-1040.

SCHMIDT H, HOFFMAN AK, "The Ethics of Medicaid's Work Requirements and Other Personal Responsibility Policies", *Journal of American Medical Association*, vol. 319, no 22, 2018, pp. 2265-2266.

SCHREMMER RD, KNAPP J, "Harry Truman and Health Care Reform: The debate Started Here", *Pediatrics*, vol. 127, no 3, 2011, pp. 399-401.

SCOTT I, "Audit-based measures of overuse of medical care in Australian hospital practice", *Internal Medicine Journal*, vol. 49, no 7, 2019, pp. 893-904.

SCOTT SD, HIRSCHINGER LE, COX KR, McCOIG M, HAHN-COVER K, EPPERLY KM, PHILLIPS EC, HALL LW, "Caring for our Own: Deplopying a Systemwide Second Victim Rapid Response Team", *The Joint Commission Journal on Quality and Patient Safety*, vol. 36, no 5, 2010, pp. 233-240.

SEABURY SA, HELLAND E, JENA AB, "Medical Malpractice Reform: Noneconomic Damages Caps Recuded Payments 15 Percent, With Varied Effects By Specialty", *Health Affairs*, vol. 33, no 11, 2014, pp. 2048-2056.

SEGAL JJ, SACOPOLUS M, "A Modified No-fault Malpractice System Can Resolve Multiple Healtcare System Deficiencies", *Clinical Orthopeadics and Related Research*, vol. 467, no 2, 2009, pp. 420-426.

SEIJAS QUINTANA JA, "La responsabilidad civil médica: ¿Obligación de medios; obligación de resultados?", *Revista de la Asociación Española de Abogados Especializados en Responsabilidad Civil y Seguro*, nº29, 2009, pp. 9-22.

SEOANE JA, "La relación clínica en el siglo XXI: cuestiones médicas, éticas y jurídicas", *Derecho y Salud*, vol. 16 (no Extra 1), 2008, pp. 79-86.

SEOANE JA, "La construcción jurídica de la autonomía del paciente", *Eidon: revista de la fundación ciencias de la salud*, no. 39, 2013, pp. 13-34.

SEOANE JA, "Las autonomías del paciente", *Dilemata*, no 2, 2010, pp. 61-75.

SERRA CRISTÓBAL R, "El federalismo judicial estadounidense", *Estudios de Deusto*, vol. 64, no 1, 2017, pp. 301-330.

SHARMA S, TRAEGER AC, REED B, HAMILTON M, O'CONNOR DA, HOFFMANN TC, BONNER C, BUCHBINDER R, MAHER CG, "Clinician and patient beliefs about diagnostic imaging for low back pain: a systematic qualitative evidence synthesis", *British Medical Journal Open*, vol. 10, no 8, 2020, pp. 1-27.

SHENOY A, SHENOY GN, SHENOY GG, "Patient safety assurance in the age of defensive medicine: a review", *Patient Safety in Surgery*, vol. 16, no 1, 2022, pp. 1-5.

SHURTZ I, "The impact of medical errors on physician behavior: Evidence from malpractice litigation", *Journal of Health Economics*, vol. 32, no 2, 2013, pp. 331-340.

SILVERS JB, "The Affordable Care Act: Objectives and Likely Results in an Imperfect World", *Annals of Family Medicine,* vol. 11, no 5, 2013, pp. 402-405.

SIMON RI, SHUMAN DW, "Therapeutic Risk Management of Clinical-Legal Dilemmas: Should it Be a Core Competency?", *The Journal of The American Academy of Psychiatry and the Law*, vol. 37, no 2, 2009, pp. 155-161.

SINGH H, GRABER ML, LABRESH KA, "System Related Interventions to Reduce Diagnostic Error: A Narrative Review", *British Medical Journal Quality and Safety*, vol. 21, no 2, 2012, pp. 160-170.

SINGH H, MEYER A, THOMAS EJ, "The frecuency of diagnostic errors in outpatient care: estimations from three large observational studies involving US adult populations", *British Medical Journal Quality Safety,* vol. 23, no 9, 2014, pp. 727-731.

SLOAN FA, SHADLE JH, "Is there empirical evidence for "Defensive Medicine"? A reassessment", *Journal of Health Economics*, vol. 28, 2009, pp. 481-491.

SMITH CM, "Origin and Uses of *Primum Non Nocere* – Above All, Do no Harm!", *Journal of Clinical Pharmacology*, vol. 45, no 4, 2005, pp. 371-377.

SMITH-BINDMAN R, MIGLIORETTI DL, JOHNSON E, LEE C, FEIGELSON HS, FLYNN M, GREENLEE RT, KRUGER RL, HOMBROCK MC, ROBLIN D, SOLBERG LI, VANNEMAN N, WEINMANN S, WILLIAMS AE, "Use of Diagnostic Imaging Studies and Associated Radiation Exposure For Patients Enrolled in Large Integrated Healthcare Systems, 1996-2010", *Journal of American Medical Association*, vol. 307, no 22, 2012, pp. 2400-2409.

SOBRINO GUIJARRO I, "La reforma sanitaria de Obama: limitado avance en la protección del derecho a la salud", *Revista Española de Derecho Constitucional,* vol. 101(mayo-agosto), 2014, pp. 181-212.

SOHN DH, BAL BS, "Medical Malpractice Reform: The Role of Alternative Dispute Resolutions", *Clinical Orthopaedics and Related Research*, vol. 470, no 5, 2012, pp. 1370-1378.

SOLANA DUESO J, "El agua como primer principio: Las razones de Tales de Mileto", *Convivium*, vol. 22, 2009, pp. 5-23.

SOLAROGLU I, IZCI Y, YETER HG, METIN MM, KELES GE, "Health Transformation Project and Defensive Medicine Practice among Neurosuergeons in Turkey", *PLoS ONE*, vol. 9, no 10, 2014, pp. 1-14.

SOLÉ FELIÚ J, "Mecanismos de flexibilización de la prueba de la culpa y del nexo causal en la responsabilidad civil médico-sanitaria", *Revista de Derecho Civil*, vol. V, no 1, 2018, pp. 55-97.

SOMMERS BD, GOLDMAN AL, BLENDON RJ, ORAV EJ, EPSTEIN AM, "Medicaid Work Requirements-Results from the First Year in Arkansas", *The New England Journal of Medicine*, vol. 381, no 11, pp. 1073-1082.

SOTO RÁBANOS JM, "Las escuelas urbanas y el renacimiento del siglo XII", DE LA IGLESIA DUARTE JI (Coord.), *La enseñanza en la Edad Media: X Semana de Estudios Medievales*, Instituto de Estudios Riojanos, Logroño, 2000.

SPIEGEL AD, KAVALER F, "America's First Medical Malpractice Crisis, 1835-1865", *Journal of Community Health*, vol. 22, no 4, 1997, pp. 283-308.

SRASZAK S, "In the Shadow of Litigation: Arbitration and Medical Malpractice Reform", *Journal of Health Politics, Policy and Law*, vol. 44, no 2, 2019, pp. 267-301.

STAHEL PF, VANDERHEIDEN TF, KIM FJ, "¿Why do surgeons to perform unnecessary surgery?", *Patient Safety in Surgery*, vol. 11, no 1, 2017, pp. 1-2.

STAHEL PF, MAUFFREY C, BUTLER N, "Current challenges and future perspectives for patient safety in surgery", *Patient Safety in Surgery*, vol. 8, no 9, 2014, pp. 1-5.

STAVROPOULOU C, DOHERTY C, TOSEY P, "How Effective Are Incident-Reporting Systems for Improving Patient Safety? A Systematic Literature Review", *The Milbank Quaterly*, vol. 93, no 4, 2015, pp. 826-866.

STETLER CJ, "The History of Reported Medical Professional Liability Cases", *Temple Law Quaterly*, vol. 30, 1957, pp. 366-383.

STEWART PH, AGIN WS, DOUGLAS SP, "What Does the Law Say to Good Samaritans?. A Review of Good Samaritan Statutes in 50 States and on US Airlines", *Chest*, vol. 143, no 6, 2013, pp. 1774-1783.

STORM M, WIIG S, *Care Coordination, Samhandling and Patient Safety*, en TORGERSEN GE (Ed), *Interaction: "Samhandling" Under Risk*, Cappelen Damn Akademisk, Oslo, 2018.

STRUVE CT, "Doctors, the Adversary System, and Procedural Reform in Medical Liability Litigation", *Fordham Law Review*, vol. 72, no 4, 2004, pp. 988-1016.

STUDDERT DM, MELLO MM, SAGE WM, DESROCHES CM, PEUGH J, ZAPERT K, BRENNAN TA, "Defensive Medicine Among High-Risk Specialist Physicians in a Volatile Malpactice Environment", *Journal of American Medical Association*, vol. 293, no 21, 2005, pp. 2609-2617.

SUNOL R, WAGNER C, ARAH OA, SHAW CD, KRISTENSEN S, THOMPSON CA, DERSARKISSIAN M, BARTELS PD, PFAFF H, SECANELL M, MORA N, VLCEK F, KUTAJ-WASIKOWSKA H, KUTRYBA B, MICHEL P,

GROENE O, "Evidence-based organization and patient safety strategies in European hospitals", *International Journal of Quality in Health Care*, vol. 24 (Suppl. I), 2014, pp. 47-55.

SUÑER SOLER R, GRAU MARTIN A, FLICHTENTREI D, PRATS M, BRAGA F, FONT MAYOLAS S, GRAS ME, "The consequences of burnout syndrome among healthcare professionals in Spain and Spanish speaking Latin American countries", *Burnout Resarch*, vol. 1, no 2, 2014, pp. 82-89.

SUTHERLAND A, CANOBBIO M, CLARKE J, RANDALL M, SKELLAND T, WESTON E, "Incidence and prevalence of intravenous medication errors in the UK: a systematic review", *European Journal of Hospital Pharmacy,* vol. 27, no 1, 2020, pp. 3-8.

SYBBLIS S, "Mediation in the Health Care System: Creative Problem Solving", *Pepperdine Dispute Resolutions Law Journal*, vol. 6, no 3, 2006, pp. 493-517.

SZILAGYI PG, SCHUSTER MA, CHENG TL, "The Scientific Evidence for child Health Insurance", *Academic pediatrics*, vol. 9, no 1, 2009, pp. 4-6.

TAN SS, GOONAWARDENE N, "Internet Health Information Seeking and the Patient-Physician Relationship: A Systematic Review", *Journal of Medical Internet Research*, vol. 19, no 1, 2017, pp. 1-24.

TANCREDI LR, JEREMIAH A. BARONDESS, "The Problem of Defensive Medicine", *Science*, vol. 200, no 4344, 1978, pp. 879-882.

TARRANT C, KROCKOW EM, "Antibiotic overouse: managing uncertainty and mitigating against overtreatment", *British Medical Journal Quality and Safety*, 2021, vol. 31. 2022, pp. 163-167.

TEBANO G, DYAR OJ, BEOVIC B, BÉRAUD G, THILLY N, PULCINI C, "Defensive medicine among antibiotic stewards: the international ESCMID AntibioLegalMap survey", *Journal of Antimicrobial Chemotherapy,* vol. 73, no 7, 2018, pp. 1989-1996.

TEHRANI ASS, LEE H, MATHEWS, SHORE A, MAKARY MA, PRONOVOST PJ, NEWMAN-TOKER DE, "25-Year summary of US malpractice claims for diagnostic errors 1986-2010: an analysis from the National Practitioner Data Bank", *British Medical Journal Quality and Safety*, vol. 22, 2013, pp. 672-680.

TERP S, SEABURY SA, ARORA S, EADS A, LAM CN, MENCHINE M, "Enforcement of the Emergency Medical Treatment and Labor Act, 2005 to 2014", *Annals of Emergency Medicine*, vol. 69, no 2, 2017, pp. 155-162.

THOMAS JW, ZILLER EC, THAYER DA, "The Cost of Defensive Medicine in the United States", *Health Affairs*, vol. 29, no 9, 2010, pp. 1578-1584.

THOMPSON FJ, GUSMANO MK, SHINOHARA S, "Trump and the Affordable Care Act: Congressional Repeal Efforts, Executive Federalism, and Program Durability", *The Journal of Federalism,* vol. 48, no 3, 2018, pp. 396-424.

THORPE KE, "The Medical Malpractice "crisis": Recent Trends And The Impact Of State Tort Reforms", *Health Affaires,* vol. 23 (Suppl 1), 2004, pp. 20-30.

TOLEDO PEREYRA LH, "Claudius Galenus of Pergamum: Surgeon of Gladiators. Father of Experimental Physiology", *Journal of Investigative Surgery*, vol. 15, no 6, 2002, pp. 299-301.

TOLENTINO VR, DEREVLANY L, DeLaMOTHE C, VICK S, CHALYAVSKI L, "The effects of the COVID-19 pandemic on risk management practice: A report from the epicenter in New York City", *Journal of Healthcare Risk Management*, vol. 40, no 4, 2021, pp. 46-57.

TOMILLO URBINA J, "Nuevos derechos del paciente desde su condición jurídica como consumidor", *Derecho y Salud*, vol. 19 (Extra 1), 2010, pp. 43-54.

TOMILLO URBINA J, "Las acciones "wrongful birth" y "wrongful life": indemnización por daños al inicio de la vida", TOMILLO URBINA J, CAYÓN DE LAS CUEVAS J (Dirs), *Estudios sobre Derecho de la Salud*, Thomson Reuters Civitas, Navarra, 2011, pp. 113-135.

TOMILLO URBINA J, "Veinte años de wrongful birth en España (1997-2017): inicio, desarrollo consolidación jurisprudencial", PRATS ALBENTOSA L, TOMÁS MARTÍNEZ G, (Coords.), *Culpa y responsabilidad*, Thomson Reuters Civitas, Navarra, 2017, pp. 871-893.

TOMILLO URBINA JL, "Medicina y Derecho: los orígenes de la juridificación de la prestación de servicios médicos", *Revista de Administración Sanitaria Siglo XXI,* vol. 8, no 1, 2010, pp. 169-182.

TOMILLO URBINA JL, "El arbitraje de consumo en España: un recorrido histórico", GARCÍA VILLALUENGA L (Dir.), TOMILLO URBINA JL (Dir.), VÁZQUEZ DE CASTRO E (Dir.), *Mediación, Arbitraje y Resolución de Conflictos en el siglo XXI, Tomo II: Arbitraje y Resolución Extrajudicial de Conflictos*, Editorial Reus, Madrid, 2010, pp. 81-115.

TOMOS I, KARAKATSANI A, MANALI ED, PAPIRIS SA, "Celebrating Two Centuries since the Invention of the Stethoscope. René Théophile Hyacinhe Laënnec (1781-1826)", *Annales of the American Thoracic Society*, vol. 13, no 10, 2016, pp. 1667-1670.

TOPSTAD D, DICKINSON JA, "Thyroid cancer incidence in Canada: a national cancer registry analysis", *Canadian Medical Association Journal*, vol. 5, no 3, 2017, pp. E612-E616.

TORALDO DM, VERGARI U, TORALDO M, "Medical Malpractice, defensive medicine and role of the "media" in Italy", *Multidisciplinary Respiratory Medicine*, vol. 10, no 1, 2015, pp. 1-7.

TREGLIA M, PALLOCCI M, PASSALACQUA P, GIAMMATTEO J, DE LUCA L, MAURIELLO S, CISTERNA AM, MARSELLA LT, "Medical Liability: Review of a Whole Year of Judgments of the Civil Court of Rome", *International Journal of Environmental Research and Public Health*, vol. 18, no 11, 2021, pp. 1-12.

TROSTTLER IS, "An important malpractice decision", *Radiology,* vol. 34, 1924, pp. 345-346.

TUSSING AD, WOJTOWYCZ MA, "Malpratice, Defensive Medicine, and Obstetric Behavior", *Medical Care,* vol. 35, no 2, 1997, pp. 172-191.

VALDIVIA SÁNCHEZ, C, "La Familia: concepto, cambios y nuevos modelos", *La revue du REDIF*, vol. 1, 2008, pp. 15-22.

VAN DEN BOS J, RUSTAGI K, GRAY T, HALFORD M, ZIEMKIEWICZ, SHREVE J, "The $17.1 Billion Problem: The Annual Cost Of Measurable Medical Errors", *Health Affairs,* vol. 30, no 4, 2011, pp. 596-603.

VAN HUNSEL F, HÄRMARK L, ROLFES L, "Fifteen years of patient reporting- what have we learned and where are we heading to?", *Expert Opinion on Drug Safety*, vol. 18, no 6, 2019, pp. 477-484.

VAN HUNSEL F, VAN DER WELLE C, PASSIER A, VAN PUIJENBROEK E, VAN GROOTHEEST K, "Motives for reporting adverse drug reactions by patient-reporters in the Netherland", *European Journal Clinical Pharmacology*, vol. 66, no 11 , 2010, pp. 1143-1150.

VERDE REMESEIRO L, ACEVEDO PRADO A, "Medicina defensiva e gasto sanitario en Galicia", *Cuadernos Atención Primaria*, vol. 19, 2013, pp. 150-152.

VICANDI MARTÍNEZ A, "La pérdida de oportunidad en la responsabilidad civil sanitaria, ¿se puede cuantificar lo incuantificable?", *Derecho y Salud*, vol. 25, no 2, 2015, pp. 9-66.

VIDMAR N, "Juries and Medical Malpractice Claims: Empirical Facts versus Myths", *Clinical Orthopaedics and Related Research*, vol. 467, no 82, 2009, pp. 367-375.

VILLANUEVA Y SOLÍS D, *Discurso de la sesión inaugural de la Academia de Medicina y Cirugía*, Establecimiento Tipográfico de D. S. Saunaque, Madrid, 1850.

VILLAR PA, "Las enfermerías monásticas: espacios comunitarios de curación en plena Edad Media", *EDAD MEDIA, Revista de Historia*, vol. 16, 2015, pp. 127-147.

VINCENT C, "Understanding and Responding to Adverse Events", *The New England Journal of Medicine*, vol. 348, no 1, 2003, pp. 1051-1056.

VINCENT C, AMALBERTI R, *Seguridad del Paciente. Estrategias para una asistencia sanitaria más segura,* Editorial Modus Laborandi, Madrid, 2016.

VINCENT C, NEALE G, WOLOSHYNOWYCH M, "Adverse events in British hospitals: preliminary retrospective record review", *British Medical Journal*, vol. 322, 2001, pp. 517-519.

VINCENT C, YOUNG M, PHILLIPS A, "Why do people sue doctors? A study of patients and relatives taking legal action", *The Lancet*, vol. 343, no 8913, 1994, pp. 1609-1613.

VINCENT CA, CULTER A, "Patient safety: what about the patient?", *Quality Safety Health Care*, vol. 11, 2002, pp. 76-80.

VIZCAÍNO-RADOSNIK M, MARTÍN-FUMADÓ C, ARIMANY-MANSO J, GÓMEZ-DURÁN EL, "The Impact of Malpractice Claims on Physicians' Wel-Being and Practice", *Journal of Patient Safety*, vol. 18, no 1, 2022, pp. 46-51.

VOGENBERG FR, SMART M, "Regulatory Change Versus Legislation Impacting Health Care Decisions and Delivery", *Health Care and Law,* vol. 43, no 1, 2018, pp. 34-38.

VOSOUGHI S, ROY D, ARAL S, "The spread of true and false news online", *Science*, vol. 359, no 380, 2018, pp. 1146-1151.

WAGNER L, "Defensive Medicine is legal protection the only motive?", *Modern Healthcare,* vol. 10, 1990, pp. 41-48.

WALLACE E, LOWRY J, SMITH SM, FAHEY T, "The epidemiology of malpractice claims in primary care: a systematic review", *British Medical Journal Open*, vol. 3, no 7, 2013, pp. 1-8.

WALLERSTEIN RO, CONDIT PK, KASPER CK, BROWN JW, MORRISON FR, "Statewide Study of Chloramphenicol Therapy and Fatal Aplastic Anemia", *The Journal of the American Medical Association*, vol. 208, no 11, 1969, pp. 2045-2050.

WALLIS KA, "No-fault, no difference: no-fault compensation for medical injury and healthcare ethics and practice", *British Journal of General Practice*, vol. 67, no 654, 2017, pp. 38-39.

WAPNER J, "Covid-19: Medical expenses leave many Americans deep in debt", *British Medical of Journal*, vol. 370, 2020, pp. 1-2.

WATSS RL, *Sistemas federales comparados,* Marcial Pons, Madrid, 2006.

WEAVER SJ, LUBOMKSI LH, WILSON RF, PFOH ER, MARTINEZ KA, DY SM, "Promoting a Culture of Safety as a Patient Safety Strategy. A Systematic Review", *Annals of Internal Medicine*, vol. 158 (5 Pt 2), 2013, pp. 369-374.

WEBB GG, "The Law of Falling Objects: Byrne v. Boadle and the Birth of Res Ipsa Loquitur", *Stanford Law Review*, vol. 59, 2007, pp. 1065-1109.

WHANG JS, BAKER SR, PATEL R, LUK L, CASTRO A, "The Causes of Medical Malpractice Suits against Radiologists in the United States", *Radiology*, vol. 266, no 2, 2013, pp. 548-554.

WICKRAMAGE K, VEAREY J, ZWI AB, ROBINSON C, KNIPPER M, "Migration and Health: a global public health research priority", *BMC Public Health*, vol. 18, no 987, 2018, pp. 1-9.

WILLIAMS PL, WILLIAMS JP, WILLIAMS BR, "The fine line of defensive medicine", *Journal of Forensic and Legal Medicine*, vol. 80, 2021, pp. 1-3.

WITTICH CM, BURKLE CM, LANIER WL, "Medication errors: An Overview for Clinicians", *Mayo Clinic Proceedings*, vol. 89 , no 8, 2014, p. 1116-1125.

WOLFF N, MANUFACTURER N, BELENKO S, "Mental Health Courts and Their Selection Processes: Modeling Variation for Consistency", *Law and human behavior*, vol. 35, no 5, 2011, pp. 402-412.

WONG KE, PARIKH PD, MILLER KC, ZONFRILLO MR, "Emergency Department and Urgent Care Medical Malpractice Claims 2001-15", *Western Journal of Emergency Medicine*, vol. 22, no 2, 2021, pp. 333-338.

WOOD F, MARTIN SM, CARSON-STEVENS A, ELWYN G, PRECIOUS E, KINNERSLEY P, "Doctors' perspectives of informed consent for non-emergency surgical procedures: a qualitative interview study", *Health Expectations*, vol. 19, no 3, 2014, pp. 751-761.

WRIGSTAD J, BERGSTRÖM J, GUSTAFSON P, "Incident investigations by the regulatory authority of Swedish healthcare- a 20-year perspective", *Journal of Hospital Administration*, vol. 4, no 6, 2015, pp. 68-76.

WU AW, "Medical error: the second victim. The doctor who makes the mistake needs help too", *British Medical Journal*, vol. 320, no 7237, 2000, pp. 726-727.

WU AW, SHAPIRO J, HARRISON R, SCOTT SD, CONNORS C, KENNEY L, VANHARCHT K, "The Impact of Adverse Events on Clinicians: What's in a Name?", *Journal of Patient Safety*, vol. 16, no 1, 2020, pp. 65-72.

WU W, BOYLE DJ, WALLACE G, MAZOR KM, "Disclosure of adverse events in the United States and Canada: an update, and a proposed framework for improvement", *Journal of Public Health Research*, vol. 2, (e32), 2013, pp. 186-193.

XI C, YANG L, "Medical liability laws in China: The tale of two regimes", *Tort Law Review 65*, 2012, pp. 65-75.

YAN SC, HULOU MM, COTE DJ, ROYTOWSKY D, RUTKA JT, GORMLEY WB, SMITH TR, "International Defensive Medicine in Neurosurgery: Comparison of Canada, South Africa, and the United States", *World Neurosurgery*, vol. 95, 2016, pp. 53-61.

YANG YT, MELLO MM, SUBRAMANIAN SV, STUDDERT DM, "Relationship Between Malpractice Litigation Pressure and Rates of Cesarean Section and Vaginal Birth After Cesarean Section", *Med Care*, vol. 47, no 2, 2009, pp. 234-242.

YUSTE LECICEÑA P, "El arte de la curación en la antigua Mesopotamia", *Espacio, tiempo y forma. Serie II, Historia antigua,* vol. 23, 2010, pp. 27-42.

ZHU L, LI L, LANG J, "The attitudes towards defensive medicine among physicians of obstetrics and gynaecology in China: a questionnaire survey in a national congress", *British Medical Journal Open*, vol. 8, no 2, 2018, pp. 1-7.

ZIBULEWSKY J, "The Emergency Medical Treatment and Active Labor Act (EMTALA): what it is and what it means for physicians", *Proceedings (Baylor University Medical Center)*, vol.14, no 4, 2001, pp 339-346.

ZIMMERMAN C, KISS L, HOSSAIN M, "Migration and Health: A Framework for 21 st Century policy-Making", *Plos Medicine*, vol. 8, no 5, 2011, pp. 1-7.

GRACIAS POR CONFIAR EN NUESTRAS PUBLICACIONES

Al comprar este libro le damos la posibilidad
de consultar gratuitamente la versión ebook.

Cómo acceder al ebook:

- **Acceda a nuestra página web,** sección Acceso ebook (www.dykinson.com/acceso_ebook)
- **Rellene el formulario** que encontrará facilitando, el código de acceso que le facilitamos a continuación así como los datos con los que quiere acceder al libro en el futuro (correo electrónico y contraseña de acceso).
- Si ya es **cliente registrado**, deberá acceder con su **correo electrónico y contraseña habitual**.
- Una vez registrado, **acceda a la sección Mis e-books de su cuenta de cliente**, donde encontrará la versión electrónica de esta obra ya desbloqueada para su uso.
- Para acceder al libro en el futuro, ya sólo es necesario que se identifique en nuestra web con su correo electrónico y su contraseña, y que se dirija a la sección Mis ebooks de su cuenta de cliente.

CÓDIGO DE ACCESO

DYK067485

Rasque para ver el código

Nota importante: Sólo está permitido el uso individual y privado de este código de acceso. Está prohibida la puesta a disposición de esta obra a una comunidad de usuarios.